Norbert Wein

Sibirien

Perthes
Regionalprofile

Geographische Strukturen, Entwicklungen, Probleme

Wissenschaftliche Beratung:
Prof. Dr. Gerhard Fuchs, Universität-Gesamthochschule Paderborn

Perthes
Regionalprofile

Geographische Strukturen, Entwicklungen, Probleme

Norbert Wein

Sibirien

50 Karten und Abbildungen sowie 16 Übersichten und 86 Tabellen.
Im Anhang ein farbiger Bildteil mit Kommentaren

KLETT-PERTHES
Gotha und Stuttgart

Die Deutsche Bibliothek – CIP-Einheitsaufnahme

Wein, Norbert:
Sibirien : 86 Tabellen / Norbert Wein. - 1. Aufl. - Gotha ; Stuttgart :
Klett-Perthes, 1999
　(Perthes Regionalprofile)
　ISBN 3-623-00693-9

Anschrift des Autors:
Prof. Dr. Norbert Wein, Heinrich Heine Universität Düsseldorf, Geographisches Institut
Universitätsstraße 1, D–40225 Düsseldorf

Folgende Abbildungen mit freundlicher Genehmigung entnommen aus:
Abb. 6. 9:　Die Erde, 127, 1996, S. 159-175, Fig. 1
Abb. 6.10:　Die Erde, 127, 1996, S. 159-175, Fig. 3
Abb. 0.16:　Die Erde, 122, 1991, S. 191-207, Fig. 5

Umschlagfoto:
Luftaufnahme Diamanttagebau „Jubilejnaja" bei Aichal (Jakutien / Sacha)
(Itar Tass, Moskau)

Umschlaggestaltung: Kerstin Brüning, Gotha

ISBN 3-623-00693-9
1. Auflage

© Justus Perthes Verlag Gotha GmbH, Gotha 1999
Alle Rechte vorbehalten.

Fotomechanische Wiedergabe nur mit Genehmigung des Verlages.
Druck und buchbinderische Verarbeitung: Salzland Druck & Verlag, Staßfurt

Inhalt

Verzeichnis der Abbildungen	8
Verzeichnis der Tabellen	9
Verzeichnis der Übersichten	12
Zur Buchreihe „Perthes Regionalprofile"	13
Vorwort zum Buch	13

1	**Grenzen und Dimensionen Sibiriens**	**15**
2	**Sibirien als Naturraum**	**18**
2.1	Das Klima	18
2.2	Der Dauerfrostboden	23
2.3	Die Landschaftszonen	26
2.3.1	Die Tundra	27
2.3.2	Die Taiga	30
2.3.3	Waldsteppe und Steppe	37
2.4	Die Hydrographie Sibiriens	38
2.4.1	Die Flüsse	38
2.4.2	Sumpf- und Seengebiete	41
2.4.3	Der Baikalsee	43
2.5	Bewertung der naturgeographischen Faktoren	48
3	**Sibirien als russische Kolonie vom 16. bis zum Beginn des 20. Jahrhunderts**	**49**
3.1	Die Eroberung der Kolonie	49
3.2	Sibirien als Pelzlieferant	51
3.3	Sibirien als Lieferant edler Metalle	52
3.4	Bevölkerungsentwicklung und Städtebildung	54
3.4.1	Bevölkerungsentwicklung bis um 1900	54
3.4.2	Die Entwicklung der Städte	57
3.5	Der Übersiedlerstrom zu Beginn des 20. Jahrhunderts	60
4	**Sibirien als Agrarraum**	**62**
4.1	Die Geschichte der sibirischen Landwirtschaft	62
4.2	Flächen- und Produktionszahlen	64
4.3	Struktur der Landwirtschaft	67
4.4	Aktuelle Situation und Perspektiven der sibirischen Landwirtschaft	70
5	**Sibirien als Verkehrsraum**	**71**
5.1	Allgemeine Probleme	71
5.2	Der „Sibirische Trakt" als historischer Landweg	71
5.3	Der Schienenverkehr	72
5.3.1	Die Transsibirische Eisenbahn	72
5.3.2	Das System der Stichbahnen	77
5.3.3	Die Baikal-Amur-Magistrale (BAM)	78
5.3.4	Weitere Bahnprojekte	81

5.4	Der Schiffsverkehr	82
5.4.1	Die Flußschiffahrt	82
5.4.2	Der Seeverkehr	84
5.5	Der Flugverkehr	86
6	**Sibirien als Erschließungsraum im 20. Jahrhundert**	**88**
6.1	Ziele, Konzepte und Strategien	88
6.2	Das Ural-Kusnezk-Kombinat (UKK)	91
6.3	Das Angara-Jenissej-Projekt	92
6.3.1	Konzeption und erster Vorstoß	92
6.3.2	Bratsk als Beispiel eines Großwasserkraftwerk-Baues	93
6.3.3	Untere Angara und Jenissej	95
6.3.4	Nutzung der erzeugten Elektroenergie	97
6.3.5	Wasserkraftwerke als Keimzellen regionaler Erschließung	98
6.4	Der Norden als „Pionierzone" Rußlands	99
6.4.1	Äußere und innere Grenzen des Nordens	99
6.4.2	Erschließungsphasen und Methoden	101
6.4.3	Die Erschließungsprobleme	103
6.4.4	Die Bevölkerung und ihre Lebensbedingungen	107
6.4.5	Der Norden im Umbruch	111
6.5	Die Erschließung der westsibirischen Erdöl- und Erdgasregion	112
6.5.1	Die Erschließung der Erdölregion	112
6.5.2	Die Erschließung der Erdgasregion	117
6.6	Die BAM-Zone	121
6.6.1	Ressourcen und Projektplanung	121
6.6.2	Fiasko und Perspektiven	123
6.7	Der Aufbau der Wissenschaft in Sibirien	125
7	**Sibirien als Siedlungs- und Lebensraum der Gegenwart**	**128**
7.1	Allgemeine Entwicklungen und Probleme	128
7.1.1	Bevölkerungsentwicklung im 20. Jahrhundert	128
7.1.2	Lebensverhältnisse und Fluktuation	131
7.1.3	Migrationen	135
7.2	Die indigenen Völker Sibiriens	138
7.2.1	Vielfalt der Völker	138
7.2.2	Völker mongolischer und türkischer Herkunft	140
7.2.3	Die „Nördlichen Kleinvölker"	142
7.2.4	Das Tschuktschenleben 1992	148
8	**Sibirien als administrativer und politischer Raum**	**151**
8.1	Die administrative Gliederung	151
8.2	Souveränitätsbestrebungen	153
9	**Sibirien als Wirtschaftsraum heute**	**156**
9.1	Die industrielle Struktur des Wirtschaftsraumes	156
9.1.1	Historischer Blick auf die sibirische Industrie	156
9.1.2	Die wichtigsten heutigen Industriezweige	157

Inhalt

9.1.2.1	Die Förderindustrie	157
9.1.2.2	Die verarbeitende Industrie	158
9.2	Neuorientierung der Wirtschaft nach 1991	160
9.3	Klassifikation der Wirtschaftsregionen	162
9.4	Betrachtung der Wirtschaftsregionen	163
9.4.1	Das Gebiet Tjumen – Erdöl und Erdgas	164
9.4.2	Das Gebiet Nowosibirsk – Probleme der Konversion	173
9.4.3	Das Gebiet Kemerowo (das Kusbass) – Kohle und Stahl	180
9.4.4	Die Region Krasnojarsk – Nickel und Aluminium	188
9.4.5	Das Irkutsker Gebiet – Brücke zum pazifischen Raum	197
9.4.6	Die Republik Burjatien – Buntmetalle und Buddhismus	209
9.4.7	Jakutien/die Republik Sacha – Gold und Diamanten	213
9.4.8	Die übrigen Gebiete im Überblick	222
10	**Sibirien im Rahmen der Weltwirtschaft**	**224**
Kontaktadressen		**229**
Literatur		**231**
Register		**237**

Verzeichnis der Abbildungen

Abb. 1. 1:	Lage und Grenzen Sibiriens	16
Abb. 2. 1:	Durchschnittlichen Januartemperaturen in Sibirien	19
Abb. 2. 2:	Dauer der frostfreien Periode in Sibirien	20
Abb. 2. 3:	Verbreitung und Mächtigkeit des Dauerfrostbodens in Sibirien	24
Abb. 2. 4:	Die waldfreien Zonen Sibiriens (Tundra, Waldsteppe und Steppe)	29
Abb. 2. 5:	Der Taigagürtel Sibiriens	36
Abb. 2. 6:	Abflußgang der Steinigen Tunguska	39
Abb. 2. 7:	Thermokarstische Seen im Kolymagebiet	42
Abb. 2. 8	Becken und Strömungen im Baikalsee	44
Abb. 3. 1:	Zahl der Übersiedler nach Sibirien 1904–1911	60
Abb. 4. 1:	Sibirische Butterexporte 1900–1921	63
Abb. 4. 2:	Ackerflächen und Rentierweiden in Sibirien	65
Abb. 5. 1:	Der Schienen- und Binnenschiffsverkehr in Sibirien	81
Abb. 5. 2:	Der Nördliche Seeweg	85
Abb. 6. 1:	Sibirien in den 1980er Jahren als „größte Baustelle der Union"	89
Abb. 6. 2:	Wasserkraftwerke und Stauseen im Angara-Jenissej-Gebiet	96
Abb. 6. 3:	Äußere und innere Grenzen des sibirischen Nordens	100
Abb. 6. 4:	Grundriß der städtischen Siedlung Tscherski	108
Abb. 6. 5:	Erdölförderung im Sumpfgebiet nördlich von Surgut	113
Abb. 6. 6:	Entwicklung der Einwohnerzahlen Surguts 1965–1995	114
Abb. 6. 7:	Plan der Stadt Nishnewartowsk	115
Abb. 6. 8:	Erdölförderung in Westsibirien 1965–1988	116
Abb. 6. 9:	Die Erdgasfelder im nördlichen Westsibirien	118
Abb. 6.10:	Das Zentrum von Nowy Urengoi	119
Abb. 6.11:	Erdgasförderung in Westsibirien 1965–1994	120
Abb. 6.12:	Projektierte Industriezentren in der sibirischen BAM-Zone	122
Abb. 7. 1:	Bevölkerungsverteilung und -dichte in Sibirien	129
Abb. 7. 2:	Indigene Völker Sibiriens	139
Abb. 7. 3:	Tschuktschen-Jaranga	148
Abb. 8. 1:	Administrative Regionen Sibiriens	153
Abb. 8. 2:	Titelleiste der Zeitung „Russkaja Asija"	155
Abb. 9. 1:	Das Gebiet Tjumen	165
Abb. 9. 2:	Erdölfördermengen in den Ölregionen Surgut und Nishnewartowsk 1980–1994	167
Abb. 9. 3:	Die Erdgas-Fernleitung Jamal–Europa	171
Abb. 9. 4:	Entwicklung der Einwohnerzahlen von Nowosibirsk 1897–1996	174
Abb. 9. 5:	Die sibirischen Gebiete Nowosibirsk und Kemerowo	181

Verzeichnis der Abbildungen

Abb. 9. 6:	Kohleförderung im Kusbass 1913–1995	183
Abb. 9. 7:	Entwicklung der Einwohnerzahlen der Stadt Krasnojarsk 1897–1996	190
Abb. 9. 8:	Die Region Krasnojarsk und das Gebiet Irkutsk	196
Abb. 9. 9:	Entwicklung der Einwohnerzahlen der Stadt Irkutsk 1922–1995	198
Abb. 9.10:	Stadtfläche von Irkutsk 1890 und 1985	199
Abb. 9.11:	Struktur der Joint Ventures nach Branchen im Gebiet Irkutsk 1997	208
Abb. 9.12:	Die Republik Burjatien	210
Abb. 9.13:	Entwicklung der Einwohnerzahlen Ulan-Udes 1926–1995	211
Abb. 9.14:	Die Republik Jakutien (Sacha)	214
Abb. 9.15:	Bevölkerungsentwicklung Jakutiens 1922–1995	216
Abb. 9.16:	Plan der Fördersiedlung Udatschny	217

Vorderes Vorsatz:	Sibirien im eurasisch-pazifischen Raum 1 : 30 Mio.
Hinteres Vorsatz links:	Das Gebiet nördlich von Surgut – Ausschnitt aus einer Topographischen Karte 1 : 500 000
Hinteres Vorsatz rechts:	Schrägluftbild über das Westsibirische Tiefland nördlich von Surgut

Verzeichnis der Tabellen

Tab. 2. 1:	Vergleich der monatlichen und jährlichen Sonnenstunden in Irkutsk und Düsseldorf	18
Tab. 2. 2:	Temperatureckwerte und Jahresamplituden der Lufttemperatur an ausgewählten Stationen Sibiriens	19
Tab. 2. 3:	Niederschlagsverteilung und -mengen an ausgewählten Stationen Sibiriens	21
Tab. 2. 4:	Klimadaten ausgewählter sibirischer Stationen	22
Tab. 2. 5:	Bewaldungsgrad sibirischer Regionen	26
Tab. 2. 6:	Artenzusammensetzung der sibirischen Taiga	31
Tab. 2. 7:	Ausstoß von Luftschadstoffen in den sibirischen Regionen 1990	34
Tab. 2. 8:	Die größten sibirischen Flüsse	39
Tab. 3. 1:	Bis zum Jahr 1876 in Sibirien geförderte Mengen an Edelmetallen	53
Tab. 3. 2:	Zahl der nach Sibirien Verbannten 1823–1877	55
Tab. 3. 3:	Übersiedler und ihre Zielgebiete in Sibirien 1880–1900	56
Tab. 3. 4:	Markthandel in Sibirien gegen Ende des 19. Jahrhunderts	57
Tab. 3. 5:	Die größten sibirische Städte 1825	58
Tab. 3. 6:	Die größten sibirische Städte 1884	58
Tab. 3. 7:	Anteil der Sibirienrückkehrer 1901–1913	61
Tab. 4. 1:	Durchschnittszahlen von Haustieren pro Betrieb in Rußland und Sibirien 1910–1915	62
Tab. 4. 2:	Anbauflächen in Sibirien 1990	65
Tab. 4. 3:	Ernten und Erträge im sibirischen Durchschnitt der Jahre 1991–1995	66
Tab. 4. 4:	Private Bauernbetriebe in Sibirien 1996	67

Tab. 5. 1:	Reine Fahrgeschwindigkeiten des Schnellzuges „Baikal"	76
Tab. 6. 1:	Produktion des Ural-Kusnezk-Kombinates (UKK) im Jahre 1941	92
Tab. 6. 2:	Wasserkraftwerke an Angara und Jenissej	96
Tab. 6. 3:	Stellung des Mittleren-Angara-Gebietes im Verwaltungsgebiet Irkutsk	99
Tab. 6. 4:	Bevölkerungsdichte in den sibirischen Erschließungszonen	100
Tab. 6. 5:	Migrationen im Norden des Gebietes Tjumen	109
Tab. 6. 6:	Versorgungsgrad zweier sibirischer Städte im Norden mit sozialer Infrastruktur 1994	110
Tab. 6. 7:	Zu- und Abwanderungen in Surgut 1975–1994	114
Tab. 6. 8:	Erdölfördermengen in Westsibirien ab 1990	116
Tab. 6. 9:	Die drei großen Erdgasfelder Westsibiriens	117
Tab. 6.10:	Territoriale Produktionskomplexe und Industrieknoten im sibirischen Teil der BAM-Zone	122
Tab. 6.11:	Die sibirischen Universitäten	127
Tab. 7. 1:	Entwicklung der Bevölkerungszahlen Sibiriens 1939–1995	128
Tab. 7. 2:	Bevölkerungswachstum im Norden Westsibiriens 1959–1989	130
Tab. 7. 3:	Städtewachstum in Sibirien 1959–1986	130
Tab. 7. 4:	Die 10 größten sibirische Städte 1989 und 1995	130
Tab. 7. 5:	Natürliche Wachstumsraten der Bevölkerung in der RSFSR und in Sibirien 1960–1989	130
Tab. 7. 6:	Anteil der Bevölkerung mit Einnahmen unter dem offiziellen Existenzminimum in Sibirien 1995	131
Tab. 7. 7:	Versorgungsnorm pro Kopf und Monat in Sibirien	133
Tab. 7. 8:	Durchschnittliche Lebenserwartung in Sibirien 1994	134
Tab. 7. 9:	Kindersterblichkeit in Sibirien 1993	134
Tab. 7.10:	Migrationssalden der Nordregionen Sibiriens 1979–1994	135
Tab. 7.11:	Migrationen von und nach Sibirien 1993/1994	138
Tab. 7.12:	Jüngste zahlenmäßige Entwicklung der sibirischen Völker mongolischer und türkischer Herkunft	140
Tab. 7.13:	Flächennutzung der Ewenen im Jukagirer Bergland	142
Tab. 7.14:	Jüngste zahlenmäßige Entwicklung der Nördlichen Kleinvölker	144
Tab. 8. 1:	Administrativen Regionen Sibiriens	152
Tab. 9. 1:	Wertmäßige Anteile der sibirischen Industriezweige 1913	156
Tab. 9. 2:	Kohleförderung in Sibirien 1995	157
Tab. 9. 3:	Anteile militärischer und ziviler Produktion in Sibirien 1990	159
Tab. 9. 4:	Anteil militärischer Produktion in verschiedenen sibirischen Gebieten 1990	159
Tab. 9. 5:	Durchschnittliche Monatslöhne in Sibirien 1995	161
Tab. 9. 6:	Anteil der Regionen an der industriellen Produktion Sibiriens 1996	162
Tab. 9. 7:	Investitionen in die sibirischen Regionen 1995	162
Tab. 9. 8:	Charakteristika der drei regionalwirtschaftlichen Gruppen Sibiriens	163

Verzeichnis der Tabellen

Tab. 9. 9:	Nachgewiesene globale Erdgasvorräte 1996	169
Tab. 9.10:	Struktur der Industrieproduktion des Gebietes Nowosibirsk 1995	176
Tab. 9.11:	Wichtigste Produkte der Metallverarbeitenden und Elektrotechnischen Industrie im Gebiet Nowosibirsk 1995	176
Tab. 9.12:	Industriestruktur des Gebietes Kemerowo 1995	183
Tab. 9.13:	Schwerindustrieproduktion im Gebiet Kemerowo 1970–1994	185
Tab. 9.14:	Produktion der chemischen Industrie im Gebiet Kemerowo 1992–1994	186
Tab. 9.15:	Beschäftigtenstruktur in der Industrie des Gebietes Kemerowo 1994	186
Tab. 9.16:	Anteile des Gebietes Kemerowo an der industriellen Produktion Rußlands 1994	187
Tab. 9.17:	Monatsmittel der Lufttemperatur von Dudinka und Krasnojarsk	189
Tab. 9.18:	Industriestruktur der Region Krasnojarsk 1995	193
Tab. 9.19:	Anteil Norilsks an der Weltproduktion von Buntmetallen 1996	195
Tab. 9.20:	Kohleförderung im KATEK-Revier 1970–1995	195
Tab. 9.21:	Anteil der Region Krasnojarsk an der Förderung ausgewählter Rohstoffe in Rußland 1995	195
Tab. 9.22:	Monatsmittel der Lufttemperatur einer nördlichen und südlichen Station des Irkutsker Gebietes	197
Tab. 9.23:	Einwohnerzahlen weiterer Großstädte im Irkutsker Gebiet 1970–1997	200
Tab. 9.24:	Produktionszahlen des Bratsker Holzverarbeitungskomplexes um 1990	202
Tab. 9.25:	Export von Holz und Holzprodukten aus dem Irkutsker Gebiet 1991–1994	202
Tab. 9.26:	Kohleförderung im Irkutsker Gebiet 1960–1994	203
Tab. 9.27:	Produktion von elektrischer Energie im Irkutsker Gebiet 1960–1996	203
Tab. 9.28:	Industrielle Produktion im Irkutsker Gebiet 1995	205
Tab. 9.29:	Wertmäßiger Anteil der Industriezweige an der Produktion im Irkutsker Gebiet 1990 und 1995	205
Tab. 9.30:	Außenhandel des Irkutsker Gebietes mit Deutschland 1995	208
Tab. 9.31:	Wertmäßiger Anteil der Ausfuhrgüter des Irkutsker Gebietes 1996	208
Tab. 9.32:	Führende Exportpartner des Irkutsker Gebietes 1996	208
Tab. 9.33:	Holz- und Papierexporte Burjatiens 1991–1994	212
Tab. 9.34:	Monatsmittel der Lufttemperaturen an drei Stationen Jakutiens	215
Tab. 9.35:	Kohleförderung in Jakutien 1976–1994	219
Tab. 10.1:	Regionen und führende Branchen der „Betriebe mit ausländischen Investitionen" (BAI) in Sibirien Ende 1995	225
Tab. 10.2:	Regionen Sibiriens und ihre führenden Investitionsländer Ende 1995	226
Tab. 10.3:	Anzahl der „arbeitenden" Joint Ventures in den sibirischen Regionen 1995	226
Tab. 10.4:	Exportanteile Sibiriens innerhalb der russischen Föderation	227
Tab. 10.5:	Zielländer und Volumina sibirischer Exporte 1995	227

Verzeichnis der Übersichten

Übersicht 2.1:	Zur Ökologie der Taiga	33
Übersicht 3.1:	Sibirische Städte bis zum Beginn des 20. Jahrhunderts	59/60
Übersicht 3.2:	Bedeutungswandel sibirischer Städte durch den Bau der Transsibirischen Eisenbahn	61
Übersicht 5.1:	Eine Fahrt auf der Transsib – Plan des Zuges Rossija N° 2 von Moskau nach Wladiwostok	76
Übersicht 5.2:	Die Zivilluftfahrt Rußlands in Ziffern und Fakten	87
Übersicht 6.1:	Die „Expeditions- und Wachtmethode" bei der Erschließung des Nordens	102/103
Übersicht 6.2:	Erschließung der Erdgasfelder auf der Halbinsel Jamal	120
Übersicht 7.1:	Zu Um- bzw. Rücksiedlungen in der größten Industrieregion des Nordens, Norilsk	136
Übersicht 7.2:	Eingriffe in die traditionellen Lebensformen der „Nördlichen Völker" Sibiriens während der Sowjetzeit	145/146
Übersicht 7.3:	Lebensweise der Nomadengruppe („Obschtschina") Nutendli im jakutischen Rayon Nishnekolymsk	149/150
Übersicht 9.1:	Zur Rolle der sibirischen Rüstungsindustrie	159
Übersicht 9.2:	Zur Klassifikation der sibirischen Wirtschaftsregionen	163
Übersicht 9.3:	Ökologische Belastung im Westsibirischen Erdölgebiet	168
Übersicht 9.4:	Streckenabschnitte der Erdgasfernleitung Jamal – Europa	171
Übersicht 9.5:	Die Aktiengesellschaft NORILSKI NIKEL heute	194
Übersicht 9.6:	Die Diamantförderung in den Kimberlit-Schloten von Mirny und Udatschny	220

Zur Buchreihe „Perthes Regionalprofile"

Nicht immer ist es angebracht, wie bei der Reihe „Perthes Länderprofile" die Darstellung geographischer Strukturen und Entwicklungen an den politischen Grenzen zu orientieren.

Vor allem zwei Gründe lassen es sinnvoll erscheinen, fallweise auch einen anderen Regionszuschnitt zu wählen:
– zum einen naturräumliche Standortvoraussetzungen, die vergleichbare ökologische Potentiale und Entwicklungsvoraussetzungen unabhängig von Ländergrenzen darstellen, und die in korrelierende kulturräumliche Entwicklungen eingehen;

– zum anderen kulturhistorische und/oder aktuelle politisch-gesellschaftliche Voraussetzungen, die großen Teilregionen innerhalb von Staaten eine besondere Rolle gegeben haben oder die den Blick auf Staatengruppen mit gemeinsamen räumlichen Konstellationen und Herausforderungen lenken.

Die mit dem Buch „Sibirien" eröffnete neue Reihe der „Perthes Länderprofile" ersetzt damit nicht die länderbezogene Betrachtung; sie ermöglicht vielmehr deren Ergänzung, indem sie den Blick auf andere Dimensionen räumlicher Entwicklung lenkt.

Der wissenschaftliche Berater der Länderprofile und die Verlagsredaktion

Vorwort zum Buch

Sibirien – das ist ein Begriff, der bei jedem Menschen vielfältige Assoziationen hervorruft: unendliche Weite, nur schwer erträgliche Kälte, Verbannung und Zwangsarbeit, schlechte Lebensverhältnisse. All diese Vorstellungen lassen sich durchaus mit Sibirien verbinden, aber Sibirien bedeutet noch viel mehr: großartige Naturlandschaften, überwiegend Hochdruckwetter mit viel Sonne und trockener Luft, vielfältige Lebensformen der eingeborenen Völker, Land der Freiheit für einst der Leibeigenschaft entkommene Bauern, fast unerschöpflicher Ressourcenreichtum, Erschließungskampagnen mit Pioniercharakter, Abenteuer in der Auseinandersetzung mit einer wilden Natur.

Der Name „Sibirien" wird bei uns allgemein mit „schlafendes Land" übersetzt, eine Übersetzung, die aber zweifellos nicht zutreffend ist. Sibirien mit seinen vielen Völkern ist nie ein schlafendes Land gewesen! Man nimmt an, daß der Name einfach „Land" bedeutet: Das Land, das schon immer da war.

Dieses Land geriet gegen Ende des 16. Jahrhunderts unter den Einfluß der Russen und damit der Europäer. In der Phase der ersten Erforschung dieses Raumes haben auch manche Deutsche ihre Spuren hier hinterlassen. An der Front des Regionalmuseums in Irkutsk sind die Namen der größten Sibirienforscher eingemeißelt, und fünf der zehn Namen sind deutsche: Messerschmidt, Gmelin, Miller (= Müller), Humboldt und Middendorf.

Der Danziger Arzt und Naturwissenschaftler Daniel Gottlieb Messerschmidt war der erste überhaupt, der eine wissenschaftliche Sibirien-Expedition unternahm: In den Jahren 1719 bis 1726 reiste er im Auftrage Peters des Großen bis über den Baikalsee hinaus und führte geographische Studien aller Art durch. Er leistete eine großartige Arbeit, völlig allein und für eine bescheidene Entlohnung von 500 Rubeln im Jahr. Nach seiner Rückkehr wurde an der Akademie der Wissenschaften in St. Petersburg eine eigene Kommission gegründet, um die reichen Ergebnisse dieser Expedition auszuwerten.

Kurz danach schickte diese Akademie zwei weitere Deutsche auf die sogenannte „Große Sibirische Expedition": 1733–1743 unternahmen die beiden jungen Forscher aus Leipzig und Tübingen, Gerhard Friedrich Müller und Johann Georg Gmelin (und in ihrem Gefolge noch weitere junge deutsche Wissenschaftler) eine zehnjährige Expedition, die über insgesamt 31 000 Kilometer führte.

Die Berichte, die sie und andere über die Naturreichtümer dieses gewaltigen Raumes mitbrachten, veranlaßten Lomonossow im Jahre 1755 zu seinem berühmten Ausspruch: „Rußlands Macht wird sich vergrößern durch Sibirien." Und er hatte recht: Was wäre Rußland heute ohne seine sibirischen Ressourcen, ohne – um nur ein Beispiel herauszugreifen – das westsibirische Erdöl und Erdgas?

Alexander von Humboldt führte 1829, das heißt rund 30 Jahre nach seiner berühmten Südamerikareise, eine Sibirien-Forschungsreise bis in das Altai-Gebirge durch. Der aus St. Petersburg stammende deutsch-russische Naturwissenschaftler Alexander von Middendorf erforschte von 1843 bis 1845 die Taimyr-Halbinsel und Transbaikalien und 1869 Mittel- und Südsibirien.

Alle genannten Wissenschaftler (und es wären noch weitere mit deutschen Namen zu nennen) schrieben umfangreiche Werke über ihre Sibirienforschungen, die wichtige Grundlagen für die Erschließung dieses Raumes bildeten.

Die vorliegende Monographie möchte in bescheidener Form an die alte Tradition deutscher Sibirienforschung anschließen. Der Verfasser hat Sibirien zwischen 1977 und 1997 auf rund 15 Studien- und Forschungsreisen, die ihn z. T. in Geländewagen, Doppeldeckerflugzeugen und Hubschraubern in fast alle Regionen dieses Raumes geführt haben, kennenlernen können. Viele der in diesem Buch wiedergegebenen Darstellungen beruhen daher auf eigenen Anschauungen und Studien. Allen Personen, die dem Verfasser unterwegs Unterstützung gewährt haben (und das oft mit großem persönlichem Einsatz), sei hier Dank gesagt.

Aufgezeigt werden soll in diesem Buch nicht nur die heutige Situation Sibiriens, sondern dargestellt werden auch die historischen (gelungenen wie auch mißglückten) Raumerschließungsprozesse und -modelle, welche in prägnanter Weise die geographische Kategorie der Auseinandersetzung des Menschen mit einem z. T. extremen Naturraum vor Augen führen.

Sibirien bemüht sich heute, seinen alten Kolonialstatus abzuschütteln. Mit seinem reichen Potential und seinen neuen Perspektiven ist es zu einer Herausforderung für Wirtschaft und Wissenschaft geworden. In den nächsten Jahrzehnten wird Sibirien daher sicherlich eine immer wichtigere Rolle in der Weltwirtschaft einnehmen und vor allem für ressourcenarme Länder, wie auch Deutschland, immer bedeutungsvoller werden. Das vorliegende Buch möge dazu anregen, die Herausforderung anzunehmen und Gewinn aus der Auseinandersetzung mit diesem überaus interessanten Raum zu ziehen.

Abschließend noch eine Bemerkung zur Transliteration: Im Textteil (vor allem bei der Übertragung geographischer Bezeichnungen) richtet diese sich nach der *Steinitz'schen* Umschrift, während im Literaturverzeichnis die *bibliographische Umschrift* angewandt wird. Diese „Zweispurigkeit" hat sich heute allgemein durchgesetzt. Alle Übersetzungen aus dem Russischen stammen vom Verfasser.

Düsseldorf, im April 1998

Norbert Wein

1 Grenzen und Dimensionen Sibiriens

Die Eingrenzung Sibiriens fällt nicht leicht, da geographische, politische, regionalwirtschaftliche und administrative Grenzziehungen nicht immer übereinstimmen und sich zudem mehrfach gewandelt haben. Bis zum Beginn dieses Jahrhunderts war es allgemein mit der Bestimmung, was Sibirien überhaupt ist, noch einfacher: Mit diesem Namen wurde das ganze Gebiet vom Ural bis zum Pazifischen Ozean bezeichnet. Dies ist eine Vorstellung, die bei uns großenteils auch heute noch besteht. Unter geographischem Aspekt war jedoch der „Ferne Osten" schon seit längerem als eine eigenständige Region angesehen worden. Eigenständigkeit einmal aufgrund des Reliefs: Während für Sibirien (von den südlichen und nordöstlichen Gebirgszügen abgesehen) die weiten Niederungen und Plateauflächen charakteristisch sind, herrschen im „Fernen Osten" geologisch jüngere und stärker reliefierte Landschaftsformen vor, die in den mehr als 3 000 m hohen Vulkanen Kamtschatkas (max. 4 750 m) gipfeln. Eigenständigkeit auch aufgrund des Klimas: Während in Sibirien infolge der extremen Kontinentalität verhältnismäßig wenig Niederschläge fallen und die Luft trocken ist, zeichnet sich der Ferne Osten durch den vom Pazifik eindringenden Monsun im Sommer durch regnerisches Wetter und eine oft hohe und drückende Luftfeuchtigkeit aus. Eigenständigkeit auch aufgrund der Flora und Fauna, die im Süden des Fernen Ostens erheblich artenreicher sind und stärker von mandschurischen Elementen durchsetzt werden.

Im geographischen Sinne verläuft die Grenze zwischen Sibirien und dem Fernen Osten längs der Wasserscheide zwischen den Einzugsgebieten des Nördlichen Eismeeres und des Pazifischen Ozeans. Die äußersten Regionen des Pazifischen Einzugsgebietes – und damit des „geographischen" Fernen Ostens – werden im Nordosten bestimmt durch den Anadyr und seine Nebenflüsse und im Süden durch die Transbaikalien durchziehenden Amur-Nebenflüsse Schilka und Seja.

Ins Bewußtsein der russischen Bevölkerung hat sich die Eigenständigkeit des Fernen Ostens vor allem durch ein politisches Ereignis eingeprägt: den Zusammenschluß der jenseits des Baikalsees gelegenen Verwaltungsgebiete zur Gründung einer „Fernöstlichen Republik" im April 1920. Sie existierte (mit Tschita als Hauptstadt) bis zum November 1922. Ein Versuch, im Schutze der Wirren der Revolution und des Bürgerkrieges die Selbständigkeit zu erlangen, der jedoch mißlingen mußte.

Als im Jahr 1960 die damalige Sowjetunion (nach bereits vorher existierenden Versionen) in 19 Wirtschaftsrayons untergliedert wurde, wurde auch ein eigener Rayon „Ferner Osten" ausgewiesen. Da die damalige „Autonome Republik Jakutien" dem Rayon „Ostsibirien" angegliedert war, kam die wirtschaftspolitische Ostgrenze Sibiriens der geographischen Grenzziehung recht nahe, so daß die russischen Geographen diese Abgrenzung akzeptieren konnten. Ein paar Jahre später (1963) wurde jedoch dieses Rayonkonzept, das sich als Raster einer allgemeinen Raumgliederung durchgesetzt hatte, überarbeitet und Jakutien nun dem Fernen Osten zugeschlagen. Seitdem gibt es im Lande keine Klarheit mehr über die Ostgrenze Sibiriens, und in Publikationen über diesen Raum muß zu Beginn immer erst herausgestellt werden, was man unter Sibirien versteht. So wird z.B. in einer Sibirien gewidmeten Sondernummer der wissenschaftlichen Zeitschrift EKO (H. 6, Nowosibirsk 1985) Jakutien in die Betrachtung eingeschlossen, während der stellvertretende Redakteur dieser Zeitschrift in einem von ihm drei Jahre später publizierten Sibirienbuch (ORLOV 1988) Jaku-tien ausschließt. Im vorliegenden Buch wird Jakutien, bzw. die heutige „Republik

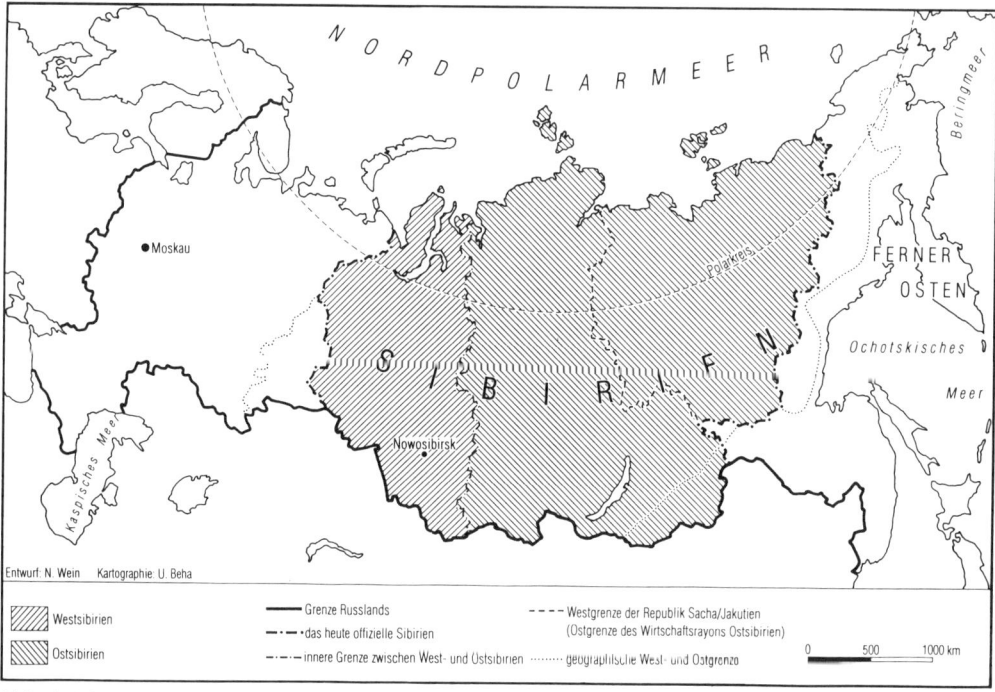

Abb. 1.1: Lage und Grenzen Sibiriens

Sacha", entsprechend der angeführten geographischen Grenzziehung (die über die Ostgrenze Jakutiens noch hinausreicht) als Teil Sibiriens behandelt.

Unstimmigkeiten gibt es auch bei den Grenzen Westsibiriens. Die Steppengebiete im Bereich der kasachischen Schwelle wurden bis in jüngere Zeit als zu Sibirien gehörend betrachtet (Kustanai und Pawlodar galten als sibirische Städte!) und erst 1920 der neugegründeten „Kirgisischen Republik" (dem heutigen Kasachstan) zugeschlagen. Während aber hier im flachen Steppengürtel eine geographisch zu begründende Grenze nicht zu definieren ist, wird die Westgrenze Sibiriens allgemein durch den langgestreckten Gebirgszug des Urals bestimmt. Und gerade diese eindeutige geographische Grenze ist mit der Wirtschaftsrayonierung in ihrem Südteil aufgegeben worden. Mit der Schaffung des beidseitig das Uralgebirge umfassenden Wirtschaftsrayons „Ural", der nach dem Zusammenbruch der Sowjetunion den Status einer „Souveränen Republik" anstrebte, sind die Verwaltungsgebiete Jekaterinburg, Tscheljabinsk und Kurgan mit einer Gesamtfläche von 353 700 km^2 (was fast der Fläche Deutschlands entspricht) aus dem geographischen Raum Westsibirien „herausgebrochen" worden.

Da sich heute alle Statistiken wie auch wirtschaftlichen und wissenschaftlichen Abhandlungen an das Rayonkonzept halten, muß diese in geographischer Hinsicht unbefriedigende Grenzänderung, die auch in der russischen Geographie gilt, hingenommen werden. Bei Bedarf wird jedoch in der Folge die Südwestecke des geographischen Sibiriens unter der Bezeichnung „Gebiet Südostural" ergänzt.

> **In den genannten Grenzen hat Sibirien folgende Dimensionen:**
> **Westsibirien = 2,427 Mio. km²**
> **Ostsibirien = 7,226 Mio. km²**
> **Gesamtsibirien = 9,653 Mio. km²**
> Gesamtsibirien einschließlich
> Gebiet Südostural mehr als 10 Mio. km²

Damit nimmt Sibirien 56,5 % der Fläche Rußlands ein. Es übertrifft China um 82 000 km², die Vereinigten Staaten (einschließlich Alaska) um rund 300 000 km², ist um ein Drittel größer als der Kontinent Australien – und 27mal so groß wie Deutschland.

2 Sibirien als Naturraum

Sibirien weist aufgrund seiner Größe eine vielfältige Natur auf.

Bei aller Differenzierung ist es jedoch neben der nördlichen Lage ein Faktor, der diesem ganzen Raum sein Gepräge aufdrückt: die Kontinentalität. Ein Faktor, der sich vor allem in einem extremen Klima niederschlägt.

2.1 Das Klima[1]

Die allgemeine Klimasituation

Die Klimasituation Sibiriens wird im allgemeinen mit dem Begriff „Kälte" charakterisiert. Die Winterkälte ist tatsächlich das bestimmende Klimaelement. Sie beruht aber im besiedelteren Teil Sibiriens weniger auf der nördlichen Lage, denn Tschita und Irkutsk liegen auf dem gleichen Breitenkreis wie Leipzig und Düsseldorf und Nowosibirsk etwa auf der gleichen Breite wie Kiel. Bestimmend für die Wintersituation ist einmal das Relief, das Sibirien für arktische Kaltlufteinbrüche öffnet und gleichzeitig das Eindringen milderer Luftmassen aus dem Süden unterbindet. Ausschlaggebend aber ist der genannte Faktor „Kontinentalität": Nowosibirsk liegt rund 3 500 km sowohl vom Baltischen Meer (Ostsee) als auch vom Pazifik entfernt.

Die Winterkälte bedeutet aber nicht unbedingt, wie bei uns oft vermutet, auch „Lebensfeindlichkeit". Die Winter werden, zumindest in der dichter besiedelten Südzone, von den Menschen keineswegs als unangenehm empfunden. Winter, das bedeutet hier in der Regel: Hochdrucksituation mit viel Sonne und trockener Luft, bei der die niedrigen Temperaturen leichter zu ertragen sind. Auf eine kurze Frühlings-Übergangsphase folgt ein Sommer, der sonnenreicher und wärmer ist als bei uns in Mitteleuropa. Temperaturen von dreißig Grad und darüber sind keine Seltenheit. Die jährliche Sonnenstundenzahl übertrifft in den größten Teilen Sibiriens die entsprechenden Werte der Schwarzmeerküste. In Nowosibirsk werden im Jahresschnitt 2 030 Sonnenstunden gezählt, in Jakutsk 2 260 und am Südufer des Baikalsees 2 400 – 2 700. Diese Werte sind deutlich höher als unsere mitteleuropäischen, die bei 1 300 – 1 600 liegen.

Unangenehmer ist das Klima dagegen in der Nordzone, wo aufgrund der Breitenlage die Sommertemperaturen niedriger sind, wo feuchte Luftmassen und oft starke Winde (die sog. „Purga") vom Eismeer eindringen, wo es häufig stark bewölkt und trübe ist, wo der Winter länger währt und darüberhinaus großenteils von Lichtarmut oder gar mehrwöchiger Dunkelheit geprägt ist. Während Vertreter der Medizinischen Geographie (eine in den sibirischen Geographischen Instituten übliche Disziplin) das südsibirische Klima als gesund für die Bewohner bezeich-

---

1 Klimawerte für Westsibirien aus POMUS 1971,
 für Ostsibirien aus
 POKSCHISCHEVSKIJ/VOROBJOV 1969

Tab. 2.1: Vergleich der monatlichen und jährlichen Sonnenstunden in Irkutsk und Düsseldorf
Quellen: POKSCHISCHEVSKI/VOROBJOV 1969; Wetteramt Essen

Monat	I	II	III	IV	V	VI	VII	VIII	IX	X	XI	XII	Jahr
Irkutsk	95	139	209	229	238	252	245	225	181	144	88	55	2 100
Düsseldorf	37	58	105	146	184	179	173	167	136	99	45	34	1 364

Das Klima

nen, wird das Klima der Nordzone als stark belastend eingestuft, wobei der sogenannte „Klimastreß" vor allem bei den eingewanderten Europäern zu einer Verringerung der Lebenserwartungen führt.

Die Temperaturverhältnisse

Über dem südlichen und mittleren Sibirien liegt im Winter eine beständige Hochdruckzone, die sogenannte Sibirische Antizyklone, mit durchschnittlichen Januarwerten von 1024 bis über 1030 mbar. Sie bewirkt die beschriebene winterliche Witterungssituation mit hoher Sonnenscheindauer und trockener Luft.

Im Jakutischen Becken, einem der Kerne der Hochdruckzone, führen dabei Inversionlagen zu extrem niedrigen Temperaturen, den tiefsten des gesamten besiedelten Festlandes. Mit der Annäherung vom Westen an das Jakutische Kältetief nehmen aufgrund wachsender Kontinentalität die

	Januarmittel	Julimittel	Jahresamplitude
Westsibirien			
Salechard	−24,4°C	13,8°C	38,2 K
Surgut	−22,2°C	16,8°C	39,0 K
Omsk	−19,1°C	18,9°C	38,0 K
Ostsibirien			
Bratsk	−23,8°C	18,2°C	41,0 K
Jakutsk	−43,2°C	18,5°C	61,7 K
Tscherski	−38,5°C	11,0°C	49,5 K

Tab. 2.2: Temperatur-Eckwerte und Jahresamplituden der Lufttemperatur an ausgewählten Stationen Sibiriens

Wintertemperaturen ab und die Jahresamplituden zu.

Tabelle 2.2 gibt einen Überblick über die thermischen Verhältnisse Sibiriens. Die Wirkung der Kontinentalität zeigt sich im Vergleich der auf etwa gleicher Breite (61° bzw. 62° N) liegenden Stationen Surgut und Jakutsk: Der Winter ist im Osten erheblich

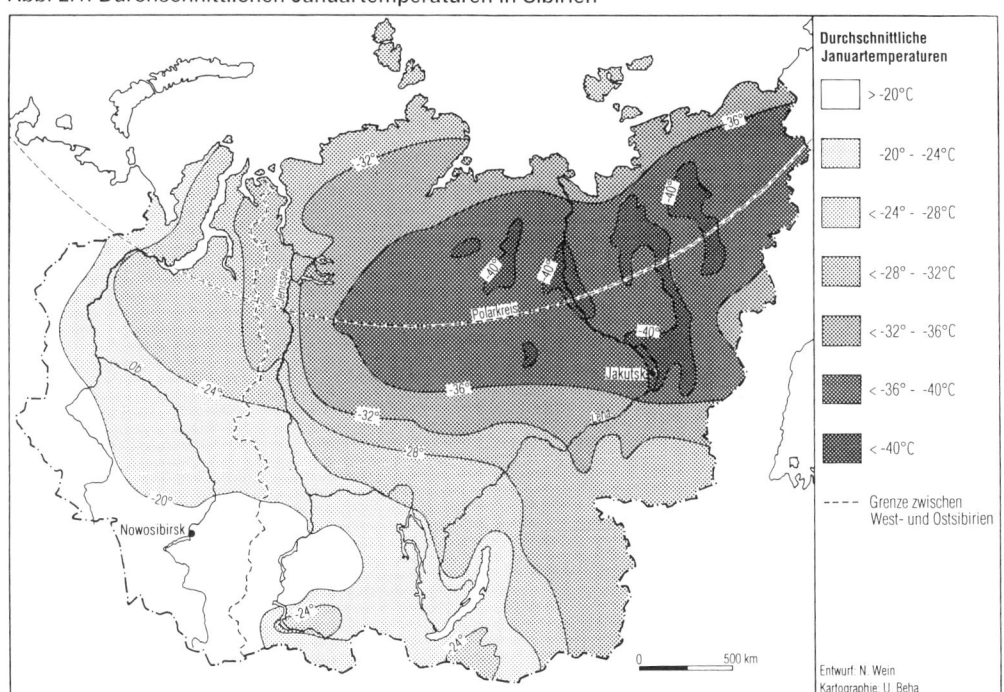

Abb. 2.1: Durchschnittlichen Januartemperaturen in Sibirien

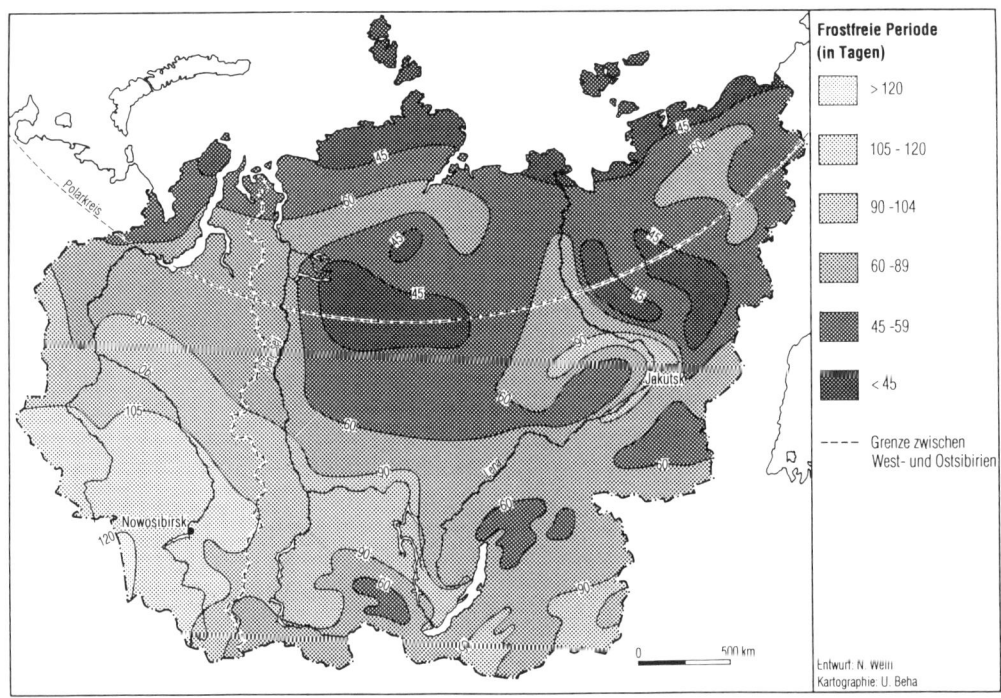

Abb. 2.2: Dauer der frostfreien Periode in Sibirien

kälter und der Sommer deutlich wärmer. Die aufgeführten Mittelwerte werden durch die durchschnittlichen jährlichen Extremwerte noch weit übertroffen, deren Amplituden in Jakutien im Jahr hundert Grad überschreiten.

Die kälteste Station ist das in einem Hochbecken gelegene Oimjakon, das für den Januar einen Mittelwert von −50°C und einen durchschnittlichen Tiefstwert von −71°C aufweist.

Die Werte der beiden nordsibirischen Stationen Salechard (67° N) und Tscherski (auf 69°N an der Kolyma-Mündung gelegen) zeigen, daß durch die Eismeernähe vor allem die Sommertemperaturen abgesenkt werden. Hier sind die Sommer auch durch einen hohen Bewölkungsgrad und eine geringere Sonnenscheindauer (Salechard = 1 330 Stunden/Jahr) gekennzeichnet.

Die sich gegenwärtig (offensichtlich) vollziehende Klimaerwärmung drückt sich bisher – weltweit gesehen – am stärksten in einer Erhöhung der Sommertemperaturen im mittleren Sibiren aus. In der Erdölregion am mittleren Ob, immerhin in der Zone des Nordens gelegen, herrschten im Juni/Juli 1995 wochenlang Temperaturen um 30°C, was eine bis dahin nicht gekannte Hitzeperiode bedeutete. Die sibirischen Geographen versichern, daß die Sommerperiode in den letzten Jahren eindeutig wärmer und länger geworden ist. Nach Angaben des „Irkutsk-Baikal-Service" beträgt heute die durchschnittliche Julitemperatur von Irkutsk 20,6°C, was etwa dem Wert der Station Kiew entspricht. Gleichzeitig sind die Winter milder geworden. In Irkutsk, wo früher Extremtemperaturen von −30 bis −40°C keine Seltenheit waren, sinkt das Thermometer kaum noch unter −22°C.

Ökologisch wichtiger als die Winterkälte ist die Dauer der frostfreien Periode, die im Süden Westsibiriens (in der Hauptagrarzone Sibiriens) 110 Tage überschreitet und im

Nordosten unter 60 Tage sinkt. In Irkutsk, einer mittleren Station, fällt im Schnitt der letzte Frühjahrsfrost auf den 5.6. und der erste Herbstfrost auf den 8.9., was eine frostfreie Periode von 94 Tagen bedeutet und damit an der Grenze der Anbaumöglichkeit liegt, für die etwa 90 frostfreie Tage angesehen werden. Durch verspätete Frühjahrs- oder verfrühte Herbstfröste kann die tatsächliche frostfreie Periode jedoch deutlich von den Mittelwerten abweichen. Für Nowy Urengoi z. B. gilt eine durchschnittliche frostfreie Periode von 80 Tagen, garantiert frostfrei ist aber nur der Juli, da Juni und August häufig Fröste (bis −13°C) mit sich bringen. Nördlich des Polarkreises ist sogar mit Frösten während des ganzen Sommers zu rechnen.

Es folgen somit vom Süden zum Norden verschiedene „Kältestreß-Zonen", aufeinander, die unterschiedliche Voraussetzungen für die Besiedlung, die Landwirtschaft und die industrielle Erschließung darstellen.

Am Rande sei darauf hingewiesen, daß in Jakutien die Grundschüler bei Temperaturen bis zu −50°C und die Mittelschüler bis zu −55°C zur Schule gehen. Erst bei noch tieferen Temperaturen gibt es „Kältefrei"!

Die Niederschlagsverhältnisse

Kontinentalität, das bedeutet auch geringe Niederschläge. Da die feuchten Luftmassen, die nach Sibirien eindringen, überwiegend vom fernen Atlantik kommen, nehmen die Niederschlagsmengen von Westen nach Osten kontinuierlich ab. Mit der Kontinalität verbunden sind in erster Linie Konvektionsniederschläge, die bevorzugt im Sommer niedergehen. In Irkutsk fallen, wie Tabelle 2.3 zeigt, in den beiden Sommermonaten Juli und August zusammengenommen neunmal so viele Niederschläge wie in den beiden Wintermonaten Januar und Februar.

Auch hier läßt sich am Vergleich der Werte von Surgut und Jakutsk die Wirkung der Kontinentalität feststellen: Während die westliche Station mit 485 mm für sibirische Verhältnisse eine relativ hohe Niederschlagsmenge aufweist, empfängt die östliche Station weniger als 200 mm. Große Teile Sibiriens, vor allem der kontinentale Osten und Nordosten, weisen Jahresniederschläge von weniger als 300 mm und teilweise sogar unter 200 mm auf. Das führt dazu, daß z.B. in den inselhaften Agrargebieten des Jakutischen Beckens die sommerliche Trockenheit der wichtigste ertragsbegrenzende Faktor ist.

Im arktischen Norden wirken sich jedoch Niederschlagsmengen von rund 200 mm ökologisch ganz anders aus. Das in Abbildung 2.7 dargestellte Gebiet liegt in einer Region, die derartige Jahresniederschläge aufweist (um 180 mm !), und das Landschaftsbild zeichnet sich durch Versumpfung und Seenreichtum aus. Verschiedene Faktoren bewirken, daß hier diese geringen Niederschlagsmengen zu einer Überfeuchtung der Landschaft führen:
- der Staukörper des Dauerfrostboden, der auch im Sommer in nur 20–30 cm Tiefe ansteht;
- geringe Verdunstung infolge kurzer und kühler Sommer. Tscherski, das nur wenige Kilometer außerhalb des östlichen Kartenrandes liegt, weist ein Julimittel von 11°C auf (s. Tab. 2.2);
- geringe Verdunstung infolge hoher Luftfeuchtigkeit durch vom Eismeer eindringende Luftmassen.

Beim Überfliegen dieser Region blickt man auf eine geradezu amphibische Landschaft

Tab. 2.3:
Niederschlagsverteilung und -mengen (Mittel) an ausgewählten Stationen Sibiriens

	Summe Niederschläge Januar/Februar	Summe Niederschläge Juli/August	Jahresniederschläge
Salechard	34 mm	113 mm	374 mm
Surgut	37 mm	176 mm	485 mm
Omsk	20 mm	123 mm	341 mm
Irkutsk	18 mm	163 mm	403 mm
Jakutsk	11 mm	75 mm	192 mm

hinab, in der der Anteil offener Wasserflächen oft überwiegt – und dies trotz Niederschlagmengen, die an der Südflanke Sibiriens (z.B. in Transbaikalien) gerade einmal zur Herausbildung einer mageren Kurzgrassteppe ausreichen. Das zeigt, daß in Sibirien die Niederschlagsmengen alleine nicht ausschlaggebend für die hydrologischen Verhältnisse sind.

Die winterlichen Niederschläge fallen als Schnee und werden in dieser Form bis zur Schneeschmelze akkumuliert. Für Irkutsk, um wieder diese Station mit mittleren Werten herauszugreifen, wird als durchschnittlicher Termin für den Beginn der festen Schneedecke der 31.10. und für deren Ende der 2.4. angegeben, was 162 Tage mit Schneebedeckung bedeutet.

Die Dauer der Schneebedeckung steigt vom Süden Westsibiriens mit rund 150 Tagen bis zum Norden Ostsibiriens auf etwa 250 Tage an. Aufgrund der relativ geringen Winterniederschläge (für Irkutsk 57 mm) ist die Schneedecke nicht allzu hoch: Im größten Teil Sibiriens beträgt sie 40–60 cm, im niederschlagsarmen Osten und Norden werden nicht einmal 40 cm erreicht.

Dieser Schneedecke kommt eine wichtige ökologische Bedeutung zu. Einmal bewirkt eine über ganz Sibirien geschlossene Schneedecke eine Albedo-Erhöhung und damit eine Verschärfung der Kälte (in den Nadelwäldern, in denen der Schnee von den Zweigen auf den Boden rutscht, ist dieser Effekt weniger ausgeprägt). Gleichzeitig aber bietet die isolierende Schneedecke der

Tab. 2.4: Klimadaten ausgewählter sibirischer Stationen

		I	II	III	IV	V	VI	VII	VIII	IX	X	XI	XII	Jahr
Salechard	Mittlere Temperatur (°C)	−24,4	−21,9	−17,9	−10,2	−2,1	7,1	13,8	11,2	5,2	−4,1	−15,8	−21,5	Ø −6,7
	Mittlerer Niederschlag (mm)	20	14	20	25	27	41	56	57	41	27	26	20	Σ 374
Surgut	Mittlere Temperatur (°C)	−22,2	−19,3	−12,8	−4,4	3,6	12,6	16,8	13,9	7,4	−1,7	−13,3	−20,2	Ø −3,3
	Mittlerer Niederschlag (mm)	21	16	19	21	43	61	76	80	54	40	30	24	Σ 485
Omsk	Mittlere Temperatur (°C)	−19,1	−18,0	−11,3	0,2	10,6	16,6	18,9	15,9	10,3	1,6	−8,6	−16,5	Ø 0,0
	Mittlerer Niederschlag (mm)	12	8	10	17	28	56	70	53	34	22	17	14	Σ 341
Barnaul	Mittlere Temperatur (°C)	−17,7	−16,4	−9,7	1,2	11,0	17,6	19,6	17,0	10,7	2,3	−7,9	−15,1	Ø 1,0
	Mittlerer Niederschlag (mm)	32	23	22	23	38	52	70	54	40	46	43	37	Σ 480
Jenissejsk	Mittlere Temperatur (°C)	−22,0	−19,3	−10,9	−1,8	6,5	14,4	17,8	14,7	7,9	−0,9	−12,1	−20,9	Ø −2,2
	Mittlerer Niederschlag (mm)	21	13	12	20	36	56	62	68	46	38	34	27	Σ 433
Bratsk	Mittlere Temperatur (°C)	−23,8	−21,1	−11,6	−1,0	7,3	15,0	18,2	15,2	7,8	−1,4	−13,0	−22,2	Ø −2,6
	Mittlerer Niederschlag (mm)	10	7	6	10	25	46	61	61	30	17	16	12	Σ 301
Irkutsk	Mittlere Temperatur (°C)	−20,9	−18,5	−10,0	0,6	8,1	14,5	17,5	15,0	8,0	0,1	−10,7	−18,7	Ø −1,2
	Mittlerer Niederschlag (mm)	10	8	7	14	39	63	83	80	48	19	17	15	Σ 403
Minussinsk	Mittlere Temperatur (°C)	−19,9	−18,7	−10,0	2,3	10,7	17,6	20,2	17,0	9,9	1,5	−8,6	−17,1	Ø −0,4
	Mittlerer Niederschlag (mm)	7	6	5	13	32	53	56	61	33	20	13	9	Σ 308
Tschita	Mittlere Temperatur (°C)	−26,8	−21,8	−11,7	0,0	7,8	15,1	18,5	15,2	8,4	−1,4	−14,3	−24,1	Ø −2,9
	Mittlerer Niederschlag (mm)	3	2	3	10	25	55	95	98	38	11	6	4	Σ 348
Tura	Mittlere Temperatur (°C)	−36,8	−29,0	−19,8	−8,2	3,8	12,2	15,8	12,2	5,1	−7,0	−24,4	−34,4	Ø −5,2
	Mittlerer Niederschlag (mm)	11	8	11	14	20	55	67	56	30	23	19	16	Σ 330
Tscherski	Mittlere Temperatur (°C)	−35,8	−33,4	−26,0	−15,6	−2,9	9,6	11,0	8,6	2,3	−10,6	−24,2	−32,5	Ø −12,?
	Mittlerer Niederschlag (mm)	10	9	6	4	6	26	30	26	18	14	13	11	Σ 173
Jakutsk	Mittlere Temperatur (°C)	−43,2	−35,8	−22,0	−7,4	5,6	15,4	18,8	14,8	6,2	−7,8	−27,7	−39,6	Ø −10,?
	Mittlerer Niederschlag (mm)	6	5	4	7	14	29	37	38	22	13	9	8	Σ 192
Werchojansk	Mittlere Temperatur (°C)	−48,9	−43,7	−29,9	−13,0	2,0	12,7	15,3	11,0	2,6	−14,1	−36,1	−45,6	Ø −15,?
	Mittlerer Niederschlag (mm)	4	4	4	4	7	26	29	27	14	10	8	5	Σ 142

Vegetation und auch den Tieren Schutz vor der extremen Winterkälte. Es sei darauf hingewiesen, daß im Botanischen Garten der Stadt Nowosibirsk stammlose Apfelbäume gezüchtet worden sind, bei denen die Äste flach auf dem Boden aufliegen und somit vom Schnee bedeckt werden, was einen Kälteschutz für die Fruchtansätze bedeutet. Ansonsten sind in Sibirien aus klimatischen Gründen keine Obstkulturen möglich.

Schließlich hängen noch Schneemächtigkeit und Verbreitung des geschlossenen Dauerfrostbodens zusammen: Nur dort, wo die isolierende Schneedecke flach bleibt, das heißt vor allem im Norden und im Osten, kann die Winterkälte tief in den Boden eindringen. Das gilt nicht nur für die Gegenwart, sondern war auch schon im Pleistozän, als der Dauerfrostboden sich herausbildete, der Fall.

2.2   Der Dauerfrostboden

Der Dauerfrostboden nimmt in Alaska 1,5 Mio. km^2 ein, in Kanada 5,7 Mio. km^2 und in Rußland – davon rund 95 % in Sibirien und im Fernen Osten – 11 Mio. km^2 (nach POZDNJAKOV 1983, S. 9). Er gehört damit zu den wichtigsten ökologischen Elementen Sibiriens, vor allem der nördlichen und östlichen Regionen. An Flußufer-Aufschlüssen ist der Dauerfrostboden oft als kompakte helle Eisschicht zu erkennen.

Der Dauerfrostboden ist weniger ein Produkt des heutigen als des glazialzeitlichen Klimas. Sibirien trug im letzten Glazial – von begrenzten Höhengebieten wie dem Putorana-Plateau abgesehen – keine Inlandvereisung, unter der sich wegen des Aufstaus der Erdwärme kein Dauerfrostboden bilden kann. Die größten Teile Sibiriens wurden in jener Zeit von einer Kältesteppe eingenommen, die der ideale Lebensraum der Mammuts war. Gerade diese Mammuts sind der Beweis, daß der Dauerfrostboden, in dem diese Tiere zum Teil konserviert worden sind, schon in der letzten Kaltzeit bestand. Das Alter der gefundenen Tiere wurde auf 11 000 bis 37 000 Jahre bestimmt. Mit ihren 80 cm langen Fellhaaren waren sie an das damals noch extremere Klima angepaßt, und ihre bis zu 4 m langen Stoßzähne dienten ihnen im langen Winter als Schaufeln, mit denen sie den (auch damals dünnen) Schnee beiseite räumten, um an das Steppengras zu gelangen.

An den erwähnten Fluß-Uferabbrüchen werden immer wieder Mammutreste gefunden. Zwischen 1650 und 1900 sind nach Schätzungen die Stoßzähne von über 40 000 Tieren aus Sibirien ausgeführt worden, und auch heute werden alljährlich einige tausend Tonnen davon als Ersatzmaterial für das verbotene Elfenbein exportiert. Im Jahre 1900 wurde am Ufer der nordostjakutischen Berjosowa erstmals im Dauerfrostboden ein komplettes Mammut mit Fleisch und Fell gefunden und in einer Schlittenexpedition nach St. Petersburg gebracht. Es gab später noch weitere ähnliche Funde, so z. B. 1977, als an der oberen Kolyma ein 40 000 Jahre altes Jungmammut entdeckt wurde. Das letzte Mammut soll vor 5 000 Jahren auf der im Eismeer liegenden Wrangel-Insel gestorben sein.

Der Dauerfrostboden, in dessen Eis sich die Mammutreste erhalten haben, kommt in geschlossener Form vor allem im nördlichen und östlichen Sibirien vor (s. Abb. 2.3) und reicht in einem Ausläufer nach Süden bis in die Höhe des Baikalsees (d.h. bis auf etwa 52°C N). Südlich des Polarkreises wird er im Sommer durch die Taiga vor der starken Sonneneinstrahlung geschützt. Hier besteht (wie weiter unten noch dargestellt wird) ein Systemverbund zwischen Vegetation und dem vereisten Untergrund. Bei Flügen mit dem Hubschrauber über waldfreie Gebiete, z. B. Flußniederungen oder die Tundra, kann man überall die für den Dauerfrostboden

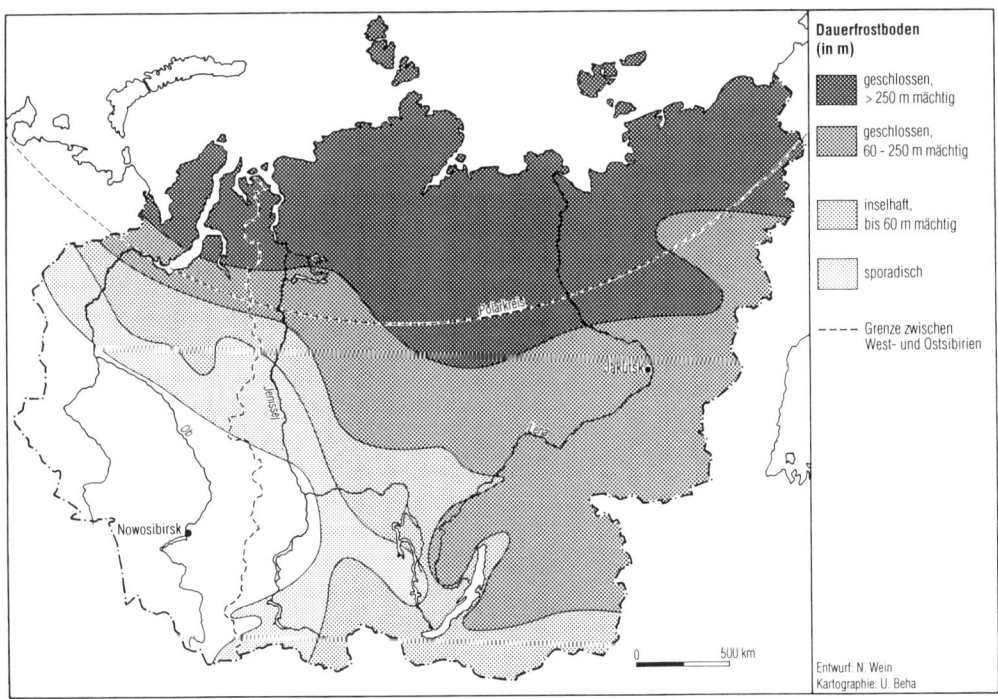

Abb. 2.3: Verbreitung und Mächtigkeit des Dauerfrostbodens in Sibirien
Quellen: nach LYDOLPH 1977, in JENSEN/SHABAD/WRIGHT 1983)

charakteristischen Polygonstrukturen an der Oberfläche sehen.

Die Mächtigkeit des Dauerfrostbodens beträgt im Norden generell über 400 m und nimmt nach Süden kontinuierlich ab, um im Baikalgebiet nur noch 25–100 m zu erreichen. Auf der westsibirischen Halbinsel Jamal beträgt die Mächtigkeit 450 m, bei Salechard am Unteren Ob 190 m, bei Tiksi im Lena-Delta 630 m, bei Jakutsk 450 m und bei Mirny 550 m (nach Tab. 3 bei DANILOV 1990). Die weltweit größte Mächtigkeit wurde mit 1 500 m im westsibirischen Plateau (700 m Höhe) südlich der Stadt Uda-tschny gemessen. Die Temperaturen im Permafrost betragen (unterhalb einer rund 6 m mächtigen Schicht mit jährlichen Schwankungen) –12 bis –14°C.

Das Phänomen des Dauerfrostbodens wurde mit der frühen Erschließung Sibiriens entdeckt. DANILOV (1990, S. 11) schreibt dazu:

„1643 meldeten die im Lena-Gebiet tätigen Heerführer Golovin und Gelbov nach Moskau, daß im Gebiet der Festung Jakutsk die Erde auch mitten im Sommer nicht auftaut und man deshalb nach Aussagen der Handelsleute hier keine Getreidefelder erwarten kann. In Jakutsk wurde von 1685–1686 der Versuch unternommen, einen Brunnen in den gefrorenen Untergrund zu graben. Der Brunnenschacht wurde bis zu einer Tiefe von 30 m vorgetrieben, aber man konnte die gefrorene Schicht nicht durchstoßen. Der jakutische Bojarensohn Aksentjev ließ sich selber in den Brunnen hinab und überzeugte sich davon. Nach Moskau wurde gemeldet, daß es unmöglich sei, in Jakutsk Brunnen anzulegen, weil die Erde auch im Sommer nicht mehr als zwei Arschine (=1,42 m) auftaut und darunter immer gefroren ist."

Dieser Dauerfrostboden, der etwa 80% Sibiriens einnimmt, stellt ein großes Hemmnis für die Nutzung und die industrielle Erschließung des Raumes dar. Wenn er im Frühsommer, wie im obigen Bericht dargestellt, oberflächig auftaut (meist nur um 0,5–1,0 m), verwandelt sich die Oberfläche großenteils in ein Meer von Schlamm. Es setzt die sogenannte „Rasputiza", die Wegelosigkeit, ein. Die Dörfer im Jakutischen Becken sind, um nur ein Beispiel herauszugreifen, in dieser Zeit von der Umwelt praktisch abgeschnitten und nur auf dem Wasserwege zu erreichen. Auch lokale Landtransporte, wie das Heranfahren des Heues von den Mähwiesen in die Dörfer, können in der Regel nur im Winter geschehen, wenn der Boden fest ist. Bei industriellen Projekten werden größere Transporte auf den Winter konzentriert, wenn die gefrorenen „Simniki" (die Winterwege) ein Befahren erlauben. Da der Dauerfrostboden im Wechsel von Gefrieren und Auftauen ständig „arbeitet", müssen bei der Anlage von Dauerverkehrswegen, wie z.B. Bahnlinien und festen Straßen, hohe Kies- bzw. Sanddämme als stabilisierende Unterlagen aufgeschüttet werden.

Im obigen historischen Bericht wird auch anschaulich die Schwierigkeit der Trinkwasserversorgung im Dauerfrostbodenbereich geschildert. Die Republikhauptstadt Jakutsk (mit rund 200 000 Ew.) wird heute über einen Tiefbrunnen versorgt, der die 450 m mächtige Gefrornisschicht durchstößt. In kleineren Siedlungen sind derartige Tiefbrunnen allerdings nicht möglich, und man ist deshalb ganz auf das Flußwasser angewiesen. Das war weiter kein Problem, solange die Flüsse noch nicht durch die Gold- und Diamantentagebaue verseucht waren. Dem Lena-Nebenfluß Wiljui darf heute kein Trinkwasser mehr entnommen werden, und die Bauernhaushalte werden über Tankwagen versorgt, die das Wasser aus den kleineren Seen der Umgebung fördern. Nützlich ist der Dauerfrostboden den ländlichen Bewohnern nur dadurch, daß jeder Haushalt einen 2–3 m tief in den Boden gegrabenen Speicher besitzt, der auch im oft heißen Sommer als Tiefkühlraum dient. In Großform gibt es derartige Kühllager auch in den städtischen Siedlungen: Hier sind unterirdische Stollensysteme angelegt worden, die mit Gabelstaplern befahren werden können und die als Lager für die herantransportierten Lebensmittel dienen.

Ein großes Problem stellen im Bereich des Dauerfrostbodens die Siedlungen selber dar. Wenn die Wärme aus den Häusern in den Untergrund eindringt, taut der Boden auf, wodurch dieser seine Stabilität verliert. Thermokarstprozesse können zum Absakken oder gar zum Einstürzen der Gebäude führen. Die Häuser des alten Jakutsk sind daher auf ein isolierendes Fundament aus Lena-Flußsteinen gebaut worden. Das war eine Methode, die für die damals niedrigen Holzhäuser geeignet gewesen sein dürfte (obwohl viele der alten Häuser heute schief stehen), die aber für moderne Stein- und Betonbauten nicht ausreicht. Seit etwa 1950 wird die in Jakutsk entwickelte Methode des Stelzenbaues angewandt. Dabei werden die Häuser wie Pfahlbauten auf etwa 2 m den Boden überragende Betonstelzen gesetzt, zwischen denen die Luft zirkulieren und die Hauswärme abführen kann. Die Pfähle werden mit Dampfstrahl und Rammen in den Boden eingelassen, je nach den lokalen Gegebenheiten 6–8 m (so in Jamburg im Norden Westsibiriens) bzw. 10–15 m tief (in Mitteljakutien). Mit dieser Stelzenmethode können heute bis zu zwölfgeschossige Hochhäuser errichtet werden, wobei jedoch nach wie vor Schäden, z.B. Risse in den Wänden, die durch Bodensackungen entstehen, nicht selten sind. Wo Häuser durch Auftauprozesse gefährdet sind, können (wie gesehen in Mirny) ringsherum senkrechte Röhren in den Boden eingelassen werden, durch die Kerosin als Kühlmittel zirkuliert und den Boden wieder stabilisiert. Nicht selten kommt es jedoch trotz aller Vorsichtsmaßnahmen zu Katastrophen: In Jakutsk fiel im Frühjahr 1992 nach unbemerkten Thermokarstprozessen ein fünfgeschossiger Wohnblock in sich zusammen. Die Bewohner hatten noch kurz vor der Katastrophe evakuiert werden können!

Zum typischen Erscheinungsbild der auf Dauerfrostboden errichteten Siedlungen gehören die oberirdisch verlaufenden Versorgungsröhren. In oft abenteuerlichen Windungen ziehen sich (so in Jakutsk) die isolierten Rohrsysteme für Wasser, Abwasser, Gas und Fernwärme, teils - um den Verkehr nicht zu behindern - meterhoch über den Straßen durch die Siedlungen. Anderswo (so z. B. in Mirny) werden die Röhren durch direkt über den Boden verlaufende und mit Isoliermaterial gefüllte Holzkastensysteme, deren Oberfläche oft als Gehweg dient, durch die Siedlungen geleitet.

Besondere Anpassungsformen verlangt der Dauerfrostboden beim Bau von Staudämmen, wie z. B. am Lena-Nebenfluß Wiljui. Da der Dauerfrostboden im Jahresverlauf ständig arbeitet, können hier keine massiven Betonmauern, wie z. B. bei den Angara-Wasserkraftwerken, errichtet werden. So werden Erddämme angelegt, die im Abstand von 2 – 3 m von senkrechten Röhren durchzogen werden, durch welche im Winter bei Temperaturen von unter −20°C über Ventilatoren kalte Luft geblasen wird. Dadurch wird der Erddamm in seinem Inneren (bis wohin die normale Winterkälte nicht gelangen würde) gefroren und in der Dynamik an die Dauerfrostumgebung angepaßt.

Vielfache Anpassungsformen sind entwickelt worden, um auch unter den schwierigen Bedingungen des Dauerfrostbodens eine industrielle Erschließung durchzuführen. Die dafür erforderlichen Maßnahmen sind jedoch mit hohen Kosten verbunden, was dazu führt, daß unter den modernen marktwirtschaftlichen Bedingungen manche Projekte neu bewertet werden müssen.

Die erwähnte Klimaerwärmung wird (wofür an seiner Südflanke bereits erste Anzeichen erkennbar sind) zu einem Rückzug des Dauerfrostbodens nach Norden führen. Beim Auftauen des Dauerfrostbodens aber entweicht Methan, ein Gas, dessen Treibhauswirkung noch stärker ist als die des CO_2. Dadurch wird die Temperatur weiter erhöht, was zu einem weiteren Auftauen des Permafrostes führt – ein Rückkoppelungsprozeß, der das Klimageschehen dramatisch verändern kann!

2.3 Die Landschaftszonen

Mit einer Nord-Süd-Erstreckung von bis zu 3 000 km (was der Entfernung Lissabon – Reykjavik entspricht) hat Sibirien Anteil an mehreren Landschaftszonen.

Tab. 2.5: Bewaldungsgrad sibirischer Regionen
Quelle: VOROBJOV/TSCHISTOBAJEV 1993, Tab.3

Gebiet Tjumen	34,8 %
Gebiet Nowosibirsk	23,7 %
Gebiet Kemerowo	58,1 %
Region Krasnojarsk	50,2 %
Gebiet Irkutsk	80,6 %
Republik Burjatien	63,3 %
Republik Sacha (Jakutien)	47,4 %

Bei einem Flug von Nowosibirsk nach Nowy Urengoi startet man in der offenen Landschaft der Waldsteppe, überfliegt die hier von Sümpfen durchsetzte Taiga und landet am Polarkreis in der – wiederum offenen – Tundra.

Sibirien wird nur knapp zur Hälfte (49,6 %) von Wäldern bedeckt. In den unter den Kapiteln 9.4.1 bis 9.4.7 beschriebenen Regionen schwankt der Waldanteil von weniger als einem Viertel bis zu mehr als vier Fünfteln (Tab. 2.5).

Die Steppe grenzt den Wald von Süden her ein und die Tundra von Norden.

Die Landschaftszonen

2.3.1 Die Tundra

Beim niedrigen Überfliegen der Tundra, die sich als 300–600 km breiter Streifen parallel zur Eismeerküste entlangzieht, zeigt sich diese nördlichste Vegetationszone als buntes und stark strukturiertes Mosaik. Kleinste Niveauunterschiede, oft nur im Zentimeterbereich, führen zu veränderten Feuchteverhältnissen, die sich in einem Wechsel des Pflanzenbestandes und damit in einer Änderung der Farbgebung widerspiegeln. Im kurzen Sommer zeigt sich die Tundra aus der Luft in verschiedensten Grüntönen, während sie im Herbst und vor allem im Frühjahr, unmittelbar nach der Schneeschmelze, wie ein aus reich differenzierten Brauntönen bestehendes modernes Gemälde erscheint. Und durchdrungen ist die Tundra überall von Wasser, teils in Form kreisrunder Seen (thermokarstischen Ursprunges, s. Kap. 2.4.2), teils in überfluteten Niederungen, wobei häufig geradezu amphibische Landschaftsbilder entstehen.

Dieser Feuchtecharakter überrascht, da doch hier nur Niederschläge von weniger 300 mm, oft sogar unter 200 mm, fallen. Die geringe Verdunstung wie auch der Staukörper des Dauerfrostbodens bewirken, daß diese Niederschlagsmengen zu einer hohen Bodenfeuchte führen können.

Die Klimaverhältnisse, an die sich die Vegetation anpassen muß, sind in vielerlei Hinsicht als extrem zu bezeichnen. Die Winter sind kalt, lang und dunkel, wobei oft die als „Purga" bezeichneten Schneestürme, die mit Geschwindigkeiten bis zu 140 km/h vom Eismeer kommen, über das Land fegen.

Die Schneebedeckung währt 220–280 Tage. Die hier existierenden Pflanzen sind Spezialisten, die sich durch Zwergwuchs und Polsterform an Kälte und Wind anpassen. Den Winter überstehen sie im Schutze des Schnees, weshalb die Pflanzenhöhe immer der durchschnittlichen Höhe der Schneedecke entspricht.

Die Sommer sind kurz und kühl (Julimittel unter 10°C), bei einem relativ hohen Bewölkungsgrad (im Mittel 75 %). Plustemperaturen treten erst ab Mitte Juli auf, und die Vegetation, die durchweg aus mehrjährigen Pflanzen besteht, tritt dann sofort biologisch in Aktion, wobei aufgrund der Sommerhelligkeit „die Photosynthese rund um die Uhr läuft" (SCHULTZ 1988, S. 113). Trockenere Standorte, die nur 1–2 dm über dem allgemeinen Niveau zu liegen brauchen, verwandeln sich im Juli in wahre „Pflanzengärten", übersät von verschiedenfarbigsten Blüten. Die Tundra zeigt jetzt eine ungeahnte Pflanzenvielfalt. Nach TISCHLER (1990, S. 218) wurden im Taimyrgebiet 239 Gefäßpflanzen, 117 Moose, 112 Flechten und zahlreiche Pilze gezählt.

Zu den tierischen Bewohnern der Tundra gehören neben Renen, Wölfen, Scheehasen, Füchsen und zahlreichen Vogelarten (für das Taimyrgebiet werden 10 Säugetier- und 61 Vogelarten genannt) auch die Mücken, die den hier lebenden Menschen von Anfang Juli bis Ende August das Leben erschweren. Wer diese Plage nicht selber erlebt hat, wird sich keine Vorstellung davon machen können. Selbst wenn man durch geschlossene Kleidung und eventuell auch abwehrende Chemikalien seinen Körper weitgehend schützt, kann man – vor allem bei feuchter Wetterlage – oft nur flach atmen, weil die Tiere sonst in Mund und Nase eindringen.

Eindrucksvoll ist die Beschreibung, die bereits 1737 LINNÉ über die Mückenplage in der Tundra gegeben hat: *„Ich möchte sagen, daß die gemeine Stechmücke nirgends auf der Erde in so unermäßlicher Menge auftritt wie (hier), wo sie ihrer Zahl nach mit dem Staub der Erde wetteifert. Andauernd fliegen die Mücken hier mit ihrem ekelhaften Gesumme umher und stürzen sich auf Gesicht, Beine und Hände der Menschen. Steckt man die bloße Hand aus, so ist bald eine Unmasse da, die sich auf sie setzt und* *sie schwarz bedeckt. Streift man sie mit der anderen Hand ab und tötet die ganze Schar, so nehmen, kaum, daß man jene abgestreift hat, ebensoviele andere den alten Platz ein."* (aus SCHULTZ 1988, S. 115).

Untergliedert wird die Niederungstundra (s. Abb. 2.4) in die Arktische Tundra (mit mehr als 50 % nackter Bodenfläche und mosaikartiger Vegetation), die flächenmäßig vorherrschende Nördliche oder Subarktische Tundra (Moose, Rentierflechten, Kleinsträucher) und die Südliche Tundra (Gräser und Sträucher bis 1 m Höhe).

Die Phytomasse der organischen Substanz liegt in der Tundra bei etwa 5 t/ha (zum Vergleich: in der Steppe 16 t/ha). Die jährliche Primärproduktion ist trotz der im (kurzen) Sommer ganztägigen Photosynthese recht niedrig. Während sie in unseren Mittelbreiten bei 8–13 t/Jahr liegt, erreicht sie in der Tundra nur 0,4–1 t/Jahr (TISCHLER 1990, S. 226). Aufgrund der geringen Wuchsleistungen können sogar kleine Sträucher ein Alter von bis zu 200 Jahren haben. Nach BERG (1958 I, S. 42) wurden in der Strauchtundra an einem Wacholderbusch mit 8 cm Stammdurchmesser 544 Jahresringe gezählt. Der jährliche Zuwachs an den Trieben der Polarweide beträgt nur 1–5 mm. Rentierflechten, deren Polster 6–10 cm hoch werden, weisen die gleichen niedrigen Zuwachsraten auf, was bedeutet, daß eine von Rentieren abgeweidete Pflanzendecke 15 bis 20 Jahre für ihre Regenerierung benötigt.

Entsprechend groß ist der Flächenbedarf der Rentierwirtschaft: Für ein einziges Tier wird eine Weidefläche von reichlich 100 ha veranschlagt, was für einen Betrieb einen Flächenbedarf etwa in der Größe des Saarlandes bedeuten kann.

Die langsame Regenerierung der Pflanzendecke führt zur Gefahr der Überweidung, was einen Zusammenbruch des Tundrensystems zur Folge hätte. Die Rentiernomaden führen daher an die Nutzung angepaßte Wanderbewegungen durch, indem sie einmal abgeweidete Flächen in den nächsten Jahren meiden. Sie fügen sich damit in das ökologische Regime der Tundra ein, ohne es zu schädigen. Neben den sogenannten Hausrenen existieren in der Tundra noch die Wildrene, deren Anzahl über ein eingespieltes Räuber-Beute-System – bei dem vor allem die Wölfe die Räuber sind – normalerweise in ökologisch vertretbaren Grenzen gehalten wird. Da die Wölfe hin und wieder auch in die Wirtschaftsherden eingefallen sind, hat man in den 1980er Jahren diese Tiere in weiten Teilen durch gezielte Jagdaktionen (teilweise aus dem Hubschrauber heraus) fast vollständig ausgerottet. Das führte zu einer ungehinderten Zunahme der Zahl der Wildrene, die in den festgelegten Weidearealen heute zu einer wachsenden Konkurrenz für die Wirtschaftsherden geworden sind und vielleicht einmal die ganze Tundrenökologie aus dem Gleichgewicht bringen können.

Besonders gefährdet sind die Ökosysteme dort, wo die Technik in die Tundra eindringt. Geländefahrzeuge, oft auf Ketten laufend, können zu einer irreversiblen Zerstörung der Pflanzenschicht führen. An der Unteren Kolyma erschienen 30 Jahre alte, von Goldsuchern angelegte Fahrzeugspuren so frisch, als seien sie erst wenige Wochen alt. In der jakutischen Tundra ist daher seit einigen Jahren der Einsatz von Geländefahrzeugen verboten.

Gänzlich bedroht wird die Tundra jedoch durch die industrielle Nutzung, wie z. B. die Erdgasförderung im Norden Westsibiriens. Aus der Luft gesehen erscheint die Oberfläche zwischen Nowy Urengoi und Jamburg stellenweise geradezu von Fahrzeugspuren durchfurcht. Große Tundrengebiete sind hier bereits gänzlich zerstört, womit den Rentierwirtschaft treibenden Nenzen und Mansen die Lebensgrundlage weitgehend entzogen ist. Wo die Vegetationsdecke vernichtet wird, geht auch der Isolationsschutz für den hier nur geringmächtigen Dauerfrostboden verloren, und Sumpfgebiete mit instabilem Untergrund

Die Landschaftszonen

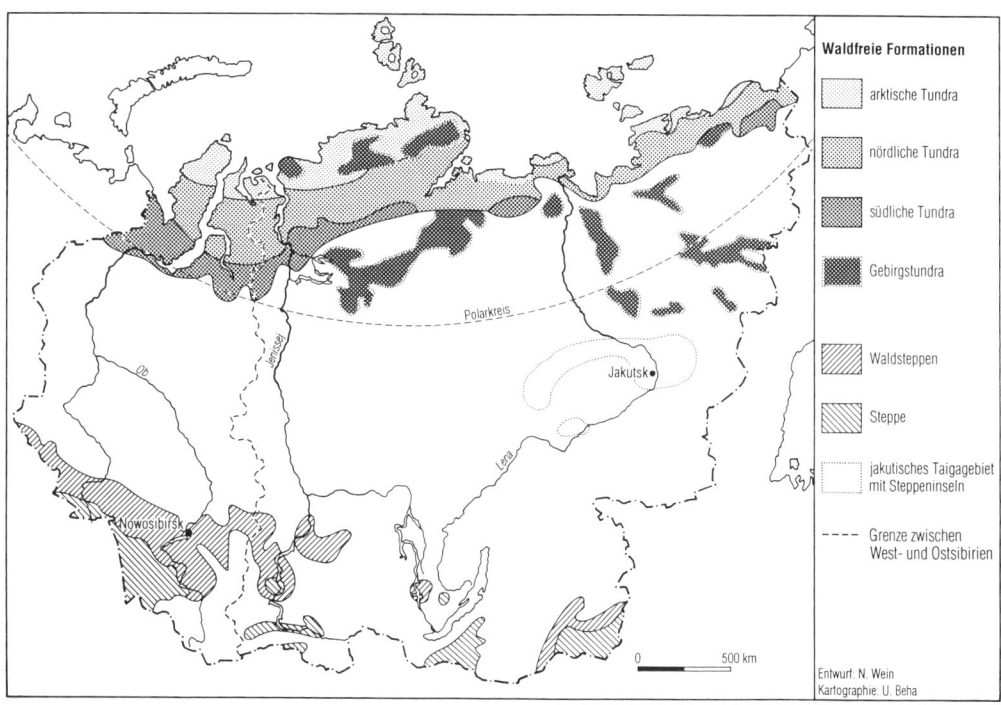

Abb. 2.4: Die waldfreien Zonen Sibiriens (Tundra, Waldsteppe und Steppe)

Zusammenfassung Tundra
Oberfläche:
weithin flach, Permafrost in geringer Tiefe, verbreitet Staunässe, offene Wasserflächen (u.a. thermokarstischen Ursprungs);
Klima:
kurze und kühle Sommer, Julimittel unter 10°C, nach der Schneeschmelze hohe Energieverluste durch Verdunstung, lange und kalte Winter, Schneebedeckung 220-280 Tage, Jahresniederschläge unter 250 mm, hohe Bewölkung, häufige Schneestürme (Purga) im Winter, Vegetationsperiode 1-3 Monate (dann biologische Aktivität unter „Ganztagsbedingungen")
Vegetation:
Zwergsträucher, Gräser, Polster- und Moospflanzen, Flechten. Phytomasse oberirdisch 5 t/ha, jährliche Produktion 0,4-1 t/ha, langsame Zersetzung;
Tierwelt:
Rentiere, Lemminge, Polarhasen, Gänse, Enten, Schneehühner.
Quelle: u.a. nach SCHULTZ 1988, Abb. 45

---

treten an die Stelle der Tundra. Gegenwärtig verlagert sich das Zentrum der Gasförderung von Nowy Urengoi weiter nach Norden, auf die Halbinsel Jamal. Bereits jetzt sind dort mehrere tausend Quadratkilometer Tundra zerstört, und man rechnet damit, daß weitere 25 000 km^2 dazukommen werden.

2.3.2 Die Taiga

Verbreitung und Bewaldungsgrad (Abb. 2.5)
Der mit dem jakutischen Begriff „Taiga" bezeichnete Nadelwaldgürtel schließt sich nicht unmittelbar an die Tundra an. Zwischen Tundra und Taiga schieben sich im Norden die Waldtundra und nach Süden anschließend der sogenannte „Lichtwald" (russ. „Redko-les"). Der Lichtwaldgürtel gehört zwar botanisch bereits zu den borealen Nadelwäldern, er wird aber wegen seiner Schütterheit noch nicht zur Taiga gerechnet. Er nimmt den Streifen ein, in dem die durchschnittlichen Julitemperaturen zwischen 10 und 14°C liegen, und seine größte Verbreitung findet dieser Waldtyp im Nordosten Jakutiens, wo er fast die ganze Niederung westlich der mittleren Kolyma (N-S-Erstreckung bis 300 km) einnimmt. Die Bäume bleiben hier niedriger (um 8 m hoch), und sie stehen relativ locker. Der Untergrund ist meist mit Rentierflechten (russ. „Lischajnik") bedeckt.

Der eigentliche Taigagürtel beginnt nach der Definition russischer Experten (s. PARMUZIN 1985, S. 7) erst ab einem Julimittel von 14°C, von wo ab das Waldbild fester und geschlossener ist. Die Südgrenze fällt nach dieser Definition mit der 18-°C-Isotherme zusammen, an der der Wald im kontinentalen Asien in die Waldsteppe übergeht. Dieser Taigagürtel erreicht in Westsibirien eine N-S-Erstreckung von etwa 1 100 km, in Mittelsibirien von rund 1 500 km und in Ostsibirien von bis zu 1 600 km.

Die Taiga ist nicht der üppige Urwald, als den man sich diese Vegetationszone vorstellen mag. Die Bäume bleiben mit max. 15 – 20 m niedriger als in unseren mitteleuropäischen Wäldern, sie stehen meist lockerer und sind von schlankem Wuchs. Die Phytomasse beträgt in der Mittleren Taiga rund 260 t / ha, was deutlich unter dem Wert unserer Laubwälder liegt, der mit 370 – 400 t / ha angegeben wird (SCHULTZ 1988, Tab. 21). Der Bewaldungsgrad im Taigagürtel, der von den Klimaverhältnissen als auch vom Grad der Erschließung abhängt, liegt im größten Teil bei 30 – 40 %, und nur in einem Gebiet zwischen Jenissej (Mündung der Unteren Tunguska), Oberer Angara und Mittlerer Lena herrschen fast geschlossene Wälder mit einem Bewaldungsgrad von über 80 % vor. Im westlichen Taiga-Abschnitt ist der Bewaldungsgrad niedrig, weil in dieser sogenannten „Waldsumpfzone" Sümpfe, Moore und Seen Flächenanteile von 50 % und mehr einnehmen (s. Kap. 2.4.2). An der entgegengesetzten Flanke, im zentralen Jakutien, ist der Bewaldungsgrad herabgesetzt, weil hier Steppeninseln die Taiga durchsetzen. Niedrige Niederschläge und hohe Julitemperaturen (Jakutsk mit 18,5°C knapp oberhalb der klimatischen Taiga-Abgrenzung von 18°C) lösen hier eine Tendenz zur Steppenbildung aus, die vor allem auf trockenen Flußterrassen und an Südhängen zur Ausprägung kommt.

Hinzu kommen die „Alasse", deren Entstehung mit der ökologischen Situation des Waldes auf Dauerfrostboden zusammenhängt. Der Dauerfrostboden schadet dem Wald nicht, sondern er macht ihn in diesem klimatisch zur Versteppung neigenden Extremklima gerade erst möglich. Der Permafrost bindet die Herbstniederschläge und gibt in den trockenen Sommern, wenn er oberflächlich auftaut, die Feuchtigkeit an die Baumwurzeln ab. Umgekehrt schützt der Wald durch seine Isolationswirkung (einschließlich der oft mächtigen Streuauflage) den Dauerfrostboden vor der starken sommerlichen Einstrahlung. Wald und Bodengefrornis stehen also in einem Systemverbund, in dem ein Element das andere versorgt bzw. schützt. Wird der Wald inselhaft vernichtet, z. B. durch Waldbrände, die im sommertrockenen Jakutien häufig vorkommen, taut der nun ungeschützte Dauerfrostboden bis zu einer gewissen Tiefe auf. Thermokarstprozesse führen zu einer schüssel-

Die Landschaftszonen

artigen Einsenkung der Oberfläche, und ein See entsteht. Der Wasserkörper vermag die Sommerwärme leichter an den Untergrund abzugeben, so daß sich der Prozeß noch verstärkt und sich eine flache Einsenkung von mehreren Hektar Fläche herausbildet. Schließlich verdunstet der See (von dem ein mehr oder weniger großes Relikt allerdings fast immer erhalten bleibt), und eine trockene Fläche, „Alas" genannt, entsteht, auf der die Taiga nach dem Zusammenbruch des alten Verbundsystems aber nicht mehr Fuß fassen kann. Sie wird nun als trockener Standort von Steppengräsern eingenommen (nach SKRJABIN / KARAVAEV 1991, S. 104). Die-se Alas-Steppeninseln, die 10–50 ha (teils noch mehr) groß sein können, nehmen in Zentraljakutien bis zu 40 % der Fläche ein. Bei einem Flug über die Taiga sieht man, wie der Wald von Alassen geradezu „durchlöchert" ist – so wie die westsibirische Taiga von runden Seen durchsetzt ist.

Zusammensetzung der Taiga

Der Artenreichtum der Taiga ist relativ gering, meist dominieren ein oder zwei Baumarten, so im Westen die Kiefer und im Osten die Lärche.

Tabelle 2.6 zeigt, daß die Lärche, die in Sibirien rund 2,5 Mio. km² einnimmt, der verbreitetste Baum ist. Dieser Tabelle liegt Ostsibirien ohne Jakutien zugrunde. Da in der jakutischen Taiga die Lärche einen Anteil von 86 % besitzt, dürfte ihr Anteil auf ganz Ostsibirien bezogen bei etwa 70 % liegen.

Die schattigen Fichten- und Tannenwälder werden als „dunkle Taiga" und die lichteren Kiefern- und Lärchenwälder als „helle Taiga" bezeichnet. Die Kiefer bevorzugt sandige Standorte im trockneren Ostsibirien, wo sie vor allem in der Angara- und Baikalregion große geschlossene Komplexe bildet. Da diese Wälder lichtdurchflutet sind (daher: „helle Taiga" !), besitzen sie ein reiches Strauch-Unterholz. In der Baikalregion wird die Strauchschicht oft von einer mannshohen kleinblättrigen Rhododendronart (dahurischer Rhododendron) eingenommen, deren rote Blüten zwischen Mitte Juni und Mitte Juli der Taiga ein farbenfrohes Bild verleihen.

An der Front des geschlossenen Dauerfrostbodens geht die Kieferntaiga in die Lärchentaiga über. Die dahurische Lärche, die durch ihren Nadelabwurf an die extremen Winterverhältnisse des kontinentalen Ostens angepaßt ist, dringt im Norden bis in die Mündungsgebiete der Flüsse Lena, Indigirka und Kolyma ein und stößt mit 73° N weiter in den Norden vor als jeder andere Baum der Welt. Mit ihrer südlichen Verbreitungsgrenze bei 39° N reicht sie bis zum Rand der mongolischen Steppe und besitzt damit eine große Spannweite ökologischer Anpassung. Sie ist der Charakterbaum Jakutiens, und ein Flug führt hier im September stundenlang über eine von der Herbstfärbung der Lärche leuchtend gelbe Landschaft. Aufgrund der extremen klimatischen Bedingungen bilden die Lärchen Reinbestände mit äußerst artenarmem Unterwuchs.

Die Lärche ist ein schnellwüchsiger Baum, sie ist äußerst schmal, wobei der gerade Stamm durch das schüttere Astwerk hindurch in voller Länge sichtbar ist. Sie ist sehr langlebig und erreicht ein Alter von 300–500 Jahren. Ihr überaus stabiles und widerständiges Holz, das ihr auch den Namen „Eisenbaum" verleiht, ist als Bauholz sehr geschätzt, das jahrhundertelang keine Verwitterungserscheinungen zeigt. Die Kuppelskelette der Kremlkirchen und der auf

Tab. 2.6:
Artenzusammensetzung der sibirischen Taiga
Quelle: GERLOFF / VOROBJOV 1988, S. 75

Baum	Anteil in Anteil (%) in	
	Westsibirien	Ostsibirien
Kiefer	36	15
Fichte u. Tanne	11	10
Lärche	7	49
Zirbelkiefer	17	11
Birke	23	13
Espe	6	2

dem Roten Platz in Moskau stehenden Basilius-Kathedrale sind aus Lärchenholz errichtet, ebenso der Wachtturm des Jakutsker Ostrogs aus der Mitte des 17. Jahrhunderts, der bis heute unbeschadet mehr als 300 Jahre unter dem Extremklima überstanden hat.

Die sibirische Zeder oder auch Zirbelkiefer gilt als der wertvollste der Taigabäume. Von den normalen Kiefern ist sie an ihren aufgrund des dichteren Nadelbesatzes buschigeren Ästen zu erkennen. Reine Zedern- bzw. Zirbelkieferbestände gibt es kaum, sondern der Baum kommt verstreut in den normalen Kiefernwäldern vor. Das Holz ist in der Möbeltischlerei sehr geschätzt, aber am begehrtesten und wirtschaftlich am bedeutendsten sind die in den großen Zapfen enthaltenen Samen oder Kerne. Sie werden seit altersher gesammelt, wobei nach PARMUZIN (1985, S. 73) die „Ernten" in einem normalen Waldbestand bei 32–97 kg pro Hektar liegen. SCHINKARJOV (1979, S. 263) schreibt dazu: *„Schon in alten Zeiten rodeten sibirische Bauern die Taiga, doch die Zeder ließen sie stehen. Diesen Baum nannten sie „Brotbaum". Mehr als die Hälfte der Einkünfte einer bäuerlichen Familie brachte die Zedernuß. Ihr Kern besteht zu fast 80 % aus Öl, aus reinem und schmackhaftem Öl, das es mit jedem Oliven- oder Mandelöl aufnehmen kann."* Heute wird das wertvolle Öl zu Heil- und Kosmetikzwecken verwendet, und die Kerne selber stellen beliebte „Knabbernüsse" dar, die man auf jedem sibirischen Markt kaufen kann. 1960 wurden allein in Westsibirien 1,5 Mio. t Zederkerne gesammelt.

Zur Verbreitung der beiden Laubbäume Birke und Espe schreibt POZDNJAKOV (1983, S. 34): *„Das Areal der am weitesten verbreiteten Laubbaumarten Birke und Espe umfaßt praktisch das ganze Territorium des Landes, von der Westgrenze bis nach Kamtschatka, und vom Polarkreis bis zu den Steppen Kasachstans."* Die Birke, von der es in Rußland mehr als 40 Arten gibt, durchsetzt in Sibirien fast überall in mehr oder weniger großer Dichte die Nadelwaldtaiga. Am Südrand des Waldgürtels bildet sie mitunter völlig bestandseigene Wälder. So fährt die Transsib zwischen Nowosibirsk und Krasnojarsk auf langen Abschnitten durch reine Birkenwälder. In Jakutien ist sie auf den Alas-Inseln, meist rund um die relikthaften Seen, zu finden. Wo die Nadelwälder durch Luftschadstoffe oder auch durch Kahlschlagrodungen vernichtet werden, ist die Birke der Pionierbaum, der als erster wieder Fuß faßt.

Die Rinde der Russischen bzw. Sibirischen Birken ist im Gegensatz zu der unserer mitteleuropäischen Arten glatt und weich und diente den Naturvölkern wie auch den frühen sibirischen Bauern als Material für die Herstellung von Trommeldosen zur Aufbewahrung von Nahrungsmitteln, von (wasserdichten!) Eimern, Taschen und Rucksäcken. Aus Rindenstreifen wurden Schuhe geflochten, und Verbannte wie auch Kriegsgefangene nutzten die zum Teil papierartige Rinde, die sich leicht abschälen läßt, als Schreibmaterial.

Das Laubwerk der Birke, das sich nach den ersten Herbstfrösten (oft schon Ende August) gelb färbt, verleiht vor allem der südlichen Taiga eine leuchtende Herbstfärbung.

Die Landschaftszonen

Als Grund dafür, daß die Taiga fast ausschließlich aus Nadelbäumem besteht, gibt Schultz (1988, S. 148) an: „*Die immergrünen Nadelhölzer (alle außer Lärche), deren kälteresistente xeromorphe Nadeln mindestens zwei Jahre am Baum bleiben, haben gegenüber winterkahlen Laubbäumen den Vorteil, bereits zu Beginn der kurzen sommerlichen Vegetationszeit über einen voll ausgebauten Photosystheseapparat zu verfügen. Der Anteil der Assimilationsorgane an ihrer Gesamtmasse ist mit 4–5% außerdem mehr als doppelt so hoch wie bei den Laubbäumen.*"

Im Spätherbst findet bei den immergrünen Nadelbäumen eine „Abhärtung" der Nadeln statt (auf die im Frühjahr eine „Enthärtung" folgt), die dazu führt, daß Fichtennadeln, die normalerweise bei –7°C absterben, Temperaturen bis zu –40°C aushalten können (Walter 1977, S. 267). In den Extremgebieten mit noch tieferen Wintertemperaturen tritt jedoch die nadelabwerfende Lärche an die Stelle der Fichten und Kiefern.

Der winterliche Schnee schützt die Wurzeln vor der Extremkälte, wobei auch der Dauerfrostboden (mit Temperaturen von etwa –6°C gegenüber angenommenen –30°C Lufttemperatur) eine Erwärmung bewirkt. Die lockere Schneedecke bietet außerdem den Kleintieren Schutz. Bei Lufttemperaturen um –30°C können in der flachen Luftschicht zwischen einer nur 20 cm mächtigen Schneedecke und dem Boden durchaus gemäßigte Temperaturen von 0 bis 3°C herrschen (Tischler 1990, S. 169).

Die Wurzeln der Taigabäume sind, vor allem im Bereich des Permafrostes, ausgesprochen flach. Rund 70–90% der Wurzelmasse erstreckt sich in Tiefen von nur 20–30 cm, und in nördlicheren Gebieten konzentriert sich sogar die gesamte Wurzelmasse auf diese dünne Bodenzone (Pozdnjakov 1983, S. 65). So kann man im nördlichen Lichtwald von der Purga umgeworfene Bäume sehen, deren nur ganz flache Wurzelteller in die Höhe ragen.

Die jährliche Primärproduktion wird von Walter (S. 265) mit durchschnittlich 5,5 t/ha angegeben, was etwa der Hälfte des Wertes der feuchten Mittelbreiten (8–13 t/ha) entspricht. Die Zersetzungsdauer der Streu ist mit rund 350 Jahren fast hundertmal so lang wie in unseren sommergrünen Laubwäldern. Es bildet sich daher eine bis zu einem halben Meter mächtige Streuauflage, die isolierend gegenüber dem Untergrund (vor allem dem Permafrost) wirkt (Schultz 1988, S. 155). Eine Beschleunigung der Umsatzdauer kann durch Feuer erfolgen. Die in der Streu- und Rohhumusdecke enthaltenen Nährstoffe werden dabei schlagartig freigesetzt und dem Stoffkreislauf, dem sie ansonsten weitgehend entzogen waren, zugeführt. Treter (1990, S. 379) kommt dabei zu der Aussage: „*Ohne Feuer würden insbesondere die nördlichen Taigawälder vor allem wegen Stickstoffmangels zusammenbrechen und der Tundrenvegetation Platz machen.*" Waldbrände, die vor allem im sommertrockenen Osten häufig durch Blitzschlag ausgelöst werden und von denen sich die Vegetation recht schnell wieder erholt, können daher (sofern sie im Permafrostbereich nicht zu den beschriebenen Thermokarstprozessen führen) eine positive Wirkung auf das Ökosystem haben. Die langsame Zersetzung der Streu, die überwiegend chemisch und nicht biotisch erfolgt, setzt Fulvosäuren frei, die zur Bildung des charakteristischen Podsolbodens führen. Seine geringe Fruchtbarkeit bedeutet neben den Klimabedingungen eine Schranke für die agrare Nutzung des Taigagürtels.

Das Holz der Taiga stellt eine der wertvollsten Ressourcen Sibiriens dar. Die Tatsache, daß heute jährlich rund 25 Mio. t Holz und Holzmaterial aus Sibirien herausgefahren werden, zeigt, welche Bedeutung diesem Rohstoff zukommt.

Übersicht 2.1: Zur Ökologie der Taiga

Die Bedrohung der Taiga

Die Taiga nimmt in Sibirien und im Fernen Osten eine Fläche von 650 Mio. ha (= 6,5 Mio. km²) ein und ist damit fast doppelt so groß wie der Amazonasregenwald. Im globalen Ökosystem spielen die Borealen Nadelwälder eine ebenso wichtige Rolle wie die Tropenwälder.

Die Taiga stellt, vor allem, wenn sie auf Dauerfrostboden stockt, ein sehr empfindliches Ökosystem dar. Großflächige Abholzungen in Kahlschlagform führen dort in der Regel zur Bildung versumpfter Flächen, auf denen (wie am Beispiel der Alas-Bildung dargelegt) kein neuer Wald mehr aufkommen kann. Großprojekte, wie der Bau der Baikal-Amur-Magistrale, haben erkennen lassen, daß sich die Wunden, die man dabei der Taiga zugeführte, nur sehr langsam oder überhaupt nicht mehr schließen. Die Waldgrenze im Norden (meist die des „Lichtwaldes" und nicht der eigentlichen Taiga) verläuft heute südlicher, als es nach den klimatischen Gegebenheiten der Fall sein könnte. Ursachen sind großflächige Abholzungen, die zu einer irreversiblen Vernichtung des Waldes geführt haben. Rund um die Dörfer des jakutischen Wiljui-Beckens sind die für die Bau- und Brennholznutzung abgeholzten Flächen heute durchweg versumpft, eine Selbstregenerierung des Waldes kann aus den aufgeführten Gründen nicht stattfinden. Geschädigt oder vernichtet wird der Wald auch durch den Schadstoffausstoß der Industrie. Dazu schreibt WEIßENBURGER (1990, S. 405): *„In mehreren Regionen der Nadelwaldzone sind die Wälder durch die industriellen Schadstoffemissionen bereits erheblich geschädigt worden, vor allem durch SO_2-, NO_x-, Fluorwasserstoff- und Ammoniakemissionen. Beispiele für ein derartiges Waldsterben finden sich unter anderem in den Regionen Ust-Ilimsk und Norilsk. Im Rayon von Norilsk beispielsweise sind insgesamt 545 000 ha Wald stark geschädigt, vor allem durch die Emissionen des dortigen Hüttenkombinates. 2,4 Millionen t Schadstoffe wurden hier 1987 emittiert, ein Rekord für die UdSSR. Den größten Wert an den Emissionen hat SO_2. 1988 wurden die Werte der zulässigen Luftbelastung bei Chlor zeitweise um das 5fache überschritten, bei NO_2 um das 15fache, bei SO_2 um das 20fache, bei NO um das 36fache."*

In Bratsk haben die Emissionen des Holzkombinates und des Aluminiumwerkes zu einem weitgehenden Absterben der Kieferntaiga in einem weiten Umkreis geführt haben (WEIN 1988). Vergleichende Aufnahmen, die der Verfasser im Abstand von 10 Jahren gemacht hat, zeigen das fast völlige Absterben des vorher urwüchsigen Nadelwaldes (wobei als neue Pionierbäume Birken an die Stelle der Kiefern treten). Nach Schätzungen russischer Experten sind heute etwa 9 Mio. ha der sibirischen Wälder durch die Industrie stark geschädigt (MÖHRING 1994).

Tabelle 2.7 zeigt die Industrieemissionen West- und Ostsibiriens. In der Summe sind dies 10,23 Mio. t Schadstoffe. Verteilt auf die Fläche Sibiriens bedeutet das im Schnitt mehr als eine Tonne pro Quadratkilometer,

Westsibirien		Ostsibirien	
Gebiet Tjumen	2,92	Region Krasnojarsk	3,148
Gebiet Omsk	0,461	Republik Chakassija	-
Gebiet Tomsk	0,230	Republik Tuwa	0,029
Gebiet Nowosibirsk	0,421	Gebiet Irkutsk	0,968
Gebiet Kemerowo	1,221	Republik Burjatien	0,490
Region Altai	0,383	Gebiet Tschita	0,197
Republik Altai	-	Republik Sacha	0,192
Westsibirien insgesamt	5,695	Ostsibirien insgesamt	4,540

Tab. 2.7:
Ausstoß von Luftschadstoffen in den sibirischen Regionen 1990 (Mio. t)
Quelle: Goskomstat Rossii 1996

wobei rund um die Industriegebiete die Konzentration um ein mehrfaches höher liegt. Hinzugerechnet werden könnte noch ein Teil der 5 Mio. t Schadstoffe, die im Gebiet „Südostural" emittiert werden und teilweise mit westlichen Luftmassen nach Westsibirien verfrachtet werden.

Die größten Schäden werden von der Forstwirtschaft hervorgerufen. Nach großflächigen Kahlschlägen, bei denen der Boden zudem durch die eingesetzten Großfahrzeuge stark beschädigt wird, erfolgt eine Selbstbestockung nur sehr langsam oder überhaupt nicht. Wiederaufforstungen werden in nicht ausreichendem Maße durchgeführt.

Konzentrierten sich die Einschlaggebiete bis in die 1980er Jahre auf die Zone beiderseits der Transsib und ihrer nach Norden abzweigenden „Holz-Stichbahnen" (s. Kap. 5.3.2), so erfolgte mit der Fertigstellung der Baikal-Amur-Magistrale (BAM) ein deutlicher Schritt weiter in den Norden.

Gegenwärtig erfolgt ein „Ausverkauf" der Taigawälder, ist ein „Holzrausch" in Sibirien ausgebrochen (ACHARYJ 1995). Vier Millionen Hektar werden zur Zeit jährlich in Sibirien und im Fernen Osten kahlgeschlagen, und zwar großenteils von ausländischen Konzernen. Um Devisen ins Land zu bringen, hat das russische Forstministerium mit zahlreichen Holzkonzernen westlicher und ostasiatischer Industrieländer Joint Ventures gegründet. Eine Vielzahl solcher Gemeinschaftsunternehmen bestehen zur Zeit mit europäischen, amerikanischen, koreanischen und japanischen Partnern. Den ausländischen Partnern geht es dabei darum, möglichst billig und in großer Menge Stammholz zu beschaffen und der Weiterverarbeitung im eigenen Lande zuzuführen. Amerikanische Unternehmen suchen in Rußland neue Holzquellen, weil diese in ihrem Land in solchem Ausmaß nicht mehr zu finden sind oder weil dort Kritik an der Abschlagwirtschaft laut geworden ist. Für die Japaner und Koreaner liegen die sibirischen und fernöstlichen Wälder geographisch ohnehin günstig. Japan möchte sich durch den Einstieg in die sibirische Taiga auch dem Vorwurf entziehen, wertvolle Regenwälder zu vernichten. Große Konzerne, wie das amerikanische Unternehmen Weyerhaeuser und das koreanische Unternehmen Hyundai, sind massiv am Kahlschlag Ostsibiriens beteiligt (nach v. Ow 1995). Zu den genannten Unternehmen gehören auch solche aus Australien, Deutschland, den Niederlanden, Finnland, Schweden, Norwegen, Österreich, der Schweiz, Kanada und China. Der Boden erodiert nach den Kahlschlägen schnell, und fast die Hälfte der abgeholzten Permafrostgebiete hat sich bereits in Sumpfland verwandelt.

Gefahr droht den Taigawäldern auch von einer Klimaerwärmung: *„Eine mittlere globale Temperaturerhöhung um 2°C führt in der borealen Waldzone zu einer Erhöhung um 6°C im Sommer und um 12°C im Winter. Das Anpassungsvermögen der meisten im borealen Waldgürtel beheimateten Tier- und Pflanzenarten wäre damit völlig überfordert. Unter den neuen Klimaverhältnissen wären sie nicht mehr lebensfähig"* (v. Ow 1995). So urwüchsig und endlos die Taiga auch erscheint, so verletzlich ist doch diese Vegetationszone gegenüber Eingriffen und ökologischen Veränderungen!

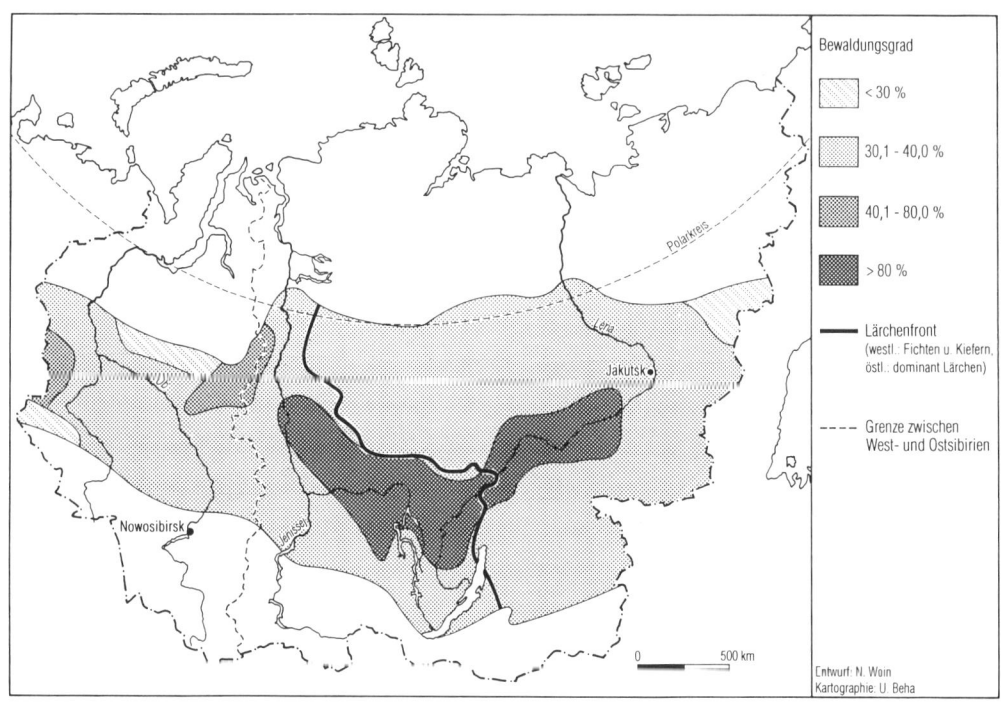

Abb. 2.5.: Der Taigagürtel Sibiriens	Quelle: nach Atlas SSSR und PAMURZIN 1985

Zusammenfassung Taiga

Oberfläche:
weitgehend flach (Niederungen, Tafeln und Rumpfflächen), im Osten durchsetzt von Alassen, im Norden und Osten Permafrost, Podsolboden;

Klima:
Winter lang und (z.T. extrem) kalt, 6–7 Monate Schneebedeckung, Sommer mäßig warm, Julimittel 10°C (für Lichtwald) bzw. 14–18°C, Vegetationsperiode 5–6 Monate;

Vegetation:
artenarme Nadelwälder, durchsetzt von Sümpfen und Torfmooren, im Westen vorherrschend Fichten und Kiefern (einschl. Zirbelkiefer), im Osten dominierend die Lärche, Phytomasse 260 t/ha, jährliche Produktion 5,5 t/ha, Zersetzungsdauer der Streu bis zu 350 Jahre;

Tierwelt:
Elche, Damwild, Bären, Wölfe, Füchse, Schneehasen, Anpassung an die Klimaverhältnisse z.T. durch Winterschlaf.

Quelle: u.a. nach SCHULTZ 1988, Abb. 66

2.3.3 Waldsteppe und Steppe

Waldsteppe und Steppe nehmen im Süden Sibiriens, wo die durchschnittlichen Julitemperaturen auf über 18°C ansteigen (Omsk = 18,9°C, Barnaul = 19,6°C), rund 650 000 km^2 Fläche ein. Durch den Süden Westsibiriens verläuft der Nordteil des ukrainisch-kasachischen Waldsteppen- und Steppengürtels, der bei Kemerowo auf die südsibirischen Gebirge stößt, wo er sich auflöst und sich nur noch in einzelnen intramontanen Becken fortsetzt.

Die Waldsteppe wird untergliedert durch überwiegend runde Waldinseln, die „Kolki" genannt werden. Sie werden meist gebildet durch Birken, die um einen kleinen See oder eine Feuchtstelle gruppiert sind. Eine Fahrt durch die heute kultivierte Waldsteppe im Frühjahr fasziniert durch den Kontrast zwischen dem satten Schwarz der frisch gepflügten Böden, dem leuchtenden Weiß der Birkenstämme und dem saftigen Grün der ersten Birkenblätter.

Wer mit der Transsib nach Sibirien einreist (vor allem auf dem Südzweig Tscheljabinsk–Kurgan–Omsk), fährt dort anderthalb Tage lang durch eine Waldsteppen-Landschaft, die aus (heute) ackerbaulich genutzten Flächen besteht, welche durchsetzt sind von Sumpfzonen und aus Birken gebildeten Waldinseln. Südlich an die Waldsteppenzone schließt sich die reine Steppe an, die etwa ein Drittel des Areals einnimmt.

Das Klima der Steppe zeichnet sich durch Wintertemperaturen aus, die durchaus noch dem Taigagürtel entsprechen. Die Sommer dagegen sind länger und wärmer. Eine typische Steppeninsel liegt im Minussinsker Becken am Oberen Jenissej. Die mittleren Januartemperaturen betragen hier −19,9°C, was der Taigastation Tomsk entspricht. Die frostfreie Periode ist jedoch mit 123 Tagen für sibirische Verhältnisse recht lang. Das Julimittel liegt mit 20,2°C deutlich über dem der Taigastationen, und die Sommerverhältnisse bewirken, daß das Gebiet als das „sibirische Italien" bezeichnet wird. Diese in Beckenlage rundum abgegrenzte „Insel" mit einer Steppenfläche von rund 20 000 km^2 galt, wie reiche Funde aus Stein- und Bronzezeit zeigen, schon immer als ein besonderer Gunstraum. Unzählige „Kurgane" (Großsteingräber) und Steinfiguren weisen auf die reiche Geschichte dieser Steppeninsel hin.

Zu den reizvollsten Steppengebieten zählen heute das mittlere Westufer des Baikalsees und die vorgelagerte größte Baikalinsel Olchon. Während die anderen Steppengebiete meist in Ackerland verwandelt worden sind, herrscht hier im sanftwelligen Gelände noch die unverfälschte Steppenvegetation vor. Die extensive Schafzucht, die hier von der überwiegend burjatischen Bevölkerung betrieben wird, vermag die Natürlichkeit der Landschaft nicht zu beeinträchtigen (wobei eine gewissen Beweidung auch positiv auf die Ökologie der Steppe wirkt).

Die Steppenvegetation ist äußerst artenreich und überrascht vor allem im Frühsommer durch ihren Reichtum an Blütenpflanzen. Auf 100 m^2 kann man bis zu 120 verschiedene Arten zählen. GEORGE KENNAN, der Ende des vergangenen Jahrhunderts in der damals noch weitgehend unberührten Steppe im Süden Westsibiriens unterwegs war, gibt folgende Beschreibung (1978, S. 154):

„Wir fuhren hinaus auf die weite, saubere Steppe, wo die Luft voller Kleeduft und Vogelsingen ist und sich das Auge ständig an den großen Flächen glatten, samtigen Rasens oder den welligen Weiten hohen Steppengrases erfreut, die im Vordergrund von Millionen wilder Rosen, weißer Margueriten, zarter fünfzackiger Glockenblumen und dunkelroter Tigerlilien überstreut sind. Zwischen den Dörfern Krjutaja und Kalmakowa fuhren wir über eine Steppe, die buchstäblich ein einziges Blütenmeer war. Man konnte auf einer Fläche von nur einem Quadrat-

meter hundert Blumen zwanzig verschiedener Arten pflücken."

Den kalten Winter überstehen die Steppenpflanzen, indem sie sich ab dem Spätherbst ganz in ihre unterirdischen Organe (die auch im Sommer 90 % der organischen Substanz ausmachen) zurückziehen. Die jährliche Produktionsleistung der natürlichen Steppe ist mit etwa 10 t/ha rund doppelt so hoch wie die der Taiga und weist damit auf eine hohe Fruchtbarkeit der Schwarzerdeböden hin.

Anzuführen sind schließlich noch die bereits erwähnten Steppeninseln in der jakutischen Taiga, die in einem recht großen Areal bis zu 40 % der Fläche einnehmen können. In ihrer Vegetationszusammensetzung gleichen sie den baikalisch-mongolischen Steppen, und das Federgras, die Leitpflanze vieler südlicher Steppenregionen, ist hier weit verbreitet.

Diese Steppenflächen (meist verteilt auf unzählige Alasse) waren es, die im 13. und 14. Jahrhundert das in seiner ursprünglichen transbaikalischen und mongolischen Heimat bedrängte Turkvolk der Jakuten in den Norden gelockt haben. Hier konnten die Jakuten ihre traditionell auf Pferdehaltung basierende Viehwirtschaft (anfangs nomadisierend, später dann seßhaft) weiter betreiben.

Die aus den Steppen hervorgegangenen Landwirtschaftsflächen sind heute die wichtigste Nahrungsbasis für ganz Sibirien.

Zusammenfassung Waldsteppe und Steppe

Oberfläche:
eben bis flachwellig, karbonathaltiges Lockermaterial (u.a. Löß), Schwarzerden und (im Süden) Kastanienböden;
Klima:
winterkalt (Januarmittel bis –20°C) und sommerheiß (Julimittel bis über +20°C), Jahresniederschläge bis 500 mm, bei starken Jahresschwankungen, Sommermaximum, z.T. Starkregen mit Erosionswirkung, Deflation durch Stürme, dünne Schneedecke;

Vegetation:
Artenreiche Gras- und Kräuterfluren, Waldsteppe durchsetzt von Birkeninseln (Kolki), Phytomasse 10–25 t/ha, davon bis zu 90 % unterirdisch, im Herbst fast vollständig absterbend, jährliche Produktion 10 t/ha, schneller Stoffumsatz;
Tierwelt:
ehemals Großsäuger wie Damwild, Wildpferd, Wildesel, Saiga-Antilope. Nagetiere und Steppenwühler (wichtig für Bioturbation), Greifvögel.
Quelle: u.a. nach Schultz 1988, Abb. 119

2.4 Die Hydrographie Sibiriens
2.4.1 Die Flüsse

Sibirien ist reich an Flüssen, darunter vielen, die zu den größten der Welt gehören. Da Sibirien an drei Seiten von Gebirgen umrahmt und nur zum Nördlichen Eismeer hin offen ist, verlaufen die großen Ströme durchweg in Süd-Nord-Richtung. Als Wasserstraßen fließen sie damit zwar entgegen der eigentlichen, d.h. zonal verlaufenden, „Verkehrsspannung", aber sie eignen sich damit sehr gut zur Versorgung der Pionierzone des „Nordens".

Die Dimensionen der Flüsse sind völlig anders als in Mittel- und Westeuropa. Die Alaseja im äußersten Nordosten ist für sibirische Verhältnisse so klein, daß sie auf vielen Karten gar nicht wiedergegeben ist, und doch ist sie mit 1590 km länger als der Rhein! Der Lena-Nebenfluß Wiljui ist sogar doppelt so lang wie dieser.

Die sibirischen Flüsse gehören dem nivalen Tieflandsregime an, was bedeutet, daß sie in erster Linie durch Schneeschmelzwasser gespeist werden. Das führt dazu, daß dem raschen Temperaturanstieg im Frühjahr (meist im Juni) ein Schneeschmelz-

Die Hydrographie Sibiriens

hochwasser folgt, während der Abfluß in den übrigen Monaten aufgrund der geringen Niederschläge nur mäßig ist. Der Abflußgang dieser Flüsse zeichnet sich damit durch eine starke Hochwasserspitze im Juni und eine nur verhältnismäßig geringe Wasserführung in den Monaten August bis April aus. KELLER (1962, S. 275) gibt für den Jenissej bei Igarka folgende monatliche Abflußkoeffizienten (Verhältnis Monatsabfluß zum Jahresmittel) an:
April = 0,2; Mai = 1,57; Juni = 3,95; Juli = 1,59; September = 0,92; Dezember = 0,23.

Diese Zahlen zeigen, daß der Abfluß im Juni mehr als viermal so hoch ist wie im September und achtzehn- bis zwanzigmal so hoch wie in den Monaten Dezember bis April. Die ungleichmäßige Wasserführung wirkt sich ungünstig auf die Schiffahrt wie auch auf die Nutzung der Hydroenergieressourcen aus.

Name	Länge (km)	Einzugsgebiet (1 000 km^2)	Durchschnittlicher Abfluß an der Mündung (m^3/s)
Ob	4 340	2 975	12 700
Irtysch	4 248	1 643	2 830
Jenissej	4 092	2 580	19 800
Lena	4 400	2 490	17 630
Kolyma	2 600	644	3 900
Untere Tunguska	2 950	473	3 680
Steinige Tunguska	1 865	240	1 750
Angara	1 800	1 040	5 100
Wiljui	2 650	454	1 480

Tab. 2.8: Die größten sibirischen Flüsse

Nach der Schneeschmelze können selbst kleine Flüsse zu großen Strömen werden. Ein Hubschrauberflug im Juni über die Tundra von Nowy Urengoi nach Jamburg führte über ein dichtes Netz parallel verlaufender Flüsse, die jeweils nicht länger als 200 km

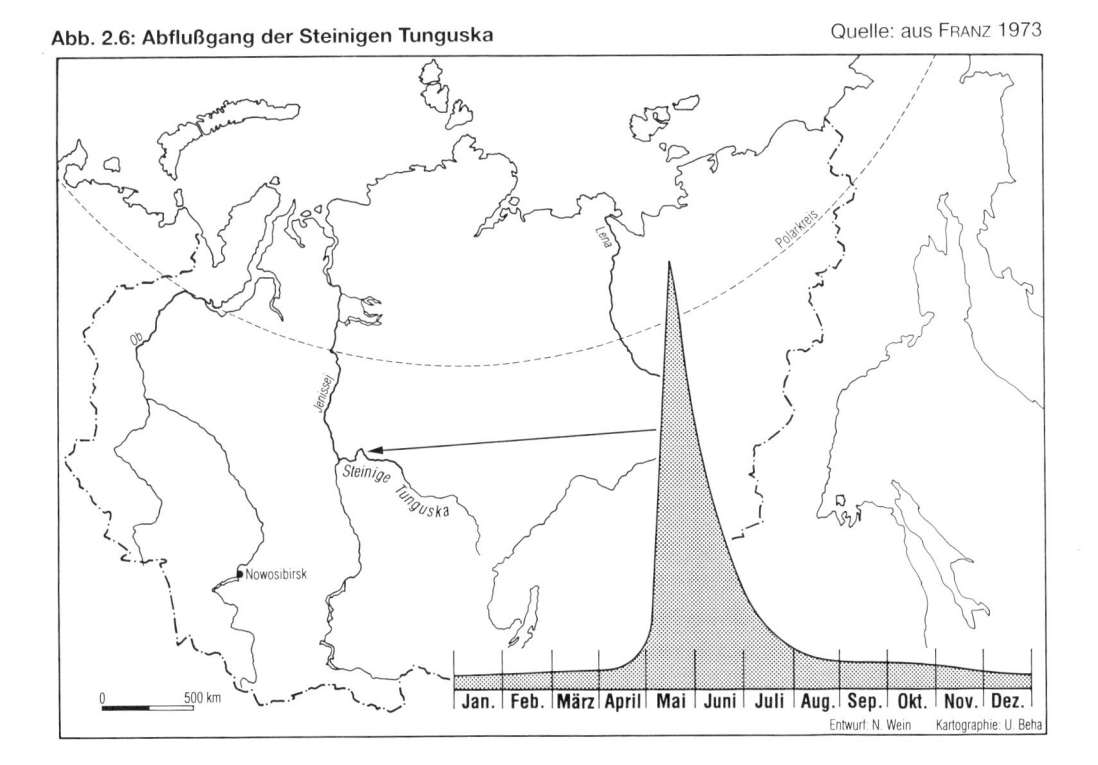

Abb. 2.6: Abflußgang der Steinigen Tunguska   Quelle: aus FRANZ 1973

werden, aber jetzt zu breiten Strömen angeschwollen waren. Weite Sandbänke und Terrassen zeigen die Akkumulationsdynamik dieser periglazialen Flüsse, die erkennen lassen, wie einst unsere mitteleuropäischen Flüsse in den Kaltzeiten ausgesehen haben.

Die Flüsse sind im Winter vereist, wobei die Eisdecke bis zu 1,5 m Mächtigkeit erreichen kann. Der Eisaufbruch im Frühjahr geht recht plötzlich vor sich und kündigt sich durch explosionsartige Geräusche an, die der Bevölkerung mitteilen, daß der Frühling naht.

Ein Bericht gibt die Heftigkeit dieses Naturereignisses (am Unterlauf der Angara, vor dem Bau der Staustufen) wieder: *„Am 6. Mai weckte mich gegen drei Uhr früh ein gewaltiges Getöse. Draußen zischte und grollte es donnernd, dazwischen hörte man dröhnendes Krachen. Das konnte nur der Eisgang sein. Ich zog mich an und lief zum Ufer: Mächtige Eisschollen fuhren aneinander vorbei. Mit einmal stellte sich mitten im Fluß ein Eisberg auf, so hoch wie ein Kirchturm. Mit ungeheuerer Kraft prallten neue, meterdicke Eisinseln auf diesen Berg, schoben sich übereinander, türmten sich hoch und stürzten schließlich krachend zusammen. Weiter unten, im Vorgebirge, hatte sich eine Barriere gebildet. Wasser und Schollen stiegen immer höher, sie näherten sich bereits unserem Standort. Dann kam Bewegung in die graue Masse: Das Wasser hatte sich einen Durchgang gebahnt und strebte wieder tosend seinem Bett zu. Am Ufer türmten sich zehn Meter hoch die Eisschollen übereinander!"* (V. STACKELBERG 1979, S. 205).

Dieser Eisaufbruch erfolgt zuerst im Süden der Flüsse und wandert mit zunehmender Erwärmung nach Norden. Während z.B. der Jenissej bei Krasnojarsk gegen Ende April bereits aufgebrochen ist, erfolgt der Aufbruch am Unterlauf erst Anfang Juni. Die von Süden kommenden Hochwassermassen stoßen somit im Norden auf eine Eisbarriere, was zu starken Überschwemmungen führt. Hinzu kommen lokale Verschlüsse, wie im obigen Bericht beschrieben, die ebenfalls zu einem rückwärtigen Aufstau des Wassers führen.

Die eisfreie Periode währt im Süden Westsibiriens 6–7 Monate, im Süden des mitteren und östlichen Sibirien 5–6 Monate und im Norden weniger als 4 Monate, was dem Schiffsverkehr auf den sibirischen Strömen enge Schranken setzt.

Durch menschliche Eingriffe, wie der Anlage von Stauseen, ist heute der Charakter mancher Flußabschnitte verändert worden. Unterhalb der Staumauern friert der Fluß auf mehreren Kilometern nicht mehr zu, eine Situation, die heute für Nowosibirsk gilt, wo der die Stadt durchfließende Ob im ganzen Winter offen bleibt. Gleiches gilt für Krasnojarsk am Jenissej und Irkutsk an der Angara. Die Angara existiert heute größtenteils nicht mehr als durchgehender Fluß, sondern sie ist in eine Aneinanderreihung von Stauseen mit langsam fließendem Wasser (und großen hygienischen Problemen) umgewandelt worden. Eine in Irkutsk erschienene Schrift mit dem Titel „Rettet die Angara" (CHARITONOV 1988) verurteilt die hohen Schadstoffeinleitungen, wozu u. a. Quecksilber gehört, in den unterhalb der Stadt in 70 km Länge noch existierenden „Rest-Fluß".

Schadstoffeinleitungen führen zu starken Belastungen der sibirischen Flüsse. Eine ökologische Karte in der Zeitschrift „WOSTOK" (Nr. 4/1992) zeigt, daß praktisch alle sibirischen Flüsse davon betroffen sind. Unterhalb der Diamantentagebaue und der Goldfördergebiete sind der Wiljui und die Kolyma so stark mit Schwermetallen verseucht, daß das Wasser für die Menschen zu einer Gefahr geworden ist. Krankheiten, bis hin zu Krebs, nehmen in der Uferregion zu. Im Norden Westsibiriens vergiftet aus Pipe-lines und Bohrstellen ausgelaufenes Erdöl die Flüsse. Vertreter der eingeborenen Nenzen berichteten, daß die gefangenen Fische, die zu ihrer Lebensgrundlage gehören, heute nach Öl schmecken. 28 Flüsse gelten hier bereits als biologisch tot (GRANBERG 1991, S. 18). Dabei muß allerdings berücksichtigt werden, daß die natürlichen Abbauprozesse in den kalten Nordgebieten erheblich langsamer ablaufen als in den gemäßigten Breiten. Für die gleiche Selbstreinigungswirkung, die bei mitteleuropäischen Flüssen auf 30 km Laufstrecke erreicht wird, sind am Mittleren und Unteren Ob 1 000 km erforderlich.

WEIẞENBURGER (1990, S. 406) schreibt zum Problem der Verschmutzung der sibirischen Flüsse: *„In den Jenissej und seine Nebenflüsse werden jährlich etwa 1 Mrd. m³ Abwässer eingeleitet, deren Schadstoffbelastungen betragen 130 000 t. An den Einleitungsstellen der großen Stahl- und Aluminiumwerke in der Region von Krasnojarsk werden einzelne Grenzwerte des Schadstoffgehaltes im Wasser mitunter um das 150fache überschritten. Wasserproben ergaben 1987 eine bedrohliche Menge des krebserregenden Benzpyren im Wasser. Der Ob wird allein durch Erdölprodukte jährlich mit über 100 000 t verunreinigt. Überdies ist er gravierend mit Bor, Aluminium, Selen, Zink, Mangan, Phosphor, Eisen, Kobalt und Quecksilber belastet."*

2.4.2 Sumpf- und Seengebiete

Wer von Nowosibirsk nach Norden in die Erdgasregion um Nowy Urengoi fliegt, überquert dabei das größte Sumpf- und Moorgebiet der Erde. Vor allem im mittleren Teil der Flugstrecke, beiderseits des Obs, besteht die Oberfläche aus einer riesigen Seenplatte, bei der der Anteil offener Wasserflächen mehr als die Hälfte ausmachen kann. Nach POMUS (1971, S. 41) nehmen in dieser „Lesobolotnaja zona" (Waldsumpfzone) über eine Million Seen eine Gesamtfläche von mehr als 100 000 km² und die Sümpfe mehr als 880 000 km² ein. In dem 150 000 km² großen Winkel zwischen dem Ob und dem Irtysch, Wasjuganje genannt, gelten 70 % als versumpft. Nach WALTER (1977, S. 276) befinden sich im Westsibirischen Tiefland 40 % der Torflager der ganzen Erde . Die Seen haben sich infolge lokaler Einsackungen der bis zu 15 m mächtigen Torfschichten gebildet.

Die Ursachen für die Entstehung dieses ausgedehnten Sumpfgebietes sind vielfältiger Art. Dazu gehören einmal wasserundurchlässige Sedimentschichten im Untergrund, die den Wasserstau fördern, dann das äußerst schwache Gefälle der Flüsse in diesem flachen Tiefland mit Senkungstendenz, dessen Klima mit rund 500 mm Jahresniederschlag für sibirischen Verhältnisse (bei nur geringer Verdunstung) ausgesprochen humid ist. Ein entscheidender Grund für die Versumpfung aber sind die Hochwasserwellen der Flüsse Ob und Irtysch, die im Juni/Juli wegen des Eisverschlusses im Mündungsgebiet nicht schnell genug abfließen können. Es kommt zu einem Rückstau, der weite Teile des Einzugsgebietes überflutet. WALTER (S. 277) schreibt dazu: *„Die Flüsse Westsibiriens entwässern das Gebiet nicht, sondern im Gegenteil, sie überstauen es und fördern die Vermoorung."* Zweieinhalb Jahresabflüsse des Obs (etwa 1 000 km³) sollen in den Torflagern gespeichert sein.

In den 1950er Jahren gab es Überlegungen, die zentralen Teile dieses – für die Gesellschaft angeblich nicht nutzbaren – Sumpftieflandes durch einen bei Salechard zu errichtenden Staudamm unter Wasser zu setzen und damit ein „Sibirisches Meer" zu schaffen. In den 1980er Jahren wurde geplant, den Feuchteüberschuß durch einen Kanalbau in den trockenen mittelasiatischen Süden umzuleiten.

Beide Pläne sind nicht verwirklicht worden, der letztere, weil ein ökologisches Gutachten, welches das Geographische Institut der Akademie der Wissenschaften in Irkutsk im staatlichen Auftrag aufgestellt hatte, da-

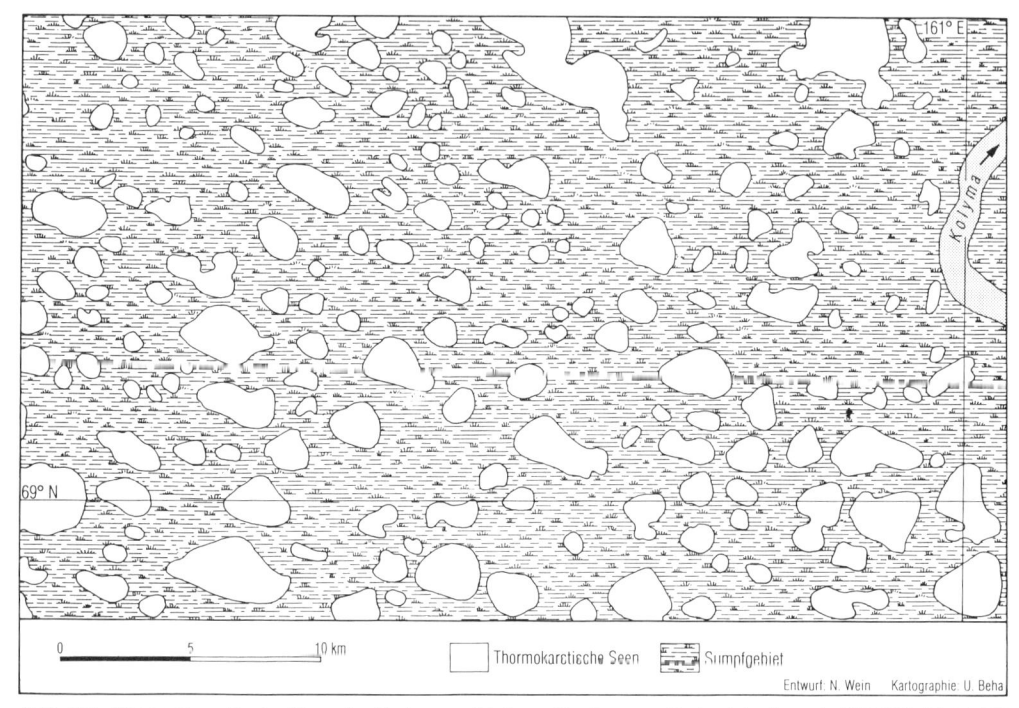

Abb. 2.7: Thermokarstische Seen im Kolymagebiet   Quelle: aus: Karte Jakutiens 1:200 000, Blatt 156

gegen sprach. Hier hatte der Staat zum erstenmal aufgrund eines Gutachtens von einem ökologisch zweifelhaften Projekt Abstand genommen.

Ein weiteres Seengebiet, wenn auch kleineren Ausmaßes, liegt im äußersten Nordosten Sibiriens, im Tiefland zwischen den Flüssen Indigirka und Kolyma (s. Abb. 2.7). Bei einem Flug von Tschokurdach an der unteren Indigirka nach Tscherski an der unteren Kolyma (rund 600 km) überquert man eine Feuchtlandschaft, die überwiegend aus meist kreisrunden Seen gebildet wird. Allein im Becken der Alaseja hat man mehr als 24 000 Seen gezählt (nach Kolesov 1991, S. 3).

Die Entstehung dieser Seen ist thermokarstischen Ursprungs. Wo sich auf der Tundrenoberfläche nach der Schneeschmelze eine offene Wasserstelle gebildet hat, vertieft sie sich innerhalb kurzer Zeit, da der Wasserkörper die Einstrahlungswärme verstärkt an den Dauerfrostboden abgibt und diesen oberflächig auftaut. Hat sich erst einmal eine Hohlform gebildet, so vertieft sie sich aus dem genannten Grund laufend weiter, vor allem dann, wenn eine Tiefe erreicht ist, bis zu der das Wasser im Winter nicht zufrieren kann und der Wasserkörper auch dann noch Wärme an den Dauerfrostboden abgeben kann. Auf diese Weise bildeten sich, dicht nebeneinanderliegend, die vielen Seen heraus, deren Tiefe 20 – 30 m erreicht. Diese Tendenz zur thermokarstischen Seenbildung ist im ganzen Tundrengürtel gegeben, aber hier im Nordosten am stärksten ausgeprägt.

2.4.3 Der Baikalsee[2]

Dem Baikalsee soll hier ein größerer Darstellungsraum zuteil werden, da es sich bei ihm um ein in der Welt einmaliges Ökosystem handelt, das von der UNESCO in die Liste „Welterbe der Menscheit" aufgenommen worden ist.

Der 32 000 km² große See (flächenmäßig immer verglichen mit Belgien) wird von den Russen liebevoll die „Perle Sibiriens" bezeichnet. Dabei bezieht man sich nicht nur auf den See selber, sondern auf den ganzen Baikal-Landschaftskomplex, der die malerische Uferzone mit einbezieht.

Eine Fahrt auf der am Südufer entlanglaufenden Autostraße oder auch der Transsibirischen Eisenbahn zeigt den Kontrast zwischen der im Sommer tiefblauen Seefläche und dem von dichter Bergtaiga bewachsenen Chamar-Daban-Gebirgszug, dessen mehr als 2 300 m hohe Gipfel den Seespiegel um bis zu 1 700 m überragen.

Der Baikalsee kann mehrere Superlative in sich vereinen, denn er ist im globalen Vergleich der älteste und der tiefste See, der See mit dem größten Wasservolumen, der größten Durchsichtigkeit, dem mineralisch reinsten Wasser und der ältesten Seefauna.

Tektonik und Morphologie
Der Baikalsee bildet den ausgeprägtesten Abschnitt einer von Pakistan über Nordwest-China, die westliche Mongolei und schließlich durch den Süden Sibiriens und des Fernen Ostens ziehenden Rißbildungslinie. Die Baikal-Riftzone kann deutlich in einer Länge von etwa 1 500 km und einer Breite von 50–80 km verfolgt werden. Bereits im Mesozoikum hatte sich hier ein Graben herausgebildet, der sich vor etwa 20–25 Millionen Jahren mit Wasser füllte. Die kristalline Bruchzone reicht bis in eine Tiefe von etwa 7 000 m, und sie beinhaltet eine etwa 6 000 m mächtige Sedimentschicht, woraus sich die durchschnittliche Seetiefe von 730 m ergibt. Die gegenüberliegenden Ufer bewegen sich heute noch mit einer Geschwindigkeit von 2 cm pro Jahr auseinander, was der Driftrate zwischen Afrika und Südamerika entspricht. Man kann daher annehmen, daß es sich beim Baikalsee um die Initialform eines künftigen Ozeanes handelt (GALAZIJ 1981, S. 217). Daß der See sich trotz seines hohen Alters – mit 20–25 Millionen Jahren der älteste der Welt – erhalten hat und nicht, wie andere (ehemalige) Seen ähnlichen Alters, aufgefüllt worden ist, hängt mit der geringen Sedimentationsrate von heute 4 cm pro 1 000 Jahre zusammen sowie der Tatsache, daß das Seebecken sich ständig vertieft und erweitert.

Das Seebecken ist in drei Einzelbecken untergliedert, die durch Schwellen deutlich voneinander getrennt sind. Das nördliche Becken weist eine maximale Tiefe von 890 m und das südliche von 1 432 m auf. Im mittleren Becken wird mit 1 637 m die größte Tiefe aller Seen erreicht. Der Seeboden reicht hier bis in ein Niveau von 1 181 m unter dem Meeresspiegel. Der Abfall vom Ufer zum Seeboden erfolgt über einen flachen, bis in 20 m Tiefe reichenden Schelf und sich den daran anschließenden steilen Kontinentalabhang. Gegliedert ist auch die den See umgebende Uferzone, wo sich fünf Terrassenstufen bis rund 200 m über dem Seespiegel verfolgen lassen. Auf dem untersten dieser Niveaus (5–8 m) verlaufen am Südufer Autostraße und Transsib, hier liegen auch die Ufersiedlungen. Die größte Insel im Baikalsee ist Olchon mit einer Fläche von 730 km².

Aufgrund der beschriebenen tektonischen Aktivität weist das Seegebiet eine hohe Seismizität auf. Jährlich werden bis zu 2 000 schwache Beben registriert, und alle 10–12 Jahre kommen mittlere und alle 20–23 Jahre starke Erdbeben vor. Am

---
[2] Angaben, soweit nicht anders vermerkt, nach GALAZIJ 1988 und WEIN 1989

31.12.1881 sank bei einem starken Beben ein 200 km² großes Stück des Selengadeltas unter den Seespiegel und bildete die heutige Proval- (= Einsturz-) Bucht.

Die Hydrologie

Der Baikalsee enthält aufgrund seiner Tiefe mit 23 000 km³ ein Fünftel der globalen Süßwasservorräte und damit mehr Wasser als die fünf großen Seen Nordamerikas zusammengenommen und auch mehr als die flächenmäßig dreizehnmal so große Ostsee. Wenn alle Flüsse der Erde den leeren Baikalgraben füllen sollten, brauchten sie dazu 300 Tage. Umgekehrt müßte die Angara, der einzige Baikalabfluß, 400 Jahre lang strömen, um das Seebecken zu entleeren. Gespeist wird der See (von rund 300 kleinen Zuflüssen abgesehen) zu 48 % durch die Selenga, die dem mittleren Seebecken durchschnittlich 900 m³/s zuführt, und zu 52 % durch die beiden in das nördliche Seebecken einmündenden Flüsse Bargusin und Obere Angara. Jedes der drei Seebecken hat ein eigenes Zirkulationsschema (bei Strömungen von 2 km in 24 Std.), wobei ein Wasseraustausch vom jeweils südlicheren zum nördlicheren Becken kaum existiert (Abb. 2.8). Das Wasser in den Becken weist damit auch unterschiedliche Alter auf: Im nördlichen Seebecken durchschnittlich 225 Jahre, im mittleren 132 und im südlichen (wo der Wasseraustausch durch die einmündende Selenga und den Angara-Ausfluß am schnellsten ist) 66 Jahre.

Das Niveau des Wasserspiegels schwankt im Laufe der Jahrzehnte, wobei in den letzten hundert Jahren eine Amplitude von 217 cm reqistriert worden ist. Durch den Bau des Irkutsker Wasserkraftwerk-Staudammes ist der Seespiegel um einen Meter angehoben worden, was sich aber nicht bemerkbar macht, da der See gegenwärtig gerade eine Phase niedrigen Wasserstandes durchläuft.

Das Baikalwasser zeichnet sich durch einen hohen Sauerstoffgehalt aus sowie durch einen niedrigen Mineralgehalt, der mit 96,4 mg/l weniger als ein Viertel des für Süßwasserseen durchschnittlichen Wertes beträgt. Die Durchsichtigkeit des Seewassers erreicht, bezogen auf eine in die Tiefe absinkende weiße Scheibe von 20 cm Durchmesser, bis zu 42 m, ein Wert, der in keinem anderen See der Erde erreicht wird. Baikalwasser wird heute in 1,5-l-Flaschen abgefüllt und als Tafelwasser in großen Mengen nach Japan verkauft. Im Irkutsker Gebiet gibt es zwei Betriebe und in der Republik Burjatien einen weiterren, die zu diesem Zweck das Wasser aus einer Tiefe von über 400 m dem See entnehmen. Der Verkauf des Wassers ist nach Anfangserfolgen inzwischen zu-rückgegangen, da das Baikalwasser ja kaum Mineralien enthält und somit in seiner gesundheitlichen Wirkung mit Mineralwasser nicht konkurrieren kann. Das Wasser gilt für diesen Zweck als „zu rein". Die Irkutsker Firma „KEDR" verwendet jedoch mit Erfolg Baikalwasser für die Herstellung ihres als mild geschätzten Wodkas.

Die Oberflächentemperaturen des Baikalsees schwanken zwischen 0,1°C im Januar und 9°C im August, wobei es jedoch große regionale Unterschiede gibt. Im sogenannten „Maloje More" (dem „Kleinen Meer") zwi-

Abb. 2.8: Becken und Strömungen im Baikalsee
Quelle: GALAZIJ / VOTNICEV 1978

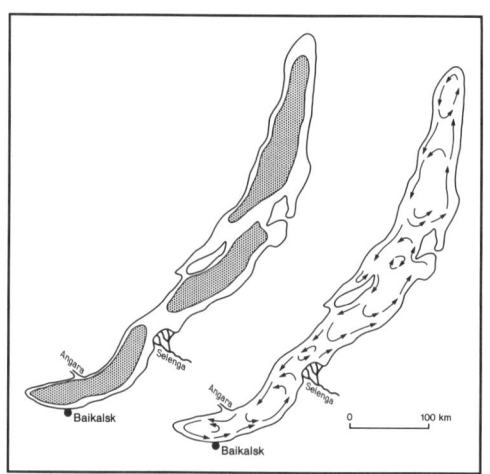

schen der Insel Olchon und dem steppenartigen Westufer können im Sommer auch Temperaturen von 20–22 °C erreicht werden. In größeren Seetiefen herrscht eine das ganze Jahr über konstante Temperatur von 3,2 °C.

Das Eisregime des Baikalsees
Der Baikalsee friert erst relativ spät zu: im Norden ab Mitte Dezember und im Süden ab Mitte Januar. Die Eisbedeckungsdauer währt im Nordteil sechs bis sechseinhalb und im Südteil vier bis viereinhalb Monate. Die Eismächtigkeit erreicht, je nach der Dicke des auflagernden Schnees, 75–110 cm. Während aufgrund der vorherrschenden Windrichtungen das im Lee der Randgebirge liegende Westufer fast schneefrei ist, ist das Eis am Ostufer in der Regel von einer bis zu 80–100 cm mächtigen Schneeschicht bedeckt.

Die Tragfähigkeit der Eisschicht ist recht hoch: Bei 50 cm Eismächtigkeit können bereits Lasten von 15 t getragen werden, was bedeutet, daß der Baikalsee im Winter von Kraftfahrzeugen befahren werden kann. Hinderlich und auch gefährlich für diesen Autoverkehr sind die Spalten und Eiswälle, die die Eisschicht durchziehen. Temperaturstürze führen zu einem Zusammenziehen des Eiskörpers, wodurch Längsspalten mit durchschnittlichen Breiten von 0,5–4 m entstehen. Bei einer Temperaturerhöhung dagegen, wie sie im Frühjahr eintritt, dehnt sich der Eiskörper aus, wobei parallele Wälle von 1–1,5 m Höhe (max. 10–12 m) emporgedrückt werden.

In den pleistozänen Kaltzeiten war der Baikalsee nicht vollständig zugefroren, die Eisbedeckung dauerte aber länger als heute. Vermutlich schwammen im Sommer einzelne Eisberge, die sich von den Zungen der einmündenden Gletscher abgelöst hatten, auf der Oberfläche.

In der Geschichte des Baikalverkehrs hat es zwei Eisbrecher gegeben, die beide in England gebaut worden waren, in zerlegtem Zustand herantransportiert wurden und in der kleinen Schiffswerft von Listwjanka wieder zusammengeschweißt worden sind. Im Jahre 1900 wurde die „Baikal" (Wasserverdrängung 4 200 t) und drei Jahre später die „Angara" (Wasserverdrängung 1 400 t) zu Wasser gelassen. Sie dienten vor allem dem Fährverkehr über den Südzipfel, der die in diesem Abschnitt noch nicht existierende Bahnstrecke ersetzte. Beide Schiffe sind schon lange nicht mehr in Betrieb: die „Baikal" wurde im Bürgerkrieg nach einem Brand zu Altmetall zerlegt, und die „Angara", die bis in die 1930er Jahre hinein ihren Dienst verrichtete, liegt heute als Museumsschiff vor Irkutsk. Seitdem sind keine Eisbrecher auf dem Baikal mehr eingesetzt worden.

Der einzige Abfluß aus dem Baikalsee, die Angara, friert auf den ersten Laufkilometern im Winter nicht zu, da an der Ausflußstelle etwa 3 °C warmes Tiefenwasser über eine Randschwelle aus 60–80 m Tiefe aufsteigt. Eindrucksvoll ist im Winter die Grenze zwischen See und Fluß, wo das gleißende Weiß des See-Eises und das leuchtende Blau der Angara ohne Übergang aneinanderstoßen. Entlang dieser Grenze (auf der Angara-Seite) kann auch im Winter ein Fährverkehr zwischen Listwjanka und der Station Baikalsk unterhalten werden.

Flora und Fauna
Der Baikalsee ist ein extrem oligotropher See. Die organische Produktion ist wegen der niedrigen Wassertemperatur und des schwachen Mineralgehaltes sehr gering. Die Biomasse beträgt in den obersten 20 m nur 250–300 kg/ha. Dabei weist der See jedoch einen hohen Artenreichtum auf. Hier sind bisher etwa 1 800 verschiedene Tier-arten entdeckt worden, von denen rund zwei Drittel endemisch sind. Ursache für diesen hohen Endemismus ist das Alter des Sees, durch das sich in sehr langen Zeiträumen eine eigenständige Fauna herausbilden konnte. Diese enthält Relikte einer frühtertiären Süßwasserfauna, die einst auch die übrigen Seen der

mittleren Breiten besiedelte. Schon im Miozän soll die Fauna ähnlich ausgesehen haben wie heute. Dieser „Reliktcharakter" macht die einmalige Bedeutung der Fauna dieses Sees aus, der praktisch ein „limnologisches Museum" darstellt.

Von 52 Baikalfischarten sind 27 endemisch, der bekannteste Speisefisch unter ihnen ist der Omul. In den 1970er und -80er Jahren wurden jährlich 5 000 – 7 000 t Fisch durch staatliche Fischereikombinate gefangen, wobei 50 – 55 % der Fänge auf den Omul entfielen. Rund 90 % der Fänge wurden in den bis zu 200 m Tiefe reichenden Schelfgebieten erzielt. Nach dem Zusammenbruch der staatlichen Wirtschaft sind die Fangquoten deutlich zurückgegangen.

Eine Besonderheit der Baikal-Tierwelt bilden die auf der Erde einzigen Süßwasserrobben, von denen gegenwärtig rund 60 000 existieren. Man nimmt an, daß sie während der Eiszeit über die Angara und den Jenissej vom nördlichen Eismeer her eingewandert sind. 5 000 – 6 000 dieser Tiere sind jährlich für den Abschuß freigegeben.

Zur Seefauna gehören schließlich rund 230 Arten bis zu 10 cm langer Flohkrebse, die im Oberflächenbereich wie auch in großen Tiefen leben und denen eine Sonderstellung im Ökosystem des Baikalsees zukommt. Sie bilden zusammen rund 90 % der gesamten Biomasse des Sees, wobei sich vor allem die (endemischen) Epischura-Krebse durch ihre Filtrierleistung auszeichnen. Sie filtern täglich 83 km^3 Wasser durch (d.h. in knapp 300 Tagen theoretisch den gesamten Wasserkörper) und stellen damit einen in der Welt einmalig leistungsfähigen Selbstreinigungsmechanismus dar (nach GERASIMOV 1965 und GALAZIJ/VOTINCEV 1978). Diese Flohkrebse sind jedoch ganz eng an die ökologischen Verhältnisse des Baikalsees gebunden und reagieren somit empfindlich auf jede Wasserverschmutzung. Sterben sie ab, so bricht die für das ganze System wichtige Selbstreinigung weitestgehend zusammen.

Die Bedrohung des Baikal-Ökosystems

Zur ökologischen Situation des Baikalsees schrieb der Irkutsker Geograph VOROBJOV (1988, S. 4): *„Die Verschmutzung des Baikalsees und seines Beckens hat noch nicht zu solchen irreversiblen Veränderungen geführt, die den See und die Uferregion ruinieren würden. Wenn jedoch die Wasserverschmutzung in gleichem Ausmaß und in gleicher Richtung weiterläuft, werden irreversible Änderungen, die den ökologischen Wert dieses einmaligen Sees mindern, unvermeidlich sein."*

Nach seinen Berechnungen wurden 1985 in das südliche Seebecken 756 Mio. m^3 Abwässer eingeleitet, von denen 633 Mio. m^3 als „normgemäß" (was nicht ausreichend heißen soll) gereinigt angesehen werden konnten. Der Rest, 123 Mio. m^3, gilt jedoch als ungenügend bzw. überhaupt nicht gereinigt. Berücksichtigt man, daß der Wasseraustausch im See sehr langsam verläuft (im Schnitt einmal alle 200 Jahre) und sich die eingeleiteten Schadstoffe somit über eine lange Zeit im See akkumulieren, wird deutlich, welcher Gefahr das See-Ökosystem ausgesetzt ist.

Das nördliche Baikalbecken ist heute einer Bedrohung durch den neuen, an der Baikal-Amur-Magistrale gelegenen Wirtschaftskomplex Sewerobaikalsk (= „Nordbaikalsk"), dessen Schadstoffmengen in der obigen Berechung von 1985 noch gar nicht enthalten sind, ausgesetzt. Das mittlere Becken wird vor allem durch die Einmündung der Selenga (in deren Einzugsgebiet die mongolische Hauptstadt Ulan-Bator liegt) verschmutzt, und das südliche Seebecken vom Zellulosekombinat Baikalsk (s. Abb. 2.8).

Von den aufgeführten 123 Mio. t ungereinigter Abwasser werden 27 % über die Selenga, an deren Ufern die Industriestadt Ulan-Ude und das Selenginsker Zellulosekombinat liegen, eingeleitet. Rund 70 % der ungereinigten Abwasser stammen jedoch aus dem direkt am Seeufer liegenden Baikalsker Zellulosekombinat. Dieses Kombinat, das jährlich 200 000 t Zellulose produziert und dafür täglich 400 000 m³ Wasser benötigt, war schon in seiner Planungsphase umstritten. Daß dieses Werk entgegen aller vorgetragenen Bedenken dennoch gebaut und in Betrieb genommen wurde, liegt daran, daß dieses Projekt dem Verteidigungsministerium unterstand und damit praktisch eine unangreifbare „Militärangelegenheit" war. In den 1950er und frühen -60er Jahren benötigte man für die Zwischenlagen in den Reifen der Miitärflugzeuge hochwertige Cordzellulose, die man bis dahin aus Kanada und Schweden bezogen hatte. Für die Produktion dieses Zellulosestoffes ist allerreinstes Wasser erforderlich – Wasser, wie es in idealer Weise gerade der Baikalsee enthält. 1954 wurde der Beschluß zum Bau des Werkes gefaßt und zwei Jahre später mit dem Bau begonnen. Für die Arbeitskräfte wurde eine eigene Siedlung am Seeufer, die Stadt Baikalsk, errichtet. Sie hat heute 16 000 Einwohner und macht mit ihrer fast reinen Holzhausbebauung noch immer den Eindruck einer Pionierstadt.

1966 wurde das Werk in Betrieb genommen, und schon in den ersten vier Monaten wurden die festgelegten Abwasser-Grenzwerte hundertmal überschritten, im darauffolgenden Jahr 350 mal (nach GALAZIJ/VOTINCEV 1978). Ende der 1970er Jahre wurde das Kombinat mit einer biologischen Klärstufe ausgerüstet, die jedoch bis in die Gegenwart nur mangelhaft funktionierte. Von den täglich benötigten 400 000 m³ Brauchwasser wurden (bis schätzungsweise 1995) 250 000 bis 260 000 m³ in ungenügend gereinigter Form in den See zurückgeleitet. Das waren jährlich 86 Mio. m³, die reich an Sulfiden und Phenolen waren.

Gedrängt durch Bürgerbewegungen erließ der Ministerrat der UdSSR im April 1987 eine Resolution mit dem Titel „Maßnahmen zum Schutz und zur rationalen Nutzung der Naturressourcen im Baikalbecken zwischen 1987 und 1995". Für das Baikalsker Zellulosekombinat, dessen Produkte inzwischen gar nicht mehr so dringend benötigt werden, da Cordzellulose heute auf anderem Wege hergestellt werden kann, sieht diese Resolution die „Umprofilierung" in eine Möbelfabrik oder gar die Schließung vor. Umweltschützer erheben gegen die Umprofilierung Einwände, da die Möbelproduktion mit Lacken, Farben und Klebern, das heißt mit vielen Chemikalien, verbunden wäre, die ebenfalls das Ökosystem des Sees schädigen würden. Eine Schließung des Werkes würde aber zu sozialen Problemen führen, da die Arbeitsplätze der Stadt Baikalsk ganz vom Kombinat abhängen.

Das Baikalsker Kombinat emittiert auch noch jährlich 22 000 t Schadstoffe in die Luft, die sich zum Teil ebenfalls auf der Seeoberfläche niederschlagen (6 % der industriellen Verschmutzung des Sees stammen aus Luftschadstoffen). Sie haben auch zur Schädigung und teilweisen Vernichtung von 100 000 ha Wald geführt und stellen eine starke gesundheitliche Belastung der Bevölkerung dar.

Im Jahre 1992 wurde ein zweiter Entschluß zur Umprofilierung des Werkes im Jahre 1995 gefaßt, der aber auch nicht umgesetzt worden ist. Ein Jahr später schließlich wurde das Baikalsker Kombinat in eine Aktiengesellschaft mit ausländischer Beteiligung verwandelt. Damit liegt die Zukunft des Betriebes (und damit auch des Baikalsees) nicht mehr allein in russischer Hand, sondern auch in der ausländischer Investoren.

Allerdings hat die durch ihre internationale Zusammenarbeit (Exporte in viele Länder) finanziell gestärkte Firma in den letzten Jahren erhebliche umwelttechnologische Anstrengungen unternommen, und auch die Europäische Union hat mit zwei TACIS-Programmen zur ökologischen Verbesserung beigetragen, so daß der Irkutsker Hydrogeograph KORYTNYJ die heutige Situation weniger problematisch sieht. Er bezeichnet die vom Baikalsker

Kombinat ausgehende Wasserverschmutzung lediglich als „lokal", begrenzt auf einige Quadratkilometer, wobei er nach hydrochemischen Parametern eine Fläche von etwa 20 km² und nach mikrobiologischen Parametern eine Beeinflussungsfläche von über 100 km² angibt. KORYTNYJ kommt zu dem Schluß: *„So ist der Einfluß auf das Ökosystem des Baikals bisher noch verhältnismäßmäßig gering, die Zonen der negativen Beeinflussung überschreiten nicht einige Prozente der Seefläche. Der Baikal ist damit kaum irreversiblen anthropogenen Veränderungen ausgesetzt."* (1997, S. 9). Den Eindruck von einem nach wie vor kristallklaren Wasser erlebt (gegenüber früheren Katkastrophenmeldungen in unseren Medien) in der Tat jeder, der heute den Baikalsee jenseits der Industrie- und Siedlungskonzentrationen besucht.

Es bleibt zu hoffen, daß das Ökosystem des Baikalsees auch für die Zukunft in seiner Einmaligkeit erhalten bleibt.

2.5 Bewertung der naturgeographischen Faktoren

Die obigen Ausführungen haben gezeigt, daß Sibirien in naturgeographischer Hinsicht äußerst vielfältig ist, daß, abhängig von Breitenlage und Kontinalität, die einzelnen Regionen im Hinblick auf die menschliche Nutzung unterschiedlich zu bewerten sind. Mote (in JENSEN/SHABAD/WRIGHT 1983) hat unter diesem Aspekt eine ingenieurgeographische Raumgliederung aufgestellt, in der vier Zonen von Süden nach Norden aufeinanderfolgen, die sich durch ihren Kapitalaufwand für die industrielle Erschließung unterscheiden. Die Stufen reichen von 70 % (über dem Wert des europäischen Landesteiles liegend) bis zu 200 %, was eine Spannweite von etwa 1:3 bedeutet (und etwas zu gering bemessen sein dürfte). In einer anderen Analyse weist er den sibirischen Stationen unterschiedliche „constraint"-Punkte (etwa übersetzbar mit „Streß"-Punkten) zu, wobei er Faktoren wie Temperatur (in ihren verschiedenen Ausprägungen), Wind, Schneehöhe, Dauer der Schneebedeckung, Dauer der Polarnacht, Permafrost, Versumpfung u.a. in die Bewertung einbezieht. In einer Tabelle erhält Tobolsk 9 (Negativ-) Punkte, Surgut 10, Bratsk 14 und Südjakutien 15. Nowy Urengoi, Jakutsk und Norilsk werden jeweils 19 Punkte zugeteilt und dem polaren Norden sowie der BAM-Zone (s. Kap. 6.6) 20 Punkte.

Die Gebiete mit über 15 Punkten sind diejenigen, die schwierig zu besiedeln und wirtschaftlich zu erschließen sind. In diesen Gebieten klagen auch die Menschen (die eingewanderten Europäer) über die Härte des Winters, während in der milderen Südzone diese Jahreszeit für die Bewohner kein Problem darstellt.

Die Russen sind auch aus ihrem europäischen Landesteil Kälte gewöhnt und haben keine Schwierigkeiten mit dem südsibirischen Winter, der mit seiner Trockenheit und seinem Sonnenreichtum ohnehin angenehmer sein kann als der europäische. Man sagt in Sibirien: *„Minus 5 Grad in St. Petersburg, und man friert, minus 20 Grad in Nowosibirsk, und man fühlt sich wohl!"*

Der Süden Sibiriens, vor allem die Steppenzone im westlichen Teil, ist in ihren Klimaverhältnissen mit dem Süden des mittleren Kanadas vergleichbar. Winnipeg ist bei durchschnittlichen Januar- und Juliwerten von −17,7 und +20,2°C sowie Jahresniederschlägen von 520 mm durchaus mit sibirischen Stationen wie Barnaul, Omsk, Nowosibirsk, Krasnojarsk oder Ulan-Ude vergleichbar. Und so, wie dieser Teil Kanadas hochentwickelt ist, konnte auch der Süden Sibiriens ohne allzu große naturgeographische Probleme erschlossen werden.

3 Sibirien als russische Kolonie vom 16. bis zum Beginn des 20. Jahrhunderts

3.1 Die Eroberung der Kolonie

Während die westeuropäischen Großmächte Kolonien in Übersee gewannen, konnte Rußland wegen seines Mangels an eisfreien Häfen derartige weltweite Verbindungen nicht herstellen. Rußland war aber schon lange auf den Ressourcenreichtum des Raumes jenseits des Urals aufmerksam geworden. Schon bevor man diesen Raum eroberte, bestanden zu ihm Kontakte. Nowgoroder Kaufleute unterhielten schon seit rund 400 Jahren Handelsverbindungen mit dem Norden Westsibiriens, einem Land, das sie (nach den Bewohnern) als „Jugorisches Land" bezeichneten. Dorthin gelangten sie in der Regel, indem sie mit Booten die Petschora abwärts in die Kara-See einfuhren, die Halbinsel Jamal umrundeten und den Fluß Tas aufwärts fuhren. Das Motiv für derartige Handelsexpeditionen war der Pelzreichtum dieser Gegend. Zum Handelszentrum entwickelte sich hier Mangaseja, eine Siedlung am Unterlauf des Tas, in der Nähe der Einmündung des Flüßchens Mangasejka. Sie war lange Zeit der Vorposten Rußlands im transuralischen Raum. (Interessant ist das weitere Schicksal Mangasejas: 1601 erhielt die Siedlung den Status einer Stadt und entwickelte sich aufgrund der günstigen Lage zum Nördlichen Seeweg zu einem bedeutenden Handelsplatz. Die Moskauer Regierung konnte sich jedoch nicht damit einverstanden erklären, daß auf dem Seeweg auch deutsche und englische Schiffe problemlos nach Mangaseja gelangen konnten. Deshalb wurde zu Beginn des 17. Jahrhunderts der Schiffsverkehr nach Mangaseja verboten, was der Stadt den „Todesstoß" versetzte.) Nach der Sibirienchronik von SCHTSCHEGLOV[3] (1883/1993, S.19) gehörte „Jugorija" ab 1264 offiziell zur Zahl der Nowgoroder Amtsbezirke, und ab 1488 trug Ivan III. auch die Bezeichnung „Jugorski" in seinem langen Titel.

Im 16. Jahrhundert trieb die Kaufmannsfamilie der Stroganows Handelsgeschäfte im Gebiet Perm, westlich des Urals. Sie hatte dieses Gebiet 1558 vom Zaren als Wirkungsraum zugeteilt bekommen, wobei sie sich im Gegenzug zur Sicherung der östlichen Grenze verpflichtete. Die Stroganows hatten Prospektoren über den Ural geschickt, die dort Reichtümer wie Eisenerze, Silber, Blei, Zinn und Schwefel entdeckten. Es gelang ihnen, sich daraufhin vom Zaren Ivan IV. das Land hinter dem Ural (das diesem gar nicht gehörte!) verleihen zu lassen. Damit war ihnen praktisch das Recht gegeben worden, das am mittleren Irtysch gelegene und vom Khan Kutschum regierte Khanat „Sibir" zu erobern. Im Mai 1581 stieß eine von den Stroganows angeheuerte Kosakentruppe unter Leitung des Atamanen (Führers) Jermak in dieses Gebiet vor, und es gelang, das Khanat in kämpferischen Auseinandersetzungen (in denen Jermak umkam) zu erobern. Nachdem somit das Tor nach Sibirien geöffnet worden war, drangen weitere Kosakentruppen nach Osten vor, wobei der Name „Sibirien" auch auf die neu eroberten Gebiete übertragen wurde. Die Eindringlinge stießen beim Vordringen kaum auf Widerstand, es gab keine richtigen kriegerischen Auseinandersetzungen, allenfalls kleinere „Scharmützel" (s. Kap. 7.2.3).

---

[3] Die bis 1882 reichende Sibirienchronik von Schtscheglov, aus der in diesem Buch noch öfters zitiert werden wird, erschien erstmals 1883 in Irkutsk (ein Jahr später starb der Autor, erst 29jährig). In ausgezeichneter Weise werden in der Chronik die wichtigsten Ereignisse eines jeden Jahres aufgeführt. 1993 ist das Buch in Surgut neu herausgegeben worden.

An strategisch wichtigen Punkten wurden „Ostrogs" (Holzpalisaden-Festungen, den nordamerikanischen Forts vergleichbar) errichtet, die als Militär- und Handelsstützpunkte sowie als Basislager für Lebensmittelvorräte dienten (eine kartographische Darstellung des Geographischen Instituts der Sibirischen Akademie der Wissenschaften Irkutsk führt für Sibirien 28 und für den Fernen Osten 3 Ostrogs auf). Nach und nach ließen sich dort Kaufleute nieder, Handelshöfe entstanden und Handwerker nahmen ihre Arbeit auf, so daß sich aus den Ostrogs die ersten sibirischen Städte entwickelten. Im Jahr 1586 wurde auf diese Weise mit Tjumen der erste russische Stützpunkt auf sibirischem Boden gegründet, und ein Jahr später am Zusammenfluß von Tobol und Irtysch (und damit am Ausgangspunkt des sibirischen Wasserstraßennetzes) Tobolsk. Der rasche Vorstoß nach Osten erfolgte auf den Wasserwegen. Zwar verlaufen die Hauptströme Sibiriens vorwiegend in Süd-Nord-Richtung, aber ihre Nebenflüsse greifen z. T. weit in West-Ost-Richtung aus. Über die kurzen Wasserscheiden zwischen den Flußsystemen, die „Woloks", wurden die flachen Ruderboote – Kotschen genannt – entweder über Land geschleppt, oder sie wurden zurückgelassen und am nächsten Fluß neue gebaut.

Kleine Kosakengruppen vergrößerten damit zunehmend das Russische Reich, und BOBRICK (1993, S. 98) schreibt dazu: *„Ihre Leistung stand denen der westlichen Seefahrernationen in nichts nach. Nie zuvor in der Weltgeschichte haben so wenige Menschen so viel Land erobert."*

Der 1587 gegründete Ostrog Tobolsk erhielt 1590 den Status einer Stadt und wurde für lange Zeit zum administrativen und kirchlichen Zentrum ganz Sibiriens. 1624 gab es in dieser jungen Stadt, deren sechs Meter hoher Schutzzaun eine Länge von 418 m besaß, 345 Häuser. Nach einem Großbrand, der 1643 die Stadt vernichtete, wurde sie in vergrößerter Form neu errichtet: der Schutzzaun hatte jetzt eine Gesamtlänge von 2011 m und enthielt 10 Türme, deren höchster fast 50 m erreichte (nach RESUN/VASILJEVSKIJ 1969, S. 251).

In den folgenden 10 Jahren wurde der Ob durch die Gründung von vier Ostrogs (1594 Surgut) erschlossen und gesichert. Nach der Erschließung dieses Flusses erfolgte der Vorstoß zum Jenissej, wobei die Wasserscheide zwischen dem rechten Ob-Nebenfluß Ket und dem Jenissej auf dem Landweg (rund 100 km) überquert wurde. Dort, an der Einmündung der Angara in den Jenissej, wurde 1618 der Ostrog Jenissejsk gegründet, und mit diesem Datum war das ganze Ob-Tiefland in russischer Hand. Jenissejsk wurde zu einem wichtigen Stützpunkt beim weiteren Vorstoß in den Osten. 1650 lebten bereits 2500 Menschen, unter ihnen viele Handwerker (bis hin zu Glockengießern) in dieser Stadt, die sich schnell zu einem bedeutenden Handels- und Kulturzentrum entwickelte. Vor hier lief der weitere Eroberungsweg die Angara aufwärts, wo 1630 Bratsk gegründet wurde.

Nach Überwindung des „Woloks" zwischen Angara und Lena lief der Vorstoß vorerst weiter in Richtung Nordosten, in das Lena-Gebiet, wo bereits 1632 der Ostrog Jakutsk angelegt wurde. Von hier stieß man weiter in die gleiche Richtung vor und gründete 1638 bzw. 1644 die Ostrogs Werchojansk und Srednekolymsk (an der mittleren Kolyma).

Erst nach diesem „rasanten" Nordost-Vorstoß drangen die Kosakengruppen weiter in den Süden Ostsibiriens vor, wo 1652 am Angara-Oberlauf, gegenüber der Einmüdung des Nebenflusses Irkut, der Irkutsker Ostrog gegründet wurde. Irkutsk, 1686 zur Stadt ernannt, wurde zum Ausgangspunkt für die Eroberung und Erschließung Transbaikaliens. Bis 1670 war ganz Ostsibirien – und damit das gesamte Taiga- und Tundrensibirien – dem russischen Reich angegliedert.

Die Eroberung des südlicheren Steppengürtels erfolgte dagegen erstaunlicherweise erst relativ spät. Eine der Ursachen war, daß sich die frühe Kolonialisierung ausschließ-

Die Eroberung der Kolonie / Sibirien als Pelzlieferant

lich an der Gewinnung von Fellen, vor allem des wertvollen Zobels (s. u.), orientierte. Man kann sagen, daß (wie auch in Nordamerika) die Jäger und Fallensteller (Trapper) den Bauern vorausgingen.

Vor einer festen Niederlassung der Bauern in der fruchtbaren Steppe war zudem erforderlich, das Gebiet gegenüber den kasachischen Khanen zu sichern. Unter Peter dem Großen wurde gezielt die staatliche Kolonisierung des Süden Sibiriens in Angriff genommen. 1716 begann man mit dem Bau von Festungswerken entlang der Südgrenze zum Schutz vor Nomadeneinfällen. Im Jahre 1800 existierten 124 Festungen und Vorposten, die mit Tausenden von Kosaken besetzt waren. Auf diese Weise wurden einzelne Festungslinien aufgebaut: zuerst die über Omsk[4] verlaufende „Irtysch-Linie" und später die über Bijsk und Kusnezk verlaufende „Kolyvan-Linie". Aus den nördlicheren Taigagebieten und Zentralrußland setzte jetzt eine Zustrom von Übersiedlern in den Steppengürtel ein, das Zentrum des wirtschaftlichen Lebens verlagerte sich aus den nördlichen Regionen kontinuierlich in den Süden.

Durch Anlage weiterer Verteidigungslinien im Süden wurden auch die späteren „Steppengouvernements" Akmolinsk (511 000 km^2), Semipalatinsk (480 000 km^2) und Turgaj (424 000 km^2), die heute zu Nordkasachstan gehören[5], an Sibirien angeschlossen.

Rußland hatte sich damit eine Kolonie mit Landanschluß geschaffen, die den europäischen Raum mit Pelzen und – ab dem 18. Jahrhundert – mit edlen Metallen belieferte.

3.2 Sibirien als Pelzlieferant

Was die Kosaken- und Soldatengruppen immer weiter in den Osten zog, das war der Pelzreichtum der Taigaregion. Für das winterkalte Klima Rußlands war das Pelzwerk von großer Bedeutung, und außerdem waren Pelze das führende Handelsgut des russischen Reiches. Da im Norden des europäischen Rußlands die Pelztiere weitgehend ausgerottet waren, boten sich nun in Sibirien neue Möglichkeiten der Pelztierjagd. Das Eindringen nach Sibirien löste einen wahren „Pelzrausch" aus, wobei den eigentlichen Eroberern Jäger und Fallensteller folgten.

Die wertvollste Jagdbeute war der Zobel, dessen Lebensraum der gesamte Waldgürtel (Taiga zuzügl. „Lichtwaldzone") bildet. Da sich die Pelzressourcen aufgrund der intensiven Bejagung schnell erschöpften und außerdem das Fell des Zobels zu den extrem kalten Gebieten hin immer dichter und damit immer wertvoller wird, drang man überaus schnell in den Osten und Nordosten vor und vernachlässigte vorerst den Süden Ostsibiriens, wo die Zobelvorkommen aufgrund der Verzahnung von Wald und Steppe spärlicher waren. Über die rasche Erschöpfung der Zobelvorkommen schreibt BOBRICK (1993, S. 60): *„Schon um die Mitte des 17. Jahrhunderts fanden sich im westlichen Sibirien kaum noch hochwertige Zobelarten, entlag der Tunguska und des Jenissej war der Zobel schon 1627 „zu Tode gejagt". An der oberen Lena war der Zobelbestand 1649 auf nur noch wenige Exemplare geschrumpft, und gegen Ende des Jahrhunderts war er auch in der Umgebung von Jakutsk zur Rarität geworden."*

Die im Auftrage des Zaren arbeitenden Kosakengruppen sowie die Wojewoden mit

---

4 Omsk wurde 1716 gegründet von einem Brigadegeneral Buchholz. In Berichten über die Eroberung und Erschließung Sibiriens stößt man immer wieder auf deutsche Namen.

5 Die heutige Verlagerung der kasachischen Hauptstadt von Almaty (ehemals Alma Ata) nach Akmola (ehemals Akmolinsk) im Norden hat den Zweck, eventuelle erneute Besitzansprüche von russischer Seite auf diese bis um 1920 sibirischen Gebiete zurückzuweisen.

ihren Schutztruppen belegten die einheimischen Völker mit einem Pelztribut, bzw. einer „Zobelsteuer", dem sogenannten „Jassak". Jede Sippe, jeder Stamm, mußte pro Jahr eine bestimmte Menge an Zobelfellen abliefern. In einem Ukas des Zaren wurde 1601 festgelegt, daß von jedem verheirateten Eingeborenen 10 und von jedem Junggesellen (wozu vor allem Kinder gehörten) 5 Zobelfelle einzuziehen seien. Dieser Satz wurde jedoch von Region zu Region (u. a. entsprechend der Ergiebigkeit der Zobelgründe) abgewandelt. Die Eingeborenen mußten die Zobelfelle in den zentralen Stützpunkten selber abliefern, oder staatliche Steuereinnehmer machten nach dem Ende der Jagdsaison die Runde durch ihr Verwaltungsgebiet, um zu „jassakieren" (russ. „jassakirovatj"), d. h. den Jassak einzutreiben. Häufig wurde dabei Druck auf die Eingeborenen ausgeübt, indem man Geiseln nahm oder auch die Behausungen der Eingeborenen in Brand steckte. Allein aus dem Kolymagebiet im äußersten Nordosten wurden z. B. in der Mitte des 17. Jahrhunderts jährlich 12 000 bis 18 000 Zobelfelle nach Moskau transportiert.

Der Zwang, neben der bereits äußerst beschwerlichen Nahrungsbeschaffung nun auch noch der Zobeljagd für die russischen Eindringlinge nachzugehen, führte zu großer Not bei den eingeborenen Völkern Sibiriens.

Als der Zobelreichtum zur Neige[6] ging, fanden sich neue Ressourcen, diesmal im Süden Sibiriens.

3.3 Sibirien als Lieferant edler Metalle

Die Industrialisierung Sibiriens begann mit dem Abbau und der Schmelze wertvoller Erze. Wegen der weiten Wege und der schwierigen Transportverhältnisse konzentrierte sich der frühe Bergbau auf die hochwertigen Erze wie Silber, Kupfer, Blei und Gold. Andere Metalle hatten dagegen nur lokale Bedeutung. Wie die Edelmetallgewinnung ihren Anfang nahm, ist in der Sibirienchronologie von SCHTSCHEGLOV (1993) zu lesen, in der es unter dem Jahr 1695 (S. 97) heißt: *„Aus dem Gebiet Nertschinsk wurden Erzproben nach Deutschland geschickt, und es wurden Bergbauexperten von dort eingeladen. Auf diesen Aufruf hin kamen einige Sachsen nach Rußland."*

Bei diesen Sachsen dürfte es sich um Silberbergleute aus dem Erzgebirge gehandelt haben, die nun ihr Wissen nach Sibirien brachten. Fünf Jahre später, 1704, wurde das erste Silberschmelzwerk in Nertschinsk (östlich von Tschita) eröffnet, das mit der Entdeckung immer neuer Silbervorkommen seine Leistung von Jahr zu Jahr steigern konnte und 1776 sein Maximum mit mit einer Produktionsmenge von 10,3 t erreichte. Weitere Werke wurden eröffnet, und Transbaikalien entwickelte sich zum Zentrum der russischen Silber- und auch Bleigewinnung. Gegen Ende des 18. Jahrhunderts arbeiteten hier 7 Schmelzbetriebe und 90 Bergwerke. Die Arbeit wurde von Zwangsarbeitern und Katorga-Häftlingen (Verbannten) durchgeführt, und sie war so hart (bis zu 15 Stunden pro Tag), daß die Männer in der Regel nach 7 Jahren (sofern sie diese überhaupt überlebten) arbeitsunfähig waren.

Zur zweiten Erzbasis entwickelte sich bald das nördliche Altai-Vorland. 1723 stieß man hier auf das das erste Kupferlager, und bald wurden Blei-, Silber- und Polymetallvorkommen entdeckt und die entsprechenden Schmelzwerke errichtet. 1791 eröffnete

---

6 Anfang des 20. Jahrhunderts war der Zobel in den meisten Gebieten völlig ausgerottet. Durch künstliche Wiederaussetzung und Jagdverbote konnte der Bestand wieder aufgebaut werden, so daß in den 1960er Jahren durchschnittlich wieder 178 000 Felle pro Jahr erbeutet werden konnten (PARMUZIN 1985, S. 104).

der Syrjansker Silberbergbaubetrieb, der bald die führende Stellung einnahm. Alexander von Humboldt besuchte 1829 auf seiner Sibirienreise die Erzgruben im Altaigebiet. In einem Bericht über seine Reise (BECK 1984, S. 104) heißt es: *„Gegenwärtig war der Altai der erste Silberproduzent Europas und Barnaul die Hauptschmelzhütte des Altai. Es gab damals zehn Silber- und acht Kupfergruben. Es wurden jährlich 1000 Pud (=16,4 t) Silber, 12 000 Pud (197 t) Kupfer und 20 000 Pud (330 t) Blei erzeugt."*

Einen weiteren Aufschwung nahm die sibirische Wirtschaft mit der Entdeckung von Gold. 1832 wurde Gold im Nertschinsker Gebiet gefunden, und 1836 wurden weitere Vorkommen im Sajan-Gebirge und anschließend in der Jenissej-Region sowie im Oljokminsker Gebiet an der Lena entdeckt. Auf kleinere Vorkommen stieß man auch noch in der Altai-Region. Die Goldförderung nahm einen raschen Aufschwung, zumal die Silberförderung im Nertschinsker Gebiet gegen Ende des 19. Jahrhunderts zum Erliegen kam. Ostsibirien, wo 35 000 bis 38 000 Arbeitskräfte in der Goldförderung beschäftigt waren, lieferte in der zweiten Hälfte des 19. Jahrhunderts jährlich 1 000 – 1 500 Pud (=16 – 25 t) und damit drei Viertel der russischen Goldgewinnung. Gegen Ende des Jahrhunderts waren es jährlich 25 – 32 t, was 80 % der gesamten Landesförderung entsprach. Der Schwerpunkt der Goldgewinnung verlagerte sich ab den sechziger Jahren des 19. Jahrhunderts immer mehr zu den Lenafeldern. Wie die Gewinnung des Goldes in der Regel erfolgte, zeigt ein Bericht des amerikanischen Journalisten Kennan, der 1895 die Kara-Goldfelder im Tschita-Gebiet besuchte: *„Es fiel ein leichter Pulverschnee, und ein trostloseres Bild als hier an der Goldgrube kann man sich kaum vorstellen. Umgeben von einer Postenkette Kosaken waren 30 – 40 Sträflinge in einer Art Kiesgrube, deren Grund früher offensichtlich einmal ein Flußbett gewesen ist, bei der Arbeit. Manche von ihnen lockerten mit Brechstangen die harten Lehm- und Kiesschichten, andere schaufelten die gelösten Brocken auf kleine Tragbahren, die wieder andere forttrugen und 150 – 200 Meter weiter auskippten. Die Sträflinge, die meisten in Fußfesseln, arbeiteten langsam und lustlos. Die Stille wurde nur durch das ständige Hämmern der Brecheisen, ab und zu durch den kurzen, scharfen Befehl eines Aufsehers oder durch das Klirren der Ketten unterbrochen. Die Arbeitszeit in den Kara-Goldgruben geht im Winter von sieben Uhr morgens bis fünf Uhr nachmittags und im Sommer von fünf Uhr morgens bis sieben Uhr abends. Die aus den Fundstellen gewonnene Menge Gold beträgt 11 Pud (= 180 kg) pro Jahr und wandert ausnahmslos in die Privatschatullen seiner Majestät des Zaren"* (KENNAN 1973, S. 451).

Die Ausbeutung der sibirischen Ressourcen geschah damit (wie bis weit in das 20. Jahrhundert hinein) auf dem Rücken der betroffenen Menschen.

BOBRICK schreibt über die Entwicklung der Förderwirtschaft (1993, S. 301): *„Schon 1740 war Sibirien dank seiner Bodenschätze zum wichtigsten Lieferanten edler Metalle in Europa und zum weltweit führenden Kupferproduzenten geworden. Die Goldförderung in Sibirien wuchs in so raschem Tempo, daß sie am Ende des Jahrhunderts bereits bei 40 t im Jahr lag."*

Sibirien hatte mit seinen Edelmetallen einen ganz neuen Stellenwert erhalten, Lomonossows Prophezeiung, daß Rußland einmal große Reichtümer aus Sibirien gewinnen werde, hatte sich damit schon bewahrheitet.

Tab. 3.1: Bis zum Jahr 1876 in Sibirien geförderte Mengen an Edelmetallen
Quelle: SCHTSCHEGLOV 1883/1993, S. 414

	Gold	Silber	Kupfer
Westsibirien	67 t	445 t	164 000 t
Ostsibirien	683 t	1 790 t	-

3.4 Bevölkerungsentwicklung und Städtebildung

3.4.1 Bevölkerungsentwicklung bis um 1900

Das scheinbar endlose Land jenseits des Urals war für die Russen ab dem 17. Jahrhundert nicht nur eine wirtschaftlich ausbeutbare Kolonie, sondern auch eine Erweiterung ihres Lebensraumes. Menschen aus dem europäischen Landesteil wanderten nach Sibirien ein, auf der Suche nach Land wie auch auf der Suche nach Freiheit. Sibi-rien kann, was Pionierleistungen sowie die Siedlungsformen und -prozesse (hier die Ostrogs, dort die Forts) anbetrifft, in vielerlei Hinsicht mit Amerika verglichen werden. Es werden häufig auch Parallelen zu Australien aufgestellt, das für England lange Zeit eine Sträflingskolonie war, so wie Sibirien Zielgebiet der Verbannungen gewesen ist. In der Entwicklung der Einwohnerzahlen konnte das asiatische Rußland (Sibirien und Ferner Osten 1994 zusammen 32 Mio. Einwohner) den australischen Kontinent (17,5 Mio. Ew.) deutlich übertreffen, während sich auf dem amerikanischen Kontinent nur ein Vergleich mit dem in Natur- und Größenverhältnissen Sibirien weitgehend entsprechenden Kanada (9,96 Mio. km², 1992 = 27,8 Mio. Ew.) anbietet.

Die Ausbreitung der Russen in Sibirien beeinflußte den Lebensraum und die Lebensbedingungen der indigenen Bevölkerung (s. Kap. 7.2), wobei sich wiederum Vergleichsmöglichkeiten mit den Schicksalen der Aborigines in Australien und der Indianer in Nordamerika ergeben.

In Sibirien ließen sich in einer ersten Etappe (ab etwa 1680) vor allem Kaufleute und der Leibeigenschaft entflohene Bauern nieder. In einer zweiten Etappe kamen, vor allem im 18. Und 19. Jahrhundert, in großer Zahl Bauern über den Ural. Sibirien wurde zum Bauernland.

Zu den staatlichen Maßnahmen, Sibirien mit Menschen aufzufüllen, gehörte rund 300 Jahre lang das Verbannungswesen. Die Verbannung war bereits gegen Ende des 17. Jahrhunderts als reguläre Strafform eingeführt worden.[7]

Die damit verbundenen Intentionen waren: Entlastung des europäischen Landesteils von Verbrechern, Abschiebung von der Regierung und dem Zarenhofe unliebsamen Personen in weite Ferne, Auffüllung der menschenarmen Gebiete Sibiriens mit Siedlern (Verbannung als Mittel der Bevölkerungspolitik) und Bereitstellung von Zwangsarbeitskräften für die Ausbeutung der Ressourcen (vor allem in den Silbertagebauen). Die Verbannung wurde bewußt als Form einer Strafkolonisierung Sibiriens angesehen.

Unter der Zielsetzung, Sibirien mit Siedlern und Zwangsarbeitern zu versorgen, war man mit Gründen für die Verbannung nicht kleinlich. Die Verbannungsstrafe konnte u. a. ausgesprochen werden für Wucherei, Wahrsagerei, Schuldenmacherei, Fällen von Bäumen ohne Genehmigung oder Bettelei ohne zwingende Not. KOLESOV (1991, S. 139) berichtet von einer Gruppe Jugendlicher, die in das Jakutsker Gebiet verbannt worden war, weil sie bloße Bekanntschaft mit Revolutionären hatte. Jede Dorfgemeinschaft hatte das Recht, Mitglieder, die sich in irgendeiner Form unliebsam gemacht hatten, in die sibirische Verbannung zu abzuschieben.

Die Verbannungen konnten zeitlich befristet oder auf Lebenszeit ausgesprochen werden. Es gab verschiedene Abstufungen: vom bloßen Zwang, sich in Sibirien anzusiedeln, bis zur gefürchteten „Katorga", bei der die Verbannten, meist in Ketten, Zwangsarbeit leisten mußten.

---

[7] Der amerikanische Journalist George Kennan und der russische Schriftsteller Anton Tschechow bereisten gegen Ende des 19. Jahrhunderts Sibirien (letzterer vor allem die zum Fernen Osten gehörende Insel Sachalin), um das Verbannungswesen zu studieren. Beide Berichte sind sehr instruktiv.

Den Weg in das angewiesene Zielgebiet legten die in Gruppen zusammengefaßten Gefangenen zu Fuß zurück. KENNAN (1975, S. 83) schreibt dazu: *"Das ganze Jahr hindurch marschiert Woche um Woche eine 300 – 400 Mann starke Kolonne von Tomsk in Richtung Irkutsk ab und legt die Strecke von 1040 Meilen in etwa einem Vierteljahr zurück. In extremen Fällen, wie z. B. bei der Verbannung in das nordöstliche Jakutien, waren die Verbannten bis zu zweieinhalb Jahre unterwegs."* Zu den dorthin geschickten Verbannten heißt es im Bericht von KOLESOW (1991, S. 109): *"Nach dem Eintreffen am Verbannungsort wurden sie mit äußerst schwierigen Existenzbedingungen konfrontiert. In kleinen Gruppen wurden sie in leeren kalten Hütten untergebracht. Unter den rauhen klimatischen Bedingungen und halb verhungert erkrankten viele Verbannte. Ihre Hauptnahrung bildete Fisch, wobei die Vorräte im Winter aber nie ausreichten. Auch Brot war Mangelware. Die politischen Verbannten (d. h. die Nicht-Kriminellen – der Verfasser) schrieben, daß das Leben in dieser Region eine Qual war. Nach der Beschreibung von Augenzeugen traf man im Frühjahr überall gelbe, geschwollene Gesichter, deren Augen vor Krankheit glänzten".*

Aufzeichnungen belegen (für ganz Sibirien und den Fernen Osten) die Zahl der Verbannten in den 55 Jahren von 1823 bis 1877 – wobei die Begleitpersonen, wie Ehefrauen oder sonstige Familienmitglieder, nicht mitgerechnet worden sind (Tab. 3.2).

Die Zahl der Verbannten machte um 1850 etwa 10–11% der sibirischen Bevölkerung aus (nach KODAN 1992, S. 114). Ein Gesetz sah vor, daß ihr Anteil an der Einwohnerschaft einer Stadt oder eines Dorfes 20% nicht übersteigt, aber dieser Grenzwert ist häufig überschritten worden.

Die aus kriminellen Gründen Verbannten konnten an ihrem Verbannungsort eine demoralisierende Wirkung auf die übrige Bevölkerung ausüben. KOLESOV (1991, S. 98) gibt dafür folgendes Beispiel: *"1891 wurde in dem jakutischen Dorf Kresty, das aus neun Häusern bestand, ein gewisser Titow angesiedelt. Dieser begann sofort, die Einwohner zu terrorisieren, indem er die Bereitstellung einer vollständigen Wirtschaft forderte: eine Jurte, ein Schleppnetz, normale Fischernetze, ein Hundegespann mit zwölf Hunden und schließlich eine Frau. Andernfalls, so drohte er, würde er das Dorf in Brand stecken."*

Die politischen Verbannten, die meist intellektueller Herkunft und von hoher Bildung waren, übten dagegen in der Regel eine positive Wirkung aus, sie brachten Kultur und Wissenschaft nach Sibirien. KOLESOV (a. a. O.) schreibt darüber: *"Trotz der Lebensschwierigkeiten entwickelten sich viele von ihnen zu erfahrenen Wissenschaftlern. Sie richteten Bibliotheken ein und organisierten die Kulturarbeit. Einige befaßten sich mit wissenschaftlichen Studien der Ethnographie der Völker an der Kolyma. Ein Teil der Verbannten führte Versuche durch zur Einführung des Gemüseanbaues und der Getreidekultur unter den rauhen klimatischen Bedingungen des Nordens. Regelmäßig wurde von ihnen die Zeitung "Kolyma" herausgegeben. Es wurden Theaterstücke aufgeführt und Gedichte vorgelesen. Ein Chor wurde aufgestellt, und Solisten traten auf. Ereignisse dieser Art wurden von der Bevölkerung wohlwollend aufgenommen und trugen zur Ausbreitung der Bildung an der Kolyma bei."*

Viele Verbannte, wie vor allem die sogenannten Dekabristen – von „dekabr", dem russischen Wort für Dezember, zurückgeführt auf einen Palastaufstand im Dezember

Tab. 3.2: Zahl der nach Sibirien Verbannten 1823 – 1877
Quelle: SCHTSCHEGLOV 1993, S. 226

Zeitraum	Zahl der Verbannten
1823-1832	98 725
1833-1842	86 550
1843-1852	69 764
1853-1862	101 238
1863-1872	146 380
1873-1877	91 298
Summe 55 Jahre	593 914

1825 –, genießen in ihren Verbannungsgebieten (so in Irkutsk) noch heute eine hohe Verehrung. Zu ihnen gehörte der Fürst Trubezkoi, dessen Wohnhaus während seiner Irkutsker Verbannung heute als Dekabristenmuseum dient.

1846 wurde für die 88 Dekabristen (denen elf junge Frauen gefolgt waren) die lebenslange Verbannung aufgehoben. Viele blieben aber weiterhin in Sibirien.

Mitte des 19. Jahrhunderts wurde der bekannte Schriftsteller und Philosoph Fjodor Dostojewski in die sibirische Verbannung geschickt, weil er einer Gesellschaft von Sozial-Idealisten beigetreten war, die sich u.a. für die Abschaffung der Leibeigenschaft einsetzte. Vier Jahre verbrachte er, mit etwa 5 kg schweren Ketten an den Beinen, in der „Katorga" bei Omsk. In einem Brief beschrieb er sein Gefängnis als „... *ein altes bautalliges Holzhaus, das langst als unbewohnbar hätte abgebrochen sein sollen. Im Sommer ist es unerträglich heiß, im Winter unerträglich kalt. Alle Bohlen sind morsch, auf dem Boden liegt der Schmutz zolldick. Die Decke ist undicht und tropft, überall ist Durchzug. Wir sind wie Heringe in ein Faß verpackt. Im Vorraum ist ein hölzerner Trog für die Notdurft aufgestellt, und der Gestank ist unerträglich. Alle Gefangenen stinken wie Schweine, Flöhe, Läuse und anderes Ungeziefer gibt es in Menge*" (aus rowohlt monographie Nr. 1 290).

Im Jahre 1900 zählte man in Sibirien und dem Fernen Osten 287 000 Verbannte. Der prominenteste von ihnen war Lenin, der von 1897–1900 im Dorf Schuschenskoje am oberen Jenissej in Verbannung war.

Die Bevölkerungszahl wuchs nicht nur wegen der – freiwilligen oder erzwungenen – Zuwanderung an, sondern auch, weil in Sibirien der natürliche Zuwachs im Vergleich zum übrigen Rußland immer sehr hoch war.

Zielgebiet (Gouvernement)	Zuwanderung 1880–1890	Zuwanderung 1890–1900
Tomsk	250 000	400 000
Tobolsk	76 000	120 000
Jenissejsk	25 000	74 000
Irkutsk	10 000	30 000

Tab. 3.3: Übersiedler und ihre Zielgebiete in Sibirien 1880–1900 (begrenzt auf das heutige Sibirien)
Quelle: Winokurov/Suchodolov 1996, Tab. 31

1851 hatten nach einer Auflistung von Schtscheglov (1993, S. 396) die einzelnen Gouvernements, in die Sibirien untergliedert war, folgende Einwohnerzahlen:
Gouvernement Tobolsk = 835 000 Ew.
Gouvernement Tomsk = 621 000 Ew.
Gouvernement Jenissejsk = 254 000 Ew.
Gouvernement Irkutsk = 657 000 Ew.
Gouvernement Jakutsk = 215 000 Ew.
Sibirien hatte damit, rund 270 Jahre nach dem ersten Vorstoß, etwa 2,7 Mio. Einwohner (von denen 90 % Russen waren) – was etwa einem Zehntel der Einwohnerzahlen entspricht, die Sibirien bis gegen Ende des 20. Jahrhunderts maximal erreichen sollte.

In den 1880er Jahren siedelten jährlich rund 31 000 und in den 1890er Jahren 77 000 Menschen nach Sibirien über. Insgesamt zogen zwischen 1861 und 1900 etwa 2 Mio. Menschen über den Ural, davon allerdings eine knappe Viertelmillion in die Steppengebiete des heutigen Kasachstans! Die Herkunftsgebiete der Übersiedler lagen vor allem (zu 60 %) im Schwarzerdegürtel des Zentralen Rußlands, in dem damals Bodenmangel herrschte. Die Zielgebiete waren in erster Linie die westsibirischen Gouvernements, bei deutlicher Abnahme in Richtung Osten.

Beim Zensus von 1897 zählte man in Sibirien 5,75 Mio. Einwohner.

3.4.2 Die Entwicklung der Städte

Sibirien ist bis in unser Jahrhundert hinein in erster Linie Bauernland gewesen, aber die punkthaft angelegten städtischen Siedlungen spielten im Kultur- und Wirtschaftsleben des Raumes eine große Rolle.

Die ersten größeren Städte lagen (von den „Eingangstoren" Tjumen und Tobolsk abgesehen) vorwiegend im nördlichen und mittleren Teil Sibiriens. Zu nennen sind hier u.a. Berjosowka, Narym, Surgut, Turuchansk, Wiljuisk, Jakutsk, Werchojansk und Srednekolymsk. In einer Zeit, in der die Pelzgewinnung den wirtschaftlichen Schwerpunkt Sibiriens bildete, waren die Städte in erster Linie die Zentren der Eintreibung der Fellsteuer, des „Jassaks". Erst nach und nach entwickelten sich diese frühen Städte auch zu Zentren des Handels und des Handwerks.

Zu einer ersten Bedeutungsverlagerung in den Süden kam es gegen Mitte des 18. Jahrhunderts mit den erwähnten Verteidigungslinien an der Südflanke und vor allem mit der Anlage des ganz Sibirien durchziehenden Landweges, des „Sibirischen" (oder auch „Moskauer") Traktes (s. Kap. 5.2). Zu Zentren des Wirtschaftslebens, vor allem des Handels, wurden nun die am Trakt gelegenen, das heißt: vornehmlich die südlichen Städte. Die einst wichtigen Städte des Nordens verfielen bis zur Bedeutungslosigkeit.

Zu einer weiteren Verlagerung der Gewichtung in den Süden kam es um 1900 mit dem Bau der Transsibirischen Eisenbahn, als nun auch Städte wie Tomsk und Jenissejsk, die von der neuen Magistrale nicht berührt werden, an Bedeutung (und Einwohnerzahlen) verloren.

Die frühen sibirischen Städte waren noch ganz und gar aus Holz gebaut (die „sibirische Hauptstadt" Nowosibirsk bestand noch 1950 zu 75 % aus Holzbauten, 1980 noch zu 15 %), und erst im 19. Jahrhundert entwickelte sich daneben auch langsam Steinbauten. Vor allem nach Brandkatastrophen (wie in Irkutsk im Jahre 1879) erhielt die Steinbauweise einen Aufschwung. Die ersten Städte (z.B. Surgut, gegründet 1594) haben noch einen organisch gewachsenen Grundriß, während spätere Siedlungen überwiegend das typische koloniale, mehr oder weniger rechtwinklige Grundraster (s. u.a. Zentrum von Irkutsk) aufweisen.

Die Städte entwickelten sich zu Zentren des Handwerks und, bei Lage am Trakt, auch des Handels. Kaufleute stellten oft den größten Teil der arbeitenden Stadtbevölkerung. Ein wichtiger Ausdruck der regen Handelstätigkeit (mit Handelsströmen nach Europa, in die Mongolei, nach China und in das Emirat Buchara) waren die sibirischen Handelsmärkte bzw. -messen, nach einem deutschen Wort (bis heute!) als „Jarmarki" bezeichnet. Erste Märkte bzw. „Jarmarki" wurden bereits im 17. Jahrhundert abgehalten, und gegen Ende des 19. Jahrhunderts waren es alljährlich bis zu 600, die 30 % des Handelsumsatzes einbrachten).

Einer der größten „Jarmarki" war der von Nikolskaja am Ischim, wo sich im Dezember regelmäßig über 2000 Kaufleute trafen, um mit Leder, Fellen, Wolle, Speck, Fleisch und gefrorener Milch zu handeln (nach Winokurov/Suchodolov 1996, S. 270). Die Rolle der Märkte nahm mit dem Bau der Transsibirischen Eisenbahn ab, weil von diesem Zeitpunkt an alle Waren praktisch überall verfügbar waren. Heute dagegen lebt die

Tab. 3.4: Markthandel in Sibirien gegen Ende des 19. Jahrhunderts
Quelle: Winokurow 1996

Region	Zahl der Märkte	Warenumschlag (Mio. Rubel)
Tobolsk	507	12,8
Tomsk	68	7,5
Jenissej	13	0,7
Irkutsk	12	1,0
Transbaikalien	3	3,1
Jakutien	2	2,5

Stadt	Einwohner	Holz-häuser	Stein-häuser	Kirchen	Klöster	Betriebe u. Fabriken	Läden	Trink-häuser
Tobolsk	16 990	1 822	32	15	1	16	116	26
Irkutsk	14 410	1673	56	15	1	42	11	18
Tomsk	10870	1416	17	7	1	5	30	17
Tjumen	10 770	1 823	7	9	1	119	152	15
Omsk	8 500	990	-	2	-	2	2 Märkte	4
Jenissejsk	5 670	1 066	15	8	2	10	2 Märkte	17
Krasnojarsk	3110	570	9	4	-	14	1 Markt	6

Tab. 3.5: Die größten sibirischen Städte 1825
Für Barnaul fehlen in der Auflistung die Angaben über die Einwohnerzahlen, es wird nur angegeben: 4 Kirchen, 1 Kloster, 6 Läden (vermutlich liegt in der Reihenfolge der großen Städte Barnaul noch vor Krasnojarsk).
Quelle: SCHTSCHEGLOV 1993, S. 281

alte Tradition wieder auf, und alle größeren Städte führen regelmäßig „Sibirische Messen" durch, nun aber in erster Linie, um ausländische Investoren anzuwerben.

Zu Beginn des 19. Jahrhunderts waren (Omsk ausgenommen) die größten Städte diejenigen, die am Sibirischen Trakt lagen.

Tobolsk und Irkutsk waren, wie es allein die Anzahlen der Kirchen (jeweils 15) zeigen, die wirklichen Hauptstädte West- bzw. Ostsibiriens. Jenissejsk, das bis zur Mitte des 18. Jahrhunderts nicht nur eine der größten Städte Sibiriens, sondern ganz Rußlands gewesen ist, ist aufgrund der abseitigen Lage gegenüber dem Sibirischen Trakt auf den sechsten Platz zurückgefallen.

In den 1880er Jahren gab es 44 städtische Siedlungen in Sibirien, von denen die kleinsten aber nur weniger als 500 Einwohner (Werchojansk = 224 Ew.!) hatten. Lediglich 10 Städte hatten mehr als 6 000 Einwohner.

Gegenüber dem Jahr 1825 hatten 1884 (s. Tab. 3.5 u. 3.6) die meisten Städte ihre Einwohnerzahlen verdoppelt. Nur im Süden Westsibiriens hatte die Herausbildung der beiden Zentren Omsk und Tomsk zu einem Einwohnerrückgang von Tjumen und einer Stagnation von Tobolsk, das damit seinen ersten Rang abgeben mußte, geführt. Neun Jahre später, 1883, entstand an der Stelle, an der die Transsibbrücke über den Ob gebaut wurde, die Arbeitersiedlung Nowo-

Rang	Stadt	Einwohner
1	Tomsk	33 800
2	Irkutsk	32 600
3	Omsk	24 820
4	Tobolsk	17 500
5	Tjumen	16 660
6	Barnaul	14 594
7	Krasnojarsk	14 470
8	Jenissejsk	7 600
9	Bijsk	6 800
10	Mariinsk	6 550

Tab. 3.6: Die größten sibirische Städte 1884
Quelle: SCHTSCHEGLOV 1893/1993, S. 443

nikolajewsk, die im Jahre 1903 den Status einer Stadt erhielt – und aufgrund ihrer günstigen Lage sehr schnell zu einer Großstadt anwuchs. 1924 wurde sie – als die Benennung nach dem Zaren nicht mehr genehm war – in Nowosibirsk umbenannt und überflügelte in kürzester Zeit alle anderen sibirischen Städte.

Alle Städte weisen ein z.T. deutliches zahlenmäßiges Übergewicht der männlichen gegenüber der weiblichen Einwohnerschaft auf. Am extremsten in dieser Hinsicht ist die fernöstliche Hauptstadt Wladiwostok, in der 7 894 männlichen Einwohnern nur 862 weibliche gegenüberstanden. In Tomsk lebten 18 019 männliche und 15 781 weibliche Bewohner im Jahr 1884. Dies ist ein Problem, unter dem auch die heutigen „Pionierstädte" (wie z.B. Bratsk) noch leiden.

Übersicht 3.1: Sibirische Städte bis zum Beginn des 20. Jahrhunderts

Tjumen, die erste Stadt auf sibirischem Boden, zeichnete sich durch ihre Nähe zum europäischen Rußland und durch ihre günstige Lage zu den großen sibirischen Wasserstraßen und den nach Süden führenden Karawanentrakten aus. Die Stadt entwickelte sich daher sehr schnell zum Handelszentrum Westsibiriens. Anfang des 18. Jahrhunderts wurden mehrere Fabriken zur Versorgung Sibiriens mit den wichtigsten Waren errichtet. Im 19. Jahrhundert wurde das Handwerk der führende Wirtschaftszweig. Zu Beginn des 20. Jahrhunderts. war Tjumen mit 31 000 Einwohnern und 5 000 Häusern sowie über 100 Fabriken (u. a. Schiffsbau) das große Handels- und Finanzzentrum Westsibiriens.

Tobolsk, das 1570 den Status einer Stadt erhalten hatte, war anfangs Tjumen untergeordnet, entwickelte sich aber – nicht zuletzt wegen seiner vorgeschobenen Lage am Irtysch – bis zum 18. Jahrhundert zum militärischen, administrativen und kirchlichen Zentrum ganz Sibiriens. Im Mittelpunkt der Stadt erhebt sich der einzige steinerne Kreml Sibiriens. 1718 wurde Tobolsk offiziell die Hauptstadt des damals bis zum Stillen Ozean reichenden Sibiriens. An der Vereinigung der wichtigsten Wasser- und Landwege (u.a. eines Karawanenweges nach Buchara) gelegen, hatte Tobolsk als Zollstation und Warenumschlagplatz zwischen Europa, China und Zentralasien große Bedeutung erlangt. Tobolsker Handelsschiffe befuhren Ob und Irtysch und gelangten später durch den Ob-Jenissej-Kanal (s. Kap. 5.4) auch nach Ostsibirien.

Omsk war 1716 als Festung innerhalb der südlichen Verteidigungslinie gegründet worden und erhielt seine Bedeutung als Vorposten zur Erschließung der Steppenregion. Lange Zeit war Omsk eine reine Beamtenstadt, entwickelte sich aber mit der Ausweitung der Steppenlandwirtschaft zu einem Handels- und Industriezentrum. Amerikanische, englische und auch deutsche Firmen ließen sich hier nieder, um in den neuen Kornkammern ihre Landwirtschaftsmaschinen zu verkaufen.

Tomsk war nach seiner Gründung 1604 der militärische Vorposten an der Südgrenze des damaligen Sibiriens und entwickelte sich zu einem wichtigen militärisch-administrativen Zentrum Sibiriens. Als im 18. Jahrhundert die Grenze weiter in den Süden verlegt wurde, vollzog sich ein Bedeutungswandel zu einem Handwerks- und Handelszentrum. Eine große Rolle spielte dabei der Transithandel am Moskauer Trakt. Mit seiner reichhaltigen Architektur und einem hochentwickelten Kulturleben (1880 Gründung der ersten sibirischen Universität) entwickelte sich Tomsk zu einer der blühendsten Städte Sibiriens.

Jenissejsk entstand 1618 aus der ersten am Jenissej errichteten Festung. Die Stadt lag damit am jahrhundertelang wichtigen Übergang von West- nach Ostsibirien, was ihr große Bedeutung einbrachte. In der Mitte des 18. Jahrhunderts war Jenissejsk eine der bedeutendsten Städte nicht nur Sibiriens, sondern ganz Rußlands. Hier fand regelmäßig die „Große Sibirische Messe" statt. Unter den Handwerken nahm die Metallverarbeitung (Eisen, Kupfer, Silber) die führende Stellung ein, und es gab in der Stadt mehrere Glockengießereien. Lange Zeit wurde ganz Sibirien von hier mit Metallwaren versorgt.

Krasnojarsk entwickelte sich aufgrund seiner Lage am Schnittpunkt des Moskauer Traktes mit dem Jenissej und seiner Zugangsmöglichkeit zu den fruchtbaren Steppengebieten des südlichen Minussinsker Beckens. Handwerk und Industrie wuchsen schnell heran, und ab 1822 war die Stadt die Hauptstadt des Jenissej-Gouvernements. Um 1900 lebten in der Stadt 26 000 Menschen.

Irkutsk zeichnete sich ebenfalls durch seine Lagegunst aus. Von hier führten Land- und Wasserwege zum Baikal und nach Transbaikalien, nach China und nach Jakutien. Irkutsk war somit Vorposten für weitere Vorstöße in den Norden und Osten, und 1761/62 ließen sich Irkutsker Geschäftsleute als erste an der Küste Alaskas nieder. Ab 1764 war die Stadt administratives Zentrum des Irkutsker Gouvernements, das zeitweilig Alaska umfaßte, und als Residenz des Generalgouverneurs Ostsibiriens (ab 1873) blühte in Irkutsk die Kultur auf. Im 18. Jahrhundert zogen alle Karawanen von und

noch Übersicht 3.1

nach China durch die Stadt, die damit zum ostsibirischen Handelszentrum wurde. 1765 lebten hier mehr Kaufleute als in jeder anderen sibirischen Stadt. 1775 wurde in Irkutsk die erste offizielle sibirische Messe abgehalten, was zu einer bis in die Gegenwart führenden (nur in der sozialistischen Ära unterbrochenen) Messetradition führte. Zu Beginn des 20. Jahrhunderts lebten hier rund 50000 Menschen in z. T. prachtvollen Steingebäuden.

Jakutsk, hervorgegangen aus einer an der Lena angelegten Festung, wuchs bis zum Beginn des 18. Jahrhunderts zu einer Stadt heran und entwickelte sich zum militärisch-administrativen und kaufmännischen Zentrum Nordostsibiriens. Bewohner dieses weit vorgeschobenen Vorpostens waren in großem Maße Kosaken (1862 noch immer 18%), ferner Kaufleute und Händler

(1862 = 20%) sowie Verbannte mit ihren Familien (1862 = 20%). 1872 gab es in der Stadt 523 und 1912 bereits 1830 Wohnhäuser (davon 48 aus Stein). Große Bedeutung hatten die regelmäßig abgehaltenen Sommer- und Wintermärkte, von denen der am stärksten frequentierte der von 1882 war, auf dem u. a. 650000 Felle der verschiedenen Art zum Kauf angeboten wurden (nach PETROV 1990). Um 1900 erhielt die Stadt einen Aufschwung, indem durch die Aufnahme eines regelmäßigen Schiffsverkehrs mit Ust-Kut (Gebiet Irkutsk) eine feste Anbindung an die südlicheren Regionen erzielt wurde. Der größte Betrieb zu Beginn des 20. Jahrhunderts war die städtische Elektrostation, für die der (deutschstämmige) Gouverneur Kraft die Ausrüstung aus Deutschland gekauft hatte. Im Jahre 1888 hatte Jakutsk 6300 Einwohner, im Jahre 1917 waren es dann 7300.

3.5 Der Übersiedlerstrom zu Beginn des 20. Jahrhunderts

Mit dem Bau der Transsibirischen Eisenbahn (s. Kap. 5.3.1) setzte ein wahrer Übersiedlerstrom nach Sibirien (und dem Fernen Osten) ein. Hervorgehoben werden muß dabei, daß es (wie bei Auswanderungen häufig der Fall) in nicht unbeträchtlichem Maße der aktivste Teil der russischen Bevölkerung war, der den Schritt in eine völlig neue Region wagte und sich dort behaupten mußte.

Abb. 3.1: Zahlen der Übersiedler nach Sibirien 1904–1911
Quelle: WINOKUROV/SUCHODOLOV 1996, S. 56

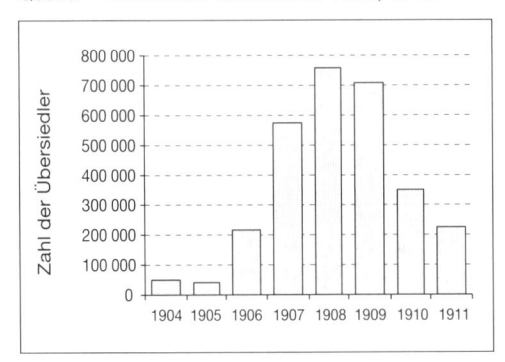

Sibirien war für Rußland das geworden, was Amerika für die Länder Westeuropas geworden war, wenn man bei der Übersiedlung auch keine politischen Grenzen überschreiten mußte. Es war eine der größten Migrationsbewegungen, die um die Jahrhundertwende einsetzte und zwischen 1906 und 1910 ihren Höhepunkt fand. 1908 siedelten 759000 Menschen in das Gebiet jenseits des Urals über, und ein Jahr später 705000.

Rund 75 % der Übersiedler ließen sich im relativ nahen Westsibirien nieder, während sich bis in das ferne Irkutsker Gebiet nur rund 6 % vorwagten.

Als Gründe für das Migrationsmaximum zwischen 1906 und 1910 (2,6 Mio. in 5 Jahren, d.h. mehr als eine halbe Million pro Jahr) sind die Stolypinschen Agrarreformen von 1906 sowie die mit diesem Zeitpunkt einsetzende materielle Förderung des Übersiedlerprozesses durch die Regierung zu nennen. Die Agrarreform des russischen Innenministers Stolypin stellte eine Bauernbefreiung dar, indem sie den einzelnen Bau-

Der Übersiedlerstrom zu Beginn des 20. Jahrhunderts

> *Tobolsk*, das immer vor seiner verkehrsgünstigen Lage am Schnittpunkt der sibirischen Wasser- und Landwege profitieren konnte, wurde vom Eisenbahnbau nicht berührt.
>
> Seine Einwohnerzahl ging in der Folge von über 20 000 im Jahr 1900 auf 18 300 im Jahr 1928 zurück.
>
> *Omsk* dagegen, das immer unter seiner Lage weit südlich des Traktes gelitten hatte, erfuhr mit dem Bau der Transsib, die in Höhe der Stadt den Irtysch überquert, einen deutlichen Aufschwung.
>
> Hatte die Stadt 1900 noch 37 000 Einwohner, so waren es 1917 bereits 114 000.
>
> *Tomsk*, am Trakt gelegen, geriet mit dem Transsibbau in eine Abseitslage, wenn es auch durch eine Stichbahn an die Magistrale angeschlossen wurde. Hatte die Stadt 1911 noch 111 000 Einwohner, so waren es 1928 nur noch 96 000.
>
> Das gleiche gilt für *Jenissejsk*, das von 11 500 Einwohnern im Jahr 1900 auf nur noch 6 000 im Jahr 1928 zurückfiel.
>
> *Irkutsk* dagegen wuchs mit der Transsib von 52 000 Einwohnern im Jahr 1887 auf 127 000 im Jahr 1911 an und war damit für kurze Zeit zur größten Stadt Sibiriens geworden – bis es von Nowosibirsk überholt wurde.

Übersicht 3.2: Bedeutungswandel sibirischer Städte durch den Bau der Transsibirischen Eisenbahn

ern das Ausscheiden aus der festen Dorfgemeinschaft des „Mir" ermöglichte. Der Russisch-Japanische Krieg von 1904 schließlich hatte der Regierung gezeigt, daß eine Besiedlung der östlichen Regionen dringend erforderlich ist. Die Regierung stimulierte daher materiell die Bauern zur Übersiedlung in den Osten, sie zahlte den Umzug und betreute die Umsiedler unterwegs durch kostenlose Ernährung und medizinische Versorgung. Außerdem wurde den Siedlern Steuerfreiheit gewährt. Die finanziellen Mittel, die zur Unterstützung des Migrationsprozesses bereitgestellt wurden, beliefen sich 1909 auf 21,9 Mio. Rubel und 1912 auf 26,5 Mio. Rubel (nach WINOKUROV/SUCHODOLOV 1996, S. 63).

Zwischen 1900 und 1916 siedelten unter den genannten Bedingungen 4,42 Mio. Bauern in das Gebiet jenseits des Urals über – wobei sich allerdings ein nicht geringer Teil in den damals sibirischen, heute aber kasachischen Steppengebieten niederließ. Die Transsibirische Eisenbahn erreichte bei der Bewältigung des Übersiedlerstromes damals gerade durchschnitttliche Geschwindigkeiten von 12–15 km/h.

Ein großer Prozentsatz der Übersiedler kam jedoch vor Ort mit den neuen, schwierigen Bedingungen nicht zurecht und kehrte in den europäischen Heimatraum zurück (Tab. 3.7).

1911 kehrte fast jeder zweite Übersiedler in seine Heimat zurück! Insgesamt waren es Hunderttausende, die in Sibirien nicht Fuß fassen konnten. Die Rückkehrer, die unterwegs alles verloren hatten, wurden zu einem sozialen Problem im europäischen Rußland. Nur wer hart anfassen konnte, war auch in der Lage, sich in Sibirien eine neue Existenz aufzubauen. Diese aber hatten die Chance, Besitzer großer Bauernbetriebe zu werden.

Tab. 3.7: Anteile der Sibirienrückkehrer 1901–1913
Quelle: KISELNIKOV/LARINA 1996b, S. 18

Jahr	Rückkehreranteil (%)
1901	31,8
1902	25,8
1903	16,1
1904	17,6
1905	14,6
1906	6,6
1907	4,8
1908	5,6
1909	9,6
1910	26,6
1911	46,3
1912	19,6
1913	10,7

4 Sibirien als Agrarraum
4.1 Die Geschichte der sibirischen Landwirtschaft

Schon bald nach der Eroberung der Kolonie Sibirien setzte eine erste Bauernkolonisation ein, die teils spontan verlief, teils mit Unterstützung der Administration geschah: Bauern auf der Suche nach Land oder (als entlaufene Leibeigene) auch nach Freiheit zogen über den Ural und ließen sich in der Regel an den Flußufern der mittleren und südlichen Taigazone nieder, wo sie Rodungsinseln anlegten und Dörfer bauten, die meist nach dem Begründer benannt wurden. Jeder Siedler nahm so viel Land in Anspruch, wie er bearbeiten konnte, wobei auf Bodenqualitäten noch keine Rücksicht genommen wurde. Diese frühe Innutznahme des Landes entsprach der Nordamerikas, nur daß die Lebensbedingungen hier viel härter waren als im dortigen Mittleren Westen.

Von staatlicher Seite wurden diese Bauernwirtschaften geduldet oder gar gefördert, damit sie in zunehmendem Maße die Versorgung der städtischen Siedlungen und Garnisonen mit Nahrungsmitteln vornehmen konnten. Gegen Ende des 17. Jahrhunderts waren 44 % der russischen Bevölkerung Sibiriens Bauern, mit weiterhin zunehmendem Anteil. Sie waren freie Bauern, denn eine Leibeigenschaft hatte in Sibirien, wo es auch keinen Adel gab, nie existiert.

Mit der Anlage des Sibirischen Traktes ab der Mitte des 18. Jahrhunderts bildete sich im Süden eine Leitlinie für ländliche Siedlungen heraus. Bald reihten sich hier wie an einer Perlschnur die Dörfer aneinander und drangen auch in die südliche Steppe ein. Neben einer Getreidesteuer waren die Bauern zu Spanndiensten für den sich auf dem Trakt entwickelnden Verkehr verpflichtet. Ab 1843 erhielt jeder Neusiedler 38 ha Land zugewiesen, dazu finanzielle Hilfen und die Befreiung von allen Verpflichtungen, einschließlich des Wehrdienstes. Rund 350 000 Bauern strömten in den folgenden Jahren ins Land, und die Einwanderungswelle schwoll weiter an, als 1861 im europäischen Teil die Leibeigenschaft abgeschafft wurde. Sie erreichte, wie oben aufgeführt, ihren Höhepunkt nach dem Bau der Transsibirischen Eisenbahn zu Beginn des 20. Jahrhunderts. Von 1905 (37 000 Familien) bis 1908 (650 000 Familien) wuchs der Übersiedlerstrom um den Faktor 17,5 an!

Beiderseits der neuen Verkehrslinie *„schossen die Farmwirtschaften wie Pilze nach einem warmen Regen aus dem Boden"* (ORLOV 1988, S. 14). Diese neuen Bauernwirtschaften des Südens waren erheblich größer als die des Taigagürtels, und sie waren auch größer und reicher als die des europäischen Rußlands: jeder vierte sibirische Bauernhaushalt besaß mehr als 10 Pferde. Kamen im europäischen Landesteil auf 100 Landbewohner 60 Großtiere, so waren es in Sibirien 200.

Auch in internationalen Vergleichen hatten die sibirischen Bauernbetriebe eine Spitzenstellung inne: Kamen zwischen 1910 und 1915 in Deutschland 7 Pferde auf 100 Einwohner, in den USA 25 und in Kanada 41, so waren es in Sibirien 56!

Aufgrund seiner leistungsfähigen Bauernbetriebe war Sibirien zu einem agraren Überschußgebiet geworden. Große Bedeutung hatte gegen Ende des 19. Jahrhunderts die Produktion von Butter, die ab den 1880er Jahren fabrikmäßig hergestellt wur-

Tab. 4.1: Durchschnittszahlen von Haustieren pro Betrieb in Rußland und Sibirien 1910–1915
Quelle: WINOKUROV/SUCHODOLOV 1996, Tab. 5.10

	Pferde	Rinder	Schweine
Zentrales Rußland	1,4	1,8	0,8
Tomsker Gouvernement	4,5	5,8	2,2

de. Wegen der kräuterreichen Wiesen war diese von besonderer Qualität und auch außerhalb Sibiriens sehr begehrt. Vor dem Bau der Eisenbahnlinie wurde sie – in Eichenfässern gelagert – auf dem Weg über den Ob, das nördliche Eismeer und den Hafen Archangelsk bis nach England ausgeführt, später erfolgte der Transport über die Transsib.

Das Hauptproduktionsgebiet der sibirischen Butter lag im Waldsteppen- und Steppengürtel Westsibiriens. Die Bauern lieferten ihre Milch in „Kontoren" ab, deren Inhaber oft Ausländer (meist Deutsche) waren. Rund 85 % der so produzierten Butter wurde exportiert, wobei 1913 das Maximum mit 100 800 t erreicht wurde (Abb. 4.1). Der Butterexport brachte dem russischen Staat doppelt so hohe Einnahmen wie die Ausfuhr von Gold.

Rußland war um 1913 mit einem globalen Anteil von 26,5 % zum zweitgrößten Butterexporteur der Welt geworden, nach Dänemark (27,6 %) und vor Australien (12,3 %). Empfängerländer der sibirischen Exportbutter waren England (45 %), Deutschland (35 %) und Dänemark (10 %), das die begehrte sibirische Butter aber größtenteils weiterexportierte. Deutschland führte 1913 30 500 t sibirischer Butter ein.

Die Bolschewiken verstaatlichten nach der Machtübernahme die Butterproduktion (die Kontore), worauf die Bauern wieder zur privaten Verarbeitung, überwiegend zur lokalen Bedarfsdeckung, übergingen.

Nicht nur die sibirische Butter, sondern auch das sibirische Getreide erhöhte die Leistungsfähigkeit der russischen Landwirtschaft. Um 1913 wurden in Sibirien 8 % des gesamtrussischen Weizens geerntet, was es dem Staat ermöglichte, Getreide in großen Mengen zu exportieren. Rußland wurde (was man sich heute kaum noch vorstellen kann) mit einem globalen Anteil von 30,4 % zum führenden Getreideexporteur, vor Argentinien, Rumänien und den USA mit Anteilen von 15,4 %,

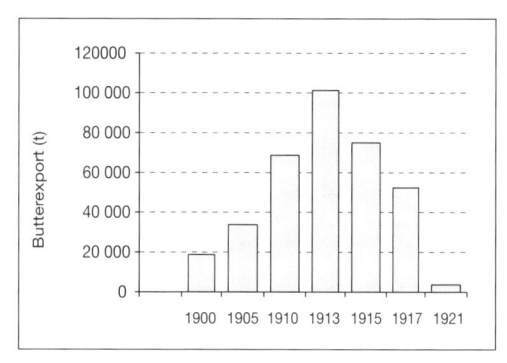

Abb. 4.1: Sibirische Butterexporte 1900–1921
Quelle: WINOKUROV/SUCHODOLOV 1996, S. 141

9,4 % und 9,0 % (nach WINOKUROV/SUCHODOLOV 1996, S. 284).

Der hohe Stand der damaligen Landwirtschaft beruhte auf einer leistungsbereiten und engagierten Bauernschaft, die sich in Freiheit hat entfalten können. Berichte wie die TRAUGOTT VON STACKELBERGS (Pfullingen 1979), der während der Jahre des Ersten Weltkrieges vom Baltikum nach Sibirien deportiert worden war, zeigen, daß in jener Zeit dort eine intakte und materiell wie kulturell hochstehende Landkultur herrschte.

Das alles ging mit dem Sozialismus und hier vor allem mit der Kollektivierung (ab 1928) verloren. Die Butterexporte sanken im Jahre 1921 auf nur 3 % des Wertes von 1913 ab! WATSCHNADSE (1993, S. 55) schreibt dazu: *„Die Bolschewiken hatten die wohlhabenden Bauernwirtschaften für immer ruiniert."*

Wer in den 1960er, 70er oder 80er Jahren durch Sibirien reiste, erlebte eine Landwirtschaft, die einen völlig heruntergekommenen Eindruck machte: schlecht bestellte Felder, verrottete Maschinen, ungepflegte Siedlungen, Apathie und Schlendrian unter den Landarbeitern. Mit den Ernten konnte nicht einmal die lokale Bevölkerung ernährt werden.

In diesen Jahren war die sibirische Landwirtschaft in betriebswirtschaftlicher Hinsicht wie folgt untergliedert:

	Kolchosen	Sowchosen
Westsibirien	756	1 316
Ostsibirien	483	657

Auf jeden dieser Betriebe entfielen in Westsibirien durchschnittlich 17 250 ha und in Ostsibirien 21 300 ha landwirtschaftlicher Nutzfläche (davon waren 45 % bzw. 61 % Grünland).

Diese Großbetriebe waren (von den anderen Problemen in der sozialistischen Landwirtschaft einmal ganz abgesehen) für eine effektive Landnutzung viel zu schwerfällig.

Erst zu Beginn der 1990er Jahre konnte die Landwirtschaft durch die – wenn auch nur zögerlich vorankommende – Privatisierung einen Neuanfang machen (s. Tab. 4.4), mit der sie allerdings an die vorsozialistische freie Landwirtschaft noch nicht anzuknüpfen in der Lage ist.

4.2 Flächen- und Produktionszahlen

Die landwirtschaftlich genutzte Fläche Sibiriens beträgt 600 240 km², was 6,2 % der Gesamtfläche Sibiriens entspricht. Die landwirtschaftliche Nutzfläche Westsibiriens wird in den offiziellen Statistikbänden mit 35,750 Mio. ha angegeben, wovon 55 % von Ackerland, 20 % von Mähwiesen und 25 % von Weiden eingenommen werden. In Ostsibirien beträgt die landwirtschaftliche Nutzfläche 24,274 Mio. ha, die zu 39 % aus Ackerland, zu 16 % aus Mähwiesen und zu 45 % aus Weiden bestehen. Der Grünlandanteil liegt aus klimatischen Gründen in Ostsibirien um rund 40 % über dem Anteil Westsibiriens, in dem die Anbauflächen überwiegen (nach „Narodnoe chozjajstvo RSFSR" 1980).

Der Anbau konzentriert sich in Sibirien auf das Gebiet, das eine frostfreie Periode von mehr als 90 Tagen aufweist (s. Abb. 2.2). Hier aber kann sich die Landwirtschaft trotz der Klimaungunst in ihrer Verbreitung wie auch in ihren Ergebnissen durchaus mit anderen russischen Agrargebieten vergleichen.

Tabelle 4.2 zeigt, daß das Zentrum des Anbaues im Steppendreieck Omsk–Nowosibirsk–Barnaul (s. Abb.4.2) liegt. Hier beträgt die gesamte Anbaufläche 13,7 Mio. ha. Davon werden 8,2 Mio. ha mit Getreide bestellt, auf denen in den Jahren 1991–1995 durchschnittlich 11 % der Getreideernte der Russischen Föderation eingebracht wurden. Ganz Westsibirien weist eine Anbaufläche von 17,5 Mio. ha auf, und rechnet man das geographisch zu Westsibirien gehörende Südostural-Gebiet (s. Kap. 1) mit seinen annähernd 7 Mio. ha hinzu, kommt man auf eine Gesamtfläche von 24,5 Mio. ha – oder 254 000 km², was etwa der Gesamtfläche der Alten Bundesrepublik entspricht.

Diese hohen Zahlen gehen zum Teil auf die Neulandaktion der 1950er Jahre, die normalerweise nur mit dem Namen Kasachstan verbunden ist, zurück. Damals sind aber auch im südsibirischen Steppengebiet mehrere Millionen Hektar Steppenland in Getreidemonokulturen umgewandelt worden.

Die ostsibirische Anbaufläche liegt (aufgrund des ostwärtigen Auslaufens des „Agrarkeiles") bei 7,9 Mio. km², was für ganz Sibirien (jetzt ohne Südosturalgebiet) 25,4 Mio. ha bedeutet – und damit die Anbaufläche Deutschlands um das Doppelte übertrifft. Dieser Wert zeigt, welche Rolle der sibirischen Landwirtschaft zukommt.

Relativ gering vertreten ist unter den Anbauprodukten der Bereich Kartoffeln, Obst und Gemüse. Auf ihn entfallen mit 580 000 ha gerade knapp 2,3 % der Anbaufläche. Dies ist das große Problem der sibirischen Landwirtschaft, denn auf diesem Gebiet kann der Bedarf der Bevölkerung bei weitem nicht gestillt werden. Bei Kartoffeln kommt hinzu, daß hier bei Transporten über rund 2 000 km (was in Sibirien „keine Entfernung" ist) Verluste von 35–40 %, im Spätherbst sogar bis

Flächen- und Produktionszahlen 65

Gebiet	Anbaufläche	davon			
		Getreide	Technische Kulturen	Obst/Gemüse Kartoffeln	Futter- kulturen
Westsibirien					
Gebiet Tjumen	1 653	943	2	44	664
Gebiet Omsk	3 737	2 091	50	57	1 539
Gebiet Tomsk	630	308	2	21	299
Gebiet Nowosibirsk	3 424	2 007	38	67	1 312
Gebiet Kemerowo	1 456	763	18	81	594
Region und Republik Altai	6 576	4 121	227	100	2 128
Ostsibirien					
Region Krasnojarsk	3 480	2 039	31	87	1 323
Republik Tuwa	293	166		5	121
Gebiet Irkutsk	1 574	771	8	57	738
Republik Burjatien	784	381	3	21	85
Gebiet Tschita	1 631	952	12	28	639
Republik Sacha (Jakutien)	109	24		11	74

Tab. 4.2: Anbauflächen in Sibirien 1990 (1 000 ha)
Quelle: Narodnoe chozjajstvo RSFSR 1990

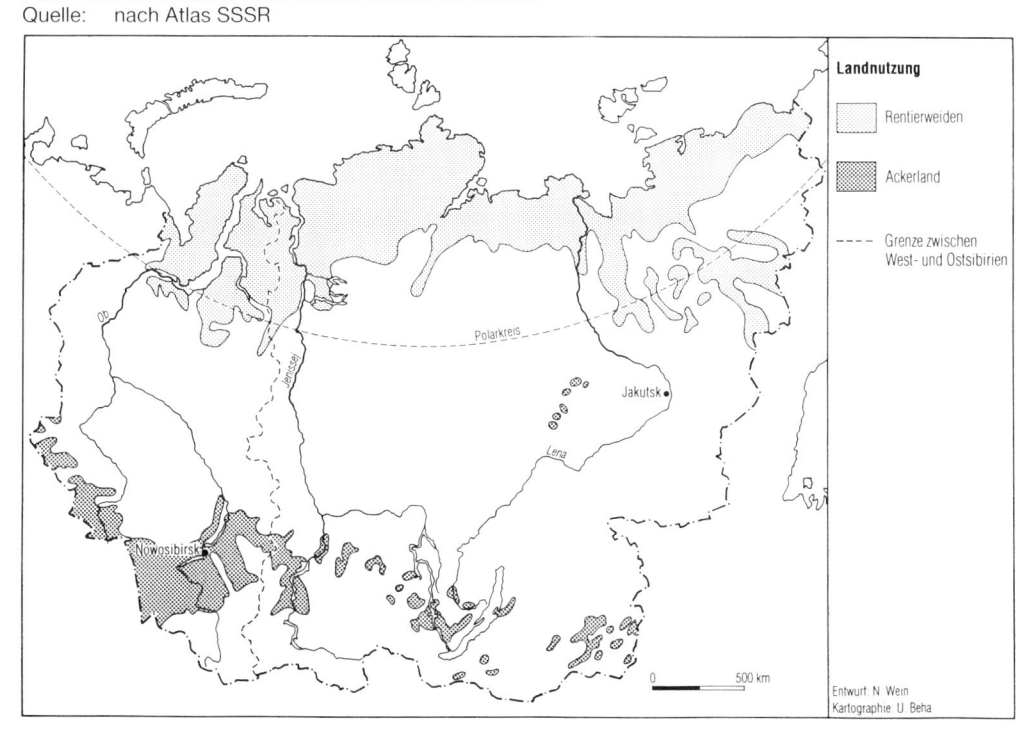

Abb. 4.2: Ackerflächen und Rentierweiden in Sibirien
Quelle: nach Atlas SSSR

Gebiet	Getreide		Kartoffeln	
	Ernte	Ertrag	Ernte	Ertrag
Westsibirien				
Gebiet Tjumen	1 261	15,3	664	159
Gebiet Omsk	2 352	11,7	623	118
Gebiet Tomsk	307	13,0	272	125
Gebiet Nowosibirsk	2 254	11,6	772	132
Gebiet Kemerowo	931	13,8	718	113
Region Altai	3 581	9,8	1 021	112
Republik Altai	24	6,8	44	112
Ostsibirien				
Region Krasnojarsk	2 325	15,4	1 004	130
Republik Tuwa	89	0,0	30	70
Gebiet Irkutsk	986	13,6	1 061	157
Republik Chakassija	243	8,2	153	102
Republik Burjatien	317	8,9	212	97
Gebiet Tschita	625	7,7	270	103
Republik Sacha (Jakutien)	25	9,7	76	72

Tab. 4.3:
Ernten (1 000 t) und Erträge (dt/ha) im sibirischen Durchschnitt der Jahre 1991–1995
Quelle: Goskomstat 1996

zu 60 % auftreten (nach BOEV/GABOV 1981, S. 43). An die Stelle von Kartoffeln tritt daher (sofern sie nicht in den privaten Datschakulturen angebaut werden) als Grundnahrungsmittel häufig Buchweizengrütze, und die weiß blühenden Buchweizenfelder sind in vielen Agrargebieten anzutreffen. Obst gedeiht in Sibirien überhaupt nicht (wobei als Ersatz häufig Sanddorn, von dem man eine dornenlose Art gezüchtet hat, kultiviert wird), und Gemüse beschränkt sich auf die drei Sorten, die auch Bestandteile jeder sibirischen Suppe sind: Kohl, Möhren und Rote Bete. Rund 95 % der Gemüseanbauflächen sind mit Kohl (kapusta) bestellt.

Das westsibirische Steppendreieck weist sich, zusammen mit der Region Krasnojarsk (zu der u. a. die fruchtbare Steppeninsel des Minussinsker Beckens gehört), als die sibirische Kornkammer aus. Geerntet wurden hier im genannten Zeitraum durchschnittlich 11 Mio. t Getreide, in ganz Sibirien reichlich 16 Mio. t, was etwa einem Sechstel der gesamtrussischen Getreideernte entspricht.

Im Jahre 1994, einem Trockenjahr, wurden nur 12 Mio. t geerntet, was auf die Ernteunsicherheit aufgrund der Variabilität der Niederschläge, vor allem in den Steppengebieten, hinweist. Welches Potential noch in den sibirischen Kornkammern steckt, zeigen die niedrigen Ertragswerte von z. B. 11,6 dt/ha für das Nowosibirsker Gebiet und nur 9,8 dt/ha für das fruchtbare Steppengebiet des Altai-Vorlandes. In den Steppengebieten Kanadas, wo etwa die gleichen ökologischen Bedingungen herrschen, liegen die Werte in etwa doppelter Höhe (stabil bei 22 dt/ha). In den Kornkammern der sibirischen Steppen dürften in Zukunft also noch deutliche Ertragssteigerungen möglich sein.

Ein Faktor begrenzt allerdings die Leistungsfähigkeit der sibirischen Landwirtschaft, und das ist der hohe Erosionsgrad, der zu einer starken Degradierung der Böden führt.

Die Anbaugebiete in den Steppen sind zu einem großen Teil während der Neulandaktion in den 1950er Jahren erschlossen worden, und die von Kasachstan bekannten, auf den Steppenumbruch folgenden ökologischen Probleme traten genauso in den südsibirischen Steppengebieten auf. In der Kulundasteppe wurden z. B. zwischen 1963 und 1965 rund 500 000 ha Ackerland unbrauchbar. Der dunkle Oberboden wurde in weiten Gebieten restlos abgeweht. Längs der dieses Gebiet durchziehenden Eisenbahnstrecke mußten im Sommer die sogenannten „Schneereiter" (aufklappbare Holzzäune) aufgestellt werden, damit die Gleise nicht von den Bodenaufwehungen überdeckt wurden. Hier, im Süden Westsibiriens, gelten heute 7 Mio. ha als erosionsgeschädigt, im gesamten Sibirien weist heute jeder vierte Hektar Ackerland durch Bodenerosion eine Ernteminderung um 20–30 % auf, und in der Region Altai, dem größten Anbaugebiet, gehen noch heute jährlich durch Erosion 4 Mio. t Humus verloren, was dazu führt, daß sich dort 40 % der Ackerflächen in

	Westsibirien	
Region	Anzahl	durchschnittliche Größe (ha)
Gebiet Tjumen	4 546	45
Gebiet Omsk	7 717	62
Gebiet Tomsk	2 311	37
Gebiet Nowosibirsk	5 480	62
Gebiet Kemerowo	2 519	42
Region Altai	6 610	113
Republik Altai	1 199	118

	Ostsibirien	
Region	Anzahl	durchschnittliche Größe (ha)
Region Krasnojarsk	4 947	40
Republik Tuwa	2 566	85
Republik Chakassija	1 266	36
Gebiet Irkutsk	3 283	28
Republik Burjatien	3 352	60
Gebiet Tschita	2 006	144
Republik Sacha (Jakutien)	3 696	45

Tab. 4.4: Private Bauernbetriebe in Sibirien 1996 Quelle: Goskomstat 1996

einem kritischen Zustand befinden (KISELNIKOV/LARINA 1996b, S. 100). Die sozialistische Raubbauwirtschaft hat die fruchtbaren Schwarzerden weitgehend ruiniert.

Eine zumindest langfristige Verbesserung der Situation erhofft man sich heute von der Privatisierung der Landwirtschaft (s. u.). Wie diese sich auf die Arbeitsproduktivität auswirken kann, zeigt das Beispiel des Omsker Gebietes. Für das Abernten der mehr als 2 Mio. ha Ackerland (s. Tab. 4.2) wurden hier in den Jahren von 1970 bis 1985 jährlich 15 000 – 16 000 Mähdrescher, 30 000 Lastwagen und 43 000 zusätzliche Arbeitskräfte aus den Städten benötigt. In der ersten Hälfte der neunziger Jahre kam man mit 7 000 Mähdreschern und 3 500 Lastwagen aus und brauchte keine Städter zur Erntearbeit zu verpflichten – und dabei wurden noch höhere Ernten eingebracht als früher. Als Grund wird dafür die Umwandlung der uneffektiven Kolchosen und Sowchosen in Ak-

tiengesellschaften genannt (nach SCHARFF 1994, S. A 609). In der Bildung neuer Unternehmensformen dürfte zumindest auf lange Sicht eine Grundlage für eine Leistungssteigerung der sibirischen Landwirtschaft liegen.

Die Bildung von Privatbetrieben, den sogenannten Farmen, hat nach 1991 deutliche Fortschritte gemacht. Ende des Jahres 1996 bewirtschafteten 47 800 derartiger Betriebe zusammen rund 3,15 Mio. ha – was einem Anteil von 12,4 % an der Anbaufläche entspricht.

Zu einer wirklichen Produktionssteigerung haben aber diese „Fermer"-Betriebe, denen es in der Regel an landwirtschaftlichem Know-how und an Maschinen mangelt und die meist nur unregelmäßig mit Betriebsmitteln beliefert werden, bisher allerdings noch nicht geführt. Die meisten Betriebe halten sich so gerade „über Wasser", ohne daß sie Überschüsse produzieren. Erst langfristig ist hier eine Besserung zu erwarten.

4.3 Struktur der Landwirtschaft

Im genannten Steppendreieck nehmen die Anbauflächen scheinbar endlose zusammenhängende Areale ein. Um die genannten Erosionsprobleme wenigstens teilweise in den Griff zu bekommen, hat man sich bemüht, aus der Steppenlandwirtschaft Kanadas übernommene Anbautechniken einzuführen. Dazu gehört u. a. die wendelose

Bodenbearbeitung mit einem Flügelgrubber (russ. „Ploskorés") anstelle des üblichen Pfluges sowie die Unterteilung der vorher 2 x 2 km großen Feldblöcke in senkrecht zur Hauptwindrichtung verlaufende 100 m breite Streifen mit alternierendem Anbau. Besonders deutlich ist diese Anbautechnik im Minussinsker Becken zu beobachten

(s. WEIN 1981). Durch die auch farblich wechselnden Streifen hat die Agrarlandschaft zum Teil ein buntes Gepräge erhalten. Ein Flug über den Steppengürtel (z. B. von Nowosibirsk nach Irkutsk) läßt heute fast überall die Streifenstrukturen erkennen.

Im Taigagürtel treten Anbauflächen nur inselhaft auf. Hier, auf schlechten Podsolböden und unter noch extremeren Klimabedingungen, konzentrieren sie sich auf die edaphisch günstigeren Gebiete wie z. B. die breiten Flußniederungen. Gerade hier aber sind große Nutzflächen durch die Anlage der Stauseen (s. Kap. 6.3) vernichtet worden: Mit dem Aufstau des Bratsker Stausses gingen 166 300 ha Ackerland verloren (ALEKSEEV 1976).

Die Ernten stehen in der Taigazone aufgrund der früh einbrechenden Herbstfröste unter einem großen Zeitdruck. In den sibirischen Städten sind daher in der Regel im ganzen Monat September Schulen und vor allem Hochschulen geschlossen, weil Schüler und Studenten (und deren Dozenten) bei der Kartoffelernte eingesetzt werden.

Im Gebiet des TPK Bratsk/Ust-Ilimsk, inmitten der Taigaregion an der mittleren Angara, nimmt die Landwirtschaftliche Nutzfläche einen Anteil von 1,3 % ein (dieser Prozentsatz kann für die mittleren Taigagebiete als charakteristisch angesehen werden). 14 Sowchosen bewirtschaften eine Fläche von rund 150 000 ha. Diese lokale Landwirtschaft erreicht einen Selbstversorgungsgrad von 36 % bei Kartoffeln, 32 % bei Gemüse, 14 % bei Fleisch und 22 % bei Milch.

Einer der Sowchosbetriebe ist der 1967 zur Versorgung der Stadt Bratsk gegründete Sowchos „Pursej" (burjatisch für „Nordwind"), wenige Kilometer außerhalb der Stadt. Um 1990 waren in diesem Betrieb 670 Arbeitskräfte beschäftigt. Da durch die Anlage des Stausees die für die Landwirtschaft günstigen Flächen verlorengegangen waren (s. o.), ist dieser Sowchos auf der Plateaufläche (mit ihren schlechten Podsolböden) angelegt worden. Die Ernteerträge sind entsprechend niedrig. 1990 umfaßte der Betrieb (nach lokalen Angaben) 5 500 Hektar Nutzfläche, von denen 3 100 ha Ackerland waren. Diese wurden wie folgt genutzt: 1 200 ha Getreide (überwiegend Futtergetreide), 1 000 ha Futterkulturen, 550 ha Kartoffeln, 250 ha Freilandgemüse (vor allem Möhren und Rote Bete) und 100 ha Kohl. An Tieren besaß der Sowchos 1 880 Stück Rindvieh, darunter 670 Milchkühe.

Ferner verfügt der Betrieb über 10 ha Glasgewächshäuser und 2 ha Foliengewächshäuser, in denen vor allem Tomaten, Gurken und Paprika gezogen werden. Der Anbau in den Gewächshäusern erfolgt auf einem regelmäßig ausgewechselten Substrat aus Sägespänen aus der Holzwirtschaft und aus Hühnermist aus der „lokalen" Hühnerfabrik" („ptize-fabrika" mit 450 000 Tieren!). Die Lieferungen des Betriebes belaufen sich auf 12 kg Frischgemüse pro Kopf und Jahr, was deutlich über dem sibirischen Durchschnitt liegt, aber für eine qualitative Versorgung doch zu wenig ist. Im Zentrum von Bratsk ist daher in der Mitte der 1980er Jahre ein Kuppelmarkt errichtet worden, in dem „fliegende Händler" aus südlichen Regionen Obst und Gemüse verkaufen – zu natürlich entsprechend hohen Preisen.

In Taiga-Sibirien mit seinen extremen Klimaverhältnissen kann Gemüse oft nur in Gewächshäusern angebaut werden. Die einfacheren Foliengewächshäuser sind unbeheizt und ermöglichen nur eine kurzzeitige Verlängerung der Vegetationsperiode. Die Glasgewächshäuser sind in der Regel beheizt und lassen damit, vor allem wenn sie im relativ dunklen Winter noch künstlich beleuchtet werden, einen ganzjährigen Anbau zu. Wirtschaftlich zu unterhalten sind sie aber nur, wenn sie an eine Quelle preiswerter Energie oder Wärmelieferung angebunden sind (der Bratsker Gewächshauskomplex ist an ein Wärmekraftwerk des Holzverarbeitungskombinates angeschlossen). Bei den beheizten Glasgewächshäusern liegen die durchschnittlichen Erträge bei 30 kg pro Quadratmeter. Zu Beginn der 1980er Jahre gab es in Sibirien rund 350 ha derartiger Unterglaskulturen, und sie sind seitdem weiter ausgebaut worden, um auf diese Weise dem bedrückenden Vitaminmangel zu begegenen.

Die extremste Form des Taiga-Anbaues ist in der Nordostregion, in Jakutien (Republik Sacha), vertreten. Hier scharen sich auf 60–62°N Anbauinseln im Flußtal des Wiljui. Der Anbau ist stark risikobehaftet (Spät- und Frühfröste sowie sommerliche Trockenheit), und die Getreideerträge (meist Futtergetreide) liegen bei max. 6–8 dt/ha (s. WEIN 1991). Der größte Teil der rund 110 000 ha jakutischer Anbaufläche wird mit Futterkulturen bebaut.

Einer der größten Landwirtschaftsbetriebe dieser Region ist der am Wiljui knapp nördlich 62°N gelegene Sowchos Tojbochoi, in dem fünf Dorfsiedlungen mit zusammen 1 700 Haushalten und 4 700 Menschen (davon 1 500 Arbeitskräfte) zusammengefaßt sind. Die landwirtschaftliche Nutzfläche (auf Alas-Flächen) umfaßt 27 000 ha, die sich in 16 400 ha Natur-Mähwiesen, 8 100 ha Naturweiden und 2 500 ha Ackerland (Futtergetreide bei Erträgen um 5 dt/ha) aufgliedert. Die Heumahd (zu der u. a. auch die Lehrer herangezogen werden!) erfolgt zu 70 % per Hand. Der Viehbestand beläuft sich auf 7 200 Rinder und 3 600 (Mast-) Pferde (aus WEIN 1991, S. 196). Unter marktwirtschaftlichen Gesichtspunkten kann bei derartigen Betrieben von einer Rentabilität nicht gesprochen werden. Sie sind heute kaum in der Lage, Löhne an die Arbeitskräfte auszuzahlen. Die Zukunft dieser Extremlandwirtschaft kann heute als ungewiß gelten.

Die Rentierwirtschaft

Zur Landwirtschaft im weiteren Sinne gehört im Norden auch die von den sibirischen Naturvölkern betriebene Rentierwirtschaft. Der Rentierbestand des asiatischen Rußlands betrug um 1990 rund 2,5 Mio. Tiere, von denen etwa zwei Drittel in den Tundren und Lichtwäldern Sibiriens und ein Drittel im Fernen Osten (Halbinsel Tschukotka) weideten. Die Rentierwirtschaft erfordert große Areale, da aufgrund der geringen Produktivität der Weiden jedes Tier im Schnitt 108 ha Fläche benötigt. Diese Wirtschaft gilt aber als die rentabelste Form der Fleischproduktion, da sie mit wenigen Arbeitskräften (etwa eine Arbeitskraft pro 200 Tiere) auskommt und keine Futterproduktion sowie keine Stallungen benötigt.

In sozialistischer Zeit waren die Rentiernomaden zu Sowchosen mit Tierbeständen von 10 000 bis 25 000 Renen zusammengefaßt. Der (1992 aufgelöste) Rentiersowchos Nishnekolymski (westlich des Unterlaufes der Kolyma) verfügte 1990 über 22 300 Tiere, die von 110 Arbeitskräften in 10 Brigaden (i. allg. kleine Familiengruppen) versorgt wurden. Den einzelnen Brigaden waren jeweils rund 20 km breite und bis zu 300 km lange, in Nord-Süd-Richtung verlaufende Tundrenstreifen zugewiesen, in denen sie alljährlich bis zu 600 km lange Wanderungen durchführten. Der Wanderrhythmus folgt dabei aber nicht, wie es erscheinen mag, dem thermischen Jahresgang. Im Sommer sucht man die windreichen Küstenabschnitte auf, wo die Mückenplage geringer ist, und den Winter verbringt man im Bereich der südlichen Waldtundra, wo ausreichend Brennholz zur Verfügung steht. Nach dem Zusammenbruch des Sozialismus haben sich aber wieder die alten privatwirtschaftlich arbeitenden „Obschtschinas" (Familien- oder Sippengruppen mit Gemeinschaftsbesitz), die zwischen 10 und 60 Mitglieder umfassen, herausgebildet. Sie verfügen heute z. T über Wirtschaftsflächen, die der halben Größe solcher Bundesländer wie Hessen, Thüringen oder Sachsen entsprechen können (s. WEIN / EGOROV 1992).

In Jakutien (und wahrscheinlich auch in anderen Regionen) sind die meisten dieser

Obschtschinas seit dem Beginn der 1990er Jahre in wirtschaftliche Not geraten. Aufgrund des Fehlens anderer Nahrungsmittel (vor allem Brot) nimmt die Zahl der für den Eigenbedarf geschlachteten Tiere zu und übersteigt häufig die Reproduktionsrate der Herden, so daß die Anzahl der domestizierten Rentiere in der Tundra in jüngster Zeit immer weiter abgenommen hat. Die Zukunft der Rentierwirtschaft als eine typische Wirtschaftsweise des sibirischen Nordens erscheint damit heute äußerst unsicher.

Es gibt heute schon Überlegungen, die nomadische Rentierwirtschaft aufzugeben und stattdessen die Jagd auf Wildrene zu verstärken.

4.4 Aktuelle Situation und Perspektiven der sibirischen Landwirtschaft

Die sibirische Landwirtschaft ist heute, wie die russische überhaupt, in einer schlechten Verfassung. Der Mangel an Geräten und Betriebsmitteln hat zu einem deutlichen Leistungsrückgang geführt. Wurden in den großen Kornkammern Westsibiriens im Schnitt der Jahre 1976–1980 noch 14 Mio. t Getreide geerntet, so lagen die Mittelwerte der Jahre 1991–1995 bei nur noch 10,7 Mio. t, was einen Rückgang um 23,3% bedeutet. Die noch aus der Sowjetzeit stammenden Geräte sind großenteils verschlissen, und ihr Ersatz scheitert einmal am Produktionsrückgang in der Landmaschinenindustrie und vor allem am verringerten Reinerlös der Landwirtschafts-betriebe. Die Reinerlöse reichen nicht aus, um die Technik zu erneuern, um Strom und Betriebsmittel zu bezahlen, sondern sie werden heute fast ausschließlich zur Bezahlung der Löhne (und auch das mit großen Schwierigkeiten und Unregelmäßigkeiten) aufgewandt. Die Landwirtschaft insgesamt steckt in einer Krise und kann nicht in die Zukunft investieren.

Unter normalen Bedingungen müßte die sibirische Landwirtschaft allerdings in der Lage sein, die eigene Bevölkerung ausreichend zu ernähren. Der Anteil der sibirischen an der gesamtrussischen Agrarproduktion liegt in den Bereichen Getreide, Kartoffeln, Fleisch und Milch bei etwa 18% – und das bei einem Bevölkerungsanteil von etwa 17%. Erforderlich ist für eine Eigenversorgung jedoch eine Änderung der Transportrichtung: Während die Produkte der westsibirischen Steppenlandwirtschaft heute noch überwiegend mit der Transsib in den europäischen Raum verfrachtet werden, muß von dort eine Verteilung über das *sibirische Siedlungsgebiet* erfolgen. Schon gilt die Losung: *Sibirische Produkte für die sibirische Bevölkerung!*

Eine zumindest teilweise Autarkie im Versorgungssektor wird im Lande nicht zuletzt im Hinblick auf eine höhere angestrebte wirtschaftliche und politische Autonomie als wichtig angesehen.

5 Sibirien als Verkehrsraum

5.1 Allgemeine Probleme

Die Verkehrsfrage gehört zu den größten Erschließungsproblemen Sibiriens. Ein innersibirischer Flug von Omsk nach Jakutsk ist schließlich genausoweit wie ein Flug von Lissabon nach Helsinki oder von London nach Kairo. Nicht nur die Entfernungen spielen eine Rolle, sondern vor allem auch die extremen Naturverhältnisse mit Schnee, Eis, Dauerfrostboden und Sümpfen sowie mit der bekannten „Rasputiza" während der Frühjahrstauperiode. Unter diesen Bedingungen regelmäßige und sichere Verkehrsverbindungen zu erstellen und aufrechtzuerhalten, ist eine große finanzielle und technologische Herausforderung. Man denke dabei nur an die Verkehrsprobleme, die bei uns oder im Osten der USA bei einem Kälteeinbruch auftreten können – in Sibirien ist das rund acht Monate im Jahr die Normalsituation!

Die Transporte von Massengütern auf schwierigen und langen Landwegen und zum Teil sogar durch die Luft stellen einen wichtigen Kostenfaktor dar. Wurden sie in der sozialistischen Ära „gemäß Plan" durchgeführt, so stellt sich unter den heutigen marktwirtschaftlichen Bedingungen immer wieder die Frage der Rentabilität, die manches Projekt in Zweifel stellt. Das gilt vor allem für die Versorgung des Nordens, für die seit mehreren Jahren auch der Treibstoffmangel einen limitierenden Faktor darstellt. Eine Reise oder Expedition durch diese Region stellt – was die Erreichbarkeit der Ziele und die Sicherheit der Verkehrsmittel anbetrifft – immer noch ein gewisses Abenteuer dar.

Eine rentable wirtschaftliche Nutzung setzt allerdings ein funktionierendes Transportsystem voraus, und schon die Zaren haben erkannt, daß Sibirien nur dann wirtschaftlich ausgebeutet und politisch gehalten werden kann, wenn es in voller Länge verkehrsmäßig an den europäischen Teil angeschlossen ist. Der sibirische Trakt als Landstraße und die Transsib als durchgehende Bahnlinie waren die ersten derartigen Verkehrsachsen.

5.2 Der „Sibirische Trakt" als historischer Landverkehrsweg

Spätestens mit dem Aufkommen der Erzgewinnung in Transbaikalien und bald danach im Altaigebiet entstand das Bedürfnis nach einem zuverlässigen und ganzjährig befahrbaren West-Ost-Verkehrsweg. So wurde ab der Mitte des 18. Jahrhunderts der „Sibirische" oder (je nach Blickrichtung) „Moskauer" Trakt angelegt. Bauern mußten die dafür nötigen Arbeiten verrichten, z.B. Bäume fällen, Brücken bauen und Sümpfe passierbar machen. Der Trakt war keine Straße im heutigen Sinne, sondern eine bis zu 100 m breite und von tiefen Wagenspuren durchfurchte Schneise oder Trasse. Er verlief von Tjumen über Tomsk, Atschinsk und Krasnojarsk nach Irkutsk, wo sich die Strecke in einen nordöstlichen, zur Lena führenden, und einen südöstlichen, nach Kjachta (Grenzübergang in die Mongolei und weiter nach China) und Nertschinsk führenden Zweig aufteilte.

Über diesen Trakt wurde ein staatlicher Postverkehr eingerichtet, der recht zuverlässig funktionierte. Das offizielle Fahrzeug, das man sich für eine Reise über den Trakt mieten konnte, war der sogenannte Tarantas, ein grobes aber stabiles Fahrzeug, bestehend aus zwei oder mehreren horizontalen Pfählen, die einen vorderen und einen hinteren Achsenbaum miteinander verbanden und mit ihrer Länge eine gewisse Federung gewährleisteten. Darauf war eine bootsförmige Karosserie, meist ohne Sitze, nur mit Stroh ausgepolstert, angebracht. Im Winter erfolgte der Verkehr mit entsprechenden Schlittenfahrzeugen. An Relaisstationen, die in festen Abständen eingerichtet waren, konnten die Pferde gewechselt werden. Spanndienste leisteten die Bauern, die zum Teil extra für die Unterhaltung des Postdienstes am Trakt angesiedelt worden und hauptamtlich als „Jamschtschik" (Kutscher) tätig waren. Sie hatten soviel Land erhalten, daß sie davon ihre Familie ernähren und die für den Postdienst erforderlichen Pferde füttern konnten. Ganze Siedlungen entstanden zu diesem Zweck entlang des Traktes, und in Ostsibirien waren im 19. Jahrhundert 20–30 % der Bevölkerung im Fuhrwesen beschäftigt. Neben den Fuhrdiensten waren auch Fährdienste über die Flüsse eingerichtet worden.

Der amerikanische Journalist KENNAN, der 1895 in Sibirien unterwegs war, beschreibt eine Fahrt über den Trakt mit dem Tarantas wie folgt (1975, S. 293):

„Das Schwanken, Stoßen und Stürzen des Tarantas war ganz scheußlich. Eine amerikanische Postkutsche wäre auf solcher Straße schon auseinandergefallen, ehe sie auch nur die erste Station erreichte. Im Laufe der Nacht nach unserer Abfahrt von Atschinsk wurde ich mindestens drei- bis vierhundertmal gegen die Decke und das Dach unseres Tarantas geschleudert. Schlaflosigkeit, Übermüdung und dazu das unaufhörliche Rütteln verursachten rasende Kopfschmerzen. Als wir am Morgen die Poststation Ilbruskaja erreichten, fühlte ich mich, als ob ich mit Knüppeln durch und durch geprügelt und für tot liegengelassen worden wäre."

Der Trakt spielte eine wichtige Rolle bei der frühen Erschließung Sibiriens. Die Zahl der Einwanderer nahm zu, und neue Siedlungen reihten sich bald perlschnurartig an dieser Landstraße auf. Es kam zu einer Intensivierung des Warenaustausches. Nach WOSTOK (Nr. 9/1993, S. 66) heißt oo:

„Allein auf dem 1507 km langen Teilstück zwischen Tomsk und Irkutsk beförderten 16 000 Kutscher mit 80 000 Pferden jährlich 64 000 t Güter."

Über den Zweig von Irkutsk nach Kjachta erhielt der Chinahandel große Bedeutung. Chinesische Waren strömten ins Land, und Irkutsk entwickelte sich zu einem reichen Handelszentrum.

1862 wurde mit dem Aufbau einer Telegraphenleitung entlang des Traktes begonnen: im ersten Jahr bis Omsk und im darauffolgenden Jahr bis Tomsk – und in gleicher Geschwindigkeit weiter bis in den Fernen Osten. Der Trakt war damit auch zur Leitlinie einer ersten modernen Kommunikation geworden.

Heute spielt der Straßenverkehr in Sibirien keine große Rolle mehr. Lediglich im Nahbereich führen Lastkraftwagen Transporte durch, für den modernen Fernverkehr aber sind die meisten vorhandenen Straßen kaum geeignet. Die Dichte der Autostraßen mit fester Decke pro 1 000 km^2 wird von Goskomstat (1995, S. 856) für Westsibirien mit 19 km und für Ostsibirien mit 9,8 km angegeben.

5.3 Der Schienenverkehr
5.3.1 Die Transsibirische Eisenbahn

Mit dem Aufkommen der Eisenbahn lag der Gedanke nahe, Sibirien mit einer Bahnlinie zu durchziehen. Schon in der zweiten Hälfte der 1870er Jahre war diesbezüglich ein konkreter Plan des russischen Finanzministers Witte aufgestellt worden. 1882 dann, anläßlich der Dreihundertjahrfeier der Eroberung Sibiriens durch Jermak, hatte Zar Alexan-

der III. erstmals auf eine künftige Bahnlinie durch Sibirien hingewiesen. Einige der dafür genannten Gründe waren:
- Getreidelieferungen aus dem agraren Überschußgebiet Westsibiriens in das europäische Rußland,
- Anschluß an einen eisfreien Hafen am Pazifik,
- Verteidigungsmöglichkeit des Fernen Ostens gegenüber Japan,
- Intensivierung des Chinahandels und schließlich
- Industrialisierung Sibiriens.

Vier Jahre später, 1886, war der Bahnbau bis Tscheljabinsk, das heißt bis zum Osthang des Urals, vorgedrungen. Von diesem Zeitpunkt an wurden die verschiedensten Trassenführungen durch Sibirien diskutiert, und 1890 wurde ein endgültiger Plan aufgestellt. Diese Trassenplanung ließ die damals am schnellsten wachsende sibirische Stadt, Tomsk, links liegen, was die Proteste der dortigen Kaufleute hervorrief. Die geologische Situation sprach aber für einen Ob-Übergang südlich der Höhe von Tomsk (das nur zwei Jahre später später durch eine 87 km lange Stichbahn an die Transsib angeschlossen wurde).

GIESE/KLÜTER (1990, S. 389) schreiben zur Kapitalgrundlage des Bahnbaues: „Anders als in den USA waren es nicht private Gesellschaften, die die Bahn bauten, sondern ein Staatskomitee aus den Ministern der kaiserlichen Regierung unter Federführung des Thronfolgers. Dieses Konstrukt einer **staatlich verordneten und organisierten Erschließung** wiederholte sich bei fast allen sibirischen Großprojekten bis in die jüngste Zeit aufs Neue.

Ähnlich wie bei späteren Großinvestitionen in Sibirien stimmten die Kalkulationen nicht. Der mit 325 Mio. Rubeln veranschlagte Bau der Transsibirischen Eisenbahn kostete in Wirklichkeit mehr als eine Milliarde. In Ermangelung eigener Finanzierungsmöglichkeiten wurde der Bau zum Großteil von belgischen und französischen Krediten getragen. Die russische Seite stellte Material und billige Arbeitskräfte zur Verfügung."

Es wurde beschlossen, den Bahnbau von beiden Seiten her gleichzeitig voranzutreiben. Am 19. Mai 1891 legte der Thronfolger Nikolaus im damals noch kleinen Ort Wladiwostok den Grundstein für den sogenannten Ussuri-Abschnitt bis Chabarowsk, der sechs Jahre später in Betrieb genommen wurde. Schon ab 1892 wurde der Bahnbau von Tscheljabinsk aus nach Osten vorangetrieben. Ein Jahr später bereits wurde der Ob überquert, anfangs noch auf Fähren, bis 1897 die 750 m lange, siebenbögige Eisenbahnbrücke beim heutigen Nowosibirsk fertiggestellt war. Welche Großleistung damals vollbracht wurde, verdeutlicht der Tatbestand, daß diese Brücke in kürzerer Zeit erbaut wurde, als die zweite Nowosibirsker Transsibbrücke, die 1985 fertiggestellt worden ist.

Zu den Bauausführungen der Bahntrasse schreibt Bobrick (1993, S. 341): „Um die Kosten niedrig zu halten, hatte man beschlossen, die technischen Anforderungen weit unter das in Rußland und im Westen geltende Niveau zu senken. Man begnügte sich mit einem eingleisigen Ausbau und ging bei der Qualität des Materials, auch bei Schienen, Schwellen und Schotterbett, an die untere Grenze des gerade noch vertretbaren. Man nahm steile Anstiege und enge Kurven in Kauf, wenn man dadurch Tunnels vermeiden konnte."

Zum Bahnbau selber heißt es in Wostok (1/1993): „90 000 Arbeitskräfte, Bauern, Soldaten, Kosaken und Sträflinge, vollbrachten, nur mit Schaufeln, Spitzhacken, Sägen und Schubkarren ausgerüstet, unter härtesten Lebens- und Naturbedingungen, diese imposante Leistung. Die Erbauer der Transsib waren ein bunt zusammengewürfelter Haufen: nur 29 % von ihnen waren gebürtige Sibirier, der Rest stammte aus anderen Gebieten des Zarenreiches oder aus dem Ausland, wobei (im Ostabschnitt) die meisten Arbeiter in China, Korea und Japan angeworben *worden waren."* Zehntausende von ihnen kamen bei diesem Bahnbau ums Leben.

Zum Bau war die geplante Trasse in folgende Abschnitte, die mit jeweils unterschiedlichen Problemen verbunden waren, unterteilt:
– die westsibirische Sektion bis zum Ob (1 415 km),
– die zentralsibirische Sektion bis Irkutsk (1 870 km),
– die Baikal-Sektion bis Sretensk (1 076 km),
– die Amur-Sektion bis Chabarowsk (1 233 km) und schließlich
– die Ussuri-Sektion bis Wladiwostok (777 km).

Die schwierigsten Bauabschnitte waren die Baikal- und die Amur-Sektion, einmal wegen der naturgeographischen Bedingungen, dann aber auch wegen des Arbeitskräftemangels in diesen weitgehend unbesiedelten Gebieten.

Im Jahre 1898, nach nur siebenjähriger Bauzeit, war Irkutsk von Westen her erreicht: ein kaum nachvollziehbares Ereignis für die Bewohner dieses bisher abgelegenen Verwaltungsmittelpunktes! Aus Freude darüber wurde am rechten Angara-Ufer ein Obelisk errichtet.

Der von einem hohen Ufer umrahmte Südzipfel des Baikals wurde um die Jahrhundertwende noch mit einer Fähre überquert. Eingesetzt wurde der bereits in Kapitel 2.4.3 genannte, aus England importierte Eisbrecher „Baikal", der bei einer Länge von 87 m und einer Breite von 17 eine Tragfähigkeit von 4 200 t aufwies. In einem Winter mit besonders großer Eismächtigkeit wurden sogar die Bahnschienen über das Eis verlegt. Einwände gegen diesen Baikalverkehr kamen vor allem von militärischer Seite auf, da es auf diesem Wege nicht möglich war, schweres Kriegsmaterial in den Fernen Osten zu transportieren. So wurde im Jahre 1900 die schwierige Uferstrecke in Angriff genommen, und 1904 konnte der 67 km lange Baikal-Umgehungsabschnitt einge-

weiht werden, der mit 38 Tunnels und hohen Dammaufschüttungen die damals komplizierteste Bahnstrecke der Erde darstellte. Während die durchschnittlichen Transsib-Baukosten pro Kilometer 72 000 Rube betrugen, lagen sie bei der Baikal-Umgehungsstrecke mit 197 000 Rubeln mehr als zweieinhalbmal darüber.

Als überaus schwierig erwies sich auch die sumpfreiche Amur-Sektion der Trasse, weshalb die Bahn vorerst ab Tschita über chinesisches Territorium nach Wladiwostok führte. Im Jahre 1903 war damit nach zwölfjähriger Bauzeit (und dem Verlegen von 12 Mio. Schwellen) ein 6 503 km langer durchgehender Schienenstrang fertiggestellt. Zwischen 1908 und 1916 wurde schließlich noch der Amurabschnitt gebaut, so daß ab jenem Jahr die Transsib über rein russisches Territorium verläuft. In der Folgezeit wurde die Strecke zweigleisig ausgebaut (Fertigstellung 1939) und weitgehend elektrifiziert (heute von Westen her bis etwa Tschita).

Ab Moskau hat die Transsibirische Eisenbahn eine Gesamtlänge von 9 300 km. Sie ist die längste Bahnlinie der Welt, mit der die frühere Sowjetunion, die ja so gerne alle (zum Teil nur vermeintlichen) Überlegenheiten gegenüber dem Westen hervorhob, sich hätte rühmen können. Daß dies nicht geschah, liegt an einem „Makel", den diese Bahn aus sozialistischer Sicht besaß: Sie galt als ein „kapitalistisches" Bauwerk. Zur gefeierten sozialistischen Bahnstrecke wurde erst später die Baikal-Amur-Magistrale.

Zur Auswirkung des Transsibbaues heißt es bei WINOKUROV/SUCHODOLOV (1996, S. 151): *„Bis zum Beginn des 20. Jahrhunderts hatte Sibirien hauptsächlich eine agrare Wirtschaftsausrichtung. Erst mit der Fertigstellung der Transsibirischen Magistrale beginnt zielgerichtet die industrielle Erschließung dieses Gebietes. Diese Eisenbahnstrecke machte Sibirien zugänglich für russisches und ausländisches Kapital. Sie näherte den unermeßlichen sibirischen Markt an Zentral-*

rußland an und ermöglichte es den sibirischen Herstellern, mit ihren Produkten auf den ausländischen Markt vorzustoßen."

Einen neuen Impuls erhielten aber auch die traditionellen sibirischen Wirtschaftszweige, der Ackerbau und die Viehhaltung – und das allein durch die Zuwanderung von Bauern aus dem europäischen Teil. Die Transsib löste eine große Migrationsbewegung aus. Von der Fertigstellung 1903 bis zum Jahre 1914 strömten 4 Mio. Bauern vom Westen nach Sibirien ein und siedelten sich meist entlang der Trasse an. Sie reisten meist in Waggons der 5. Klasse, die keine Sitze enthielten, sondern mit Stroh ausgelegt waren, so daß man auch sein Vieh mitnehmen konnte. Der Fahrpreis war, da die Besiedlung Sibiriens in staatlichem Interesse lag, für die Zuwanderer billig und betrug pro Familie 5–10 Rubel.

Mehr als 700 Siedlungen (Dörfer und Städte) sind in den ersten Jahrzehnten entlang der neuen Bahnlinie gegründet worden. Die Transsib wurde zur Leitachse der Besiedlung und der Industrialisierung. Zum Betrieb der Bahn wurden die Kohlefelder des Kusbasses, die von Tscheremchowo (nördlich von Irkutsk) und Tschernogorsk (bei Abakan) erschlossen. Eisenbahnwerkstätten wurden gebaut, die größten in Krasnojarsk, Ulan-Ude und in Tschita.

Der Verkehr zeichnete sich bis zum Zusammenbruch der Sowjetunion durch eine dichte Zugfolge aus. Im Jahre 1971 hatte man versucht, die Transsib als Alternative zum südlichen Seeverkehr zu einer „eurasischen Landbrücke" aufzuwerten, indem man in Wostotschny, an der Pazifikküste bei Nachodka, eine Containerstation errichtete. Der Containertransport zwischen Europa und Ostasien (Entfernung Wladiwostok–Berlin = 11 200 km) erreichte 1983 mit 135 000 Einheiten sein Maximum, fiel aber bis 1995 auf 26 000 bis 29 000 Container ab. Das bedeutete, daß weniger als 1 % des Warenverkehrs zwischen den beiden Flanken des eurasiatischen Kontinentes über die Transsib erfolgt. Es hat sich gezeigt, daß der Landverkehr (einschließlich des Schiffszubringerverkehrs von und bis zum Containerhafen Wostotschny) keineswegs schneller ist als der reine Schiffahrtsweg. So beträgt die Container-Transportdauer von Südkorea bzw. Japan nach Deutschland über den Transsibweg 25 Tage. Der Eisenbahn-Containertransport ist zudem teurer als der (in der Regel subventionierte) Schiffstransport. Heute kommt als weiterer Negativfaktor das Sicherheitsproblem hinzu: Während der langen Transportstrecke werden immer wieder Container ausgeraubt oder verschwinden völlig. Hinderlich für den durchgehenden Zugverkehr ist auch der Spurwechsel an der weißrussisch-polnischen Grenze bei Brest und die Tatsache, daß für die Containertransporte kein fester Fahrplan besteht, sondern die Züge je nach Auslastung auf die Reise geschickt werden.

Führte der innersowjetische Verkehr dazu, daß die Transsib bis um 1990 insgesamt als ausgelastet galt, so hat sich diese Situation heute deutlich geändert.

„Die Zeiten, als bis zu 100 Güterzüge gleichzeitig auf den einzelnen Strecken unterwegs waren, sind längst vorbei. Bestenfalls noch ein Drittel oder Viertel ist derzeit unterwegs. Das Passagieraufkommen ist um mehr als die Hälfte geschrumpft. Seit immer weniger Geld aus Moskau in die Regionen zurückfließt, verrotten Brücken und Tunnel. Auf freier Strecke rollen die Lokomotiven - wenn nicht ohnehin aus Ersatzteilmangel auf dem Abstellgleis - oft nur noch mit 15 Stundenkilometern über unsicheren Untergrund. Man fragt sich, was der Transsib eher zustoßen wird: das Sperren ganzer Teilstrecken wegen Einsturzgefahr, oder ein verheerendes Zugunglück in der Taiga" (DORNER 1995).

Im Jahre 1982 erlebte der Verfasser jenseits von Tschita einen vierundzwanzigstündigen Bahnstopp, weil ein Starkregen die Gleise unterspült hatte und ein vorausfahrender Güterzug daraufhin eine Böschung

Tag	Ankunftszeit (Moskauer Zeit)	Station	Kilometer (ab Moskau)
1.	10.00	Abfahrt ab Moskau)	
2.	8.31	Perm	1 437
	19.57	Tjumen	2 144
3.	5.10	Omsk	2 716
	15.50	Nowosibirsk	3 343
4.	4.30	Krasnojarsk	4 103
	12.04	Tajschet	4 521
5.	0.12	Irkutsk	5 190
	8.19	Ulan-Ude	5 646
	18.18	Tschita	6 203
6.	13.00	Jerofej Pawlowitsch	7 118
	(etwa Grenze Sibirien/Ferner Osten)		
	17.22	Skoworodino	7 312
7.	17.40	Chabarowsk	8 530
8.	8.00	Wladiwostok	9 297

(Bei den Ankunftszeiten ist zu bedenken, daß z.B. 0.12 Uhr für Irkutsk einer Lokalzeit von 5.12 Uhr entspricht.)

Seit Jahrzehnten schon verläßt der Hauptpersonenzug „Rossija N° 2" um 10 Uhr den Jaroslawer Bahnhof in Moskau, während sein Gegenzug „Rossija N° 1" um 16.10 Uhr Moskauer Zeit in Wladiwostok abfährt.

Die gesamte Fahrzeit entspricht nach dem obigen Fahrplan 166 Stunden, woraus sich (bei insgesamt 80 Haltestationen mit Aufenthalten von 2 bis 20 Minuten) eine Durchschnittsgeschwindigkeit von 56 km/h ergibt.

Aber auch auf freier Strecke (ohne Berücksichtigung der Haltepausen) sind die Geschwindigkeiten nicht wesentlich höher (Tab. 5.1). Von den Geschwindigkeiten unserer Züge ist also die Transsib weit entfernt, und auch mit modernem Gerät wird sich wegen des schlechten Unterbaues kaum schneller fahren lassen.

Übersicht 5.1:
Eine Fahrt auf der Transsib – Plan des Zuges „Rossija N° 2" von Moskau nach Wladiwostok

Streckenabschnitt	Kilometer	Fahrtdauer (h. min.)	Geschwindigkeit (km/h)
Nishneudinsk–Taischet	163	2.47'	59,1
Krasnojarsk–Atschinsk	184	3.06'	53,4
Taiga–Nowosibirsk	228	3.32'	64,9
Ischim–Tjumen	290	3.29'	82,9
Tjumen–Swerdlowsk	330	4.20'	76,2

Tab. 5.1:
Reine Fahrgeschwindigkeiten des Schnellzuges „Baikal" (auf längeren Strecken ohne Zwischenhalt)
Quelle: amtlicher Fahrplan

hinuntergestürzt war. Dieser Vorfall spricht für den Zustand, in dem sich weite Teile der Trasse befinden.

Der Zugverkehr ist u.a. zurückgegangen, weil die Güterproduktion im Lande nach dem Zusammenbruch der Sowjetunion auf etwa die Hälfte zurückgefallen ist, und auch, weil die östlichen Gebiete sich heute weitgehend von Moskau abgekoppelt haben und mehr mit den ostasiatischen Regionen (z.B. Korea und China) in Warenaustausch stehen, als mit dem europäischen Rußland.

Die drastische Erhöhung der Fahrpreise hat auch zu einem deutlichen Rückgang des Personenverkehrs geführt. In den Passagierzügen haben Sauberkeit und Service in den letzten Jahren deutlich nachgelassen.

Insgesamt kann man sagen, daß die Transsibirische Eisenbahn nach rund 100 Jahren in einer tiefen Krise steckt.

Das gilt jedoch nicht für die mit Namen versehenen sogenannten „Firmen-Züge" wie den zwischen Irkutsk und Moskau verkehrenden Schnellzug „Baikal", in dem es sich auch heute (wenn auch zu höheren Fahrpreisen) komfortabel reisen läßt. Hier sind in den Abteilen der ersten Klasse sogar Fernsehgeräte integriert, und von der Schaffnerin kann man sich ausgewählte Videofilme in das Abteil überspielen lassen. Damit bemüht man sich, den noch immer langen Fahrzeiten ihren Schrecken zu nehmen. Der normale Sibirier kann sich jedoch eine Fahrt mit diesen Zügen nicht leisten.

Eine organisatorisch durchgehende Transsibirische Eisenbahn existiert heute nicht mehr, sondern Teilprivatisierungen und

Schienenverkehr

Joint Ventures haben zu neuen Strukturen geführt. So gibt es heute u. a. den „Transsibirski Express", der über eigene Züge und einen fünfzehn- bis zwanzigprozentigen Anteil am Containertransport verfügt, sowie den „Transsiberian Express Service", der eigene Sicherheitskräfte für die Transsportüberwachung unterhält. Beide sind Gemeinschaftsunternehmen zwischen den „Russischen Eisenbahnen" und dem internationalen „Sea-Land-Service"-Konzern (mit großem australischem Anteil).

5.3.2 Das System der Stichbahnen

In den 1950er und -60er Jahren wurden von der Haupttrasse der Transsib zahlreiche Stichbahnen nach Norden und nach Süden vorgetrieben (nicht zuletzt, um den geplanten „Vorstoß in den Norden", s. Kap. 5.4, vorzubereiten). Die nördlichen von ihnen werden häufig „Holzbahnen" genannt, da sie in die Holzeinschlaggebiete der südlichen Taiga führen, und die südlichen „Getreidebahnen", da sie die Kornkammern der Steppe an die Transsib anbinden.

Die erste Holzbahn zweigt bei Jurga (120 Bahnkilometer östlich Nowosibirsk) von der Transsib ab, um – wie bereits erwähnt – Tomsk an die Magistrale anzubinden. Sie führt aber noch rund 200 km weiter nach Norden bis Bjely Jar. Die nächste Abzweigung erfolgt bei Atschinsk und reicht bis Lesosibirsk, dem Standort des ersten sibirischen Zellulosekombinates. Rund 100 Bahnkilometer hinter Kansk zweigt die dritte „Holzbahn" ab und führt in das Waldgebiet von Karabula. Diese Strecke soll bis Bogutschany, dem Standort des vierten Angara-Wasserkraftwerkes (und Zentrum eines zu gründenden Produktionskomplexes Untere Angara) weitergeführt werden.

Die jüngste und längste der nördlichen Stichbahnen stößt von Tjumen rund 1 500 km nach Norden vor und bindet das im Norden Westsibiriens liegende Erdöl- und Erdgasgebiet an die Transsib an. Mit dem Bau dieser Strecke wurde 1968 begonnen, und 1978 erreichte sie nach 722 km Surgut am Mittleren Ob, von wo sie über etwa die gleiche Entfernung bis nach Nowy Urengoi (1985) und Jamburg (1988) weitergeführt wurde. Sie durchquert das westsibirische Sumpfland und stellt damit eine Pionierleistung des Bahnbaues dar. Die Trasse verläuft über einen aus Sand aufgeschütteten Damm, und allein der Herantransport der Sandmassen aus südlicheren Regionen muß als ein gewaltiger „Kraftakt" angesehen werden. Gegenwärtig erfolgt ein weiterer Bahnbau in diese Richtung, diesmal noch weiter im Norden: die Jamal-Bahn, die von der Höhe Salechards über 530 km bis in das Erdgaserschließungsgebiet von Bowanenko auf der Jamal-Halbinsel vorangetrieben wird.

Nach Süden hat sich in das reiche Agrar- und Schwerindustriegebiet hinein ein ganzes Bahnnetz gebildet, das mehrfach mit der Transsib verbunden ist. Die wichtigste Route ist die sogenannte „Jush-Sib" (Südsibirische Bahn), die bei Jurga von der Transsib abzweigt und in einem weiten Bogen über Nowokusnezk und Abakan führt, um bei Taischet wieder Anschluß an die Transsib zu finden. Von Nowosibirsk zweigt die Turksib ab, die die einstigen mittelasiatischen Baumwoll-Lieferanten mit dem russischen Bahnnetz verbindet. Durch die verschiedenen südlichen Stichbahnen, welche die Transsib nach Norden und Süden erweitern, ist zwischen Omsk und Taischet ein zwei- bis fünfhundert Kilometer breiter Gürtel verkehrsmäßig erschlossen.

5.3.3 Die Baikal-Amur-Magistrale (BAM)

Zwischen 1974 und 1984 wurde etwa 300 km nördlich des Ostflügels der Transsib und mehr oder weniger parallel dazu verlaufend eine neue Bahnlinie – auch „die Zweite Transsib" genannt – gebaut: die Baikal-Amur-Magistrale.

Am 8. Juli 1974 hatte das ZK der KPdSU den Beschluß „Über den Bau der Baikal-Amurischen Magistrale" gefaßt.

Darin heißt es: *„Der Bau der Baikal-Amurischen Eisenbahnmagistrale hat eine gewaltige wirtschaftliche und sozial-politische Bedeutung. Diese Magistrale mit einer Erstreckung von etwa 3 200 km zwischen Ust-Kut an der Lena und Komsomolsk-am-Amur erlaubt die beschleunigte Entwicklung der Produktivkräfte Sibiriens und des Fernen Ostens und die Ausbeutung der überaus reichen Bodenschätze und Waldressourcen, sie wird ein wachsendes Transportvolumen volkswirtschaftlicher Güter gewährleisten und die außenwirtschaftlichen Verbindungen der Sowjetunion über die Meerhäfen des Fernen Ostens verbessern. Der neue Schienenweg wird die Ansiedlung von Kadern in dieser Gegend des Landes ermöglichen und günstige Lebensbedingungen für sie schaffen"* (KISELNIKOV/LARINA 1996b, S. 49).

Die Gesamtlänge dieser auch als BAM bezeichneten Strecke, von der Transsib-Abzweigung bei Taischet bis zum Pazifikhafen Sowjetskaja Gavan, beträgt 4 280 km. Da aber die beiden äußersten Abschnitte (von Taischet bis zum Lena-Hafen Ust-Kut und von Komsomolsk-am-Amur bis zum genannten Hafen) bereits bestanden, hat die in jenen 10 Jahren neugebaute Trasse eine Länge von 3 150 km. Diese Bahnlinie verläuft durch schwierigstes Gelände: ein großer Teil des Streckenabschnittes ist versumpft, zu 70 % führt die Strecke über Dauerfrostboden, und außerdem ist der gesamte Bahnbereich seismisch stark gefährdet. In der westlichen Hälfte, in Transbaikalien, verläuft die Bahnstrecke zudem mehr oder weniger senkrecht zur Richtung der Gebirgszüge und der Flüsse, was eine Vielzahl von Tunnels (bis zu 15 km Länge) und Brücken erforderlich machte. Ferner ist das Klima im BAM-Bereich erheblich rauher als in der Transsibzone. Tschara z. B. weist sieben Monate mit Minustemperaturen und ein Januarmittel von −33,7° auf, wobei Extremtemperaturen von −50° keine Seltenheit sind. Diese Klimaverhältnisse stellen höchste Anforderungen an die beim Bahnbau eingesetzte Technik, wobei sich das sowjetische Material als diesen Bedingungen kaum gewachsen zeigte (Anerkennung riefen dagegen die in der Bundesrepublik gekauften rund 1 000 Magirus-Deutz-Lastwagen hervor!).

Der BAM-Bau, mit dem eine rohstoffreiche Zone erschlossen werden sollte, stellte die Sowjetunion somit vor größte Schwierigkeiten, und man muß sich fragen, warum sich die Regierung ein solches Projekt ausgerechnet in einer Zeit, die man heute als wirtschaftliche Stagnationsphase bezeichnet, aufgebürdet hat. Eine Antwort kann ein Blick auf die Startphase des Bahnbaues geben: Am 15. März 1974 verkündete der Erste Sekretär des ZK der KPdSU, Leonid Breshnew, in Alma-Ata während einer Rede anläßlich der Zwanzigjahrfeier der kasachischen Neulandaktion den Bau der Baikal-Amur-Magistrale. Diese Erklärung kam völlig unerwartet und dazu noch mitten in einem Fünfjahresplan, ohne daß ein solcher Bahnbau in den Planungen vorgesehen war. Heute ist man auch in Rußland der Überzeugung, daß Breshnew sich mit diesem Bauwerk ein eigenes Denkmal setzen wollte, so wie die Neulandaktion als ein, wenn auch zwiespältiges, Denkmal seines Vorgängers Chrustschow galt. Im Lande wird die BAM heute sogar als der „Breshnewsche Pyramidenbau" bezeichnet.

Am 1. September 1974 wurde der erste Schienenkilometer im Ostabschnitt und am 6. Oktober im Westabschnitt verlegt. Damit

Schienenverkehr

war das Projekt gestartet, und um alle Kräfte im Lande zu mobilisieren, wurde die BAM zur „Baustelle des Jahrhunderts" erklärt. Sie war allerdings eine Baustelle, die ein Jahrzehnt lang große Arbeitskräfteressourcen und gewaltige Kapitalmengen band, die dann anderswo im Lande fehlten. Eingesetzt waren im Baustellenbereich ständig 80 000 bis 100 000 Arbeiter, größtenteils Mitglieder des Kommunistischen Jugendverbandes „Komsomol" (Alter bis 28 Jahre), die einfach per Dienstanweisung zum Arbeitseinsatz verpflichtet worden sind. Diese jungen Leute waren es, die für das BAM-Projekt ausgenutzt und dafür aus Studium, Beruf und Familie herausgerissen wurden. Sie arbeiteten und lebten hier unter härtesten Bedingungen (Schlafen z. T. in Zelten, auch im kalten Winter), und sie wurden dadurch entschädigt, daß sie sich „BAMovzy", was damals eine Art Heldenbezeichnung war, nennen durften. Orden sollten zu höchstem Arbeitseinsatz motivieren, in allen Medien wurde mit viel Pathos über die Bauarbeiten und die Fortschritte bei der Schienenverlegung berichtet.

Dann aber, um 1977, wurde es plötzlich still um den Bau der BAM. Es tauchten größte Schwierigkeiten auf, was man der Öffentlichkeit dadurch vorenthielt, daß man das ganze Projekt in Schweigen hüllte. Man hätte spätestens damals einsehen müssen, daß man sich mit diesem Bauwerk übernommen hatte, und man hätte die Bahnbau vielleicht sogar eingestellt, wenn man sich damit nicht gegenüber dem Westen, der diesem Bauwerk von Anfang an skeptisch gegenüberstand, eine Blöße gegeben hätte. Erst Anfang 1984 erschien die BAM wieder in den Schlagzeilen, und am 27. Oktober dieses Jahres (ein Jahr verspätet gegenüber den Planungen, aber dennoch als „ein Jahr vorfristig" gefeiert) wurde die Bahnstrecke offiziell eingeweiht, indem sich in der Mitte, bei Tynda, ein von Osten und ein von Westen kommender Zug trafen. Experten wußten aber, daß zu diesem Zeitpunkt die Strecke noch keinesfalls fertiggestellt war,

daß noch längere Gleisabschnitte fehlten und die Inbetriebnahme des (geologisch komplizierten) Nord-Muja-Tunnels noch gar nicht abzusehen war.

Bei GRANBERG/KULESCHOV (1996, S. 10) heißt es dazu: *„Bei der offiziellen Übergabe der BAM zur regelmäßigen Nutzung war ihr Bau noch gar nicht abgeschlossen. Über 400 Objekte ware noch nicht errichtet, darunter der Nord-Muja-Tunnel. Auf Beschluß der Regierung der Russischen Föderation wurde 1992 der Zeitpunkt der endgültigen Fertigstellung auf das Jahr 1995 festgelegt. Diese Forderung konnte jedoch aufgrund unzureichender Finanzierung nicht erfüllt werden. So wurden aus staatlichen Mitteln 1992 nur 52,7 % der erforderlichen Investitionen zugeteilt, 1993 waren es 33,8 % und 1994 nur noch 18,6 %. Seit 1996 ist die Finanzierung völlig eingestellt."*

Damit scheint der Staat sich gänzlich vom BAM-Projekt abgewendet zu haben.

Zur Umgehung des Tunnelabschnittes wurde eine 56 km lange provisorische Umleitungsstrecke verlegt, die sich in Serpentinen über das nördliche Muja-Gebirge windet. Auf dieser Strecke hat es mehrere Entgleisungen gegeben, wobei zum Glück nur Züge mit Festladungen betroffen waren. Sollte es einen solchen Unfall bei einem mit chemischen Stoffen oder Ölprodukten beladenen Zug geben, so würde dies – sofern der Zwischenfall auf der Westseite des Gebirges geschieht – zu einer ökologischen Katastrophe für den Baikalsee führen.

Beim Tunnelbau kam es immer wieder zu Bauverzögerungen, die dazu führten, daß auch 1997 diese Strecke noch nicht befahrbar war.

„Isvestija" meldete am 20.1.1996: *„Der 22. Januar 1996 kann zum schwärzesten Tag in der ganzen Geschichte des Baues und der Erschließung der BAM-Objekte werden. An diesem Tag soll auf Beschluß der Streikleitung der Gesellschaft „BAM-Tunnelbau" („BAM tonnelstroj") ein unbefristeter Streik der Bauarbeiter am größten Tunnel* der BAM beginnen. Der Streik wird nicht nur den Weiterbau des Tunnels in der vorgesehenen Frist (die ohnehin schon etliche Male überschritten worden ist) in Zweifel stellen, sondern er kann auch dazu führen, daß der Tunnel mit Grundwasser überflutet wird. Die Situation an der Tunnelbaustelle und in der Arbeitersiedlung hat sich verschärft wie nie zuvor. Als Grund für den Streik wird angegeben, daß die Tunnelarbeiter in den letzten fünf Monaten keinen Lohn erhalten haben."

Der Streik konnte im letzten Moment abgewendet werden, aber es bleibt fraglich, wann diese Bahnstrecke endgültig fertiggestellt sein wird.

Zum Bau ist ohnehin zu sagen, daß die BAM nur in einer Minimalversion errichtet worden ist: Sie ist eingleisig, es gibt kaum Stationen, obwohl rund 200 davon geplant waren, und es fehlen Depots und Reparaturwerkstätten. Es existiert auch keine parallel zur Trasse verlaufende Straße, über die man Schadstellen, mit denen bei den genannten Naturverhältnissen immer zu rechnen ist, anfahren könnte. Es wird schwerlich möglich sein, unter diesen Bedingungen einen zuverlässigen Transportverkehr durchzuführen. Man spricht demzufolge heute offen vom BAM-Dilemma, und der Bahnbau wird in Sibirien selber als „falsches Projekt zur falschen Zeit" bezeichnet, als „doroga v nekuda", d.h. als „Weg ins Nirgendwo".

Erst fünf Jahre nach der offiziellen Einweihung, im Dezember 1989, wurde ein regelmäßiger Zugverkehr auf der BAM-Linie aufgenommen. Man mußte nun jedoch feststellen: *„Es gab kaum etwas zu transportieren!"* (BOBRICK 1993, S. 455). Der Titel eines BAM-Berichtes in der Zeitschrift „Sowjetunion heute" (Nr. 10/1984) lautete: *„Die Gleise sind verlegt.... wie geht es weiter?"*

Eine Frage, die sich die Verantwortlichen allgemein stellten. Ein sinnvolles und wirtschaftlich tragfähiges Transportkonzept existierte gar nicht, und außerdem hatten sich die Rahmenbedingungen seit dem Zeitpunkt des Baubeginnes verändert.

„Am Anfang war die BAM vorgesehen als Erdöltransportweg, der jährlich 25 Mio. t Rohöl (mit Ausweitungsmöglichkeiten auf 35 Mio. t) von den Ölvorkommen Westsibi-riens nach Ostsibirien, in den Fernen Osten und zum Export nach Japan liefern sollte" (KIBALOW/KIN 1996). Auch hatte man ursprünglich gehofft, über die BAM in Ostsibirien produzierten Stahl an die Pazifikküste transportieren und an Länder wie Japan und Südkorea verkaufen zu können. Inzwischen bestand aber bei diesen Ländern gar kein Bedarf mehr nach derartigen Importen. Auch die Hoffnung, mit der BAM einen größeren Teil des Warenverkehrs zwischen Westeuropa und Ostasien an sich ziehen zu können, erfüllte sich angesichts der Unsicherheit des neuen Schienenweges nicht. So ist heute Holz, das aus den Einschlaggebieten Ostsibiriens und des Fernen Ostens stammt und in die Verarbeitungszentren des europäischen Telles verfrachtet wird, das führende Transportgut dieser „Zweiten Transsib". Unter marktwirtschaftlichen Gesichtspunkten ist dies allerdings sicherlich ein höchst unrentabler Schienentransport.

Um 1990 lag der Auslastungsgrad der BAM in den ersten Jahren bei maximal 26 %, und da der eigentliche Niedergang der russischen Wirtschaft damals erst einsetzte, dürfte der Zugverkehr auf dieser Linie in den darauffolgenden Jahren keinesfalls zugenommen haben. Eher ist, wie auch bei der Transsib, mit einem weiteren Rückgang zu rechnen.

Die große Erschließungsfunktion, die von der neuen Bahnlinie ausgehen sollte, ist – bisher zumindest – ausgeblieben. Von den 56 Städten und städtischen Siedlungen, die in der BAM-Zone gegründet werden sollten, sind nur zwei, an wichtigen Verkehrspunkten gelegen, tatsächlich entstanden: Sewerobaikalsk und Tynda (letztere geplant für 200 000 Einwohner – vermutlich maximale Einwohnerzahl um 1990: 56 000) Es bleibt abzuwarten, ob und wann diese Strecke eine dem Bauaufwand entsprechende Funktion erhalten wird.

5.3.4 Weitere Bahn-Projekte

Von der BAM-Station Tynda zweigt (mit Anbindung an die Transsib im Süden) eine Stichbahn nach Norden ab, die anfangs als „Kleine BAM" bis Berkakit (Südjakutisches Steinkohlebecken) gebaut wurde und von dort als „Amur-Jakutsk-Magistrale", abgekürzt „AJAM", in Richtung auf Jakutsk weitergeführt wird. Mit dieser Bahn (830 km) soll endlich die jakutische Hauptstadt an das Schienennetz angebunden werden. Im Jahre 1995 sollte der Zielpunkt erreicht werden, aber der Bau stand jahrelang aus Kapitalmangel bei Tommot still, und noch ist nicht abzusehen, wann Jakutsk tatsächlich den dringend benötigten Schienenanschluß erhält.

Sobald dort der Anschluß erfolgt ist, soll die Bahn, nach Osten abknickend, bis nach Magadan fortgeführt werden und so Jakutsk direkt mit diesem Pazifikhafen verbinden. Diese Perspektiv-Bahnlinie (1 800 – 2 000 km) wird unter der Bezeichnung „Nordost-Magistrale" geplant.

Beabsichtigt ist auch, die BAM nach Westen fortzusetzen und sie westlich von Ust-Kut in eine „Nordsibirische Magistrale", russ. abgekürzt „SEWSIB", einmünden zu lassen. Diese SEWSIB (3 400 – 3 600 km) soll die Enden der von der Transsib nach Norden führenden Stichbahnen (s.o.) miteinander verbinden und einen zweiten, 200 – 500 km nördlich der Transsib verlaufenden Siedlungs- und Industriegürtel erschließen. Zwei Abschnitte dieser künftigen SEWSIB sind bereits gebaut: die Strecken Surgut–Nishnewartowsk (220 km) im Westen und Ust–Ilimsk–Shelesnogorsk (200 km) im Osten. Insgesamt soll diese projektierte Nordsibirische Magistrale einmal, nach einem Anschlußstück vom Ural nach Surgut,

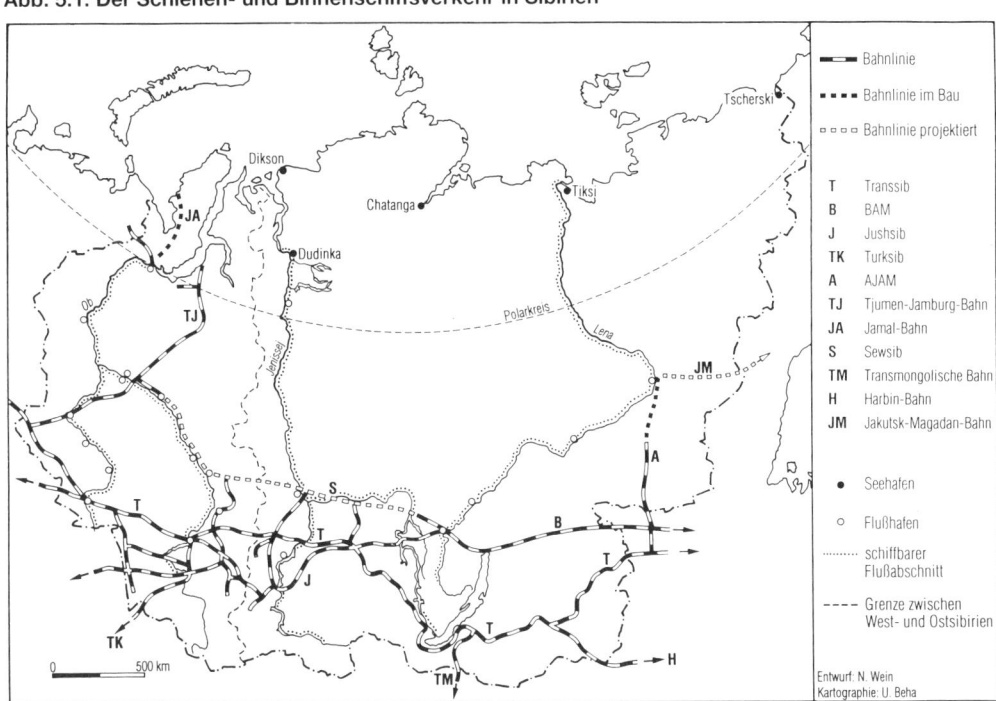

Abb. 5.1: Der Schienen- und Binnenschiffsverkehr in Sibirien

bis nach Kolpaschewo am rechten Ob-Ufer entlanglaufen und über Bjely Jar, die Jenissej-Überquerung bei Lesosibirsk, Bogutschany und Ust-Ilimsk führend auf die BAM stoßen. Nach GRANBERG (1991, S. 48) soll mit dem Bau begonnen werden, sobald Rußland seine wirtschaftliche Krise überwunden hat. Dann soll auch ein weiteres Bahnprojekt in Angriff genommen werden, das bereits 1947 einmal begonnen worden war: eine „Polar-Magistrale" über rund 1 500 km von Salechard am Ob nach Norilsk (der kleine Abschnitt Nadym–Nowy Urengoi existiert bereits). Als ferne Zielplanung soll Norilsk, das große Industriezentrum im Hohen Norden, auch noch von Süden her Bahnanschluß bekommen, und zwar durch eine Verlängerung der heute bis Lesosibirsk führenden Transsib-Stichbahn, die dem Jenissej nach Norden folgt.

Diese Planungen – AJAM, Nordost-Magistrale, SEWSIB, Polar-Magistrale und (vermutlich so genannt) Jenissej-Magistrale – zeigen, daß der Eisenbahn als Erschließungsträger in Sibirien große Perspektiven eingeräumt werden.

5.4 Der Schiffsverkehr
5.4.1 Die Flußschiffahrt

Historische Bedeutung

Die Flüsse sind bei der Eroberung Sibiriens die ersten Verkehrswege gewesen, und sie sind in den heutigen Erschließungsgebieten des Nordens häufig noch immer die wichtigsten Verkehrsträger.

Die Binnenschiffahrt verteilt sich auf vier große Flußbecken: das Ob-Irtysch-Becken in Westsibirien, das Jenissej-Becken in Mittelsibirien (wobei auf der Angara wegen der Staustufen heute keine durchgehende Schiffahrt mehr möglich ist), das Lena-Becken in Ostsibirien und das Indigirka- und Kolyma-Becken in Nordost-Sibirien.

Ein regelmäßiger Schiffsverkehr setzte 1844 mit der Inbetriebnahme der ersten beiden Dampfschiffe auf dem Ob ein: der 30 PS starken „Wsor" und der 50 PS starken „Osnowa". Sie verkehrten überwiegend zwischen Tjumen und Tomsk sowie Barnaul. In den 1850er Jahren wurden mehrere Schiffahrtsgesellschaften gegründet, und 1860 fuhren 12 Dampfschiffe auf Ob und Irtysch. Im Jahr 1866 waren es 26, 1880 dann 36 und 1883 bereits 50. Auf der Lena begann die Dampfschiffahrt 1862 und auf dem Jenissej 1863. Zu Beginn des 20. Jahrhunderts verkehrten auf den sibirischen Flüssen etwa 350 Dampfschiffe. Transportiert wurden in erster Linie Güter, der Passagiertransport zu Wasser spielte nur eine untergeordnete Rolle.

Die neuen Dampfschiffahrtsgesellschaften waren es in erster Linie, die den Bau des heute in Vergessenheit geratenen Ob-Jenissej-Kanals finanzierten. Bereits 1797 war der Gedanke eines solchen, das west- und das ostsibirische Flußbecken verbindenden Kanals von einem Generalmajor Nowitzkij vorgetragen worden, der schließlich 85 Jahre später verwirklicht worden ist. Geographisch ist dies ein interessantes Projekt: Zwischen dem rechten Ob-Nebenfluß Ket und dem linken Jenissej-Nebenfluß Kas (knapp südlich des 60. Breitengrades) ist die Wasserscheide zwischen den beiden großen Stromsystemen überwunden worden. Mit dem Bau des Kanals wurde 1882 begonnen. Bei einer Länge von 130 km wies er 30 Schleusen auf. Als Baumaterial für die Schleusenbecken diente ausschließlich Lärchenholz, nur die Scharniere der Schleusentore, hergestellt in Jenissejsk, waren aus Metall. 1888 begann der Schiffsverkehr auf diesem Kanal. Infolge der Konkurrenz durch die Eisenbahn ging seine Bedeutung aber bald zurück, und nach der Revolution wurde er zerstört.

Schiffsverkehr

Im Jahre 1906 fand in Irkutsk eine Konferenz der sibirischen Dampfschiffahrtsgesellschaften statt. Ziel war die Schaffung eines zusammenhängenden Wasserweges von West nach Ost durch ganz Sibirien, wobei die einzelnen Flußsysteme durch Kanäle wie den Ob-Jenissej-Kanal verbunden werden sollten. Der Erste Weltkrieg beendete jedoch diese Inititativen.

Die heutige Bedeutung
Heute sind die großen sibirischen Ströme die wichtigsten Versorgungslinien für den sibirischen Norden. Mit ihrem vorherrschenden Süd-Nord-Verlauf stellen sie eine Verbindung dar zwischen den zonal verlaufenden Transportlinien der Bahn im Süden und der Seeschiffahrt im Norden. Zwischen 1981 und 1985 sind auf diesem Weg in Westsibirien jährlich rund 40 Mio. t vom Süden in den Hohen Norden transportiert worden (NORTH 1989, S. 211). Im Norden liegende große Städte ohne Bahnanschluß, wie Norilsk und Jakutsk, sind in ihrer Versorgung (vom Flugverkehr abgesehen) weitestgehend vom Flußtransport abhängig, der sich aber auf die Navigationsperiode von etwa 105 bis 140 Tagen konzentrieren muß. Sobald aber ein Bahnanschluß erfolgt, nimmt die Bedeutung des Schiffsverkehres sofort ab, wie das Beispiel Surgut zeigt, wo 1980 noch 768 000 t im Ob-Hafen angelandet wurden, vier Jahre später, nach dem Bahnanschluß, nur noch 52 000 t (= Rückgang um 93,3 % !). 1985 sind auf den sibirischen Flüssen 119 Mio. t Fracht transportiert worden, einschließlich des Fernen Ostens mit seinem Hauptfluß Amur waren es 132 Mio. t. Davon entfielen 13 Mio. t auf das Lena-Becken (Jakutien), 36 Mio. t auf das Jenissej-Becken und 70 Mio. t auf das Ob-Irtysch-Becken (nach NORTH 1989, S. 212). Diese Zahlen machen deutlich, welche große Bedeutung dem Flußverkehr trotz der naturgegebenen Schwierigkeiten (kurze Navigationsperiode, stark schwankende Wasserstände) zukommt.

Der einst durchgehende Angara-Flußverkehr ist mit der Anlage der Wasserkraftwerke unterbrochen worden. Da die Staustufen keine Schleusen enthalten, beschränkt sich der Verkehr auf die einzelnen Stauseen.

Die Lena-Schiffahrt hat vor allem durch den um 1950 erfolgten Bau der Bahnabzweigung von der Transsib (bei Taischet) zum Flußhafen Ust-Kut einen deutlichen Anstoß erhalten. Seitdem können Waren auf dem kombinierten Bahn-Fluß-Weg in den Norden transportiert werden. Nach der Fertigstellung der AJAM, die Jakutsk an das Schienennetz anschließen soll, wird der Lenahafen dieser Stadt eine noch größere Bedeutung als Ausgangsstation für die Versorgung des Nordens erhalten.

Auch im Personenverkehr spielt die Flußschiffahrt heute, vor allem in den abgelegeneren Gebieten des Nordens, eine große Rolle. Auf den größeren Flüssen wie auch auf dem Baikalsee (zwischen Baikalsk im Süden und Sewerobaikalsk im Norden) verkehren in erster Linie die 70–80 km/h schnellen Tragflächenschiffe vom Typ Raketa und Meteor. Eine Fahrt über die knapp 300 km lange Flußstrecke von Surgut nach Nishnewartowsk dauert mit der Meteor z. B. fünf Stunden. Auf den flacheren Nebenflüssen, an deren Ufer wegen der stark schwankenden Wasserstände keine festen Anleger errichtet werden können, verkehren Schiffe vom Typ „Zarja", die sich nach Landungsbootmanier auf die Sand- oder Kiesufer aufschieben können. Auf dem Wiljui werden diese Schiffe, die dort nach festem Plan verkehren und im Sommer im Dauerfrostgebiet die einzige Verkehrsmöglichkeit zwischen den einzelnen Siedlungen darstellen, „Tramwaj" genannt Bei niedrigem Wasserstand während der sommerlichen Trockenzeit fällt allerdings oft auch diese Verbindung aus.

Die Anbindung des Flußverkehrs an den Seeverkehr ist nicht ohne weiteres möglich, da die Seichtheit auch der großen Ströme (Lena 2–2,2 m, Ob 2,5–3 m) flachliegende Schiffe erfordert, die nicht in den rauhen

Küstengewässern verkehren können. Vor allem die Mündungsbereiche enthalten große Flachwasserabschnitte. Die Transportgüter müssen daher in den Seehäfen wie Dudinka, Tiksi oder Tscherski umgeschlagen werden.

5.4.2 Der Seeverkehr

Der „Nördliche Seeweg" (russ. „Severnyj Morskoj Put") ist lange Zeit eine Herausforderung für die Schiffahrt gewesen. In den beiden Jahren 1878/79 gelang dem schwedischen Polarforscher Nordenskjöld mit einer Fahrt von der Kara-Pforte zur Beringstraße die erste Nordostpassage.

Erst im Jahre 1932 konnte dieser Seeweg vom russischen Eisbrecher „Sibirjakow" erstmals innerhalb einer einzigen Navigationsperiode (d. h. ohne Überwinterung) durchfahren werden. Dieser Erfolg führte dazu, daß im Dezember jenes Jahres als Hauptleitung für den Nördlichen Seeweg die Organisation „Glavsevmorput" gegründet worden ist, die ein Programm für den Bau weiterer Eisbrecher, die Anlage von Kohlenbasen an der Küste sowie die kontinuierliche Luftbeobachtung der Eisverhältnisse aufstellte. 1933 fuhren vom Nördlichen Seeweg her zwei Dampfschiffe in die Lena ein und legten damit die Grundlage für die Seeschiffahrt in die Unterläufe der Flüsse. Die Flüsse des Nordens wurden damit zu einer Verlängerung des Nördlichen Seeweges in das Festland (letztendlich bis zum Eisenbahnnetz im Süden) hinein.

Die gesamte Route des „Nördlichen Seeweges" ist von Archangelsk bzw. Murmansk nach Wladiwostok 10 300 bzw. 10 400 km lang. Als sibirischer und fernöstlicher Teil wird die Strecke östlich der Kara-Pforte (s. Abb. 5.1) angesehen. Als Zwischenstationen und Versorgungspunkte sind in den 1950er und -60er Jahren hier die Häfen Dikson, Tiksi, Pewek und Providenija (letzterer jenseits der Beringstraße) angelegt bzw. ausgebaut worden.

Sowjetischen Eisbrecher hatten spätestens seit dem Jahre 1977 durch die Fahrt des Atomeisbrechers „Arktika" zum Nordpol ihre Leistungsfähigkeit unter Beweis gestellt. Sie verlängern heute (im Westteil bzw. im Karasee-Abschnitt bereits regelmäßig seit 1962) die normalerweise nur zwei bis vier Monate während Navigationsperiode. So ist der westliche Teil heute fast ganzjährig befahrbar, während im östlichen Seegebiet wegen schwer passierbarer Packeisabschnitte die Durchfahrtsmöglichkeit eingeschränkt ist. Im Mai/Juni 1978, d. h. zu einer Jahreszeit, in der der östliche Teil noch nicht offen ist, fuhr der Atomeisbrecher „Sibir" in 18 Tagen mit einem Handelsschiff im Geleit von Murmansk bis zur Beringstraße, von wo aus dieses dann die Fahrt nach Magadan allein fortsetzte. Das war der Beginn eines intensiveren Verkehrs auf der Nordroute, der inzwischen jedoch stark reduziert worden ist.

Zu den mit dem nördlichen Seeverkehr verbundenen Unterhaltskosten heißt es bei GERLOFF/VOROBJOW (1987, S. 105): *"So liegen allein die Aufwendungen für die Eisbrecherflotte und die Eisaufklärung aus der Luft je Tonne, die über den Nördlichen Seeweg transportiert wird, höher als die Kosten für den Transport einer Tonne von Moskau nach Wladiwostok mit der Eisenbahn."*

Obwohl durchgehende Schiffsverbindungen bestehen (heute auch internationale, z. B. zwischen Archangelsk und Japan sowie Kanada), ist die Route weitgehend zweigeteilt, wobei die weit nach Norden vorspringende Taimyr-Halbinsel die Grenze bildet. Der größte Teil der Transporte findet dabei im Westteil bzw. im Karasee-Becken statt, wobei vor allem der Transport zwischen Murmansk/Archangelsk und Dudinka, dem Seehafen des Industriezentrums Norilsk,

Schiffsverkehr

eine wichtige Rolle spielt. Dabei werden Versorgungsgüter von Westen nach Osten und Erze und Erzkonzentrate in umgekehrte Richtung transportiert. Der in die Karasee mündende Ob-Golf verfügt über keine günstigen Hafenstandorte. Erst in jüngerer Zeit, mit der Erschließung der Jamal-Erdgasfelder, erfolgt ein regelmäßiger Materialtransport (u. a. Pipelines und Fertighauselemente) von Archangelsk zur Halbinsel Jamal.

Der Küstenabschnitt östlich der Taimyr-Halbinsel, der wegen der Packeisbildung besonders schwierige Navigationsverhältnisse aufweist, wird hauptsächlich von Osten her, von Magadan und Wladiwostok, versorgt, wobei die Waren in Pewek, Tscherski und dem Lena-Hafen Tiksi angelandet werden. Das Transportvolumen ist in diesem östlichen Teil erheblich geringer als im westlichen (nach NORTH 1989 etwa 1:10). Über den Ostflügel des Nördlichen Seeweges werden auch Waren aus anderen ostasiatischen Ländern antransportiert.

In Tscherski, dem „Hafen zu den Kolyma-Goldfeldern", gingen die Anlandungen zwischen 1989 und 1992 von 337 000 t (einschl. Erdöl) auf 185 000 t zurück, und ein weiterer Rückgang war abzusehen (s. WEIN/EGOROV 1992). Die unter den heutigen marktwirtschaftlichen Bedingungen stark zu Buche schlagenden Transportkosten auf dem Nördlichen Seeweg (wozu heute noch ein Mangel an Eisbrechern kommt) sowie die Tatsache, daß der Norden seit dem Zusammenbruch der Sowjetunion in einer wirtschaftlichen Krise steckt (s. u.), haben seit dem Beginn der 1990er Jahre zu einer deutlichen Einschränkung des Verkehrs auf dieser Meeresstraße geführt.

WATSCHNADSE (1995, S. 268) weist auf neue Möglichkeiten hin, die sich heute für

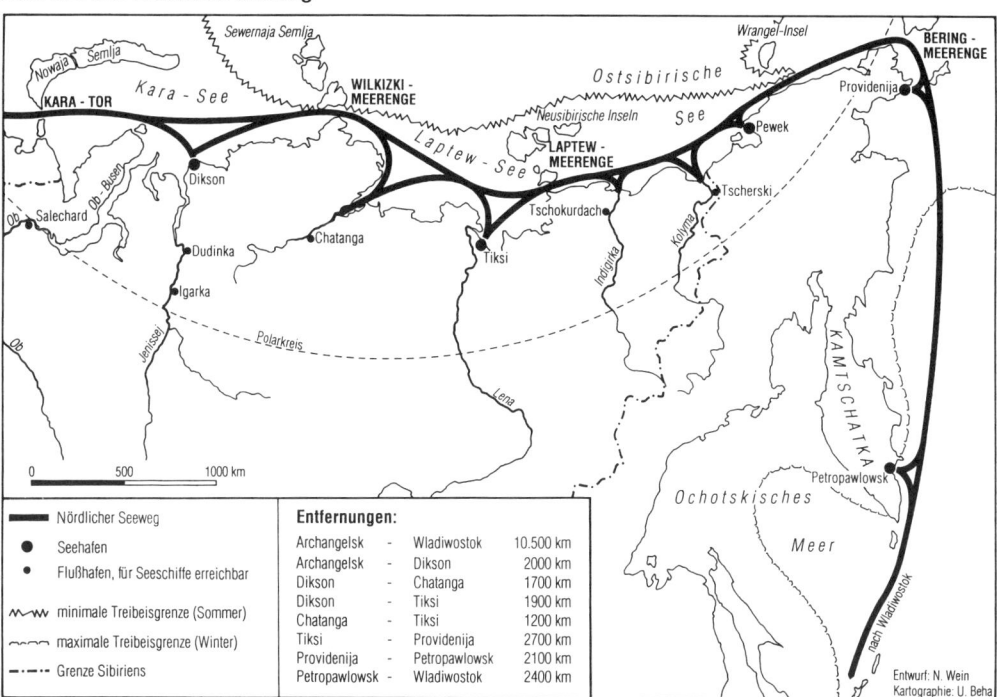

Abb. 5.2: Der Nördliche Seeweg

Entfernungen:		
Archangelsk - Wladiwostok	10.500 km
Archangelsk - Dikson	2000 km
Dikson - Chatanga	1700 km
Dikson - Tiksi	1900 km
Chatanga - Tiksi	1200 km
Tiksi - Providenija	2700 km
Providenija - Petropawlowsk	2100 km
Petropawlowsk - Wladiwostok	2400 km

Legende:
— Nördlicher Seeweg
● Seehafen
• Flußhafen, für Seeschiffe erreichbar
∼∼∼ minimale Treibeisgrenze (Sommer)
∼∼∼ maximale Treibeisgrenze (Winter)
–·–·– Grenze Sibiriens

Entwurf: N. Wein
Kartographie: U. Beha

diese nördliche Meeresroute bieten könnten. Während der Nördliche Seeweg in den 70 Jahren sozialistischer Herrschaft für ausländische Schiffe gesperrt war, könnte er heute zu einer internationalen Seestraße werden. Handelsschiffe fahren heute in 16 Tagen von Schweden nach Japan, was die halbe Zeit ist, die sie sonst für die Fahrt über den Suezkanal benötigen. Der Nördliche Seeweg könnte damit durchaus zu einem Konkurrenten für die Südroute werden, wobei die USA und Kanada sicherlich interessiert wären, eine „Arktische Brücke" zwischen ihren Westküstenhäfen und Europa zu schlagen. Für Rußland könnten Durchfahrtsgebühren zu einer neuen Einnahmequelle werden. Es bleibt abzuwarten, ob es tatsächlich auf diese Weise zu einer Neubelebung des Nördlichen Seeweges kommen wird.

5.5 Der Flugverkehr

Große Teile Sibiriens, vor allem des Nordens, sind nur auf dem Luftweg erreichbar. Besonders im Passagierverkehr kommt dem Flugzeug eine große Bedeutung zu. Geflogen wird dabei auch unter schwierigsten Witterungsbedingungen, und die russischen Piloten gehörten bis in die 1980er Jahre hinein (auch international anerkannt) zu den besten der Welt. Unfälle waren äußerst selten, nach den Statistiken sogar noch seltener als in den USA.

Ganz Sibirien ist mit einem dichten Flugnetz überzogen. Es gibt 15 Großflughäfen mit überregionaler Bedeutung, auf denen die modernen Jets wie TU 154 oder IL 86 starten und landen können. Acht dieser Flughäfen liegen in Westsibirien (Barnaul, Omsk, Surgut, Tjumen, Nowosibirsk, Tomsk, Kemerowo und Nowokusnezk), wobei sich Nowosibirsk, das genau in der Mitte der Russischen Föderation liegt, zu einem wichtigen Luftkreuz zwischen dem Westen und dem Osten des Landes entwickelt hat. Ostsibirien verfügt über 7 Großflughäfen: Abakan, Krasnojarsk, Irkutsk, Bratsk, Ulan-Ude, Tschita und Jakutsk. Von diesen Drehscheiben erfolgt der Weiterflug in der Regel mit kleineren Maschinen, hauptsächlich mit den total veralteten und als nicht mehr sicher geltenden Turbopropmaschinen vom Typ AN 24 (mit etwa 30 Plätzen).

Zwischen kleineren Siedlungen, die nur über eine primitive Kiespiste verfügen, verkehren noch immer (und das mit erstaunlicher Zuverlässigkeit!) die alten einmotorigen Doppeldecker AN 2. Wo auch sie nicht mehr starten und landen können, kann der oft lebenswichtige Flugverkehr nur noch durch Hubschrauber aufrechterhalten werden. Eingesetzt wird dabei der russische „Einheitshubschrauber" vom Typ MI-8, der seit 1961 im Dienst ist und 30 Passagiere bzw. 4 t Last transportieren kann, der aber mit seinen 3 000 PS einen sehr hohen Treibstoffverbrauch aufweist. Der Stundenverbrauch wird mit bis zu 850 l Kerosin angegeben.

Treibstoffmangel führt seit Ende der 1980er Jahre dazu, daß der gesamte Flugverkehr immer mehr eingeschränkt werden muß. Flüge werden gestrichen, und es werden für die Flugpassagiere lange Wartelisten aufgestellt. Häufig warten Passagiere tagelang auf den Flugplätzen auf eine Flugmöglichkeit. Die Flugtarife sind deutlich erhöht worden.

Vor allem für die Bewohner des sibirischen Nordens bedeuten diese Zustände eine starke Belastung, die zu Versorgungsproblemen und einem Gefühl der Abgeschnittenheit führt. Man spricht heute in Sibirien von einer neuen „Entfernungsbarriere", da die Menschen oft nicht einmal mehr in der Lage sind, in ihr eigenes Gebietszentrum zu reisen.

Die politischen Entwicklungen haben zu weiteren Erschwernissen im sibirischen (wie

Flugverkehr

auch im gesamtrussischen) Flugverkehr geführt. Mit dem Zusammenbruch der Sowjetunion traten an die Stelle der einst staatlichen Aeroflot, die in verkleinerter Form noch weiterexistiert, rund 400 lokale Fluggesellschaften, ein großer Teil davon in Sibirien. Jede Region verfügt heute über eine eigene kleine Fluggesellschaft: „Sibir" in Nowosibirsk, „KrasAir" in Krasnojarsk, „Aerokusnezk" im Kusbass, um nur einige Beispiele herauszugreifen, und selbst das kleine Nadym (42 000 Einwohner) betreibt eine eigene „NadymAir". Diese neuen kleinen Fluggesellschaften sind jedoch nicht in der Lage, ihre Maschinen ausreichend zu warten oder gar die größtenteils hochbetagten Flugzeuge durch neue zu ersetzen. Um 1990 waren in ganz Rußland, wobei in Sibirien der Anteil vielleicht noch höher ist, ein Drittel der Flugzeuge 15–30 und ein weiteres Drittel über 30 Jahre alt.

Die Piloten werden schlecht bezahlt, und neue Piloten werden wegen Geldmangels kaum ausgebildet, so daß das fliegende Personal genauso wie die Maschinen meist überaltert ist. Die Frage der Flugsicherheit wird damit immer bedrückender.

Noch funktioniert – wenn auch mehr schlecht als recht – der sibirische Flugverkehr einigermaßen, aber man muß sich fragen, was bei einem Fortbestand der gegenwärtigen Bedingungen in etwa 10 Jahren aus ihm geworden sein wird. Die Zukunft des sibirischen Flugverkehrs sieht damit äußerst kritisch aus. Ein, wenn auch nur teilweiser, Zusammenbruch des Flugverkehrs würde der sibirischen Wirtschaft einen empfindlichen Schlag versetzen.

Sibirien wird die ihm zugedachte Rolle in der Weltwirtschaft nur einnehmen können, wenn es über eine zuverlässige Verkehrsinfrastruktur verfügt. Sie aufzubauen wird eine der großen Aufgaben der Zukunft sein. Die sibirischen Regionen allein werden dazu kaum in der Lage sein, so daß wohl nur über Kooperationen mit dem Ausland entsprechende Fortschritte erzielt werden können.

Übersicht 5.2: Die Zivilluftfahrt Rußlands in Ziffern und Fakten
Quelle: Sputnik 5/1998

Nach dem Zusammenbruch der UdSSR im Jahre 1991 hörte die AEROFLOT auf, als einheitliche Organisation zu existieren. Es bildeten sich zahlreiche regionale Luftfahrtgesellschaften in den ehemaligen Unionsrepubliken und in den Regionen Rußlands. Auf der Basis territorialer Verwaltungen entstanden Luftfahrt-Konzerne, -Korporationen, -Assoziationen und -Gesellschaften.

Der Flugzeugpark der Russischen Föderation besteht heute aus 8 136 Maschinen*. Darunter sind 1 891 große Passagier-Linienmaschinen, 838 Transportmaschinen und 2 445 Hubschrauber.

Die zivile Luftfahrt verfügt über 845 Flugplätze, darunter 63 von föderaler Bedeutung. Durch den Luftverkehr sind mehr als 200 wirtschaftliche und administrative Zentren Rußlands verbunden. Im regelmäßigen innerrussischen Flugverkehr werden mehr als 4 000 Linien beflogen, im internationalen Verkehr sind es rund 600 Linien in mehr als 100 Ländern der Erde.

Die Zahl der Beschäftigten in der Zivilluftfahrt beträgt 250 000 Menschen.

---

* Zum Vergleich: Die deutsche Lufthansa verfügt über 280 Flugzeuge.

6 Sibirien als Erschließungsraum im 20. Jahrhundert

6.1 Ziele, Konzepte und Strategien

Sibirien ist in zaristischer wie auch in sowjetischer Zeit von außen immer als eine Kolonie des europäischen Rußlands angesehen worden, als „innere Kolonie", die nicht durch weite Meere vom Mutterland getrennt ist, sondern einen direkten Landanschluß besitzt. Der Begriff Kolonie bedeutet, daß dieser Raum ausschließlich als Rohstofflieferant angesehen und in Raubbaumanier ausgebeutet worden ist. In WOSTOK (2/1994, S. 53) heißt es dazu:

„In UdSSR-Zeiten wurden jährlich Rohstoffe im Wert von über 300 Milliarden Dollar aus der Region ausgeführt, während Sibirien vom Staat lediglich 70 Millionen Rubel (!) für den sozialen Bereich erhielt."

In zaristischer Zeit gab es noch kein staatliches Erschließungskonzept für dieses „Hinterland", dessen Reichtum spätestens seit Peter dem Großen bekannt war. Für das Zarenreich hatte Sibirien in erster Linie als Edelmetall-Lieferant für die Münzherstellung und als Verbannungsraum Bedeutung.

Eine staatlich gelenkte Erschließung setzte erst mit der Einführung der Staats- und Planwirtschaft ein. In den ersten Fünfjahresplan (1928–1932), der von Stalin geprägt war, wurde erstmals der staatliche Vorstoß nach Sibirien aufgenommen. Zwei „Brückenköpfe" wurden für die angestrebte Industrialisierung Sibiriens und des Fernen Ostens errichtet: die Städte Magnitogorsk am Osthang des Urals und Komsomolsk-am-Amur am entgegengesetzten Ende des russischen Asiens. Diese beiden Gründungen sollten zu Katalysatoren der weiteren Entwicklung werden, was zumindest für Magnitogorsk als Stützpfeiler des Ural-Kusnezk-Kombinates (s. Kap. 6.2) dann auch gelungen ist. Mit der Gründung von Norilsk, 320 km nördlich des Polarkreises, unternahm die Stalinsche Wirtschaftsplanung auch den ersten Vorstoß in den Hohen Norden Sibiriens.

Einen deutlichen Entwicklungsschub erhielt der Südteil Sibiriens in der Stalinzeit dadurch, daß zu Beginn des Krieges zahlreiche Rüstungsbetriebe aus dem europäischen Raum in das sichere Gebiet jenseits des Urals verlagert wurden (s. dazu Kap. 9.1). Die industrielle Produktion erfuhr dadurch von 1949–1945 in Westsibirien einen Anstieg von 270 % und in Ostsibirien von 128 % (ORLOV 1988, S. 36).

Unter Stalins Nachfolger Chrustschow wurde Sibiriens Industrie weiter ausgebaut. Wegen des ständigen ideologischen Wettbewerbes mit den Amerikanern entwickelte sich hierbei ein Hang zur „Gigantomanie": Die Wasserkraftwerke, die in dieser Zeit in Sibirien gebaut wurden, mußten möglichst immer die größten der Welt sein, unabhängig davon, ob wirklich ein entsprechender Bedarf an elektrischer Energie bestand. Auf Zwangsarbeiter, die Stalin noch zur Verfügung standen, konnte Chrustschow nicht mehr zurückgreifen; jetzt wurde mit Großkampagnen, mit Appellen an das Ehrgefühl, mit Orden und materiellen Anreizen zur Aufbauarbeit in Sibirien aufgerufen.

Unter Breshnew brach schließlich eine wahre „Sibirien-Euphorie" aus. Gewaltige staatliche Investitionen wurden in die Industrialisierung Sibiriens, vor allem in den Aufbau des Erdöl- und Erdgaskomplexes, gesteckt. In der „Sibirskaja gazeta" (Nr. 16/1994) heißt es dazu:

„Es begann sich eine Monospezialisierung Sibiriens zur Gewinnung von Öl und Gas zu entwickeln, unverkennbar zum Nachteil der übrigen Wirtschaftszweige. Alles wurde in die Gewinnung von Öldollars investiert."

Bei dieser oft überstürzten Industrialisierung Sibiriens lautete die Devise: *„Produktion vor Lebensqualität"*. Die Bedürfnisse der in Sibirien lebenden Menschen wurden völlig vernachlässigt. Als billige Arbeitskräfte für die Erschließungsarbeiten hatte man die sowjetische Jugend entdeckt. Mitglieder des kommunistischen Jugendverbandes „Komsomol" (Alter bis 28 Jahre) erhielten per „putjovka" Dienstanweisungen zum Arbeitseinsatz in den östlichen Gebieten, und von Studenten wurde erwartet, daß sie ihr „drittes Semester" (die sommerlichen Semesterferien) in einer Arbeitskolonne jenseits des Urals ableisten. Über alle sibirischen Projekte wurden in den Medien mit viel Pathos berichtet.

Wissenschaftsinstitute wurden beauftragt, eine Strategie zur gezielten Erschließung perspektivreicher Regionen zu entwickeln: das Konzept der Territorialen Produktionskomplexe (TPK). Dieses Planungskonzept reicht bis in die frühen 1950er Jahre zurück und fand seine konsequente Anwendung erstmals im 10. Fünfjahresplan 1976 – 1980. Die Territorialen Produktionskomplexe sind Kernräume der industriellen Erschließung, die sich jeweils aus mehreren „Industrieknoten" zusammensetzen und sich durch zahlreiche Gunstfaktoren auszeichnen. Dazu gehören:
– eine ausreichende Energiebasis (z.B. ein Großwasserkraftwerk),
– reiche Naturressourcen,
– Klimaverhältnisse, die eine Ansiedlung von Arbeitskräften erlauben
  sowie
– eine möglichst verkehrsgünstige Lage.

Aufgebaut wurden die TPKs in „komplexer Form", das heißt, bestehend aus Produktionseinheiten sowie Städten mit kompletter Infrastruktur. Dadurch aber wurden die Neuerschließungsprozesse überaus teuer, was zur Folge hatte, daß in den 1980er Jahren etwa ein Viertel der sowjetischen Industrieinvestitionen in die TPKs Sibiriens floß, von denen aber nur ein einziger, der von Bratsk/Ust-Ilimsk, zum Abschluß gebracht wurde. Mit dem Niedergang der Staats- und Planwirtschaft wurde dieses zentral gesteuerte Konzept hinfällig, und 1988 wurde die an GOSPLAN angeschlossene TPK-Abteilung aufgelöst.

Abb. 6.1: Sibirien in den 1980er Jahren als „größte Baustelle der Union"
Quelle: aus ORLOV 1985 u. AGANBEGJAN 1985)

Während der noch von der TPK-Konzeption beherrschten Erschließungsphase der 1970er und frühen -80er Jahre wurde Sibirien zur größten Baustelle der Union erklärt. Die Abbildung 6.1 zeigt, wie Sibirien damals in offiziellen Kreisen gesehen wurde: dicht überzogen von Kränen, Baggern, Stromfernleitungen, Fabriken und Maschinen.

Zu einem Problem für die Gegenwart und vor allem für die Zukunft wurden die in jener Zeit errichteten monofunktionalen Städte, d.h. Städte, die unmittelbar auf ein einziges Rohstoffvorkommen ausgerichtet sind. Geht der Rohstoff zur Neige, verliert die Stadt ihre Funktion. Ein schon heute prägnantes Beispiel dafür ist die junge Stadt Nishnewartowsk, deren gesamte Infrastruktur auf eine jährliche Erdölfördermenge von 250 Mio. t ausgerichtet ist, in deren Umgebung aber heute weniger als 30 Mio. t gefördert werden (s. Kap. 6.5.1). Bei GORJATSCHENKO/PUSCHKAREV (1997, S. 55) heißt es dazu:

„Einen großen Teil der monofunktionalen Siedlungen, die in extremen Nordregionen errichtet worden sind, wird man in Zukunft liquidieren müssen!"

Solche monofunktionalen Städte sind auch in der BAM-Zone errichtet worden. Breshnew setzte sich mit dem Bau der Baikal-Amur-Magistrale (BAM, s. Kap. 5.3.3) ein eigenes Denkmal in Sibirien. Diese Großbaustelle band jahrelang Unmengen an Kapital, Technologie und Arbeitskräfteressourcen und bildete in der Kampagnenart, in der sie zumindest in den ersten Jahren betrieben wurde, den Höhepunkt einer euphorischen Sibirienerschließung.

Die Nachfolger Breshnews rückten von diesen ehrgeizigen Plänen erst einmal ab. Nach der hitzigen und oft überstürzten Erschließungsphase der 1960er und -70er Jahre legte man ab etwa 1985 eine Atempause ein. Alle Planungen wurden einer Revision unterzogen, und man mußte erkennen, daß viele Projekte überzogen waren. Die meisten von ihnen wurden „auf Eis" gelegt, viele ganz aus den Planungen gestrichen. Der amerikanische Geograph Theodore Shabad registrierte einen *„Wandel in der Einstellung zu den immer ehrgeizigeren Entwicklungsprojekten in den östlichen Regionen"* und stellte die Frage : *„Zieht sich die Sowjetunion aus Sibirien zurück?"* (in WOOD/FRENCH 1989, S. 256). Tatsächlich war in jener Zeit eine verstärkte Hinwendung zum europäischen Teil und zu den (leichter abbaubaren) Bodenschätzen Kasachstans zu beobachten.

In dieser Phase der Beruhigung wurde endlich auch dem *„Faktor Mensch"*, wie Gorbatschow es in vielen seiner Reden ausdrückte, eine größere Rolle eingeräumt: Beim weiteren Ausbau sollten auch die Belange der Menschen berücksichtigt werden. In seiner programmatischen Rede, gehalten im September 1985 in Tjumen, forderte er, Sibirien nun auch *„zu einem für den Menschen angenehmen Raum zu machen"* (aus Sowjetunion heute 1/1986). Auf den Baustellen der sibirischen Städte (so vor allem in Bratsk) drückte sich das unter anderem dadurch aus, daß der erdrückenden Monotonie der Stadtbilder ein Ende bereitet wurde und nun an die Stelle der grauen Einheitswohnblöcke architektonisch aufwendigere Gebäude mit farbigen Fassaden traten. Erstmals wurde nun auch der Ökologie Beachtung geschenkt, was sich u.a. in Abstrichen am KATEK-Programm (s. Kap. 9.2.4) ausdrückte.

1993 wurde eine gesamtrussische Konferenz zur wirtschaftlichen Weiterentwicklung Sibiriens abgehalten, auf der Strategien und Wirtschaftsmechanismen diskutiert worden sind. Drei Jahre später, 1996, wurde ein auf die Phase 1997–2005 ausgerichtetes „Föderatives Zielprogramm Sibirien" aufgestellt, das der Koordinierung der vielen bestehenden lokalen Programme dienen soll. Konkrete Ergebnisse werden diese Planungen und Konzepte in einer Zeit, in der die Weiterentwicklung hauptsächlich über ausländische Investitionen erfolgt, wohl kaum bringen.

Zu Überlegungen über eine Weiterentwicklung Sibiriens in einer neuen Erschließungsphase während des nächsten Jahrhunderts schreibt der bekannte Wirtschaftswissenschaftler Bandmann (in SELIVERSTOV 1997, S. 52):

„Während das 20. Jahrhundert die Phase der Herausbildung des südlichen Wirtschaftsgürtels Sibiriens entlang der Transsib war, wird das 21. Jahrhundert die Phase der Bildung eines neuen Wirtschaftsgürtels sein, der sich im Bereich des Nahen Nordens vom Ural bis zum Stillen Ozean entlang der neuen Eisenbahnmagistrale, bestehend aus dem Zusammenschluß von (der künftigen – der Verf.) *SEWSIB und der BAM, erstrecken wird."*

Dieser Vorstoß in den Nahen Norden wird heute von den Wissenschaftsinstituten vorbereitet (s. dazu WEIN 1988b). Die Frage ist nur, wieweit die Wissenschaft heute, unter den Bedingungen der sich selbst regulierenden Marktkräfte, ein solches Vorrücken in den Norden zu steuern überhaupt noch in der Lage ist. Seit dem Zusammenbruch der Sowjetunion sind großmaßstäbige Projekte in Sibirien nur noch in Kooperationen mit ausländischen Investoren möglich.

6.2 Das Ural-Kusnezk-Kombinat (UKK)

Der erste staatliche Vorstoß zur Industrialisierung Sibiriens war die Gründung des Ural-Kusnezk-Kombinates während des Ersten Fünfjahresplanes (1928–1932). Bis zu diesem Zeitpunkt gab es praktisch noch keine Industrie in Sibirien, nur Handwerksbetriebe produzierten in bescheidenem Rahmen Kleinwaren für den lokalen Gebrauch. Mit dem Ural-Kusnezk-Kombinat sollte jenseits des Urals eine metallurgische Basis geschaffen werden, die den Anstoß zu einer weiteren Industrialisierung bildete. In organisatorischer Hinsicht stellte das UKK eine neue Form der wirtschaftlichen Raumplanung dar: Zwei ressourcenreiche Gebiete wurden über eine Entfernung von 2 300 km zu einem einheitlichen Verbundsystem zusammengeschlossen. Die beiden Rohstoffvorkommen waren der am Osthang des Urals gelegene Eisenerzberg „Magnitnaja Gora" sowie das kohlereiche Kusbass. Nach der UKK-Konzeption sollten Ural-Erz und Kusbass-Kohle zusammengebracht werden, um so eine „zweite metallurgische Basis" (die erste war das ukrainische Donbass) zu schaffen.

Schon seit 1926 war das Projekt langfristig von Gosplan vorbereitet worden. Es gab Widerstände dagegen, unter anderem aus der Ukraine, wo man es lieber gesehen hätte, wenn die hohen Investitionen auf das Donbass konzentriert worden wären. Vor allem aber riefen die zu erwartenden Transportkosten größte Bedenken hervor. Außerdem war die damalige Transsib-Trasse einer Dauerbelastung durch schwere Güterzüge nicht gewachsen.

Auf dem 16. Parteitag der KPdSU im Jahre 1930 wurde aber, unter Stalins persönlichem Druck, der „historische Entschluß" zur Schaffung des Ural-Kusnezk-Kombinates gefaßt. Neben dem wirtschaftlichen spielte dabei ein ideologischer Aspekt eine entscheidende Rolle: *Das UKK wurde gesehen als das Flagschiff zur Erhöhung des wirtschaftlichen Standards in den unterentwickelten östlichen Regionen"* (DE SOUZA 1989, S. 67).

Am Fuße des „Magnitnaja Gora" wurde die Stadt Magnitogorsk gegründet, die bis 1939 auf 137 000 Einwohner anwuchs, und im Kusbass wurde in der Nähe der Stadt Kusnezk als neue Stadt Nowokusnezk gegründet, über deren Aufbau GIESE/KLÜTER (1990, S. 391) schreiben: *„1931 arbeiteten auf dem Baugelände in der heutigen Stadt Nowokusnezk 46 000 Menschen, viele davon aus den einheimischen Völkerschaften (Kasachen, Altajer und Schorzen). Wie bei den früheren Projekten waren die meisten Menschen Verbannte, Zwangsarbeiter und enteignete Bauern. Nowokusnezk (damaliger Name: Stalinsk) war die Hauptstadt des „Jushkusbasslag", der Lagerverwaltung für das südliche Kusnezk-Becken. Zwanzig der etwa fünfzig Arbeitslager Westsibiriens befanden sich im Kusnezk-Becken."* 1939 hatte die neue Stadt 166 000 und 1995 572 000 Einwohner.

Die Transsibirische Eisenbahn wurde zwischen Kusbass und Ural verstärkt und Magnitogorsk durch eine Stichbahn an die Haupttrasse angebunden. Für den Raum Nowokusnezk bestand eine solche Bahnverbindung bereits seit 1915. In beiden Städten wurden Hüttenkomplexe errichtet, damit die Züge im Pendelverkehr Koks (vom koks-chemischen Werk in Kemerowo) von Ost nach West und Eisenerz von West nach Ost transportieren konnten. Der erste Hochofen in Nowokusnezk wurde bereits im April 1932 in Betrieb genommen, das erste Walzwerk folgte bis Ende des gleichen Jahres. Die Aufbauarbeiten in Magnitogorsk verliefen etwa zeitgleich.

Das UKK funktionierte in dieser Form mehrere Jahre lang. Seine konkrete Aufgabe bestand in der Herstellung von Eisenbahnschienen und anderen Walzstahlprodukten für das Bahnwesen. Wie von Skeptikern im

	Gußeisen	Stahl	Walzgut
Magnitogorsker Metallurgisches Kombinat	2,1	2,6	2,4
Kusnezker Metallurgisches Kombinat	1,7	2,3	1,7

Tab. 6.1: Produktion des Ural-Kusnezk-Kombinates im Jahre 1941 (Mio. t)
Quelle: KISELNIKOV/LARINA 1996b, S. 32

voraus befürchtet, erwiesen sich jedoch die Transportkosten als bedrückend noch. So bemühte man sich während des zweiten Planjahrfünftes, diese Kosten zu verringern, indem man die am Ural benötigte Kohle immer mehr durch Lieferungen aus dem nur halbsoweit entfernten nordkasachischen Karagandabecken ersetzte. Damit fiel das UKK nach und nach auseinander, vor allem, weil sich auch das Kusbass durch Erzfunde auf dem eigenen Territorium unabhängig von den Lieferungen aus dem Ural machen konnte. Im dritten Fünfjahresplan existierte das UKK praktisch schon nicht mehr.

Das mit der Schaffung des UKK angestrebte Hauptziel aber hatte man erreicht: Auf sibirischem Boden war ein erstes großes Industriegebiet entstanden, das eine ausstrahlende Wirkung auf den ganzen Transsibgürtel von Omsk bis nach Krasnojarsk besaß und die weitere industrielle Entwicklung dieses Raumes vorantrieb.

6.3 Das Angara-Jenissej-Projekt
6.3.1 Konzeption und erster Vorstoß

Das nächste staatliche Großprojekt war die Erschließung der Hydroenergieressourcen der Angara und des südlichen Jenissej. Errichtet wurden hier – nachdem ursprünglich noch mehr geplant waren – sechs sogenannte „GES", wie die russische Abkürzung für „Gidroelektrostanzija" (Hydroelektrostation) lautet. Damit erfolgte ein großmaßstäblicher Vorstoß nach Ostsibirien, und, mit den drei nördlichen Angarakraftwerken, gleichzeitig auch in die Nordzone Sibiriens (s. Abb. 6.2). Dieses Projekt war nicht nur wirtschaftlich, sondern auch ideologisch fundiert, denn es erfüllte den bekannten Ausspruch Lenins, daß Kommunismus Sowjetmacht plus Elektrifizierung des ganzen Landes bedeute.

Für die Gewinnung elektrischen Stromes aus Wasserkraft bot sich vor allem die Angara an, die aufgrund der ausgleichenden Wirkung des Baikalsees eine erheblich gleichmäßigere Wasserführung besitzt als alle übrigen sibirischen Flüsse. Während der Jenissej bei Krasnojarsk zwischen Hoch- und Niedrigwasser eine Schwankungsbreite von 1:66 aufweist, sind es bei der Angara in der Höhe von Irkutsk nur 1:6 und in der Höhe von Bratsk 1:10,5 (nach GERLOFF/VOROBJOV 1987, S. 118). Diese Vorteile der Angara waren schon vor dem Krieg erkannt worden, und einen deutlichen Anstoß erhielt das Projekt auf der vom 4.–11. August 1947 in Irkutsk stattfindenden „Konferenz zur Erforschung der Produktionskräfte der einzelnen Regionen Sibiriens", auf der das Akademiemitglied A.V. Winter in einem Vortrag auf die idealen Nutzungsmöglichkeiten dieses Flusses hinwies und ihn als „unschätzbares Naturgeschenk und unerschöpfliche Quelle gewaltiger Mengen preiswerter Elektroenergie" (ALEKSEEV 1976, S. 41) bezeichnete.

1953 stellte das Institut „Gidroproekt" (Hydroprojekt) den Plan für den Angara-Ausbau auf, der sechs Staustufen vorsah. Die Projekte für zwei dieser Stufen (zwischen Irkutsk und Bratsk) sind allerdings später wieder fallengelassen worden.

Das erste Kraftwerk, das errichtet wurde, war das von Irkutsk, mit dessen Bau man 1950 begann und das 1959 fertiggestellt wurde. Die das Angaratal durchziehende

Staumauer hat eine Länge von 2 600 m und eine Höhe von 45 m. Über sie läuft heute eine Autostraße und stellt eine der drei Hauptverbindungen zwischen den auf beiden Ufern des Flusses liegenden Stadtteilen von Irkutsk dar (s. Abb. 9.10) . Der bis hierher rund 60 km lange Angaraabschnitt wird zu einem 154 km² großen, langgestreckten Stausee aufgestaut. Gleichzeitig wird der gesamte Baikalspiegel um einen Meter angehoben. Periodische Schwankungen des Baikalspiegels führen zu entsprechenden Schwankungen in der Stromproduktion, so daß in Irkutsk immer wieder Jahre mit Strommangel beklagt werden.

Die Kapazität (0,66 Mio. kW) und die Leistung (4,1 Mrd. kWh/a) dieses ersten und südlichsten Angarakraftwerkes sind im Vergleich mit den übrigen Stationen relativ bescheiden.

6.3.2 Bratsk als Beispiel eines Großwasserkraftwerk-Baues[8]

Der Bau des Wasserkraftwerkes Bratsk, des ersten Großkraftwerkes in Sibirien, soll hier ausführlicher dargestellt werden, da Methoden und Schwierigkeiten charakteristisch für das gesamte Hydroenergieprogramm sein dürften.

Als idealen Standort für dieses Wasserkraftwerk hatten Geologen die sogenannte „Paduner Enge" in der Nähe des Dorfes Bratsk ausgemacht. Hier durchschneidet die sonst über einen breiten Talgrund mäandrierende Angara einen Diabasriegel, wodurch auf eine kurze Laufstrecke das Tal auf knapp 1 000 m Breite eingeengt und zudem von hohen Felswänden flankiert wird. Verkehrsmäßig war das Bratsker Gebiet schon dadurch erschlossen, daß die bei Taischet von der Transsib abzweigende und zum Lenahafen Ust-Kut führende „Lena-Bahn" (praktisch der westliche Flügel der späteren BAM) bereits seit 1947 hier entlangführte. Dennoch bedeutete der Kraftwerksbau ein technisches Wagnis, denn die Baustelle mußte ansonsten in einer nahezu noch unberührten Taigawildnis errichtet werden.

Im Jahre 1954 begannen die konkreten Vorbereitungen für den Kraftwerksbau, indem Armeepioniere, aber auch viele Gefangene, in der Bratsker Taiga abgesetzt wurden, um hier erste Vorarbeiten (Roden des Waldes, Anlage von Wegen usw.) durchzuführen. Im darauffolgenden Jahr waren 7 800 und im Jahre 1956 bereits rund 10 000 Arbeiter auf der Baustelle tätig, die anfangs in Zelten (bei Wintertemperaturen bis −47°C!) und später in angelieferten einfachen Holz-Fertighäusern lebten. Sie errichteten beiderseits der Paduner Enge erste Arbeitersiedlungen und bauten vor allem das Betonwerk auf, das den Baustoff für die Staumauer produzieren sollte.

Während dieser Vorbereitungsphase merkte man, daß die auf Waggons montierten Dieselgeneratoren keinesfalls, wie angenommen, für den Energiebedarf der Bauarbeiten ausreichten. Im Juli 1955 faßte man daher den schweren Entschluß, die Bratsker Baustelle vom Irkutsker Wasserkraftwerk, in dem 1956 die ersten Turbinen in Betrieb genommen werden sollten, mit elektrischem Strom zu versorgen. In zwei Jahren härtester Arbeit wurde durch eine rasch in die Taiga geschlagene Schneise eine Stromfernleitung von 628 km Länge zwischen den beiden Standorten verlegt, durch die am 8.12.1957 der erste Strom nach Norden floß. Reichlich drei Jahre lang wurde die Bratsker Baustelle nun von Irkutsk aus mit Energie beliefert, bis mit der Inbetriebnahme der ersten Turbinen eigener Strom vor Ort erzeugt werden konnte.

---

8 u. a. nach ALEKSEEV 1976, ANDREJCEV 1980 und WEIN 1981, 1987, 1988

Am 31. März 1957, zu einem Zeitpunkt geringer Wasserführung des Flusses, begann der Bau mit der sogenannten „ersten Überquerung der Angara": Mit aus Kippladern abgeschütteten Stein- und Felsblöcken wurde über die Stromschnellen das erste Fundament für die Staumauer gelegt. Für das darauffolgende Vergießen des Betons auch bei tiefen Wintertemperaturen mußten neue Technologien entwickelt werden. So wurden bei der Fahrt vom Betonwerk zur Einsatzstelle die Betonbehälter durch die Auspuffgase des Transportfahrzeuges erwärmt, um ein Gefrieren zu verhindern.

Die Arbeiten gingen zügig voran. 1961 waren 19 000 Arbeitskräfte an der Baustelle beschäftigt, viele von ihnen Komsomolzen, die, dem zumindest „moralischen" Druck der Partei folgend, nach Bratsk gekommen waren. Angelockt wurden sie unter anderem durch den Titel „Junger Erbauer des Kommunismus". Als eigentliche Bauorganisation war BRATSKGESSTROJ (Bratsker Wasserkraftwerkbau) gegründet worden, eine Organisation, die nach Fertigstellung des Bauwerkes weiterexistierte und noch viele Jahre lang auf schwierigen Baustellen in Sibirien und im Fernen Osten eingesetzt wurde.[9]

Die Arbeitskräfte litten unter den kalten Wintern, mehr aber noch unter der sommerlichen Mückenplage. Trotz der Gesichtsschutz-Netze, die sie trugen, wurde ein Viertel der Arbeitszeit für das ständige Abwehren der Insekten mit Birkenzweigen aufgewandt. Bemühungen, die Mücken auszurotten (allein 1960 wurden 500 t Chemikalien im Baustellenbereich versprüht) hatten wenig Erfolg. Erst mit der Überflutung der Brutstätten durch das Auffüllen des Stausees konnte die Mückenplage (bis heute) beseitigt werden.

Vor dem Beginn des Aufstaues mußte die künftige Seefläche (mit 5 440 km^2 von der zehnfachen Größe des Bodensees!) so weit wie möglich ausgeräumt werden. Um den Rohstoff Holz zu retten, mußte der Wald gerodet werden – was aber in der Kürze der Zeit nur unzureichend gelang. 264 Siedlungen, darunter auch das alte Bratsk, mußten abgebaut oder abgebrannt und ihre 114 000 Einwohner umgesiedelt werden. Welche psychischen und sozialen Probleme diese Zwangsumsiedlungen mit sich brachten, hat der sibirische Schriftsteller Valentin Rasputin in seinem Roman „Abschied von Matjora" (einem auf einer Angarainsel gelegenen Dorf) plastisch dargestellt.

1960 begann die Füllung des Stausees, und am 28.1.1961 konnte das erste Aggregat des Wasserkraftwerkes gestartet werden, kurz darauf drei weitere. 1966 war schließlich der Staumauer- und Kraftwerksbau vollendet, und alle 15 Turbinen, auf deren Schaufeln das Wasser aus 106 m Höhe stürzt, konnten in Betrieb genommen werden (installiert sind 18 Turbinen, von denen aber 3 im Wechsel jeweils einer Wartung unterzogen werden).

Die Staumauer hat an der Basis eine Breite von 110 m und eine Länge von 924 m. Ihre Höhe beträgt 127 m, und an der Krone, wo sie auf die beidseitigen Ufer übergreift, ist sie 1 430 m lang. Die am Fuß anschließende Turbinenhalle hat eine Länge von 517 m.

Für dieses Bauwerk sind fast 5 Mio. m^3 Beton vergossen worden, eine im Verhältnis zur Staumauerlänge gewaltige Materialmenge. Der Grund dafür ist, daß die Staumauer *als Gewichtsstauwerk* errichtet worden ist. Sie hat einen gerade Grundriß und nicht, wie sonst meist üblich, einen konkaven, bei dem die Druckkräfte auf die felsigen Ufer abgeleitet werden. Nur durch

---

9 Ende der 1970er Jahre wurde BRATSKGES-STROJ als zuverlässig geltende Bauorganisation u. a. mit der Erstellung der Großbauten für die Olympischen Spiele in Moskau 1980 beauftragt. Sie existiert, inzwischen in eine Aktiengesellschaft umgewandelt, auch gegen Ende des Jahrhunderts noch und soll u.a. die Erschließungsarbeiten für den Kupfertagebau Udokan (s. Kap. 6.5) durchführen.

ihr hohes Gewicht hält die Bratsker Staumauer dem Wasserdruck stand. Sie besteht aus einzelnen Betonklötzen, die ineinander verzahnt sind und dabei einen geringen Spielraum besitzen, der dem Stauwerk eine gewisse Flexibilität verleiht. Von den heute 517 dort eingesetzten Arbeitskräften sind rund 500 mit Reparaturen beschäftigt, da im unteren Teil der Mauer der hohe Wasserdruck immer wieder feine Haarrisse entstehen läßt, die ständig nachgebessert werden müssen.

Die Fertigstellung des Bratsker Wasserkraftwerkes, des damals größten Werkes dieser Art auf der Welt, wurde in der ganzen Sowjetunion wie ein großer Sieg gefeiert. Bratsk erhielt einen hohen Symbolwert und gab einen wichtigen Impuls für die weitere Erschließung des sibirischen Nordens. Mit diesem gewaltigen Bauwerk hatte man nun angeblich auch der ganzen Welt bewiesen, daß man in der Lage ist, die extreme Natur Sibiriens zu beherrschen und sich dabei technisch auch noch an die Spitze zu stellen.

6.3.3 Untere Angara und Jenissej

Nach Beendigung der Hauptarbeiten am Bratsker Wasserkraftwerk im Jahre 1965 wurde die Bauorganisation BRATSKGESSTROJ 250 km weiter in den Norden verlegt, wo unter noch rauheren Naturbedingungen die dritte Stufe der Angara-Kaskade gebaut werden sollte. Als Verbindungsweg zwischen Bratsk und Ust-Ilimsk wurde, da die Angara wegen zahlreicher Stromschnellen hier nicht schiffbar war, auf dem linken Ufer eine Autostraße angelegt.

Im Jahre 1974 lieferte das Kraftwerk von Ust-Ilimsk seinen ersten Strom, und 1980 wurde es fertiggestellt. Mit 3,84 Mio. kW besitzt es eine etwas geringere Kapazität als das von Bratsk.

1974, noch während des Baues der Ust-Ilimsker Staumauer, wurde die Errichtung der vierten Angarastufe, des Kraftwerkes von Bogutschany, in Angriff genommen. In der Kapazität sollte es seinen Vorgängern entsprechen, in der Leistung aber – wegen der hier größeren Abflußschwankungen – mit 17,7 Mrd. kWh um etwa 20 % darunter liegen . Die Fertigstellung war für 1985 vorgesehen – aber in die Zeit der Bauphase fiel die in Kapitel 5.1 beschriebene Neubewertung der sibirischen Großprojekte. Das Projekt Bogutschany wurde deutlich reduziert: Die Höhe der Staumauer wurde gegenüber den Planungen auf etwa die Hälfte verringert, was eine Verkleinerung der künftigen Stauseefläche von 700 auf 260 km^2 nach sich zog. Die Fertigstellung des Kraftwerkes wurde immer weiter hinausgeschoben, nicht zuletzt, weil für den Strom dieses Kraftwerkes in der äußerst dünn besiedelten Gegend an der Unteren Angara kaum Bedarf bestand. In der Zeitschrift „Sowjetunion heute" vom März 1990 heißt es dazu:

„Mit dem Bau des Wasserkraftwerkes Bogutschany wurde bereits 1974 begonnen. Inmitten der Taiga wurde die Stadt Kodinsk für 7 000 Bauleute errichtet. In 11 Jahren verschlang dieses entlegene Bauvorhaben eine halbe Milliarde Rubel, ohne daß das Kraftwerk fertiggestellt worden wäre. Die Flußbettabriegelung und die Inbetriebnahme des ersten Aggregates wurden mehrmals verschoben. Inzwischen stellt sich auch die Frage, wozu man überhaupt ein weiteres Wasserkraftwerk braucht."

Bis zum Jahre 1997, d. h. bis 12 Jahre nach dem geplanten Bauabschluß, ist über eine Fertigstellung von Bogutschany nicht berichtet worden.

Während der Arbeiten an der „Angara-Kaskade" wurden auch die beiden Großkraftwerke am Jenissej errichtet. Bereits ein Jahr vor Bratsk wurde bei Krasnojarsk mit dem Kraftwerksbau begonnen. 1972 war die Anlage mit ihrer 124 m hohen und 1 100 m

Stufe	Baubeginn	Staumauer-Höhe	Betonverbrauch (Mio. m³)	Fertigstellung	Stauseefläche (km²)	Kapazität (Mrd. kWh)	Jahresleistung
Irkutsk	1950	45	0,87	1959	154	0,66	4,1
Bratsk	1957	127	4,92	1966	5 470	4,5	22,6
Ust-Ilimsk	1965	125	4,85	1980	1 873	3,84	19,3
Bogutschany	1974	?	?	?	260	?	?
Krasnojarsk	1956	124	5,73	1972	2 000	6,0	20,4
Sajan-Schuschenskoje	1963	245	9,62	1988	633	6,4	23,5

Tab. 6.2: **Wasserkraftwerke an Angara und Jenissej** (nach verschiedenen Quellen)

langen Staumauer fertiggestellt. In seiner Kapazität von 6 Mio. kW übertrifft dieses Kraftwerk das von Bratsk und wurde deshalb wiederum als das größte der Welt gefeiert. Aufgrund der unregelmäßigeren Wasserführung des Jenissejs liegt die Jahresleistung jedoch mit 20,4 Mrd. kWh um rund 10 % unter der von Bratsk.

Als idealer Standort für ein weiteres Jenissejkraftwerk galt seit langem der Durchbruch des Flusses durch den Rücken des Sajan-Gebirges, wo mit dem sogenannten „Sajaner Korridor" eine tief eingeschnittene Engstelle existierte. 1963 wurde hier mit dem Bau des Wasserkraftwerkes von Sajan-Schuschenskoje begonnen – benannt nach dem in der Nähe liegenden kleinen Ort Schuschenskoje, in dem (damals noch ein Dorf) Lenin von 1897–1900 seine sibirische Verbannung verbrachte.

Die Staumauer hat als einzige der Angara-Jenissej-Kraftwerke (die sonst durchweg

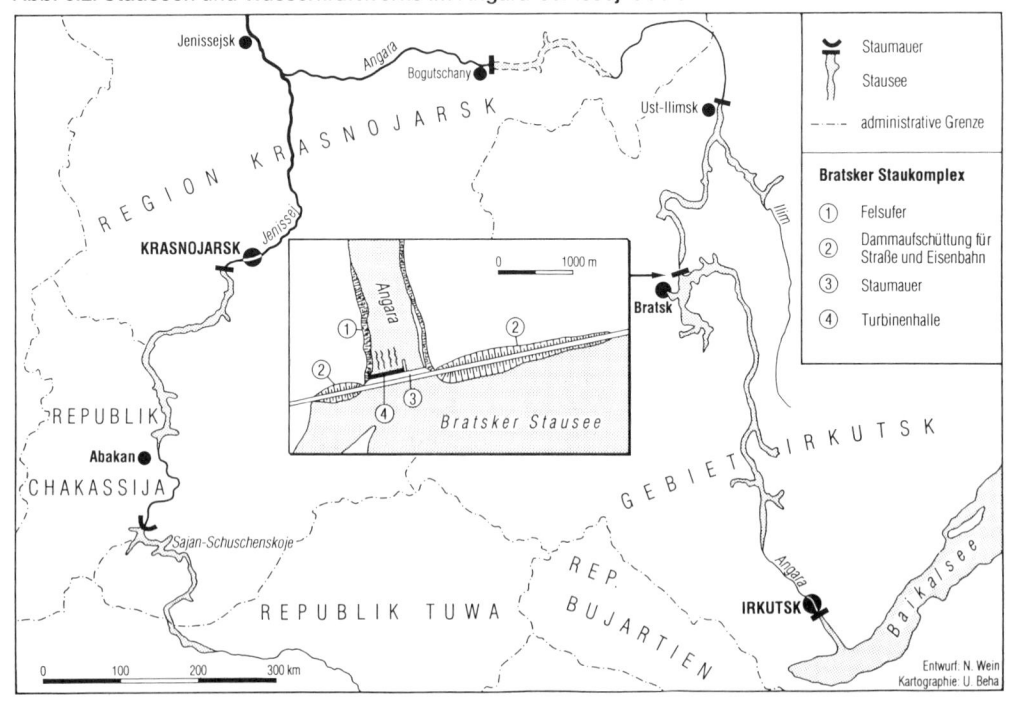

Abb. 6.2: **Stauseen und Wasserkraftwerke im Angara-Jenissej-Gebiet**

"Gewichtsstauwerke" mit geradem Dammverlauf sind) einen konkaven Grundriß. Bei einer Basislänge von 580 m und einer Kronenlänge von 1 070 m erreicht sie die beachtliche Höhe von 245 m (doppelt so hoch wie Bratsk und Krasnojarsk). 1978 wurden die ersten Turbinen in Betrieb genommen, und 1988 erfolgte die Fertigstellung.

Dieses Wasserkraftwerk – natürlich wieder das größte der Welt – übertrifft in seiner Kapazität von 6,4 Mio. kW alle anderen und in seiner Jahresleistung von 23,8 Mrd. kWh auch das von Bratsk.

Das Angara-Jenissej-Gebiet ist mit einer potentiellen jährlichen Stromproduktion von rund 105 Mrd. kWh – was etwa der Stromproduktion Österreichs und der Schweiz zusammengenommen entspricht – zu einem „Energieblock" innerhalb Sibiriens geworden.

6.3.4 Nutzung der erzeugten Elektroenergie

Zur Zeit der Planung und Errichtung der Kraftwerke bestand noch gar kein Bedarf an derartigen Strommengen in Ostsibirien, dieser wurde erst künstlich geschaffen, durch die Anlage von Aluminiumwerken in der Nähe der Wasserkraftwerke (Ust-Ilimsk ausgenommen). Für die Herstellung einer Tonne dieses Leichtmetalles werden 1,92 t Tonerde und 16–18 000 kWh Elektroenergie benötigt. Da die sibirischen Wasserkraftwerke den mit Abstand preiswertesten Strom (und das geradezu im Überfluß) produzieren, ist ihre Nähe der günstigste Standort für die Aluminiumindustrie. Die sowjetische bzw. russische Aluminiumproduktion konzentriert sich daher auf das energiereiche Angara-Jenisseij-Gebiet. Das erste Aluminiumwerk war das von Schelechow bei Irkutsk, das seine Produktion 1962 (d. h. drei Jahre nach Fertigstellung des Irkutsker Kraftwerkes) aufnahm. In Bratsk konnte ein erster Teilkomplex 1966 seinen Betrieb aufnehmen, die eigentliche Fertigstellung des Aluminiumwerkes erfolgte jedoch erst 1974. Die nächsten Werke waren die von Krasnojarsk und von Sajanogorsk, einer dafür eigens neu errichteten Stadt in der Nähe des Wasserkraftwerkes Sajan-Schuschenskoje.

Als Rohstoff für die Aluminiumproduktion (bzw. für die Herstellung des Zwischenproduktes Tonerde) dient vor allem Nephelin, das im Kusnezker Gebiet, im südlichen Jenissejgebiet und im Ostsajan gefunden wird und aus dem erstmals 1949 Tonerde hergestellt werden konnte. Heute wird allerdings auch Bauxit, das einen höheren Aluminium-Gehalt als Nephelin aufweist, aus anderen Ländern (u. a. aus Australien) importiert. Das Angara-Jenissej-Gebiet ist durch das Angebot preiswerter Elektroenergie zu einem der größten Aluminiumhersteller der Welt geworden.

Problematisch war in der Anfangszeit, daß die volle Inbetriebnahme der Aluminiumfabriken der Fertigstellung der Wasserkraftwerke um mehrere Jahre hinterherhinkte, so daß lange Zeit keine ausreichend großen Abnehmer für den elektrischen Strom existierten. Auch heute noch weist das Wasserkraftwerk-Energiesystem Überkapazitäten auf. In der Presse (Sowjetunion heute, 3/1990) heißt es u. a.:

„In den Wasserkraftwerken Krasnojarsk und Sajan-Schuschenskoje wird das Wasser ständig abgelassen, weil ihre Kapazitäten wegen fehlender Abnehmer nicht ausgelastet sind."

Am Wasserkraftwerk Bratsk kann man (wie auch bei den übrigen) an der Zahl der aus der Turbinenhalle austretenden Wasserwirbel ersehen, daß mitunter nur 5 oder 6 der 15 Turbinen arbeiten.[10]

---

10 Vielleicht ist dies ein Grund dafür, weshalb in sozialistischer Zeit immer wieder Fotografierverbote am Wasserkraftwerk erlassen wurden.

Die der „Gigantomanie" früherer Jahrzehnte entstammenden Großwasserkraftwerke werden heute zunehmend kritisch betrachtet, denn ihre Stauseen haben wertvolles Wald- und Ackerland vernichtet (zusammen etwa 10 500 km², was der halben Fläche Hessens entspricht) und außerdem das Klima verändert (Nebelreichtum). Von den weiteren, ursprünglich am Jenissej geplanten Wasserkraftwerken (Jenissejsk, Ossinowka, Igarka) mit vorgesehenen Jahresleistungen von bis zu 32 Mrd. kWh wird daher heute nicht mehr gesprochen.

6.3.5 Die Wasserkraftwerke als Keimzellen regionaler Erschließung

Die Wasserkraftwerke an Angara und Jenissej gaben den Anstoß zur weiteren industriellen Erschließung der Region. Neue Städte und Industriezentren entstanden in der vorher weitgehend menschenleeren Taiga. Bratsk entwickelte sich dabei innerhalb weniger Jahre zur größten Stadt des sibirischen Nordens.

Aufgrund der schwierigen Reliefverhältnisse (die ebenen Flächen waren großenteils dem Stausee zum Opfer gefallen) konnte Bratsk nicht als kompakte Siedlung errichtet werden, sondern es wurden 9 Stadtteile, die sich auf ein Gebiet mit einer Nord-Süd-Erstreckung von 40 km verteilen, aufgebaut (s. Abb. 1 bei WEIN 1988). Die wichtigsten Kristallisationspunkte dieser zergliederten Stadtentwicklung waren das Wasserkraftwerk und das Eisenbetonwerk im Norden sowie die flächenaufwendigen Betriebe des Holzkombinates (540 ha) und des Aluminiumwerkes (160 ha), für die nur rund 30 km weiter südlich entsprechende Standorte gefunden werden konnten. In enger Nachbarschaft zum Holzkombinat, in dem 1990 rund 18 000 Arbeitskräfte beschäftigt waren, entstand der Ortsteil „Zentralny", der sich – wie es der Name ausdrückt – zum Zentrum der Bratsker Agglomeration entwickelte. Der rechtwinklig angelegte Grundriß (der auch für die übrigen Stadtteile gilt) und die rund 100 m breite zentrale Magistrale „Uliza Mira" (Friedensstraße) lassen sozialistische Stadtplanung erkennen. Ende der 1980er Jahre wurde noch der Leninplatz angelegt, in dessen Mitte (kurz vor dem Zusammenbruch des Sozialismus!) eine große Bronzestatue des Namensgebers aufgestellt wurde.

In den ersten zehn Jahren hatte man in Bratsk nur Häuser eines wenig komfortablen fünfgeschossigen Einheitstypes, wie er unter der Bezeichnung „Chrustschoby" überall in Sibirien zu finden ist, errichtet. Die Stadt erhielt dadurch einen überaus monotonen und tristen Charakter, der durch das langsame Absterben der im Stadtgebiet stehengebliebenen Kiefern noch verstärkt wurde. Ab 1973 wurden zusätzlich Fertigteil-Wohnblöcke eines neungeschossigen Types gebaut, die die Monotonie des Stadtbildes aber auch nicht aufzulockern vermochten. Erst nach 1985, unter dem neuen Parteiprogramm zur Verbesserung der Lebensverhältnisse in Sibirien, wurde eine abwechslungsreichere Architektur eingeführt: Nun wurden Häuser eines höheren Standards mit reich strukturierten und farbigen Fassaden errichtet. Birken und Pappeln, die sich gegenüber den Emissionen der Industriebetriebe als resistenter erwiesen, wurden in den Straßen angepflanzt, so daß Bratsk langsam ein neues Gesicht erhielt. Die Einwohnerzahl stieg auf über eine Viertelmillion an. Bratsk verfügte um 1990 über 22 Indu-striebetriebe, zu denen auch ein „Nähkombinat" gehörte, das errichtet worden war, um Frauenarbeitsplätze zu schaffen und damit dem auch für Bratsk typischen bedrückenden Frauenmangel in den sibirischen Pionierstädten zu begegnen.

Weitere neue Pionierstädte im Angara-Jenissej-Gebiet sind Ust-Ilimsk (1994 =

110 000 Ew.) und das für die Arbeitskräfte des neuen Aluminiumwerkes am Wasserkraftwerk von Sajan-Schuschenskoje errichtete Sajanogorsk.

Die beiden „Industrieknoten" Bratsk und Ust-Ilimsk wurden in den 1970er Jahren (zusammen mit dem Eisenerzgebiet um Shelesnogorsk) zum „Territorialen Produktionskomplex Bratsk/Ust-Ilimsk" zusammengefaßt. Dieser TPK gilt als der einzige, der aus dem Planungs- und Aufbaustadium ins Funktionsstadium übergetreten ist. Die Region an der Mittleren Angara steigerte damit ihre Stellung innerhalb des Irkutsker Gebietes.

Das Wasserkraftwerk Sajan-Schuschens-koje wurde zur Keimzelle des „Sajaner TPK", zu dem das Gebiet um die Städte Abakan, Minussinsk und die neue Stadt Sajanogorsk zusammengefaßt wurde. Der Sajaner Territoriale Produkti-

	Fläche (%)	Bevölkerungsanteil (%)	Anteil an der industriellen Produktion (%)
1940	11,5	3,5	0,9
1980	11,5	19,0	30,0

Tab. 6.3: Stellung des Mittleren-Angara-Gebietes im Verwaltungsgebiet Irkutsk
(Quelle: GERLOFF/VOROBJOV 1987, S. 125)

onskomplex galt in den Lehrbüchern immer als Musterbeispiel für die TPK-Konzeption (s. WEIN 1985, S. 218ff.), er konnte aber die Erwartungen, die in ihn gesetzt worden waren, nie erfüllen.

Insgesamt aber hat das Angara-Jenissej-Projekt zur wirtschaftlichen Erschließung und industriellen Intensivierung eines rund 800 000 km² großen Gebietes in Sibirien geführt.

6.4 Der Norden als „Pionierzone" Rußlands

Zu einem der industriellen Erschließungsgebiete entwickelte sich seit den 1930er Jahren der Norden Sibiriens, der aufgrund seiner Bedeutung in einem breiteren Rahmen dargestellt werden soll.

Der „Norden" – das ist in der Sibiriengeographie nicht nur eine Himmelsrichtung, sondern das ist die von den Nordfaktoren (Klima, Dauerfrostboden, Abgelegenheit) in extremer Weise geprägte Zone, die sich im Erschließungsaufwand deutlich von der durch die Transsib durchzogenen Südzone abhebt. Der „Norden" kann als die sibirische (bzw. russische) Pionierzone bezeichnet werden.

6.4.1 Äußere und innere Grenzen des Nordens

Die Nordzone Sibiriens nimmt nach SLAVIN (1982, S. 22) rund 7,35 Mio. km² ein (davon 1,53 Mio. km² in West- und 5,82 Mio. km² in Ostsibirien), was 76 % oder rund drei Viertel der Gesamtfläche Sibiriens bedeutet.

Zwischen der weitaus stärker erschlossenen Südzone und der (zweigeteilten) Nordzone besteht ein deutlicher Sprung in der Bevölkerungsdichte, vergleichbar mit der „Frontier" zwischen dem einst dichter besiedelten Teil der USA und dem sogenannten „Wilden Westen".

Um das Jahr 1982 entfiel in der Zone des Nordens eine Stadt bzw. eine „Siedlung städtischen Typs" auf durchschnittlich jeweils 25 700 km² Fläche (nach GERLOFF/VOROBJOV 1987, S. 103). Auf mitteleuropäische Verhältnisse übertragen, würde dies eine einzige – oft nur recht kleine – städtische Siedlung inmitten eines Umlandes von mehr als der Fläche solcher Bundesländer

Zone	Westsibirien	Ostsibirien
Ferner Norden	0,3	0,27
Naher Norden	1,1	0,64
Süden	13,5	5,8

Tab. 6.4: Bevölkerungsdichte (Ew./km²) in den sibirischen Erschließungszonen
(Quelle: GRANBERG 1985, S. 27)

wie Hessen, Sachsen oder Mecklenburg-Vorpommern bedeuten!

Kriterien für die Abgrenzung des Nordens sind nach SLAVIN (1982, S. 10): Die geographische Lage, die Rauhheit der ökologischen Bedingungen, die dünne Besiedlung und der hohe Faktor der Erschließungskosten (mindestens 1,5 gegenüber der Südzone). Da diese Faktoren topographisch nicht exakt zu bestimmen sind, schreibt GRANBERG (1991a, S. 9):

„Eine eindeutig festgelegte Grenze der Zone des Nordens gibt es bisher noch nicht."

Durchgesetzt hat sich die Grenzziehung von SLAVIN aus dem Jahr 1982, die auch durch spätere Konzepte kaum abgeändert worden ist.

Die Zone des Nordens ist in sich zweigeteilt: Man unterscheidet den „Nahen Norden" vom „Fernen Norden" (oder auch „Hohen Norden"). Als Kriterien zur Abgrenzung der ersten gegenüber der zweiten Subzone gelten die noch rauheren Klimaverhältnisse, der Abstand von den Verkehrswegen und den Versorgungsbasen des Südens – der Ferne Norden kann somit nicht aus der Südzone heraus versorgt werden – sowie der noch höhere Kostenfaktor. SLAVIN (1992, S. 11) gibt folgende Definition des Fernen (gegenüber dem Nahen) Nordens:

Abb. 6.3: Äußere und innere Grenzen des Sibirischen Nordens
(Quelle: SLAVIN 1982)

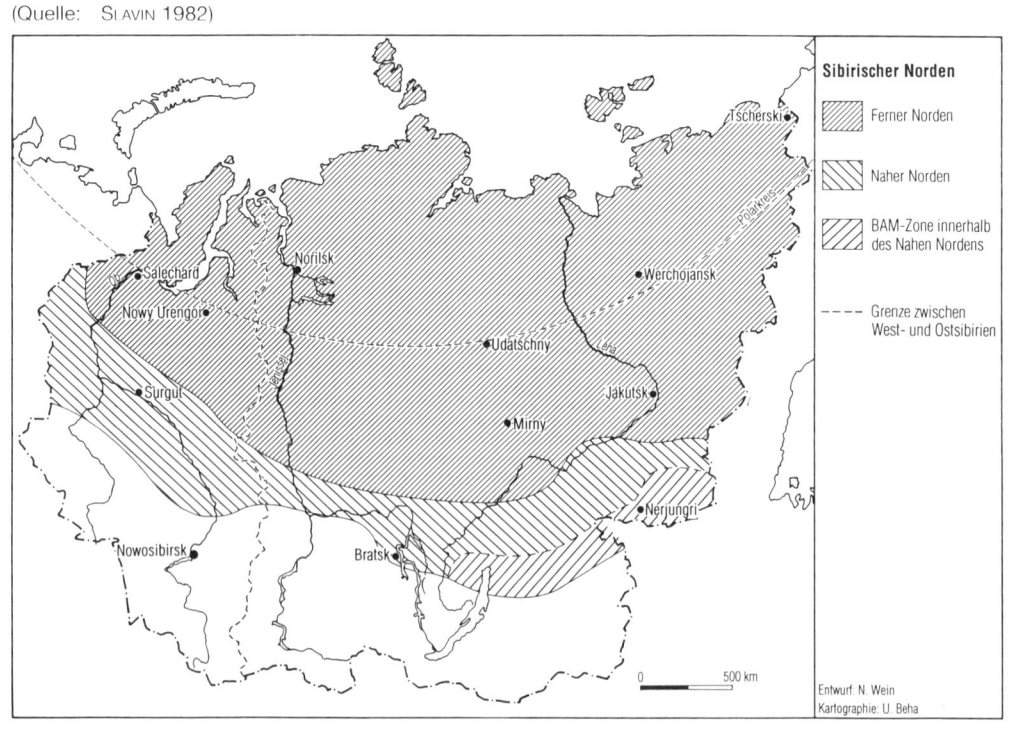

„Zum Fernen Norden gehören Tundra, Waldtundra und teilweise auch Taiga, die weitab gelegen sind vom Eisenbahnnetz und sich durch sehr rauhe Naturbedingungen, vor allem im Hinblick auf die Akklimatisierung des Menschen, auszeichnen. Der Kostenaufwand für die Durchführung von Arbeiten ist hier im Verhältnis zur südlichen Zone um 2-3mal höher und liegt teilweise noch erheblich darüber."

Das Kriterium „Abstand zu den „Verkehrswegen" bedeutet, daß sich die innere Grenze zwischen den beiden Subzonen mit dem Ausbau des Verkehrsnetzes verschieben kann.

So wurde die Mittelob-Region ursprünglich dem Fernen Norden zugerechnet, aber nach dem erfolgten Eisenbahnanschluß (Strecke Tjumen–Surgut) wird sie nun zum Nahen Norden gezählt. Die Polargebiete (z. B. das Erdgasgebiet um Nowy Urengoi) werden jedoch auch nach einem Bahnanschluß weiterhin dem Fernen Norden zugerechnet.

6.4.2 Erschließungsphasen und -methoden

Die Zone des Nordens ist außerordentlich reich an Ressourcen. Hier lagern rund 75 % des Erdöls, 80 % des Erdgases, 65 % der geologisch erkundeten Kohlevorräte, 60 % der Holzvorräte, der größte Teil der Buntmetalle und fast alle Gold- und Diamantenvorkommen Rußlands.

Die Erschließung dieser Ressourcen ist aber schon allein wegen der technischen Probleme schwierig: Der Materialverschleiß ist im Norden zwei- bis dreimal so hoch wie im Süden. Bei extrem niedrigen Temperaturen bricht gewöhnlicher Stahl, Gummi wird spröde und Motorenöl dickflüssig. Motoren springen bei der Kälte oft nicht an – weshalb man sie häufig bei Tag und bei Nacht ununterbrochen laufen läßt!

Für einen Erschließungsvorstoß in den Fernen Norden mußte zuerst eine tragende Verkehrsachse geschaffen werden, und dafür bot sich nur der Nördliche Seeweg an. Angestrebt wurde vor allem eine fast ganzjährige Befahrung der Karasee (s. Abb. 5.2), über die ein Vorstoß in das an Buntmetallen reiche Gebiet östlich des Jenissej-Unterlaufes erfolgen sollte.

Die *erste Phase der Erschließung des Nordens* währte von den 1930er Jahren bis gegen Ende der 1950er Jahre und hatte vor allem militärisch-strategischen Charakter: Wertvolle Rohstoffe (in erster Linie seltene Buntmetalle) sollten für den militärischen Komplex gewonnen werden.

Die Arbeitskräfte rekrutierten sich (wie es bei GRANBERG 1991a, S. 112 heißt) meist aus den „Opfern der Massenrepressionen". In der Form grausamer Lagerwirtschaft (GULAG) wurden vor allem Häftlinge in den Extremgebieten eingesetzt. Neben den Goldfördergebieten im Fernen Osten und den Kohletagebauen im europäischen Teil des Nordens (Workuta) ist hier vor allem der neu aufgebaute Bergbaukomplex Norilsk (s. Kap. 9.5.4) zu nennen. Der Verkehrsanschluß zu diesem 320 km nördlich des Polarkreises gelegenen Fördergebiet erfolgt über den erwähnten Westteil des Nördlichen Seeweges (Karasee), den Jenissej-Unterlauf und die als Verbindung vom Flußhafen Dudinka nach Norilsk gebaute Bahnlinie.

Die *zweite Phase der Erschließung des Nordens* begann gegen Anfang der 1960er Jahre und verfolgte friedlichere (wenn auch eindeutig „koloniale") Zwecke. Ihr Ziel war es, die Volkswirtschaft der Sowjetunion mit Ressourcen zu versorgen und Rohstoffe für den Export zu fördern.

Verkehrsmäßig war dieser zweite Vorstoß bereits durch die Anlage der von der Transsib nach Norden vordringenden Stichbahnen (s. Kap. 5.3.2) in den 1950er Jahren und einen weiteren Ausbau des Nördlichen Seeweges, dessen Navigationsperiode in voller Länge auf 4–5 Monate erweitert werden konnte, vorbereitet worden. Die Arbeitskräfte konnten jetzt nicht mehr mit der stalinschen Lagermethode bereitgestellt werden, sondern sie mußten mit materiellen Anreizen (deutlich höhere Löhne, mehr Urlaub, frühere Berentung bei höheren Rentenbeträgen) angeworben werden.

Erste große Erfolge dieser zweiten Erschließungsphase waren die Fertigstellung des Wasserkraftwerkes Bratsk sowie die Aufnahme der Erdölgewinnung am Mittleren Ob und der Diamantenförderung in Jakutien, weiterhin die Inbetriebnahme der Aluminiumwerke und der großen Holzverarbeitungskombinate im Angara-Jenissej-Gebiet. Über die für den Norden angewandte Erschließungsform schreibt SLAVIN (1982, S. 44): *„Die typische Methode der wirtschaftlichen Erschließung der entfernteren Nordregionen ist die Gründung industrieller 'Herde' inmitten gewaltiger unbewohnter oder wenig besiedelter, wirtschaftlich unerschlossener Räume."*

Der „herdartige" (russ.: „otschagovyj") Charakter der Erschließung wird immer wieder hervorgehoben, wobei „Herd" im Sinne von „Brandherd" oder „Infektionsherd" (Keimzelle oder punkthafter Genraum eines Prozesses) zu verstehen ist. In seltenen Fällen können sich die „Herde" ausbreiten und – wie am Mittleren Ob – eine größere zusammenhängende Wirtschaftsregion schaffen. In den überwiegenden Fällen aber bleibt es bei der Existenz isolierter Erschließungszentren, weshalb auch vom „Oasencharakter" der Erschließung des Nordens gesprochen wird.

GRANBERG (1991a, S. 114ff.) unterscheidet zwei Etappen der industriellen Erschließung:
– Die Anfangs- oder Pionierphase mit dem Aufbau eines „Industrieherdes" in isolierter Lage. Der Herd ist (in der Regel über Wasserstraßen) nur saisonal erreichbar, Arbeitskräfte werden von außen eingeflogen.
– Das Stadium der komplexen wirtschaftlichen Erschließung, das einsetzt, sobald eine Eisenbahnlinie zum Industrieherd angelegt worden ist. Dieser Bahnanschluß bedeutet: Saisonunabhängigkeit des Transportes, Stimulierung zur Erweiterung der Industrieproduktion und zur Aufnahme der Rohstoff-Weiterverarbeitung, Herausbildung einer fest ansässigen Bevölkerung. Der „herdartige Charakter" bleibt aber auch im zweiten Fall in der Regel erhalten.

Übersicht 6.1: Die „Expeditions- und Wachtmethode" bei der Erschließung des Nordens

Als besondere Methode im Hinblick auf die Bereitstellung von Arbeitskräften ist in der zweiten Erschließungsphase des Nordens die sogenannte „Expeditions- und Wachtmethode" (auch kurz: Wachtmethode) entwickelt und vor allem im Norden Westsibiriens (Erdöl- und Erdgasförderung) zur Anwendung gebracht worden.

Dabei werden in den Erschließungsgebieten keine Städte mit voller Infrastruktur errichtet, sondern lediglich einfache Arbeitssiedlungen oder „Wachtsiedlungen", bestehend aus barackenartigen Holzhäusern oder aus sogenannten „wagontschiki", kleinen Wohnwaggons. Die „Wachtbrigaden" pendeln meist im Zweiwochenrhythmus zwischen ihren festen Wohngebieten im Süden (oft in 1 500–2 000 km Entfernung!) und diesen Arbeitersiedlungen hin und her, wobei der Ferntransport per Flugzeug und der Endtransport (von einem zentralen Flugplatz aus) per Hubschrauber erfolgt. Nach WARSCHAWSKI (1987, S. 163) waren gegen Mitte der 1980er Jahre 1 480 Wachtsiedlungen fertiggestellt oder im Bau, was zeigt welch große Verbreitung dieses Konzept gefunden hat.

Die Wachtmethode wird jedoch heute zunehmend kritisiert, da sie eine große Transportorganisation (man spricht vor Ort vom „wachtovij transportnyj chaos"!) mit einem entsprechend hohen Aufwand verlangt.

noch Übersicht 6.1:

> SLAVIN (1982, S. 136) schreibt dazu:
> *„Nicht immer wird der Transport der Arbeiter zur Wacht und zurück in die Basisstadt durchdacht und gut organisiert. Dadurch entstehen Schwierigkeiten, und es werden die Termine der Wachtdurchführung nicht eingehalten. Außerdem gibt es keine Einheitlichkeit in der Organisation und der Durchführung der Wacht, keine obligatorische Norm. Die Mängel bei der Unterbringung und im Prozeß der Wachtdurchführung verhindern ein längeres Verbleiben der Arbeitskräfte am Arbeitsort."*
>
> Außerdem wurde deutlich, daß sich das ständige Hin- und Herpendeln der Arbeiter zwischen unterschiedlichen Klima- und Zeitzonen negativ auf ihre Gesundheit und auf ihre Arbeitsproduktivität auswirkt. Heute bemüht man sich, im Norden vorhandene Städte wie Nishnewartowsk (das durch den Rückgang der Erdölförderung ohnehin an Bedeutung verloren hat) zu Wacht-Basisstädten (für die Familien der Wachtarbeiter) auszubauen, so daß das Pendeln über verschiedene Zonen hinweg, die sogenannte „überregionale Wacht", durch eine kürzere „regionale Wacht" innerhalb der Nordzone selber ersetzt wird.
>
> Gegenwärtig werden die Wachttransporte zunehmend von neu gegründeten Privat- oder Genossenschaftsbetrieben durchgeführt. Einer dieser Betriebe ist die in der Basisstadt Nishnewartowsk stationierte Firma „IKAR", die den Weitertransport der auf dem Flughafen der Stadt ankommenden Wachtarbeiter zu ihren Arbeitsorten übernimmt. Täglich werden von IKAR mit Hubschraubern vom Typ MI 6 und MI 8 mehr als 300 Wachtarbeiter zu den 200–300 km entfernten Ölvorkommen weitertransportiert. Man kann davon ausgehen, daß diese privatwirtschaftlich arbeitenden Organisation – eine von mehreren dieser Art – zuverlässiger funktioniert als vorher die staatlichen Transporteinheiten.
>
> Verbessert wird bei Neubauten auch die Qualität der Wachtsiedlungen selber, denn das Leben in ihnen bedeutet durchweg Leben unter primitivsten Wohnheimbedingungen (mehrere Personen in einem Zimmer). Als Musterbeispiel gilt die ab 1988 am Ob-Busen erstellte Siedlung Jamburg, die aus freundlichen, farbenfroh gestalteten Häusern besteht und über Restaurants, Geschäfte, Sporträume sowie über ein Adaptationsgebäude verfügt, in dem mit dem Einsatz von viel Licht und viel Pflanzengrün die Situation südlicherer Zonen simuliert wird. Durch Aufenthalte in diesem Gebäude soll den Arbeitskräften der Übergang von einer Klimazone in die andere erleichtert werden. Die komplette Siedlung Jamburg ist von Finnland gebaut und schlüsselfertig der Region Tjumen übergeben worden. Die Häuser sind demontierbar, so daß nach dem Versiegen des Gasfeldes Jamburg die Siedlung in ein neues Fördergebiet verlegt werden kann.

6.4.3 Erschließungsprobleme

Das Transportproblem

Zu den größten Schwierigkeiten bei der Erschließung des Nordens gehört das Transportproblem.

Ursache dafür sind vor allem das extreme Klima, der Dauerfrostboden, der hohe Versumpfungsgrad weiter Gebiete, die kurze Navigationszeit der Flüsse sowie die großen Entfernungen zwischen den isoliert liegenden „Erschließungsherden". Extembedingungen wie der Nebel- und Windreichtum der Küstenzone sowie die Dunkelheit der zum Teil langen Polarnacht führen zu besonderen Erschwernissen und zur Verlangsamung der Transporte.

Landverkehrswege müssen in den Sumpfgebieten (vor allem Westsibiriens) auf aufgeschütteten, hohen Sanddämmen mit darüber gelegten, aneinanderstoßenden Betonplatten angelegt werden, was den Antransport gewaltiger Sandmengen aus der südlicheren Zone erforderlich macht. Auf dem Mittleren Ob kann man noch heute große Schubeinheiten sehen, die lediglich Sand vom Süden in den Norden transportieren.

Der damit verbundene Aufwand erhöht die Kosten für die Anlage von Verkehrswegen gegenüber der Südzone um ein mehrfaches. Nach ORLOV (1987) kostet ein Kilometer Autostraße mit fester Fahrbahn im Norden Tjumens das fünf- bis achtfache der entsprechenden Aufwendungen im Süden dieser Region.

Meistens müssen die Transporte in gemischter Form, z. B. Bahn–Schiff–Straße, durchgeführt werden, was mehrmaliges Umschlagen erfordert und außerdem bewirkt, daß bei großen Entfernungen das Ziel nicht innerhalb einer Navigationsperiode erreicht werden kann. Das zwingt auf der Transportstrecke zur Anlage von Zwischenlagern und der Organisation einer Lagerwirtschaft, in den Empfängergebieten zur Anlage von Sicherheitsvorräten für ein bis eineinhalb Jahre.

Als universelles und vor allem ganzjährig nutzbares Transportmittel gilt im Norden die Eisenbahn, und aus diesem Grunde ist auch in den Jahren 1968–1988 die durch schwierigstes Sumpfgebiet verlaufende Strecke von Tjumen über Surgut und Nowy Urengoi nach Jamburg gebaut worden (s. Kap. 5.3.2). Experten fordern heute eindringlich die Inangriffnahme des Baues der 3 400 km langen Nordsibirischen Magistrale „Sewsib" (s. Kap. 5.3.4), deren Fertigstellung ursprünglich für die Zeit um die Jahrtausendwende geplant war (SLAVIN 1982, S. 94). Parallel dazu soll weiter im Norden die Polarmagistrale Salechard–Norilsk gebaut werden, durch die die Häfen der Eismeerküste an das Eisenbahnnetz des Landes angeschlossen werden würden.

Straßen spielen im schwierigen Dauerfrostgebiet für Ferntransporte keine große Rolle, Erwähnung finden soll hier nur die vom Lenahafen Lensk bis zur Diamantenstadt Mirny verlaufende winterfeste Trasse. Ansonsten können für den Straßenverkehr nur die sogenannten „Simniki" (Winterstraßen) genutzt werden: Straßen, die nur im Winter, bei gefrorenem Boden, einen festen Untergrund haben. Zu den Simniki gehören auch die im Winter von Kraftfahrzeugen befahrbaren zugefrorenen Flüsse.

Für den zur Versorgung der isolierten Siedlungen unumgänglichen Hubschrauberverkehr müßten leichtere und betriebswirtschaftliche günstigere Typen (wie sie früher mit den Typen MI 2 und MI 4 existierten) entwickelt und hergestellt werden. Zu denken wäre auch an einmotorige Flugzeuge, die im Sommer mit Schwimmern auf den vielen Seen und Wasserläufen und im Winter mit Kufen auf den Schneefeldern starten und landen könnten.

Für den Transport auch nur einer einzigen Person (z. B. im Krankheitsfalle) muß heute der teure 3 000-PS-Hubschrauber MI 8 herangezogen werden, was die Kosten derart in die Höhe treibt, daß diese Lufttransporte oft nicht mehr bezahlbar sind. Für die in der Tundra nomadisierenden Renticrzüchtergruppen bedeutet dies, daß sie von den Handels- und Versorgungsbasen der städtischen Zentren weitgehend abgeschnitten sind.

Die Energieversorgung
Neben dem Faktor Transport stellt die Energieversorgung einen weiteren Engpaß bei der Erschließung des Nordens dar. Für die Versorgung der ersten beiden „herdartigen" Großprojekte Ostsibiriens, den Komplex Norilsk und die jakutische Diamantenregion, sah man keine andere Lösung, als unter den extremen Klima- und Dauerfrostbedingungen des Fernen Nordens (unter Entwicklung neuer Technologien, s. Kap. 2.2) zwei Wasserkraftwerke zu bauen: an der Chantajka und am Wiljui.

Ein Elektrizitätsverbundsystem im Fernen Norden zu erstellen ist schwierig, da beim „herdartigen" Charakter der Besiedlung bzw. Industrialisierung überaus große Entfernungen zwischen den einzelnen Stationen zu überbrücken wären, was zu hohen Übertragungsverlusten führen würde. Deshalb herrscht die lokale Energieversorgung vor, bei der unzählige Dieselgeneratoren mit Leistungen von 200–300 kW im Einsatz sind, die aber oft nicht in der Lage sind, den Energiebedarf abzudecken. Tscherski, am Unterlauf der Kolyma, wird von einer sogenannten „plavajuschtschaja elektrostanzija" (PES), einer „schwimmenden Elektrostation", mit Strom versorgt: Auf ein im Hafen festliegendes Schiff ist ein Dieselaggregat montiert, das im Jahr rund 33,5 Mio. kWh liefert.

Die Energiewirtschaft gilt als eines der schwächsten Glieder der Produktionsinfrastruktur im Norden. Als alternative Energieressource vor allem im Fernen (küstennahen) Norden, bietet sich aber die Windkraft geradezu an. In der Umgebung der an der Kolyma-Mündung gelegenen städtischen Siedlung Tscherski weist jeder Monat des Jahres durchschnittliche Windgeschwindigkeiten von mehr als 5 m/s auf. Diese Situation dürfte charakteristisch für die küstennahen Regionen sein. Forschungen haben ergeben, daß von einem Quadratkilometer 250 000 bis 2 Mio. kWh/a an Elektroenergie gewonnen werden könnten. SCHNIPER (1996, S. 72) schlägt folgende Varianten zur Lösung des Energieproblemes vor:
– stärkere Nutzung von Erdgas als Energiequelle,
– Stromversorgung des Nahen Nordens aus den Wasserkraftwerken des Angara-Systems und
– Errichtung von Atomkraftwerken (von denen eines bereits im Norden Tschukotkas, im Fernen Osten, existiert).

Die Wärmeversorgung
Eine gesicherte Wärmeversorgung ist eine der wichtigsten Voraussetzungen für das Leben im Norden bzw. im winterkalten Sibirien allgemein. In den ländlichen Siedlungen wird in der Regel jedes Haus individuell mit Holz beheizt. Große, meist an einer Hauswand aufgestapelte Holzvorräte gehören zum typischen Erscheinungsbild der Ortschaften. Die Holzbeschaffung stellt eine der wichtigsten und nicht zuletzt eine körperlich schwere Aufgabe für die Bewohner dieser Siedlungen dar. Rund um die Dörfer bilden sich dabei Holzeinschlaggürtel, die sich wegen des Auftauens des Dauerfrostbodens zu Sumpfzonen entwickeln.

Die städtischen Siedlungen werden in der Regel von zentralen Heizwerken mit Wärme versorgt. Im Norden Sibiriens sind mehrere tausend Kesselhäuser in Betrieb, die mit Kohle, welche aus zum Teil weiter Entfernung herantransportiert worden ist, beheizt werden. Da diese Kohle meist ruß- und schadstoffrei ist, führen die Heizwerke zu einer deutlichen Belastung der Luft. Die Kesselhäuser befinden sich zudem häufig in einem sehr schlechten Zustand. In Tscherski (Nordost-Jakutien) liegt z. B. das Heizwerk mitten in der Siedlung, und nach Aussage der Bewohner kommt es im Winter immer wieder dazu, daß ein Kessel oder ein Rohr platzen. Das Kesselwasser läuft aus, gefriert rasch und überzieht die Straßen mit einer dicken Eisschicht. Die Wärmeversorgung fällt dann für mehrere Tage aus, und auch ansonsten vermag dieses Heizwerk nur Raumtemperaturen von nicht mehr als 14°C sicherzustellen. Es müßte schon längst ersetzt werden, wofür aber – nicht zuletzt unter der gegenwärtigen Krisensituation des Nordens – kein Geld vorhanden ist.

Die Heizwärme wird von den Kesselhäusern aus in Form erhitzten Wassers durch ein Rohrsystem über die Siedlung verteilt. Im Permafrostgebiet können diese Röhren nicht unterirdisch verlegt werden. Sie werden meist durch lange Systeme von etwa kniehohen Holzkästen geführt, die mit Sägespänen und Textilabfällen isoliert sind. Oft aber sind diese Kästen beschädigt (wobei man sich als Gast fragt, warum sie nicht umgehend repariert werden!), und das Isoliermatieral fällt heraus, was zu großen Wärmeverlusten führt. Man erkennt dies daran, daß rund um die Schadstellen der Schnee geschmolzen ist.

In großen Siedlungen, wo diese den ganzen Ort durchziehenden Kästen den Verkehr behindern würden (wie vor allem in Jakutsk), werden die Heizwasserröhren in dicken Isolierummantelungen in etwa 4–5 m Höhe in oft abenteuerlichen Windungen durch die Stadt geführt. Auch hier ist die Ummantelung oft schadhaft, und das Isoliermaterial hängt heraus oder fällt zu Boden. Vor allem an den Einmündungen in die Häuser fehlt die Isolierung oft vollständig. In zahlreichen Ortschaften ist zudem mehr als die Hälfte des Wärmenetzes durch innere und äußere Korrosion beschädigt, was die ganze Wärmeversorgung recht unsicher macht.

Langfristig sollte in Sibirien von der zentralen Wärmeversorgung, bei der die Wärme unter großen Verlusten über weite Strecken transportiert wird, zu einer dezentralen Versorgung (eigene Heizsysteme zumindest in den größeren Wohnblöcken) übergegangen werden.

Die Bauwirtschaft
Die Bauwirtschaft des Nordens leidet darunter, daß praktisch alle Baumaterialien aus anderen Zonen herantransportiert werden müssen. Dabei sind häufig Transportwege von 3 000–4 000 km zu überwinden, und der Anteil der Transportkosten an den Gesamtbaukosten erreicht Werte von 70–80 % (GRANBERG 1991a, S. 68). Die Baukosten pro Quadratmeter Wohnraum sind daher im Norden des Tjumener Gebietes viermal höher als im Südteil dieser Region. Da auch die Durchführung der Bauarbeiten im Norden erheblich teurer ist als im Süden, sollten schon möglichst große Fertigteile aus dem Süden angeliefert werden. Bei GRANBERG (1991a, S. 71) heißt es dazu:
„Als zentrale Maßnahme ist vorgesehen, in der südlicheren Zone Betriebe zu errichten, in denen Großbaublöcke mit einem Gewicht von bis zu 4 000 Tonnen hergestellt werden, die dann auf dem Schienen- oder Wasserweg in den Norden transportiert und dort vor Ort nur noch montiert werden."

Dazu müssen im Süden sogenannte „rückwärtige Baubasen" errichtet werden, für deren Standorte vor allem die Städte Tjumen, Tomsk, Krasnojarsk und Bratsk in Frage kommen.

Im Sumpfgebiet erfordert die Errichtung neuer Siedlungen häufig das vorherige Aufschütten eines den gesamten künftigen Grundriß umfassenden Sandfundamentes (s. Kap. 6.5).

In den Sumpf- wie in den Dauerfrostgebieten müssen Steingebäude auf tief in den Untergrund eingelassenen Betonstelzen errichtet werden (s. Kap. 2.2), was den Bauaufwand und die Kosten deutlich erhöht. Hinzu kommt, daß diese Betonpfähle im Lauf der Jahre unter dem Einflüssen des arbeitenden Dauerfrostbodens brüchig werden. Man nimmt an, daß 40 % der entsprechenden Fundamente der Stadt Jakutsk bereits derartig beeinträchtigt sind. Was aus dieser Bausubstanz wird, wenn aufgrund einer Klimaerwärmung der gefrorene Untergrund auch nur leicht auftaut, vermag heute noch niemand zu sagen.

Die Nahrungsmittelversorgung
Ein weiteres großes Problem bei der Erschließung des Nordens, vor allem des Fernen Nordens, stellt die Lebensmittelversorgung der Arbeitskräfte bzw. der ansässigen Bevölkerung dar. Für diese Problematik gelten folgende Charakteristika (nach GRANBERG 1991a, S. 97):
– vollständige Abhängigkeit von Lebensmitteleinfuhren,
– hohe Kosten für Lebensmitteltransporte,
– engeres Sortiment an Lebensmitteln als in der Südzone,
– bedrückendes Defizit an vitaminreichen Frischprodukten,
– lange Transportzeiten, was dazu führt, daß ein großer Teil der eingeführten Lebensmittel Konserven sind.

Die langen Transportwege und -zeiten führen dazu, daß z. B. Kartoffeln gar nicht oder nur mit hohen Transportverlusten eingeführt werden können. Zusammen mit Milch und Gemüse gehören sie zu den Mangelwaren im Norden. Für die harten Lebensbedingungen im Norden sind bestimmte Versorgungsnormen aufgestellt worden, die in vielen Bereichen aber nur unzureichend erfüllt werden. Um nur ein Beispiel herauszugreifen: Für Frischgemüse (in der Regel Kohl und Möhren) verlangt die Norm 109 kg pro Kopf und Jahr, in Tscherski konnten aber 1991 nur 10 kg bereitgestellt werden. Gleiches gilt auch für Milch, die (in minderwertigerer Form) in der Regel vor Ort aus Magermilchpulver und Wasser hergestellt wird: Hier wird meist eine Bedarfsdeckung von etwa 50 % angegeben. Der Vitaminmangel bedrückt die Menschen, vor allem die jungen Familien mit Kindern, und er ist einer der Gründe für die hohe Krankheitsrate im Norden (s. u.) sowie für die hohe Fluktuation. Viele Nordbewohner bemühen sich daher, das Defizit durch Eigenproduktion zu schließen. Im Nahen Norden, wo es die klimatischen Gegebenheiten noch zulassen, werden von fast allen Familien Kartoffeln und Gemüse in Datschagärten angebaut. Das gilt auch noch für relativ nördliche Städte wie Surgut, Mirny und Jakutsk, die von weiten Datschakolonien umgeben sind. Im Fernen Norden sind derartige Freilandkulturen nicht mehr möglich. Am Rande Tscherskis existierten 1992 (nach lokalen Statistiken) 2 622 beheizbare Kleingewächshäuser, die zusammen pro Jahr 21,6 t Tomaten und Gurken produzieren – was pro Einheit (und damit pro Familie) gerade im Schnitt 8,2 kg entspricht. Man bemüht sich ferner, durch das Sammeln von Beeren und den Fang von Fischen das Vitamindefizit zu verringern.

In Tscherski, am Unterlauf der Kolyma, besitzt fast jede Familie ein kleines Ruder- oder Motorboot für den Fischfang. Man weiß allerdings heute, daß der Fisch durch die Quecksilbereinleitungen aus den südlichen Goldbergwerken verseucht ist und somit auch eine Gesundheitsgefährdung bedeutet.

Um die Nahrungsmittelversorgung des Nordens zu verbessern, plant man, auch dafür entsprechende „rückwärtige Basen" im Süden aufzubauen, die ausschließlich für die Nordregionen produzieren. Aufgebaut werden sogenannte „Grüne Brücken", d. h. feste Verbindungen zwischen einem Produzenten im Süden und den Konsumenten im Norden. Berechnungen haben ergeben, daß allein die Südzone Westsibiriens als Nahrungsmittelbasis für den ganzen Norden ausreichen würde. Ab dem Jahre 2015 könnte bei entsprechenden Vorarbeiten der gesamte Bedarf des Nordens aus der sibirischen Südzone befriedigt werden.

Erwähnt werden muß noch, daß im heutigen internationalen Handel viele Nahrungsmittel aus dem Ausland in den Geschäften Sibiriens und damit auch des Nordens zu finden sind.[11] Ein großer Teil der Bewohner kann dieses Angebot aber kaum nutzen, da die Preise dafür zu hoch sind.

6.4.4 Die Bevölkerung und ihre Lebensbedingungen

Mit der industriellen Erschließung des Nordens, vor allem seit dem Beginn der zweiten Phase (ab etwa 1960), hat sich die Bevölkerungszahl des Nordens deutlich erhöht. In der Nordzone Westsibiriens nahm sie allein in den 10 Jahren zwischen 1976 und 1986 um das zweieinhalbfache zu.

Da die meisten Zuwanderer (rund 80 %) in der Förderindustrie tätig sind und in den daran angeschlossenen städtischen Siedlungen leben, bildet die städtische Bevölkerung heute den größten Teil der Einwohner des Nordens. Im Norden des Tjumener Ge-

---

11 In einem Blumengeschäft der am Polarkreis gelegenen Stadt Nowy Urengoi werden heute frische Blumen in reicher Auswahl angeboten, die regelmäßig aus Holland eingeflogen werden!

bietes wurden 1995 von 1,8 Mio. Einwohnern 1,62 Mio. zur städtischen Bevölkerung gerechnet, was einem Anteil von 90 % entspricht. Mit der Zuwanderung sind viele Städte neu entstanden, und bereits bestehende haben ein zum Teil rasantes Wachstum erfahren (s. Surgut, Nishnewartowsk und Nowy Urengoi in Kap. 6.5).

Fast alle Städte des Nordens zeichnen sich durch eine erschreckende architektonische Monotonie aus

Um nur einige Beispiele herauszugreifen: Tscherski (an der Kolyma-Mündung) und Udatschny (nördlichste städtische Siedlung in der jakutischen Diamantenregion), bestehen aus einheitlichen viergeschossigen, Nowy Urengoi (im Erdgasgebiet) besteht aus einheitlichen neungeschossigen und Nishnewartowsk (im Erdölgebiet) aus überwiegend einheitlichen sechzehngeschossigen Wohnblöcken. Die Grundrisse dieser Städte sind von den sozialistischen Stadtplanern planmäßig und rechtwinklig angelegt worden (s. Abb. 6.4, 6.7, 6.10 und 9.15).

Die Einwohner dieser Nordstädte leben unter schwierigen Bedingungen. Ihre Wohnungen sind, sofern sie eine eigene haben, in der Regel klein und von minderer Qualität. Angelockt wurden die Arbeitskräfte in diese Siedlungen durch hohe Löhne, die z. B. 1993 in Nishnewartowsk viereinhalbmal über dem russischen Mittelwert lagen. Dabei ist allerdings zu berücksichtigen, daß die Lebenshaltungskosten im Norden deutlich über denen der Südzone liegen. In den Norden kamen meist junge Menschen (Durchschnittsalter ganzer Städte oft unter 30 Jahre), und sie kamen in der Regel nicht, um für immer im Norden zu bleiben. Die Folge ist eine hohe Fluktuation in den Nordgebieten.

Abb. 6.4: Grundriß der städtischen Siedlung Tscherski Quelle: amtlicher Plan, Vorlage ohne Maßstab

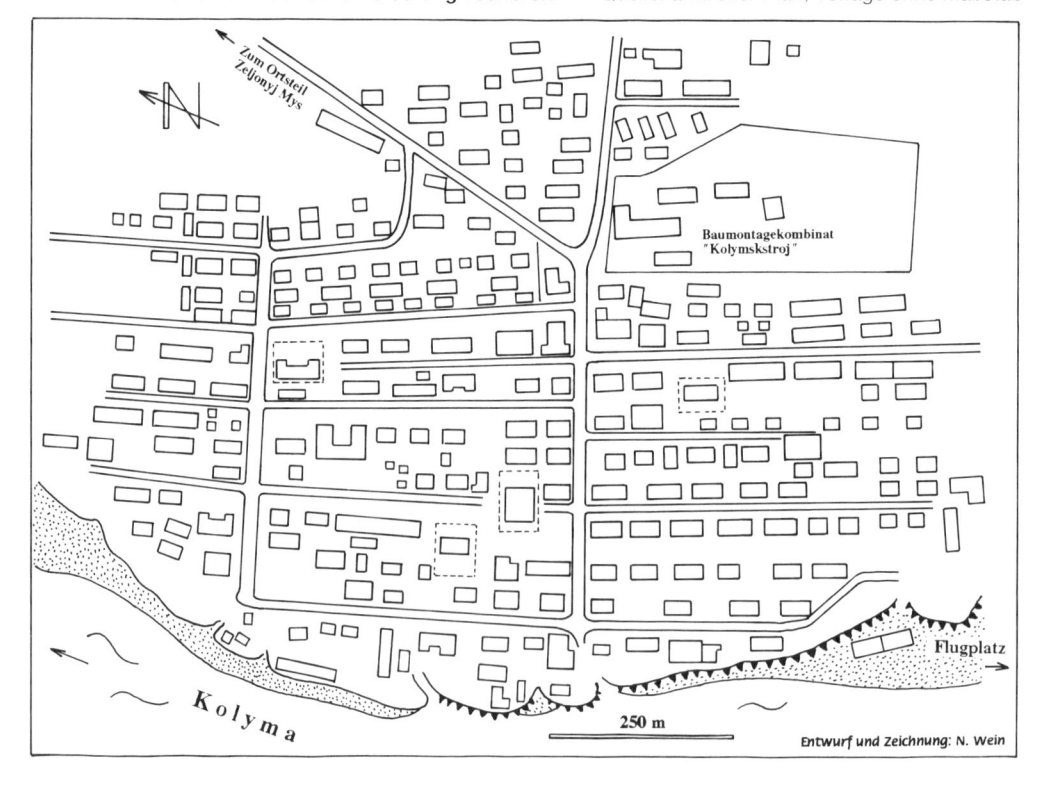

Tab. 6.5:
Migrationen im Norden des Gebietes Tjumen
Quelle: GRANBERG 1991a, S. 10)

	1981	1982	1983	1984	1985
Zuzug	286 000	282 000	303 000	307 000	307 000
Wegzug	170 000	172 000	188 000	205 000	206 000
Gesamtmigration	456 000	454 000	501 000	512 000	513 000
Wanderungssaldo	+116 000	+110 000	+105 000	+102 000	+101 000

Tabelle 6.5 zeigt, daß es in den angegebenen Jahren (und vermutlich in den ganzen 1980er Jahren) im Norden des Gebietes Tjumen jährlich etwa eine halbe Million Migranten gab – was etwa einem Drittel der Gesamtbevölkerung (1985 = 1,35 Mio.) entsprach. Das ergibt eine Vorstellung von der Intensität der Fluktuation. Die Nordzone unterscheidet sich demnach von der Südzone, die eine überwiegend fest ansässige Bevölkerung aufweist, durch einen sehr hohen Anteil an Zeitarbeitern (russ. „vremennye"). Diese Bevölkerungszusammensetzung stellt auch eines der Probleme bei der Erschließung des Nordens dar. Viele Zugereiste weisen nur geringe berufliche Qualifikationen auf, und sie sind hierher gekommen, weil sie anderswo kaum Verdienstchancen gehabt hätten. Unter ihnen überwiegt der männliche Bevölkerungsteil, zumeist Alleinstehende. Diese meist in Wohnheimen lebenden und sich dem Norden innerlich nicht verbunden fühlenden Arbeitskräfte bringen große soziale Probleme mit sich. Dazu gehören Alkoholmißbrauch, Verletzungen der Arbeitsdisziplin, Kriminalität (die Kriminalitätsrate ist im Norden um 20 % höher als in der Südzone) und eine wenig verantwortungsvolle Einstellung gegenüber der Umwelt. Der letzte Punkt führt neben den großen ökologischen Belastungen der Natur dazu, daß viele Siedlungen einen (vorsichtig ausgedrückt!) äußerst „unaufgeräumten" Eindruck machen, weil Bauschutt, Ölfässer und Abfälle oft an Ort und Stelle liegengelassen werden, ohne daß sich jemand dafür verantwortlich fühlt. WATSCHNADSE (1993, S. 80) schreibt dazu:
„Den größten Schock löst bei Reisenden der Anblick von Müll, Schutt, verrosteten Fässern und ausrangierten Maschinen aus, die alle Städte und Siedlungen des russischen Nordens umgeben."

Die „Unaufgeräumtheit" trifft aber auch auf die älteren Siedlungen zu. Um nur ein Beispiel herauszugreifen: Srednekolymsk an der Mittleren Kolyma, gegründet 1643, sieht aus, als sei gerade ein Erdbeben durch die Siedlung gefahren. Alle irgendwann einmal eingestürzten oder abgebrannten Holzhäuser – und davon gibt es sehr viele! – bleiben als Ruinen liegen, Bauschutt von der Errichtung neuer Holzhäuser verbleibt ebenfalls an Ort und Stelle. Niemand kümmert sich darum.[12]

Worunter die Menschen im Norden leiden, das ist die allgemein unterentwickelte soziale Infrastruktur. Überall mangelt es an Versorgungseinrichtungen, an Schulen (die vorhandenen müssen in der Regel in zwei Schichten arbeiten) und Krankenhäusern. Soweit diese Einrichtungen existieren, sind sie häufig in einem schlechten Zustand.

Die unzureichende infrastrukturelle Ausstattung und die Monotonie der städtischen Siedlungen ist (neben dem eventuell von vornherein gefaßten Vorsatz auf einen nur begrenzten Aufenthalt) einer der Hauptgründe für die hohe Fluktuation. Ein weiterer sind die Belastungen, denen die Gesundheit der Menschen ausgesetzt ist.

Die Fluktuation wird heute eingeschränkt durch die Tatsache, daß viele potentielle Abwanderer keine Wohn- und Arbeitsmöglich-

---

[12] Der Verfasser wurde in diesem Ort vom kleinen Lokalsender einem Interview unterzogen. Er hat bei dieser Gelegenheit auf die erwähnten Unzulänglichkeiten hingewiesen und die (jakutischen) Bewohner aufgerufen, ihre Stadt aufzuräumen. Die Reaktion darauf war ein allgemeines Erstaunen, weil man den Zustand der Stadt als ganz normal ansah!

	Nowy Urengoi	Nishnewartowsk
Wohnraum	85,7	87,1
Schulplätze	61,2	78,4
Kindergartenplätze	61,7	54,8
Krankenhausplätze	67,0	79,5
Apotheken	33,3	56,7
Verkaufsfläche	38,5	47,3
Dienstleistungen	20,1	25–67
Kinoplätze	18,5	6,9*

* Nishnewartowsk hatte 1985 – damals eine Stadt mit rund 200 000 Einwohnern, kein einziges Kino

Tab. 6.6:
Versorgungsgrad zweier sibirischer Städte im Norden mit sozialer Infrastruktur 1994
(in Prozent der vorgegebenen Norm)
Quelle: nach lokalen Angaben 1995

keiten in südlicheren Regionen mehr finden. Ihnen bleibt oft nichts anderes übrig, als sich mit den Verhältnissen des Nordens abzufinden. Viele haben das Gefühl, mit ihrem als befristet vorgesehenen Umzug in den Norden in eine Falle gegangen zu sein. Andere äußern ein resigniertes „privikly" (wir haben uns daran gewöhnt), wenn man sie auf ihre Lebenssituation anspricht.

Interessant ist, daß man in den Städten des extremen Nordens mitunter auch deutschstämmige Bewohner trifft. In Tscherski, rund 300 km nördlich des Polarkreises, leben nach amtlichen Angaben 39 Deutsche. Der Verfasser suchte drei von ihnen (mit den Namen Arndt, Kunst und Miller bzw. Müller) auf und fragte sie, weshalb sie als Dauersiedler hierher gekommen seien. Sie alle waren in den 1960er Jahren in den Norden übergesiedelt, weil sie in ihrer damaligen Wohngegend in Kasachstan als Deutsche diskriminiert wurden und sie gehört hatten, daß unter den harten Lebens- und Arbeitsbedingungen der Tundra niemand nach der Herkunft fragt, sondern daß dort nur die Leistungsfähigkeit entscheidend ist. Aus gleichem Grund leben im Fernen Norden auch viele ehemalige Sträflinge, die in den normalen Siedlungsgebieten nie mehr als

vollwertige Mitglieder in die Gesellschaft aufgenommen werden, die im Norden aber unbehelligt leben und arbeiten können.

Gesundheitsprobleme

Besonders belastend für die Menschen im Norden ist nach einem Gespräch, das der Autor in der Abteilung für medizinische Geographie der Akademie der Wissenschaften in Irkutsk 1992 führte, der sogenannte „Polarstreß". Hervorgerufen wird er durch das extreme Klima, die besonderen Strahlungsverhältnisse und die winterliche Dunkelheit. Hinzu kommen der „ökologische Streß", bewirkt durch die z.T. hohen Umweltbelastungen, und der Vitaminmangel als Folge unzureichender Versorgung mit Frischprodukten. Bei POZDNJAKOV (1991, S. 76) heißt es dazu: *„Der Norden schädigt die Gesundheit der zugereisten Bevölkerung. Nach Angaben des Akademiemitgliedes Kasnazeev verringert ein Arbeitsjahr im Norden die Lebenszeit der Menschen um bis zu drei Jahre."*

Nach Auffassung des Krankenhausdirektors in Tscherski verringert sich die Lebenserwartungen der zugewanderten Bewohner des Fernen Nordens im allgemeinen um 3–5 Jahre. Die Adaptationsprobleme der Zugereisten führen zu höheren Krankheitsraten, vor allem zu Herzinfarkten.

Alles das bewirkte, daß die Migrationsbilanz, die in Tabelle 6.5 für die 1980er Jahre noch als positiv ausgewiesen ist, nach 1990 in deutlich negative Werte umschlug: Der Norden wird heute von großen Teilen seiner Bevölkerung verlassen (s. Kap. 7.1.4). Die seit etwa 1960 während zweite Erschließungsphase des Nordens scheint um 1990 ihr Ende gefunden zu haben, nicht zuletzt, weil mit dem Zusammenbruch von Staats- und Planwirtschaft von einer staatlichen Erschließung kaum noch eine Rede sein kann. Die *dritte Erschließungsphase des Nordens*, die vielleicht schon begonnen hat, wird unter privat- und marktwirtschaftlichen Bedingungen (und unter großer ausländischer Beteiligung) ablaufen.

6.4.5 Der Norden im Umbruch

Mit dem Zusammenbruch der Sowjetunion änderte sich das Koordinationsgefüge im Norden. Wurden bis 1990 die nötigen Investitionsmittel, Materialien und Versorgungsgüter unabhängig von Rentabilitätsgesichtspunkten in den Norden geliefert, weil es halt dem Plan entsprach, so spielt heute die Kostenfrage eine entscheidende Rolle. Die hohen Versorgungskosten ließen viele Projekte in einem neuen Licht erscheinen. Die Versorgungsfunktion des Nördlichen Seeweges mußte drastisch reduziert werden. Die staatlichen Versorgungsstrukturen sind weitgehend zusammengebrochen, und die Versorgungslage der Menschen ist heute schwieriger denn je. Die Preise für Lebensmittel und Konsumgüter sind horrend angestiegen, während die Löhne gesunken sind. Bei GRANBERG (1991) heißt es dazu, daß bis etwa 1985 die Nordzone in ausreichendem Maße mit allen nötigen Mitteln beliefert worden ist. Heute aber sind die Prioritäten des Nordens bei der allgemeinen Versorgung, bei der Gewährung höherer Löhne und der Beschaffung der erforderlichen Spezialisten aufgehoben worden. Heute müssen die einzelnen Betriebe die Frage der materiell-technischen Sicherstellung selber lösen, was in weiten Gebieten zu einer krisenhaften Situation geführt hat. Anstatt „der Norden im Umbruch" wäre die Bezeichnung „der Norden in der Krise" die angebrachtere Bezeichnung für die gegenwärtige Situation. Aus der einstigen Perspektivregion ist ein Problemgebiet geworden. Die Produktion ging überall deutlich zurück, und Arbeitslosigkeit, ein bis dahin unbekanntes Phänomen, breitete sich aus. An die Stelle der früheren staatlichen Arbeitsanwerbungen traten nun staatliche und regionale Rücksiedlungsprogramme (s. WEIN 1996, S. 386). Der Norden wurde dabei zu einem Entsiedlungsgebiet. Dabei fehlt es gerade den monofunktionalen Förderstädten an langfristigen Perspektiven, und aus mancher hoffnungsvoll angelegten Pioniersiedlung könnte im Laufe der nächsten Jahrzehnte eine „Geistersiedlung" werden.

Andererseits kann man jedoch inzwischen beobachten, daß der Norden mit seinen Förderindustrien gegenüber der großenteils auf Verarbeitung ausgerichteten Südzone von ausländischen Investoren bevorzugt wird. Man kann daher damit rechnen, daß die („herdartigen" bzw. punktförmigen) Industriegebiete des Nordens nach Überwindung der Umbruchsphase einen schnelleren Anschluß an die Weltwirtschaft finden werden als die Wirtschaft der Südzone. Eine erneute Hinwendung zu den Ressourcen des Nordens wird aber sicherlich in einer anderen Form als der Ansiedlung einer Dauerbevölkerung ablaufen.

Bei KISELNIKOV/LARINA (1996b, S. 55) heißt zu den heutigen Problemen des Nordens: *„Die Prozesse der Entwicklung marktwirtschaftlicher Beziehungen haben sich für den Norden nicht als (heilsame – der Verf.) 'Schocktherapie' erwiesen, sondern als eine gewaltige Erschütterung, deren Auswirkungen von der Regierung das Ergreifen besonderer Maßnahmen erforderte. Von der russischen Regierung wurde daher ein Staatliches Komitee für den Norden gegründet und der Beschluß gefaßt für die Vorbereitung eines Konzeptes und Programmes zur sozial-ökonomischen Entwicklung des Nordens in den nächsten 15 bis 20 Jahren."*

6.5. Die Erschließung der westsibirischen Erdöl- und Erdgasregion

Bei diesem Kapitel sind Überschneidungen mit dem vorherigen nicht auszuschließen, denn die westsibirische Erdöl- und Erdgasregion ist ein Teil des „Nordens", sie stellt sogar den westsibirischen Norden in seiner Gesamtheit dar. Aber während es im vorherigen Kapitel um allgemeine Probleme und Strategien ging, soll hier eine konkrete, zielgerichtete Kampagne dargestellt werden, eine großmaßstäbliche Erschließungsaktion, die noch immer nicht abgeschlossen ist, sondern (mit dem Vorstoß auf die Halbinsel Jamal, s.u.) auch noch bis in das nächste Jahrhundert reichen wird.

Entdeckt wurden die Reichtümer des mittleren und nördlichen westsibirischen Tieflandes im Jahre 1963. Dieses Ereignis wurde später als *„die Entdeckung des Jahrhunderts"* gewürdigt, denn die Vorkommen gehören, wie sich bald herausstellte, zu den größten der Welt. Hier lagern in mesozoischen Schichten (Jura und Kreide) Erdöl- und Erdgasvorkommen in Tiefen von 700 bis 3 000 m, wobei die mittlere Tiefe der Öllager bei 2 100 m und die der Gaslager bei 1 700 m liegt. Das sind, verglichen mit anderen entsprechenden Vorkommen, relativ geringe Tiefen, die einen kostengünstigen Abbau ermöglichen.

Problematisch war nur die Erschließung der Region, die mit den Autonomen Bezirken der Chanten und Mansen (523 000 km^2) sowie der Jamalo-Nenzen (750 000 km^2) eine Fläche von mehr als 1 Mio pro km^2 umfaßt, ein Gebiet, das äußerst dünn besiedelt war und kaum über eine Infrastruktur verfügte. Vor allem aber mußte sich der Erschließungsprozeß mit den schwierigen Naturbedingungen des Raumes auseinandersetzen, denn die südliche Hälfte, das Erdölgebiet, besteht aus Sümpfen und Seen (s. Kap. 2.4.2) und die nördliche Hälfte, das Erdgasgebiet, aus durchfeuchteter Tundra, großenteils durchzogen von Dauerfrostboden.

Die Bedeutung, die man von Anfang an in den Bodenschätzen gesehen hat, rechtfertigte aber den erforderlichen gewaltigen materiellen und finanziellen Aufwand, der für diese Erschließung erforderlich war, eine Erschließungsaktion, die anfangs parallel zu der des Angara-Jenissej-Gebietes und später zum Bau der Baikal-Amur-Magistrale (beides zwei kostenintensive Unternehmen) ablief.

6.5.1 Die Erschließung der Erdölregion

Die Erschließungsarbeiten setzten an bei der Stadt Surgut, die 1965 mit 11 000 Einwohnern die größte Siedlung in der ganzen Region war und mit einer inzwischen vervierundzwanzigfachten Einwohnerzahl auch heute noch ist.

Damals wurde in den Sumpfgebieten nördlich der Stadt die erste Million Tonnen Erdöl gefördert – ein Ereignis, dessen dreißigjährige Wiederkehr am 25.7.1995 (unter Beisein des Verf.) in der Stadt mit einem großen Volksfest gefeiert wurde.

Die Erdölförderung in diesem von Feuchtigkeit überprägten Gebiet, das zu rund 60 % aus Sümpfen und zu 20 % aus Seen besteht, setzte gewaltige Vorarbeiten voraus. Für alle Bauwerke mußte erst einmal ein fester, tragender Untergrund geschaffen, für die Bohr- und Förderplattformen im feuchten Sumpfgebiet künstliche Inseln aufgeschüttet werden. Dazu wurden gewaltige Sandmengen benötigt, Sand, der aus dem Süden Westsibiriens herantransportiert werden mußte. Sand in großen Mengen – das war die Grundlage der Erschließung der Erdölregion! Auch für die Straßen waren hohe Sanddämme aufzuschütten, über die dann nebeneinander Betonplatten (die ebenfalls

Die Erschließung der westsibirischen Erdöl- und Erdgasregion 113

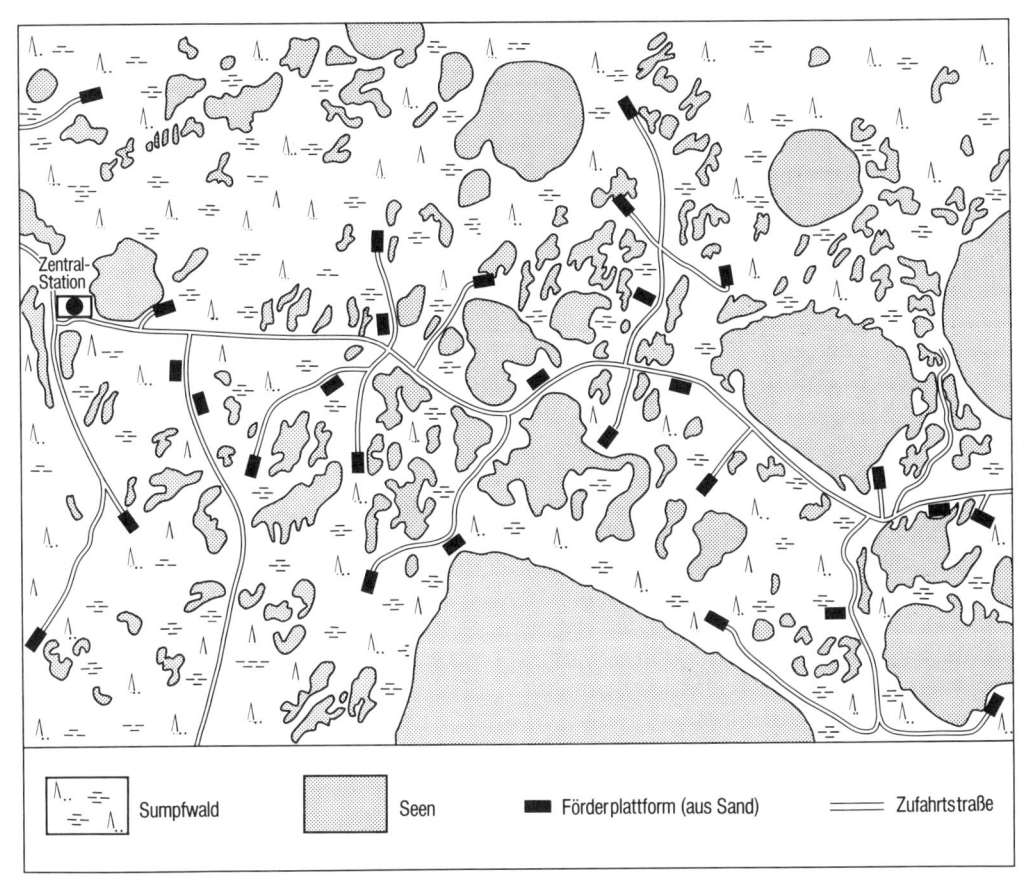

Abb. 6.5: Erdölförderung im Sumpfgebiet nördlich von Surgut
Quelle: nach einem Satellitenfoto ohne Maßstabsangabe
Entwurf: N. Wein; Kartographie K. Massoud

Legende: Sumpfwald — Seen — Förderplattform (aus Sand) — Zufahrtstraße

aus dem Süden herantransportiert worden waren) verlegt wurden.

Das ganze Sumpfgebiet am Mittleren Ob wird heute (was aus den Flugzeugen an dünnen weißen Linien zu verfolgen ist) von einem Netz solcher Sanddamm-Straßen durchzogen. Von den Durchgangsstraßen zweigen mehr oder weniger rechtwinklig Zufahrtsstraßen (häufig auch reine Sandstraßen, ohne Betonplattenverlegung) ab, die zu den rechteckigen Sandinsel-Förderplattformen führen. Die Abbildung 6.5 zeigt die typische Struktur eines solchen Ölfördergebietes (s. auch Fotos 1 und 3 bei Wein 1996a).

Für die Versorgung der Erdölregion aus der Südzone heraus (s. Kap. 6.4.3) war die Anbindung des Gebietes mit einer Bahnlinie erforderlich. Anfangs erfolgten alle Transporte auf dem Flußwege über den Ob (große damalige Bedeutung des Flußhafens Surgut), aber dieser Verkehrsweg beschränkte sich auf eine Navigationsperiode von 120–140 Tagen. Ab 1968 wurde daher eine bei Tjumen von der Transsib abzweigende Stichbahn nach Norden vorgetrieben (s. Kap. 5.3.2). Dieser Bahnbau durch das westsibirische Sumpfgebiet (auch diese Bahnlinie verläuft über eine aufgeschüttete Sandtrasse) stellte eine große ingenieurtechni-

Jahrfünft	Zuwanderer	Abwanderer	Migrations-gewinn
1975–1979	84 900	46 500	58 900
1980–1984	130 600	69 800	60 800
1985–1989	94 500	65 000	29 500
1990–1994	53 000	54 800	1 800

Tab. 6.7:
Zu- und Abwanderungen in Surgut 1975–1994
Quelle: Surgut v zifrach 1995

sche Leistung dar. Im Jahre 1978 war nach zehnjähriger Bauzeit Surgut erreicht.

Mit der Aufnahme der Erdölförderung am Mittleren Ob setzte, angelockt durch hohe Löhne, ein starker Zustrom von Arbeitskräften ein. Aufgrund der unwirtlichen Lebensbedingungen, zu denen nicht zuletzt die sommerliche Mückenplage gehört, zog ein großer Teil der Zuwanderer jedoch nach wenigen Jahren wieder zurück, so daß hier – bei insgesamt rapide wachsenden Einwohnerzahlen – eine starke Fluktuation herrschte (s. a. Tab. 6.5 in Kap. 6.4.4).

Im Jahrfünft 1980 bis 1984 waren insgesamt (Zu- und Abwanderungen) mehr als 200 000 Menschen in Bewegung, bei einer durchschnittlichen Einwohnerzahl der Stadt in dieser Zeit von 170 000.

Die Migrationsgewinne führten in Verbindung mit einem starken natürlichen Wachstum – schließlich waren die meisten

Abb. 6.6: Entwicklung der Einwohnerzahlen Surguts 1965–1995
Quelle: Surgut v zifrach 1995

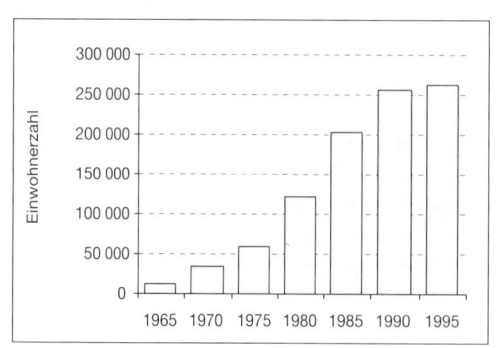

Zuwanderer jünger als 30 Jahre! – zu einem raschen Anwachsen der Einwohnerzahlen der Stadt Surgut.

Ein Jahr nach der Aufnahme der Erdölförderung bei Surgut, 1966, wurde rund 250 km weiter östlich das Ölfeld SAMOTLOR entdeckt, eines der größten Ölfelder der Erde, in sozialistischer Zeit häufig als „Öl-Ozean" bezeichnet. Dieser „Öl-Ozean" Samotlor liegt jedoch unter dem gleichnamigen See, was die Erschließung gegenüber Surgut noch einmal erschwerte. Von 1969–1974 wurde eine Ringstraße rund um den See gebaut, wobei bis zu 15 m mächtige Torfschichten abgetragen und wiederum gewaltige Sandmassen aufgeschüttet werden mußten. Von dieser Ringstraße wurden auf Sanddämmen verlaufende Stichstraßen in das Innere des Sees hinein angelegt, an deren Enden künstliche Inseln (Bohr- und Förderplattformen) aufgeschüttet wurden (s. Foto 2 bei Wein 1996 a). Die Ringstraße galt in der „Boom-Phase" der Samotlor-Förderung als die meistbefahrene Straße der Sowjetunion. Heute ist sie durch diese Belastungen, die zu Sackungen geführt haben, stark in Mitleidenschaft gezogen und muß in weiten Abschnitten repariert werden – wieder unter Zufuhr großer Sandmengen.

1978 wurde das Fördergebiet über die neue Stadt Nishnewartowsk mit einer Stichbahn an Surgut und damit an die von Tjumen kommende Süd-Nord-Bahn angeschlossen.

Die Förderung im Samotlor-Feld erreichte von 1980–1982 ihren Höhepunkt mit Jahresmengen von 150–152 Mio. t. Im Vergleich dazu lag der Jahresverbrauch der damaligen Bundesrepublik Deutschland bei 120–130 Mio. t.

Das Erdölgebiet am Mittleren Ob war zum „Dritten Baku" geworden und zog entsprechende Investitionen an sich. Zwischen 1965–1980 sind in den Aufbau der Ölwirtschaft (und später auch der Gaswirtschaft) 55 Mrd. Rubel investiert worden, das Siebenfache dessen, was in der gesamten Vor-

Die Erschließung der westsibirischen Erdöl- und Erdgasregion 115

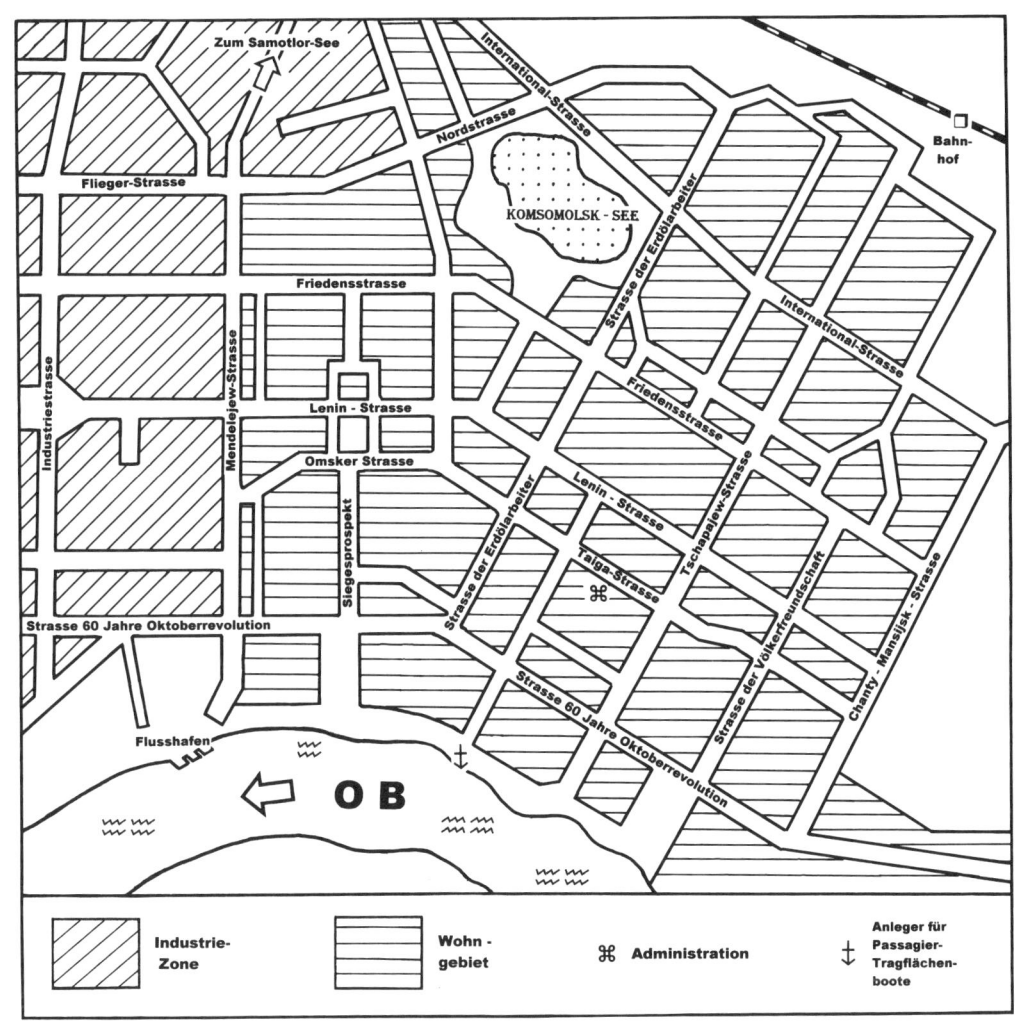

Abb. 6.7: Plan der Stadt Nishnewartowsk
Quelle: lokaler Plan ohne Maßstabsangabe   Kartographie: N. Wein

kriegszeit für den Aufbau des Ural-Kusnezk-Kombinates zur Verfügung gestellt wurde (s. Kap. 6.2). Noch im Jahrfünft 1986–1990 wurden 50 % aller Nord-Investitionen (einschließlich des europäischen Nordens) in das westsibirische Erdöl- und Erdgasgebiet geleitet (KISELNIKOV/LARINA 1996b, S. 54).

Für die Arbeitskräfte im damals nahezu unbesiedelten Samotlor-Gebiet wurde ab 1972 die Stadt Nishnewartowsk neu gegründet. Als Baugrund für die Siedlung mußte erst am Obufer ein Sandfundament aufgespült werden. Alle Häuser sind auf 10 bis 12 m lange, in den sumpfigen Untergrund gerammte Betonstelzen gebaut worden. Da der Boden zwischen den Häusern ständigen Sackungen ausgesetzt ist, haben sich im Stadtgebiet Sümpfe und offene Wasserflächen, Brutgebiete für die Mükken, gebildet.

Nishnewartowsk ist als monotone sozialistische „Retortenstadt" errichtet worden,

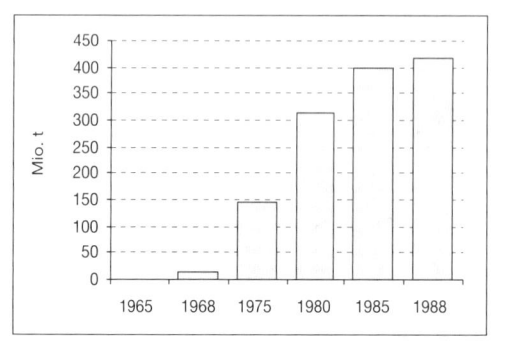

Abb. 6.8:
Erdölförderung in Westsibirien 1965–1988

eine Agglomeration von meist sechzehngeschossigen Wohnblöcken ohne eigentliches Stadtzentrum, ohne Urbanität. 1990, nach knapp 20 Jahren, war eine maximale Einwohnerzahl von 251 000 erreicht (1996 waren es nur noch 238 000). Die Infrastruktur konnte mit diesem rasanten Wachstum natürlich nicht mithalten, wie es Tabelle 6.6 in Kapitel 6.4.4 zeigt. Nishnewartowsk ist umgeben von einem „Schwarm" von Wachtsiedlungen, wobei die Wachtbrigaden u.a. aus Baschkirien (Ölfördergebiet an der Kama), Moskau und auch aus dem „Nahen Ausland", aus Weißrußland und Georgien kommen.

Die Ölförderung erfolgte in der ersten Phase (1965–1978) in Form der sogenannten „fontannaja dobytscha" („Fontänenförderung"), bei der das Erdöl unter dem Eigendruck an die Oberfläche stieg. Im Samotlor-Ölfeld waren das bis zu 1000 t pro Bohrloch und Tag. Ab 1979 aber mußte der Druck in den ölführenden Schichten durch Wasserinjektionen künstlich erhöht werden, wodurch der Wassergehalt des Förderproduktes jährlich um 6–7% anstieg und schließlich Anteile von 60–80 % erreichte.[13] Trotzdem aber konnte die westsibirische Ölförderung bis 1988 kontinuierlich gesteigert werden. Seit etwa 1980 liefert Westsibirien rund zwei Drittel der sowjetischen bzw. russischen Ölproduktion, und die Sowjetunion wurde mit Jahresmengen von bis zu über 600 Mio. t zum größten Erdölproduzenten (und zweitgrößten Erdölexporteur) der Erde.

Der gewaltige Erschließungsaufwand hatte sich gelohnt, und das Mittelob-Gebiet war zum größten Devisenlieferanten der Sowjetunion geworden.

In den 1980er Jahren tauchten aber erste Schwierigkeiten auf. Wurden 1970 durchschnittlich 113,3 Mio. t pro Bohrloch und Tag gefördert, so waren es 1985 nur noch 36 t (und 1992 nur noch 17 t!). Durch die Erschließung immer neuer Ölfelder konnte der Rückgang der Bohrlochproduktivität, die auf schlechten Arbeitsmethoden beruhte, vorerst aufgefangen werden. Nach 1988 aber sank die Gesamtförderung immer mehr ab. Im Samotlor-Ölfeld, das man – wie Experten vor Ort erklärten – durch Raubbau völlig ruiniert hatte, fielen die Jahresfördermengen, die einst mehr als 150 Mio. t betragen hatten, bis 1995 auf weniger als 30 Mio. t ab! Dieses Ölfeld gilt heute scherzhaft als „der Welt größter Förderer an Flüssigkeiten", da das Fördergut bei einem Ölgehalt von nur 5–7 % zu 93–95 % aus Wasser besteht!

Im gesamten Ob-Gebiet mußte ein Fünftel der Förderlöcher aufgegeben werden, ohne daß die Vorkommen bereits als erschöpft bezeichnet werden konnten.

Als Ursachen für den drastischen Rückgang der Ölförderung werden genannt: Rui-

Tab. 6.8:
Erdölfördermengen in Westsibirien ab 1990
Quelle: nach KISELNIKOV/LARINA 1996a, S. 74

Jahr	Fördermenge (Mio. t)
1990	376
1992	275
1993	224
nach 1994	unter 200
Prognose für Jahr 2000	160–177

---

13 In den in den Fördergebieten liegenden „Zentralstationen" (s. Abb. 6.5) muß das Öl vom Wasser getrennt werden, bevor es in die weiterführenden Pipelines geleitet wird.

nierung der Bohrlöcher, Verschleiß der technischen Anlagen, Rückgang der Prospektionen (Suche nach neuen Ölfeldern) auf etwa 10 %, Verlust von schätzungsweise 10 % des Fördergutes aus lecken Pipelines, Rückgang der Arbeitsmoral infolge unzulänglicher bzw. unregelmäßiger Bezahlung und fehlender Zukunftsperspektiven.

Der große Erschließungsschub der 1970er und -80er Jahre ist vorbei, und für einen erneuten Vorstoß fehlt unter den heutigen Bedingungen das Kapital. Ausländische Investoren sind angesichts des schlechten Zustandes der Anlagen kaum zu finden. Soziale Probleme sind an die Stelle des einstigen Optimismus getreten (s. WEIN 1996a).

6.5.2 Die Erschließung der Erdgasregion

Schon bald nach der Entdeckung der Ölfelder stieß man 500–600 km weiter nördlich auf die westsibirischen Erdgaslager. Die Vorkommen konzentrieren sich auf drei große Gasfelder, die auf der Halbinsel zwischen dem Ob-Busen und dem Fluß Pur beiderseits des Polarkreises liegen, wobei das Urengoi-Feld als das größte Erdgasvorkommen der Welt gilt.

Die Erschließung der Region am Polarkreis stieß wiederum auf große Schwierigkeiten, die unter anderem in den noch härteren Naturbedingungen begründet sind. Zum ersten Stützpunkt wurde der bereits existierende Ort Nadym ausgebaut, u.a. durch die Anlage eines Hafens am gleichnamigen (in den Ob mündenden) Fluß. Von Nadym aus wurde ab 1972 das etwa 100 km entfernte und mit einer neuen Bahntrasse erreichbare Medweshje-Gasfeld ausgebeutet. Die Bahnlinie wurde bis zum Zentrum des Urengoi-Feldes weitergeführt, so daß auch dorthin über Bahn und Nadym-Fluß ein Anschluß zum Schifffahrtsweg des Ob gegeben war. Eine weitere Versorgungslinie führte jenseits der Halbinsel über den Fluß Pur zum neu angelegten Hafen Korotschajewo[14] und von dort über eine provisorische Straße zum Urengoi-Feld.

Dieses perspektivreichste Gasfeld war damit über zwei Äste (Flüsse Nadym und Pur) auf dem Wasserweg erreichbar, aber die kurze Navigationsperiode von 110 Tagen ließ einen großmaßstäbigen Ausbau nicht zu. Vorerst wurde im Zentrum des Gasfeldes eine Holzhaus-Dauersiedlung errichtet, umgeben von zahlreichen kleineren Wachtsiedlungen. Auf dieser Basis begann 1978 die Erdgasförderung. In vollem Umfang konnte sie aber erst aufgenommen werden, als 1985 die Süd-Nord-Bahnstrecke, die 1978 Surgut erreicht hatte, bis zum Urengoi-Gebiet vorgestoßen war. Da jetzt ganzjährig Baufertigteile herantransportiert werden konnten, wurde ab diesem Jahr die Stadt Nowy Urengoi[15] in Betonbauweise errichtet. Entstanden ist eine an Nishnewartowsk erinnernde Siedlung. Beim Anflug erscheint sie wie ein riesiger Fremdkörper inmitten der weiten Tundrenlandschaft (ein Musterbeispiel für die „herdförmige" Erschließung, s. Kap. 6.4.2): eine monotone und relativ enge Agglomeration, bestehend aus durchweg neungeschossigen Wohnblöcken

Tab. 6.9: Die drei großen Erdgasfelder Westsibiriens

Name	Vorräte entdeckt (Bio. m³)	Förderbeginn	Fördermenge 1994 (Mrd. m³)
Medweshje	1,5	1967	1972	64
Urengoi	7,4	1966	1978	250
Jamburg	4,4	1969	1986	180

14 Der Flußhafen, ausgerüstet mit großen Kränen, existiert noch, hat aber heute kaum noch eine Funktion.

15 „Neu-Urengoi", zur Abhebung von der in der Nähe bereits existierenden Altsiedlung Urengoi, heute zur Unterscheidung i.a. „Alt-Urengoi" genannt.

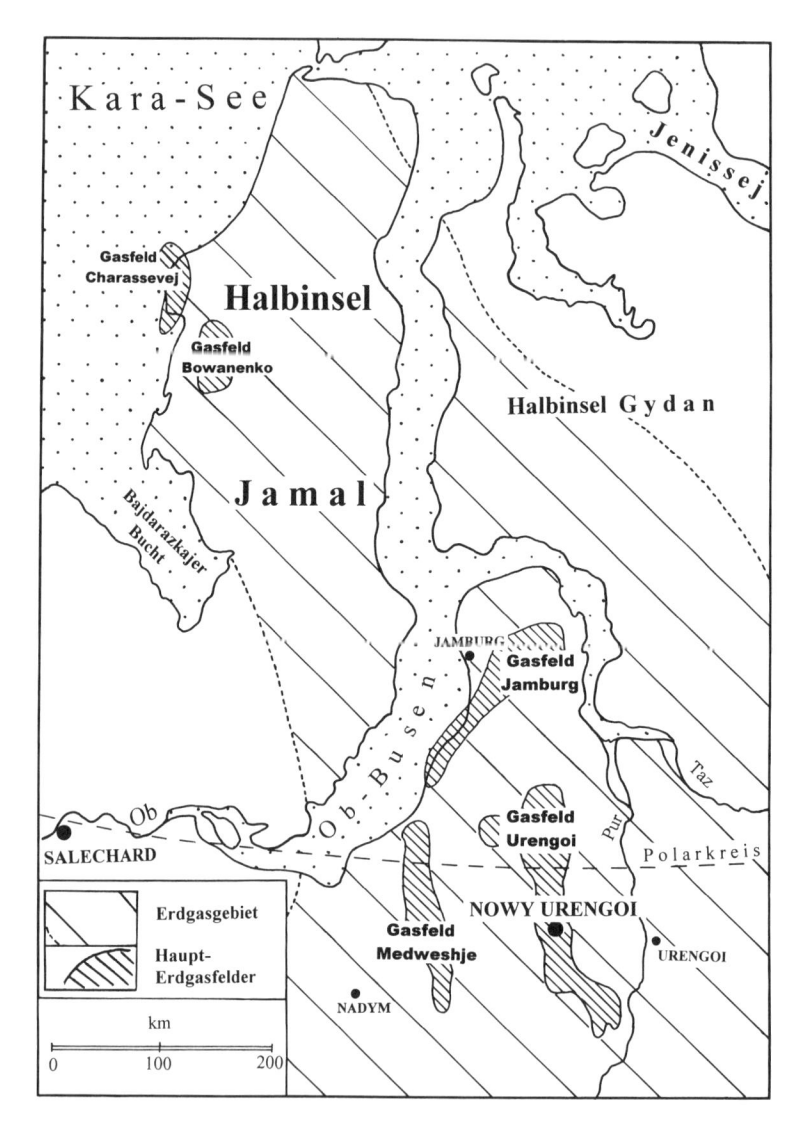

Abb. 6.9:
Die Erdgasfelder im nördlichen Westsibirien

(s. Bild 2 bei Wein 1996b). Durch unterschiedliche Farbgebungen der Fassaden (braun, blau, ocker, grau) hat man versucht, die erdrückende Monotonie ein wenig aufzulockern. Grundriß und Straßenbreite lassen aber die sozialistische Stadtplanung erkennen.

Auch Nowy Urengoi wurde auf einem aufgeschütteten Sandfundament errichtet. Die Fußwege zwischen den Häuserfronten und der Straße bestehen aus Betonplatten, die nebeneinander auf die Sandfläche gelegt sind. Das aus relativ feinem Material bestehende Sandfundament führt bei Trockenheit (in Verbindung mit häufigen Winden) zu einer starken Staubbelastung der Stadtluft, worunter die Einwohner leiden.

Nowy Urengoi hatte 1990 knapp 94 000 Einwohner und weist die gleichen infrastrukturellen Unzulänglichkeiten wie alle Städte des Nordens auf (s. Tab. 6.6 in Kap. 6.4.4). Was aus dieser Stadt mit ihrer immerhin

Die Erschließung der westsibirischen Erdöl- und Erdgasregion 119

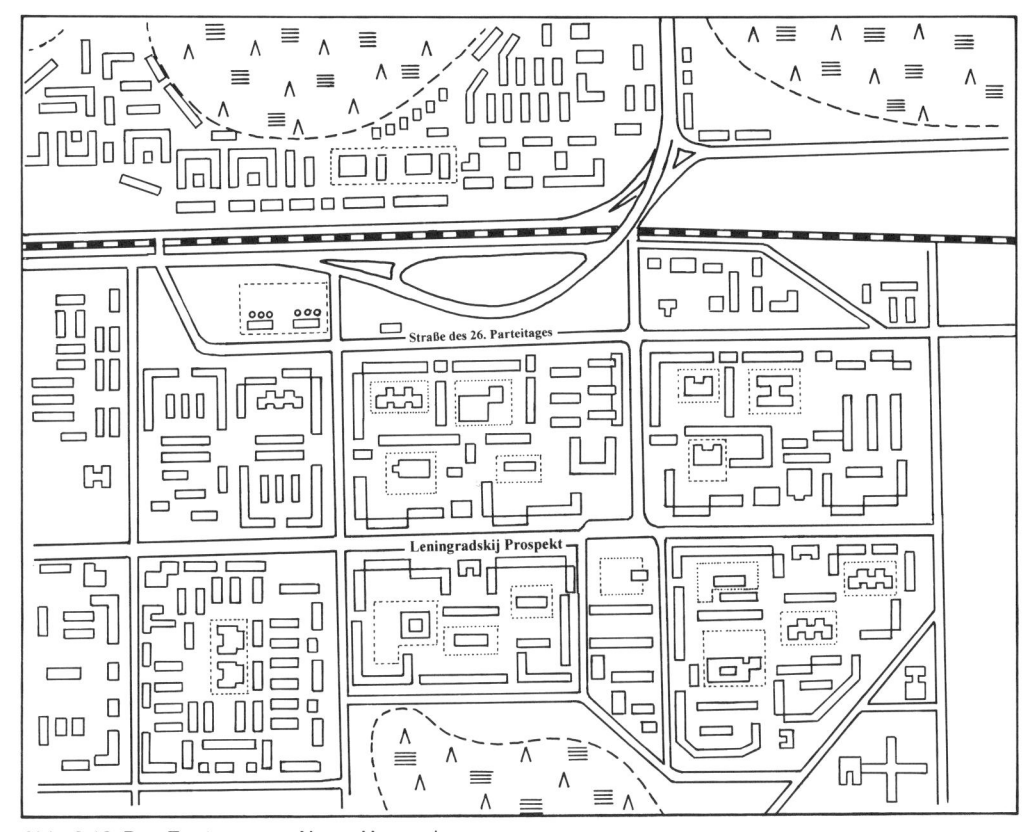

Abb. 6.10: Das Zentrum von Nowy Urengoi
Quelle: nach amtlichem Plan, Vorlage ohne Maßstab

quantitativ beeindruckenden Bausubstanz einmal werden soll, wenn das Urengoi-Gasfeld erschöpft ist – womit bis etwa zum Jahr 2015–2020 zu rechnen sein wird – vermag auch in der lokalen Administration niemand zu sagen. Hier zeigen sich schon heute die künftigen Probleme der monofunktionalen Städte des Nordens.

Im Bereich des Urengoi-Gasfeldes liegen etwa 2 500 Gasförderstationen. Rund um die Stadt erstreckt sich eine Industriezone, bestehend aus Tanklagern, Kompressorstationen, Komplexen der gaschemischen Industrie sowie einem Wärmekraftwerk und einem Heizwerk. Die Nenzen-Ureinwohner, die einst in diesem Gebiet lebten, sind weiter in den Süden, in das Gebiet um Tarko-Sale, zwangsumgesiedelt worden.

Das letzterschlossene der drei großen Gasfelder ist das von Jamburg. Zur Erschließung dieses Feldes ist die erwähnte Süd-Nord-Bahnlinie bis hierher vorgetrieben worden, wobei die Trasse über große Brückenkonstruktionen die zahlreichen Flüsse, die zur Zeit der Schneeschmelze zu gewaltigen Strömen anschwellen können, überquert. Jamburg ist eine moderne Wachtsiedlung, die von Finnland gebaut und schlüsselfertig übergeben worden ist, eine Siedlung, die einen durchaus positiven Eindruck macht (s. Bild 3 bei WEIN 1996b). Sie enthält unter anderem – was neu im Rahmen der Erschließung nördlicher Regionen ist – das oben bereits erwähnte Adaptionsgebäude, in dem große, helle, künstlich beleuchtete Räume mit viel Pflanzenbe-

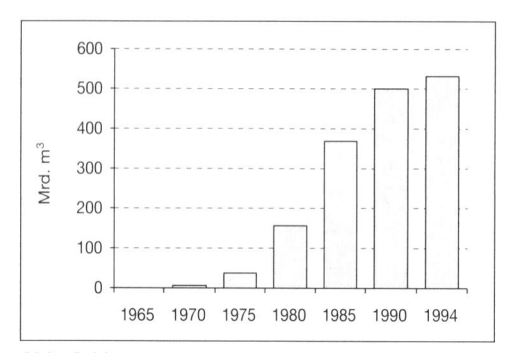

Abb. 6.11:
Erdgasförderung in Westsibirien 1965–1994

Die westsibirische Erdgasförderung stieg mit der aufeinanderfolgenden Erschließung der drei genannten Gasfelder kontinuierlich an. Die drei aufgeführten Felder liefern heute 86 % der westsibirischen und 81 % der gesamtrussischen Fördermengen. Die Erdgaswirtschaft hat nach 1990 nicht den Einbruch erlitten, von dem die Erdölwirtschaft betroffen ist, sondern hier konnten die Fördermengen weitgehend gehalten werden.

Die Erschließung der westsibirischen Erdgasfelder ist aber noch nicht abgeschlossen. Seit etwa 1990 erfolgt ein weiterer Vorstoß der Erdgasindustrie in Richtung Norden. Erschlossen werden nun die Gasfelder auf der Halbinsel Jamal.

Die beiden größten dortigen Vorkommen sind das erwähnte Gasfeld von Bowanenko (Vorrat 4,4 Bio. m^3) und das von Charassevej (Vorrat 1,2 Bio. m^3). Zur Erschließung wird auch dieses Gebiet mit einer Bahnstrecke (ab Salechard) an die südlichen Versorgungsbasen angeschlossen. Errichtet werden hier für die Arbeitskräfte ausschließlich moderne Wachtsiedlungen vom Typ Jamburg. Die Hälfte des Gases von Jamal soll nach Westeuropa exportiert werden, wobei

wuchs im Winter die Verhältnisse der südlichen Herkunftsgebiete der Wachtarbeiter simulieren. Durch Aufenthalte in diesem Gebäude während der Freizeit soll den Arbeitskräften die Umstellungen zwischen dem Herkunftsgebiet und dem nördlichen Arbeitsgebiet erleichtert werden .

Jamburg ist ferner eine Siedlung, die nach der Erschöpfung des Gasfeldes demontiert und verlegt werden kann, zum Beispiel in künftige Gasfördergebiete im benachbarten Norden des Krasnojarsker Gebietes.

Übersicht 6.2: Erschließung der Erdgasfelder auf der Halbinsel Jamal Quelle: Gasprom 1997

1971 wurden weit über dem Polarkreis auf etwa 70° n. Br. die größten zusammenliegenden Erdgas-Vorkommen der Welt entdeckt. Die bis heute bekannten 24 Lagerstätten enthalten 10 Bio. m^3 Erdgas in Tiefen von 2000–4000 m. Sie übertreffen bei weitem die bisher größten Vorkommen in Rußland wie Urengoi und Jamburg. Als erste wird die Lagerstätte Bowanenko (4 Bio. m^3) in der westlichen Mitte der Halbinsel 1997 die Produktion aufnehmen. Als Gesamtförderung sind (ab dem Jahr 2000) 200 Mia. m^3 jährlich vorgesehen. Rund die Hälfte wird zum Eigenbedarf in Rußland benötigt. Allein die Investitionen für die Erschließung der Jamalfelder werden 10–12 Mrd. US-$ betragen.

Die hohen Erschließungskosten erklären sich aus den geographischen und klimatischen Bedingungen. Jedes einzelne Materialstück muß arktistauglich sein. Eine Eisenbahnlinie wird für alle Schwertransporte gebaut. Der Seeweg ist wegen des Eisganges auf zwei Monate beschränkt und auch bei Eisbrecherhilfe nur wenig exakt planbar.

Der strenge Winter wird nur für etwa 90 Tage durch einen kühlen Sommer abgelöst. Er weicht den Dauerfrostboden nur wenig auf. Das ablaufende oder sich sammelnde Tauwasser verändert die Erdoberfläche ständig. Der Permafrostbereich ist in seiner ursprünglichen Beschaffenheit weich und locker. Er besteht vornehmlich aus Sand, Lehm, Torf und Eiseinschlüssen. Sämtliche Einrichtungen müssen deshalb zum Boden hin gegen Wärmeabstrahlung isoliert sein, um dieses labile Gefüge im stabilen Permafrostzustand zu halten. Das gilt auch für die Transportleitungen.

vor allem Deutschland durch eine direkte Pipeline mit diesem extremen Teil Westsibiriens verbunden wird (s. Kap. 9.4.1).

Die Erschließung des „Westsibirischen Erdöl- und Erdgaskomplexes" (russ. abgekürzt: ZSNGK) hat sich – trotz der in der Erdölförderung aufgetretenen Schwierigkeiten – als ein großer Erfolg erwiesen. Als ein wirtschaftlicher Erfolg, der allerdings erkauft worden ist mit großen ökologischen Problemen und mit einer Vernichtung der Lebensgrundlage der in diesem Gebiet beheimateten Völker der Nenzen, Chanten und Mansen (s. Kap. 7.2.3).

6.6 Die BAM-Zone
6.6.1 Ressourcen und Projektplanungen

Auch die BAM-Zone (s. Abb. 6.3) hätte unter dem Kapitel „Der Norden" behandelt werden können, da sie – obwohl sie sich um den 55. Breitengrad (und damit in der Höhe des südsibirischen Omsk!) erstreckt – der Zone des Nordens, genauer des Nahen Nordens, angehört. Aber auch hier erfolgte ein – wenn auch letztendlich mißglückter – gezielter Erschließungsvorstoß, der die Behandlung dieses Projektes in einem eigenen Kapitel rechtfertigt.

Als BAM-Zone wird ein etwa 300–500 km breiter Gebietsstreifen beiderseits der Baikal-Amur-Magistrale (BAM, s. Kap. 5.3.3) bezeichnet, dessen westlicher Teil (etwa 1 200 von 2 700 km) zu Sibirien gehört.

Die Naturbedingungen in diesem Gürtel sind härter als sonst im Nahen Norden. Der amerikanische Geograph Mote (s. Kap. 2.5) weist dieser Zone ebenso viele „constraint"-Punkte zu wie der Polarzone am Eismeer. Die Region besteht – vor allem im sibirischen Anteil – aus knapp 3 000 m hohen Gebirgsrücken und 1 000–1 500 m hoch gelegenen Beckenräumen. Die Winter sind extrem kalt und die Sommer kühl. In den Gebirgstälern und den Hochbecken bilden sich im Winter Kälteseen, in denen die Temperaturen nicht selten unter −50 °C absinken. Das ganze Gebiet wird von Dauerfrostboden eingenommen und weist eine hohe Seismizität auf.

Daß gerade diese Zone das Ziel einer (zumindest geplanten) großmaßstäbigen Erschließungsaktion geworden ist, ist auf ihren Ressourcenreichtum zurückzuführen. Das bedeutendste Vorkommen ist das 1949 entdeckte Kupferlager von Udokan, bei dem es sich um das wahrscheinlich größte noch nicht erschlossene Kupfervorkommen der Welt handelt. Hier lagern ca. 3 Mia. t Erz mit einem Kupfergehalt von knapp 2 %. Der gesamte förderbare Metallgehalt wird auf reichlich 19 Mio. t beziffert (nach RUWWE 1996, S. 19). Die Flöze sind zwischen 10–15 und 100–130 m mächtig und liegen nahe an der Oberfläche, so daß eine Förderung im Tagebauverfahren möglich ist. Dieses gewaltige Kupfervorkommen, in dem man in den 1970er Jahren ein großes Exportpotential sah, ist überhaupt einer der Gründe für den Bau der BAM gewesen.

Entlang dieser Bahnlinie reihen sich weitere Ressourcengebiete aneinander, die eine Erschließung der sogenannten BAM-Zone höchst lohnenswert erscheinen ließen. Die Vorarbeiten für den Erschließungsvorstoß fingen unmittelbar nach dem Beginn des Bahnbaues, nämlich in den Jahren 1974 bis 1978, an. In einer zweiten Phase, 1978 bis 1981, wurden die Grundlagen eines Zielprogrammes aufgestellt und auf einer „Allunionskonferenz über die wirtschaftliche Erschließung der BAM-Zone" im September 1981 in Ulan-Ude erörtert. GOSPLAN stellte 1982 ein Programm für die Erschließungsarbeiten bis zum Jahre 1990 und im April 1983 ein Erschließungsprogramm bis zum Jahr 2000 auf. Auf dem 26. Parteitag der KPdSU wurde beschlossen, den Aufbau

Name	Verwaltungsgebiet	Zentrum	Einwohner 1973	Ressourcen
Obere Lena	Irkutsker Gebiet	Ust-Kut	40 000	Holz
Witim-Bodaibo	Irkutsker Gebiet	Bodaibo	25 000	Gold, Zink, Asbest, Holz
Nordbaikal	Irkutsker Gebiet und Republik Burjatien	Sewerobaikalsk	6 000	Asbest, Tonerde, Blei, Zink, Glimmer, Holz
Udokan	Gebiet Tschita	Tschara	2 200	Kupfer (und Kohle)
Südjakutien	Republik Jakutien	Nerjungri	70 000	Steinkohle, Eisenerz

Tab. 6.10: Territoriale Produktionskomplexe und Industrieknoten im sibirischen Teil der BAM-Zone
Quellen: MOTE 1979, SINGUR 1985

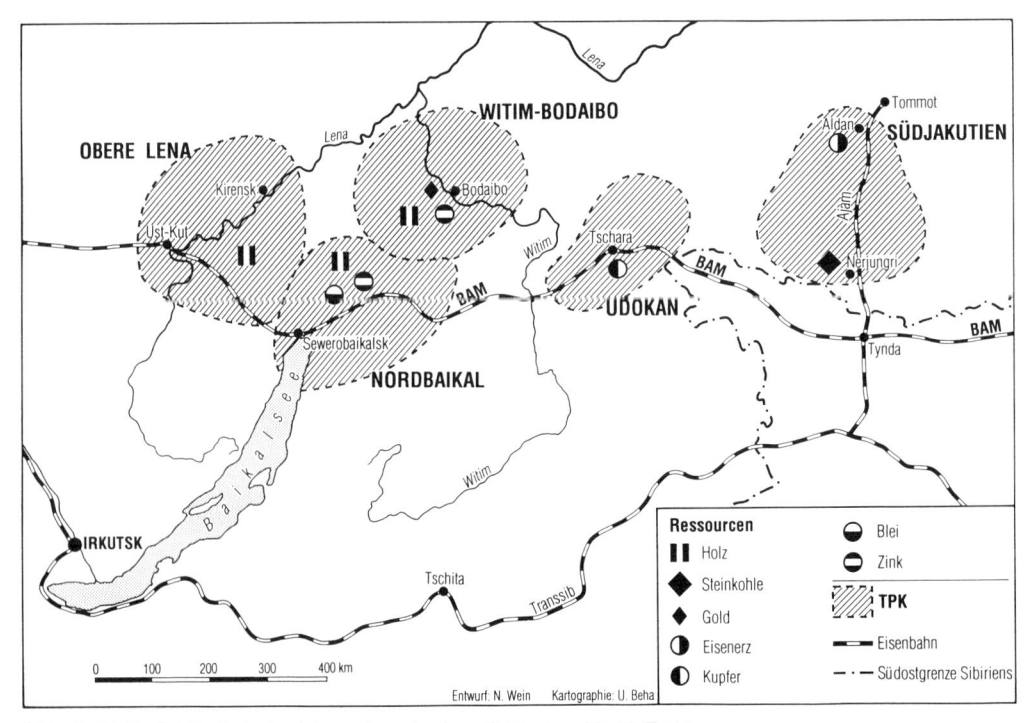

Abb. 6.12: Projektierte Industriezentren in der sibirischen BAM-Zone

des Udokan-Komplexes während des 12. Fünfjahresplanes (1986–1990) durchzuführen (nach SINGUR 1985). Während dieses Planjahrfünftes sollte überhaupt ein großer Teil der Erschließungsarbeiten in der ganzen BAM-Zone durchgeführt werden. Elf Territoriale Produktionskomplexe (TPK) und „Industrieknoten" waren für die BAM-Zone konzipiert worden, davon fünf im sibirischen und sechs im fernöstlichen Teil.

Das Udokaner Kupfervorkommen lagert am Südrand des Tschara-Beckens, einer Region, in der 1973 gerade einmal 2 200 Rentierhalter und Fallensteller lebten. Bis 1990 sollte die Bevölkerung, konzentriert auf Tschara, auf 60 000 anwachsen. Wegen der Hochbeckenlage mit ihren häufigen Inversionen wurde keine Verhüttung vor Ort vorgesehen, da sich die emittierten Schadstoffe bis weit über die Grenzwerte hinaus in der

Luft akkumulieren würden. Geplant wurde lediglich der Bau eines Aufbereitungskombinates, in dem der Metallgehalt der Erze vor dem Weitertransport erhöht wird.

Das südjakutische Gebiet zeichnet sich vor allem durch reiche Steinkohle- und Eisenerzvorkommen aus, so daß hier der Aufbau eines östlichen Schwerindustriekomplexes als möglich angesehen wurde. Dieser TPK ist der einzige der elf BAM-Komplexe, in dem bis heute wirklich ein Ausbau erfolgt ist, und zwar auf der Basis des ersten Wirtschaftsvertrages zwischen der UdSSR und Japan. Im April 1974 gewährte Japan der damaligen Sowjetunion einen Kredit in Höhe von 1,050 Mia. US-$ für die Erschließung der südjakutischen Kohle, der fernöstlichen Holzressourcen und der jakutischen Erdgasvorkommen (alles Ressourcen, an denen Japan interessiert war bzw. noch immer ist). Von dem genannten Kreditbetrag wurden 450 Mio. US-$ festgelegt für die Erschließung des südjakutischen Steinkohlebeckens. Die Rückzahlung des Krediates erfolgt innerhalb von 20 Jahren durch Lieferungen von insgesamt 104 Mio. t Steinkohle, anfangs jährlich 2,3 Mio. t und danach pro Jahr 5,5 Mio. t (nach SCHLYK 1985, S. 173). Nach GRANBERG (1991, S. 114) ging man bei der Projektierung des Kohleabbaues von Förderkosten in Höhe von 6 Rubeln/t aus, die tatsächlichen Kosten beliefen sich jedoch auf 20 Rubel/t. Hätte man die Kosten von Anfang an richtig eingeschätzt, wäre der Steinkohlekomplex vermutlich nie ausgebaut worden.

Zur Energieversorgung der westlichen BAM-Zone sollte vor allem elektrischer Strom des Ust-Ilimsker Wasserkraftwerkes (das als einziges der Angara-Jenissej-Großwasserkraftwerke nicht mit einem lokalen Aluminiumwerk verbunden ist) herangezogen werden. Eine Fernleitung sollte von dort bis in das Tschara-Becken verlegt werden (und ist vermutlich auch teilweise gebaut worden). Der südjakutische TPK (Steinkohle) wird dagegen von Osten her, vom fernöstlichen Seja-Wasserkraftwerk sowie vom lokalen Kohlekraftwerk in Nerjungri mit Strom versorgt.

6.6.2 Fiasko und Perspektiven

Beim Vorstoß in die äußerst unwirtliche BAM-Zone entschied man sich (nicht zuletzt auf Drängen Breshnews) für die Form der komplexen Erschließung. Das bedeutet, daß hier eine Dauerbevölkerung in neu zu errichtenden Städten angesiedelt werden sollte. Während die vorgesehenen Erschließungsgebiete im sibirischen Abschnitt 1973 eine Gesamtbevölkerung von 143 000 Menschen hatten (s. Tab. 6.4), sollte die Bevölkerungszahl bis zum Jahre 1990 auf 533 000 (nach MOTES 1979) und später noch darüber hinaus anwachsen.

Diese Besiedlung erwies sich jedoch als ein unlösbares Problem, nicht zuletzt, weil eine ausreichende Versorgung der Bevölkerung, vor allem mit Frischprodukten, nicht gewährleistet werden konnte. Nur 13 % der zugewanderten Arbeitskräfte erklärte sich bereit, für immer in der BAM-Zone zu bleiben (nach WOOD/FRENCH 1989, S. 201). An der Problematik des bis dahin immer unterschätzten „Faktors Mensch" sowie am Kapitalmangel während der Zeit der niedergehenden Sowjetunion, die sich schon mit dem Bau der Baikal-Amur-Magistrale wirtschaftliche übernommen hatte, mußte das großangelegte BAM-Projekt weitgehend scheitern. Heute kann das Erschließungsprogramm der BAM-Zone als eines der Fehlprojekte der Breshnew-Ära angesehen werden.

Vom TPK Südjakutien (und auch das nur wegen der mit Japan eingegangenen Verpflichtungen) abgesehen ist keines der BAM-Projekte in Angriff genommen worden.

In Sewerobaikalsk lagern heute Berge von Betonfertigteilen für Bauvorhaben, die nie zur Ausführung gekommen sind. Hier wie in vielen anderen BAM-Arbeitersiedlungen sind die Menschen, die einst voller Euphorie zur Mitarbeit am „Bauwerk des Jahrhunderts" gekommen und als Helden gefeiert worden waren, hängengeblieben. Sie sind heute vom Lande vergessen, verarmt und haben keine Perspektiven. Auch die Rückreise in ihre Herkunftsgebiete ist ihnen nicht möglich, oft allein, weil sie die Fahrkarte für die Bahn, an der sie selber mitgearbeitet haben, nicht bezahlen können.

Zur aktuellen Situation in der BAM-Region schreiben KIBALOV/KIN (1996):

„Das Zielprogramm der wirtschaftlichen Erschließung der BAM-Zone wurde in den siebziger Jahren aufgestellt. Zwanzig Jahre danach ist dieses Ziel jedoch nicht realisiert. Anstatt des erwarteten positiven Effektes, der von einem mächtigen Entwicklungsimpuls im Bahnbau ausgehen sollte, wurde genau das Gegenteil erreicht: Die BAM-Zone befindet sich im Zustand einer Depression, und die Bahnmagistrale kann nicht einmal ein Drittel ihrer Transportkapazität ausfüllen. Obwohl der Bau der BAM noch immer nicht abgeschlossen ist, wurde Anfang 1996 die zentrale Finanzierung abgebrochen, und zwar sowohl des Bahn- als auch des Wohnungsbaues. Letzteres, obwohl in der einzigen zustandegekommenen Siedlung, Tynda, noch immer ein Drittel der Bevölkerung in provisorischen Unterkünften lebt. Tausende von Bahnarbeitern wurden arbeitslos. In der Gegenwart hat sich die Situation noch verschlimmert, und die BAM-Region verwandelt sich aus einem Depressionsgebiet in eine Zone der sozialen Armut. Das Niveau der Arbeitslosigkeit erreichte 23 % (in Rußland im Mittel 8,5 %). Die staatliche Regionalpolitik reagierte darauf mit einer Politik, die mit der folgenden These formuliert werden kann: Wir helfen nicht den von der Depression betroffenen Territorien, sondern nur der dortigen Bevölkerung. Diese Politik ist für den Norden insgesamt aufgestellt worden, und sie gilt auch für die BAM-Region als Teil des Nordens. Die Hauptkonturen dieser Politik sind: Es ist billiger, die Menschen in andere Gebiete zu evakuieren, als die Arbeitskräfte an uneffektiven Erschließungspunkten zu erhalten. In einer Hinsicht nur hat die BAM-Region einen deutlichen Vorteil gegenüber anderen Regionen des Nordens: die Bahnverbindung verringert den Kostenaufwand für die Evakuierung der Menschen. Diese Evakuierung bedeutet, daß die im letzten Jahrzehnt erst geschaffenen 'Besiedlungsherde' liquidiert werden."

Man kann jedoch davon ausgehen, daß zumindest das Udokaner Kupfervorkommen in absehbarer Zeit erschlossen werden wird. Dann aber wohl nicht in der „komplexen Erschließungsform", sondern vermutlich in einer verbesserten Form der Wachtmethode, und vor allem nicht mehr in Form einer staatlichen Erschließungskampagne, sondern auf der Basis privatwirtschaftlichen Unternehmertums.

Nach RUWWE (1996) hatten sich seit 1992 neben russischen Firmen auch Unternehmer aus Großbritannien, Australien und Kanada für das Udokan-Projekt interessiert. Den Zuschlag erhielt 1993 die eigens für die Ausschreibung gegründete russische Unternehmensgruppe „Udokanskaja gornaja kompanija" (UGK, übersetzt: Udokaner Bergwerksgesellschaft), die nach eigenen Angaben einmal jährlich 200 000 t Kupferkonzentrat im Udokaner Gebiet produzieren will. Davon sollen 50 – 55 % zur Verhüttung in den Wirtschaftsraum Ural transportiert und 45 – 50 % exportiert werden. Für die Errichtung der Abbau- und Aufbereitungsanlagen ist die bekannte Bauorganisation BRATSKGESSTROJ (s. Kap. 6.3.2), inzwischen umgewandelt in eine Aktiengesellschaft, vorgesehen worden.

Auf diese Weise kann einmal zumindest ein Teil des ursprünglichen BAM-Programmes zur Realisierung gelangen.

6.7 Der Aufbau der Wissenschaft in Sibirien

Sibirien ist bis gegen Mitte des 19. Jahrhunderts in erster Linie von außen wissenschaftlich erforscht worden. Die Russische Akademie der Wissenschaften mit dem Sitz in Sankt Petersburg schickte beginnend mit der Regentschaft Peters des Großen (1689 bis 1725) regelmäßig wissenschaftliche Expeditionen durch Sibirien (s. Vorwort), die jeweils bis zu 10 Jahre dauerten. Auf diese Weise wurde nach und nach ein Bild dieses riesigen Raumes und seiner Ressourcen entwickelt. Da die Anreise bis in die östlichen Regionen (letztendlich bis nach Alaska!) sehr weit war, wurde schließlich ein erster Wissenschaftsstützpunkt in Sibirien selber gegründet. In der Sibirienchronik von SCHTSCHEGLOV (1883/1993, S. 334) heißt es dazu:

„Am 7. November 1851 wurde in Sibirien die erste Wissenschaftsgesellschaft gegründet: die Sibirische Abteilung der Kaiserlichen Russischen Geographischen Gesellschaft in Irkutsk. Die ersten Vorsitzenden waren K. R. Wenzel und J. I. Stubendorf[16]. Die Gesellschaft rüstete zahlreiche wissenschaftliche Expeditionen aus."

Kurz darauf wurde die erste Universität gegründet, und dazu heißt es in gleicher Quelle (S. 417): „Am 16. Mai 1878 wurde der Beschluß gefaßt, in Tomsk eine Kaiserliche Sibirische Universität zu gründen, und zwar mit vier Fakultäten: einer historisch-philologischen, einer physikalisch-mathematischen, einer juristischen und einer medizinischen. Am 26. August 1880 fand die feierliche Einweihung der Universität statt."

Erst fast vier Jahrzehnte später, 1918, erfolgte die zweite Universitätsgründung, und zwar im ostsibirischen Zentrum Irkutsk.

---

[16] Interessanterweise wieder zwei deutsche Namen, wie sie in den alten Chroniken unter den Wissenschaftlern, Kaufleuten, Generälen und Administratoren immer wieder auftauchen.

Ein neuer Vorstoß der Wissenschaft nach Sibirien erfolgte im Zusammenhang mit dem Beginn der großen Erschließungskampagne (u. a. Stichwort „Bratsk", s. o.) in der Mitte der 1950er Jahre. Man hatte erkannt, daß eine erfolgreiche Erschließung Sibiriens nur auf wissenschaftlicher Basis durchgeführt werden kann. Daraus ergab sich die Forderung nach einem modernen Wissenschaftszentrum in Sibirien selber. So wurde 1957 in Nowosibirsk eine „Sibirische Abteilung der Russischen (damals noch: Sowjetischen) Akademie der Wissenschaften" („Sibirskoje Otdelenije Russkoj Akademii Nauk", in russ. Buchstaben abgekürzt: СОРАН) gegründet. Für dieses sibirische Wissenschaftszentrum wurde eine eigene Stadt rund 25 km südöstlich von Nowosibirsk errichtet: das „Akademikerstädtchen" Akademgorodok. 1966 war die mitten in die Taiga hineingesetzte Siedlung mit ihren modernen Institutsgebäuden fertiggestellt. Entstanden war eine Art sibirisches 'silicon valley', das zu einem Aushängeschild der sibirischen bzw. der russischen Wissenschaft wurde. Der Komplex umfaßt 18 Wissenschaftsinstitute, die sowohl der Grundlagenforschung dienen als auch der angewandten Forschung, bezogen auf die Lösung spezieller sibirienorientierter Fragen und Probleme. So werden z. B. im Institut für Zytologie und Genetik Saatgutsorten gezüchtet, die an die besonderen Naturbedingungen Sibiriens angepaßt sind. Zu ihnen gehört auch eine dornenlose Sanddornart, die das Abernten dieses in weiten Gebieten Sibiriens wachsenden und als Vitaminspender geschätzten Strauches erleichtert.

Die Wissenschaftsinstitute in Akademgorodok (Nowosibirsk) sind:
1. Institut für Mathematik
2. Institut für Hydrodynamik
3. Institut für Thermophysik
4. Institut für reine und angewandte Mechanik
5. Institut für Nuklearphysik

6. Institut für Halbleiterphysik
7. Institut für Automatisierung und Elektrometrik
8. Institut für Bergbau
9. Institut für Katalyse
10. Institut für organische Chemie
11. Institut für anorganische Chemie
12. Institut für chemische Kinetik
13. Institut für Mineralstoffverarbeitung
14. Institut für Zytologie und Genetik
15. Institut für Bodenkunde und Agrochemie
16. Institut für Geologie und Geophysik
17. Institut für Wirtschaft und Organisation der Industrieproduktion
18. Rechenzentrum

Akademgorodok, eine Stadt im Grünen, malerisch am Ob-Stausee (mit einem extra für die Bewohner aufgeschütteten Sandstrand) gelegen, hat rund 60 000 Einwohner und zeichnet sich gegenüber allen anderen sibirischen Städten durch eine angenehme Atmosphäre aus.[17] Um 1990 arbeiteten rund 5 000 Wissenschaftler in den Instituten. Das Wissenschaftszentrum im Nowosibirsker Vorort (verwaltungsmäßig ein Stadtteil von Nowosibirsk) stellt ein unschätzbares Potential Sibiriens dar.

In den Folgejahren sind fünf Filialen dieses Nowosibirsker Zentrums in Tomsk, Krasnojarsk, Irkutsk, Ulan-Ude und Jakutsk gegründet worden, häufig mit bestimmten, an die Besonderheit der jeweiligen Region ausgerichteten Aufgabenschwerpunkten. Ferner sind zum Komplex der Sibirischen Akademie der Wissenschaften gehörende sog. „Wissenschaftseinrichtungen" gegründet worden, und zwar in Tjumen, Omsk, Barnaul, Kemerowo, Tschita und Kysyl.

Die größte *Filiale* ist die von *Irkutsk*, die ebenfalls in einer eigenen Siedlung mit dem Namen „Akademgorodok", gelegen am linken Angara-Ufer, untergebracht ist. Sie enthält elf Institute, darunter das „Institut der Geographie Sibiriens und des Fernen Ostens", das größte geographische Forschungsinstitut im asiatischen Rußland. 300 Wissenschaftler und Mitarbeiter arbeiten hier in 15 Abteilungen, und das Institut unterhält Forschungsstationen in allen Teilen Sibiriens. Es hat sich in den letzten Jahren vor allem um die Forschung zu ökologischen Problemen Sibiriens verdient gemacht. Zur Irkutsker Filiale gehört auch das auf die Erforschung des Baikalsees ausgerichtete Limnologische Institut.

Die *Filiale Jakutsk* verfügt über sechs naturwissenschaftliche Forschungsinstitute, darunter eines für die Erforschung des Dauerfrostbodens, sowie über ein Institut für Sprache, Literatur und Geschichte, welches die Kultur der Jakuten erforscht.

Insgesamt hatte die Sibirische Abteilung der Akademie der Wissenschaften in den 1970er und -80er Jahren 45 600 Beschäftigte, 11 500 Wissenschaftler (mit akademischen Graden) und mehr als 10 000 wissenschaftliche Mitarbeiter („wissenschaftlich-technisches Personal").

Sibirien ist somit von einem Netz von Wissenschaftsinstituten überzogen, was die Forschung zur Lösung regionaler Fragen erleichtert. Seit 1984 wird von den Filialen und Wissenschafteinrichtungen der Sibirischen Akademie der Wissenschaften ein gemeinsames „Programm Sibirien" durchgeführt, das der Erarbeitung einer wissenschaftlichen Basis für die weitere „Entwicklung der Produktivkräfte" dieses Raumes dient. Es umfaßt 40 Unterprogramme, die auf bestimmte Aufgaben ausgerichtet sind, wie Landwirtschaft, Forstwirtschaft, Wasserressourcen, Prospektion und Förderung der Bodenschätze, Umweltschutz, soziale Aspekte des Erschließungsvorganges.

Diese Arbeiten sind jedoch im Zuge des Transformationsprozesses stark beeinträchtigt worden. Heute leidet die Sibirische Aka-

---

17 Kritisiert wird nur die monotone Bauweise und schlechte Qualität der fünfgeschossigen Wohnblöcke vom Typ „Chrustschoby", der zu Chrustschows Zeiten in ganz Sibirien (vor allem in Bratsk) gebauten Einheitshäuser.

demie der Wissenschaften unter ständig sinkenden staatlichen Investitionen. Die Forschungsprogramme müssen reduziert werden, und die Wissenschaftler können nicht mehr angemessen entlohnt werden. Die Folge ist ein Abwandern vieler Wissenschaftler in den vielversprechenden Bereich des 'Business' bzw. ein Auswandern ins Ausland. Zum 1. September 1997 ist ein großer Teil der Akademie-Wissenschaftler (etwa 30–40%) entlassen worden. Dies alles bedeutet einen empfindlichen Aderlaß für die einst leistungsfähige sibirische Wissenschaft. Durch Planungen für einen „Technopark Nowosibirsk" versucht man heute, die Bedeutung dieses Standortes zu erhalten.

Mit dem Aufbau der Akademie der Wissenschaften erfolgten ab der zweiten Hälfte der 1950er Jahre auch zahlreiche Universitätsneugründungen.

Jede sibirische Stadt mit mehr als 500 000 Einwohnern hat heute eine Universität. Geographische Institute gibt es in Tomsk, Irkutsk und Jakutsk. Die Gesamtzahl der sibirischen Studenten lag 1994 bei 45 000, was ein Verhältnis von einem Stu-

	Universität	Gründungs-jahr	Studentenzahl 1994
1.	Tomsk	1880	8 900
2.	Irkutsk	1918	7 900
3.	Jakutsk	1956	7 500
4.	Nowosibirsk	1959	4 000
5.	Krasnojarsk	1969	5 200
6.	Barnaul	1973	4 700
7.	Kemerowo	1973	6 500
8.	Tjumen	1973	5 000
9.	Omsk	1974	3 000

Tab. 6.11:
Die sibirischen Universitäten*
(in der Reihenfolge ihrer Gründung)

* Aufgeführt sind nur die klassischen Voll-Universitäten. Seit etwa 1995 haben sich viele Fachschulen und Akademien in „Universitäten" umbenannt, die einstige Irkutsker Fremdsprachenschule z.B. in „Linguistische Universität

Quelle: DAAD-Studienführer Russische Föderation, Bonn 1994

dierenden je 565 Einwohner (in Deutschland 1:43) bedeutet. Mit den Gründungen der Akademie-Institute und der Universitäten ist eine Erschließung Sibiriens auch im wissenschaftlichen Bereich erfolgt.

7 Sibirien als Siedlungs- und Lebensraum der Gegenwart

Entlang der Transsib zieht sich heute ein mehr oder weniger geschlossenes Siedlungsband durch den asiatischen Teil Rußlands. Dieser Streifen ist fast ausschließlich von Russen (sowie anderen Minderheiten europäischer Herkunft) bewohnt. Über dieses Siedlungsband reicht damit der europäische Kulturraum über den Ural hinweg bis an den Pazifik.

7.1 Allgemeine Entwicklungen und Probleme

Nach einem deutlichen Anwachsen der Bevölkerungszahlen bis um 1990 ist es heute zu einer weitgehenden Stagnation gekommen. Die demographischen Indizes verschlechtern sich, und die Migrationsbewegungen zeigen, daß Sibirien in eine Unruhe geraten ist. Streiks und Aktionen, wie die Blockade der Transsibirischen Eisenbahn (im Sommer 1998), weisen auf soziale Probleme hin. Insgesamt zeigt sich aber eine erstaunliche „Leidensfähigkeit" der sibirischen Bevölkerung, die trotz aller Verschlechterung der Lebensverhältnisse ihr Schicksal mit bewundernswerter Gelassenheit trägt.

7.1.1 Bevölkerungsentwicklung im 20. Jahrhundert

Mit der Fertigstellung der Transsib im Jahre 1903 begann die moderne Besiedlung Sibiriens. Rund 700 Siedlungen, Dörfer wie Städte, sind in den ersten Jahrzehnten entlang der Bahnlinie gegründet worden, darunter befindet sich als größte Stadt Nowosibirsk, das sich in nur sieben Jahrzehnten von einer kleinen Arbeitersiedlung zur Millionenstadt entwickelte. Die Transsib wurde zur Leitachse der Besiedlung und Industrialisierung Sibiriens.

Abbildung 7.1 zeigt, daß entlang der Transsib (und ihrer nach dem Süden ausgreifenden Stichbahnen) die Bevölkerungsdichte bei 10–25 Ew./km² liegt. Vor allem im ostsibirischen Abschnitt läßt sich deutlich ein 50–80 km breites Siedlungsband entlang der Transsib verfolgen. Ansonsten weist die Südzone Sibiriens (verglichen mit Abb. 6.3), von den Gebirgen abgesehen, Dichtewerte von 1–10 Ew./km² auf. Dieser Wert wird in der Nordzone nur entlang der Flüsse erreicht, ansonsten kommt hier im Schnitt weniger als 1 Einwohner auf jeden Quadratkilometer. Eine Ausnahme bildet das edaphisch begünstigte Gebiet am Lenaknie um Jakutsk, das im Norden eine Bevölkerungsinsel mit der Dichte der Transsibzone darstellt.

Mitte der 1920er Jahre lebten in Sibirien mehr als 10 Mio. Menschen. Mit den beiden staatlichen Erschließungskampagnen in den 1930er und ab den 1960er Jahren (s. Kap. 6.1) stiegen die Einwohnerzahlen deutlich an.

1995 lebte etwa jeder siebente Einwohner Rußlands in Sibirien. Rechnet man den Fernen Osten (1995 = 6,58 Mio. Ew.) sowie das eigentlich Westsibirien zugehörige Gebiet „Südostural" (s. Kap. 1, 1995 = 9,52 Mio Ew.)

Tab. 7.1: Entwicklung der Bevölkerungszahlen Sibiriens 1939–1995 (in Mio.)
Quelle: nach Demographic Yearbook of Russia 1995

Region	1939	1959	1970	1979	1989	1995
Westsibirien	8,93	11,25	12,11	12,96	15,00	15,14
Ostsibirien	5,18	6,96	8,12	8,99	10,23	10,20
Summe	14,11	18,21	20,23	21,95	25,23	25,34
Anteil an der Bevölkerung der RSFSR bzw. Rußlands (in %)	13,0	15,4	15,5	15,95	17,1	17,0

Allgemeine Entwicklungen und Probleme 129

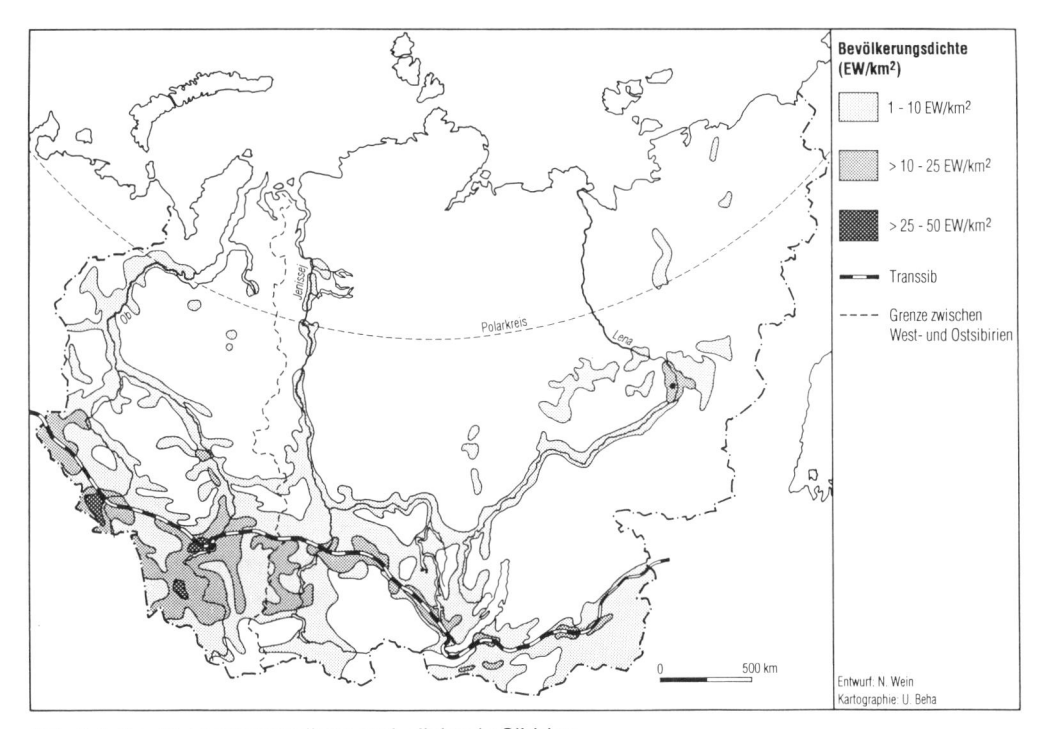

Abb. 7.1: Bevölkerungsverteilung und -dichte in Sibirien

hinzu, so ergibt sich, daß in diesem Jahre 41,45 Mio. Menschen, die 27 % der Gesamtbevölkerung der Russischen Födera-tion entsprachen, jenseits des Urals lebten.

Zwischen 1959 und 1989 stieg die Bevölkerungszahl Sibiriens um 7 Mio. Einwohner bzw. um 38,5 % an. Dies ist die Phase der zweiten staatlichen Sibirienerschließung, in der mit materiellen Anreizen zur Übersiedlung nach Sibirien geworben wurde. 1960 wurde für Sibirien ein besonderes Lohnsystem eingeführt, bei dem die Löhne gegenüber denen im europäischen Landesteil um einen bestimmten Faktor erhöht wurden. Dieser richtete sich nach der „Rauhigkeit" des jeweiligen Arbeits- bzw. Wohngebietes, wobei für die Südzone der Faktor 1,2 galt (d. h. 20 % Aufschlag zum Normallohn) und der Wert nach Norden hin über 1,4 und 1,6 auf 1,8 oder gar 2,0 anstieg. Die BAM-Zone war, obwohl im Südteil der Nordzone gelegen, mit dem Faktor 1,7 belegt (s. Abb. 9.1. bei WOOD/FRENCH 1989). Um die Arbeitskräfte über die schwierige Adaptionsphase hinweg am Arbeitsplatz zu halten, wurde der Lohn in den ersten fünf Jahren jährlich um weitere 10 % (in Extremgebieten noch mehr) erhöht.

Arbeitskräfte in Bratsk (Stufe 1,4) erhielten somit bei einem für den europäischen Raum angenommenen Monatslohn von 200 Rubeln nach 5 Jahren 450 Rubel im Monat. In den nördlicheren Regionen waren (und sind bis heute) die Unterschiede noch größer. Bei all dem ist zu berücksichtigen, daß die Lebenshaltungskosten in Sibirien und vor allem im Norden erheblich höher sind als im europäischen Teil Rußlands. Nach WOOD/FRENCH 1989 (S. 194) lagen sie in den 1980er Jahren in Westsibirien um 50–54% über dem RSFSR-Mittel.

Als weitere Vergünstigung erhielten die sibirischen Arbeitskräfte (was heute nicht mehr gilt) pro Jahr 12 zusätzliche Urlaubstage, die sie auf 3 Jahre akkumulieren durf-

Region	1959	1970	1979	1989
Bezirk der Jamalo-Nenzen	0,022	0,034	0,080	0,379
Bezirk der Chanten und Mansen	0,033	0,170	0,446	1,153
Summe	0,055	0,240	0,526	1,532

Tab. 7.2: Bevölkerungswachstum im Norden Westsibiriens 1959–1989 (in Mio. Ew.)
Quelle: nach: Demographic Yearbook of Russia 1995

ten, so saß sie dann (einschließlich des normalen Urlaubs) bis zu einem Vierteljahr Erholungsurlaub im Süden, z. B. am Schwarzen Meer, machen konnten – bei kostenloser An- und Abreise. Ferner zählten Sibirienjahre das anderthalbfache bei der späteren Rentenberechnung, und das Rentenalter beginnt in Sibirien (für Männer) bereits bei 55 Jahren.

Diese Anreize stellten von etwa 1960 bis 1990 vor allem für viele junge Menschen eine Verlockung dar, in Sibirien zu arbeiten – zumindest für eine gewisse Anzahl von Jahren.

Einen besonderen Zuwachs erfuhr dabei die Bevölkerung in den mit hohen Lohnzuschlägen belegten Fördergebieten des Nordens, die bis dahin fast nur von der zahlenmäßig geringen indigenen Bevölkerung besiedelt waren. Das gilt für das westsibirische Erdöl- und Erdgasgebiet wie auch für die jakutische Diamantenregion.

Die Zahlen für den Norden Westsibiriens (Tab. 7.2) zeigen in den dreißig Jahren von 1959 bis 1989 fast eine Verdreißigfachung der Bevölkerung auf! In dieser Zeit wuchsen auch die Städte der Südzone deutlich an (Tab. 7.3).

Mit diesem Städtewachstum nahm der Anteil der städtischen Bevölkerung Sibiriens deutlich zu. Lag er 1959 noch bei 50,3 % in West und bei 62,5 % in Ostsibirien, so stieg er bis 1989 auf 72,2 bzw. 71,4 % an.

Heute gibt es in Sibirien 23 Städte mit mehr als 100 000 Einwohnern, darunter zehn mit mehr als 300 000 Einwohnern (Tab. 7.4). Tomsk, das in der zweiten Hälfte des 19. Jh noch die größte Stadt Sibiriens war (s. Tab. 3.6), ist auf Rang 9 zurückgefallen, was in erster Linie darauf zurückzuführen ist, daß die Transsib diese Stadt nicht berührt

Tab. 7.3: Städtewachstum in Sibirien 1959–1986
Quelle: MISEVITSCH/RJASCHTSCHENKO 1988, S. 32

* Bei den Einwohnerzahlen gehen die Statistiken oft auseinander. Nach dem offiziellen statistischen Jahrbuch (GOSKOMSTAT) hat Nowosibirsk nie den Wert von 1,4 Mio. Ew. überschritten.

Stadt	Einwohner (1 000)		Zuwachsrate (1959 = 100)
	1959	1986	
Nowosibirsk	808	1 405*	159
Kemerowo	289	514	198
Omsk	581	1 122	193
Tomsk	249	483	194
Tjumen	150	440	293
Krasnojarsk	414	885	214
Irkutsk	366	601	164
Tschita	172	342	199

	1989	1995
1. Nowosibirsk	1,392	1,368
2. Omsk	1,148	1,160
3. Krasnojarsk	0,870	0,871
4. Barnaul	0,602	0,594
5. Irkutsk	0,577	0,587
6. Nowokusnezk	0,581	0,569
7. Kemerowo	0,511	0,501
8. Tjumen	0,477	0,497
9. Tomsk	0,473	0,473
10. Tschita	0,323	0,321

Tab. 7.4: Die 10 größten sibirischen Städte 1989 und 1995 (in Mio. Ew.)
Quelle: Goskomstat 1995

Tab. 7.5: Natürliche Wachstumsraten der Bevölkerung in der RSFSR und in Sibirien 1960–1989 (Zuwachs pro 1000 Ew.)
Quelle: GUSCHTSCHIN 1992, S. 165

Jahr	RSFSR	Westsibirien	Ostsibirien
1960	15,8	19,8	20,8
1965	8,2	9,4	11,7
1970	5,9	7,1	9,8
1980	4,9	7,5	10,1
1985	5,2	8,3	10,4
1989	3,9	6,0	8,6

Allgemeine Entwicklungen und Probleme

Das Bevölkerungswachstum in Sibirien beruht nicht nur auf der Zuwanderung, der immer auch eine hohe Abwanderung gegenübergestanden hat, sondern nicht zuletzt auf einer natürlichen Wachstumsrate, die immer über dem Mittelwert der RSFSR lag.

Bis zum Jahre 1994 war in ganz Rußland der Bevölkerungszuwachs in einen Rückgang umgeschlagen, wobei dieser jedoch in Sibirien geringer war als in der Russischen Föderation insgesamt:

Rußland   −6,1
Westsibirien −4,4
Ostsibirien −3,0.

Infolge dieser negativen Raten nimmt die Bevölkerungszahl Sibiriens seit etwa 1990 langsam ab. Zwischen 1992 und 1995 hat sie sich um 320 000 Einwohner verringert, was zwar nur einen Rückgang von 1,25 % bedeutet, aber doch anzeigt, daß nach rund 400 Jahren ständigen Zuwachses dieser (zumindest vorerst) an ein Ende erreicht haben dürfte.

7.1.2 Lebensverhältnisse und Fluktuation

Die Lebensverhältnisse in Sibirien sind schlechter als im europäischen Teil Rußlands. Das hat nichts mit dem extremen Klima zu tun, sondern beruht auf der jahrzehntelangen Ausbeutung, einseitigen Ausrichtung und sozialen Vernachlässigung der Region. Ein sibirischer Wirtschaftsexperte faßte es einmal sinngemäß so zusammen: In Sibirien sind die Menschen ärmer, sie leben in kleineren und qualitativ schlechteren Wohnungen, und sie werden unzureichend versorgt. Unter den heutigen Transformationsproblemen sind die Einkommen vieler Sibirier unter die Armutsgrenze abgesunken, wovon in Westsibirien gerade das einst reiche Nowosibirsker Gebiet stärker betroffen ist (Tab. 7.6).

Folge der schlechten Lebensverhältnisse ist eine hohe Fluktuation. Tabelle 6.5 zeigt am Beispiel des westsibirischen Nordens, wie stark die ständigen Bevölkerungsbewegungen sind. Den 307 000 Zuwanderern des Jahres 1985 standen 206 000 Abwanderer gegenüber, so daß allein in dieser Region und in diesem Jahr 513 000 Menschen unterwegs waren. In Surgut, der größten Stadt dieser Region, standen 1985 den 203 000 Einwohnern 40 770 Migranten gegenüber. Die gesamte Migrationszahl des Jahrfünfts 1980 bis 1984 überstieg deutlich die Einwohnerzahl der Stadt (im Schnitt dieses Jahrfünfts etwa 160 000 Ew.), woraus sich ergibt, daß praktisch alle paar Jahre die Bevölkerung der Stadt einmal „umgeschlagen" wurde.

ORLOV schrieb 1985 (S. 80) dazu: *„Von 1971 bis 1980 übertraf die Anzahl der Zu- und Abwanderer etwa fünfmal die Zahl der über längere Zeit ansässigen Bevölkerung."* Nach BANDMAN (1980, S. 69) lebte 1970 in Westsibirien jeder sechste und in Ostsibirien jeder fünfte Einwohner weniger als zwei Jahre am gegenwärtigen Ort.

Einige weitere Zahlen sollen die Intensität der Fluktuation wiedergeben: Die städtischen Siedlungen Ostsibiriens verzeichneten zwischen 1953 und 1959 jährlich eine durchschnittliche Zuwanderung von 181 000 und eine Abwanderung von 143 000 Menschen. Von 1969 bis 1971 beliefen sich die

Tab. 7.6:
Anteil der Bevölkerung mit Einnahmen unter dem offiziellen Existenzminimum in Sibirien 1995
Quelle: TACIS 1996, S. 88

Region	Anteil (%)	Region	Anteil (%)
Westsibirien		Ostsibirien	
Republik Altai	15,3	Region Krasnojarsk	18,3
Region Altai	22,8	Republik Chakassija	22,1
Gebiet Tjumen	11,8	Gebiet Irkutsk	17,7
Gebiet Nowosibirsk	25,6	Republik Burjatien	33,0
Gebiet Omsk	20,2	Republik Tuwa	66,8
Gebiet Tomsk	21,9	Gebiet Tschita	27,4
Gebiet Kemerowo	14,3	Republik Sacha	22,4

jährlichen Zuwandererzahlen auf 460 000 bis 480 000 und die Abwandererzahlen auf 415 000 – 420 000 (nach MINSEVITSCH/RJA-SCHTSCHENKO 1988, S. 17).

In WOSTOK (2/1994, S. 33) heißt es dazu: *„Sibirien war in jenen Jahren geradezu ein riesiges Durchgangslager: um ein Wachstum der Bevölkerung um eine Million zu erreichen, mußten es mindestens 20 Mio. Menschen passiert haben."*

Als Ursache für diese hohe Fluktuation gelten die schlechten Lebensverhältnisse in Sibirien, vor allem natürlich in den neuen Erschließungsgebieten des Nordens. Ende der 1980er Jahre erklärten 38,6 % der Abwanderer aus dem Norden Westsibiriens, daß sie in der Region geblieben wären, wenn die Wohnverhältnisse besser gewesen wären (WOOD/FRENCH 1989, S. 203). Das Leben in Wohnheimen oder „Kommunalkas" (Gemeinschaftswohnungen) ist auch in der Gegenwart keine Seltenheit. Die durchschnittliche Pro-Kopf-Wohnungsgröße lag in der ersten Hälfte der 1980er Jahre im Tjumen-Gebiet bei 9,9 m² und im Irkutsker Gebiet bei 11,2 m².

Zu den Unzulänglichkeiten der sibirischen Städte gehört die mangelhafte soziale Infrastruktur. Es fehlt an Kindergarten-, Schul- und Krankenhausplätzen, an Geschäften, Apotheken, an Fortbildungs- und Unterhaltungsmöglichkeiten. Die Tabelle 6.6 zeigt die Situation zweier Städte im Jahre 1994, wobei man davon ausgehen muß, daß der Versorgungsgrad in den vorhergehenden Jahren noch erheblich niedriger war und in kleineren Städten ebenfalls deutlich darunter liegt. Häufig sind die Menschen gezwungen, für wichtigere Besorgungen auf beschwerliche Weise mit Bahn oder Bus in die nächste große Stadt, die sehr weit entfernt sein kann, zu fahren. Die Bewohner Tscherskis, um nur ein Beispiel herauszugreifen, fliegen zu diesem Zweck in das 1 900 km entfernte Jakutsk, sofern sie einen Platz auf der Passagierliste erhalten).

Unzulänglich ist auch die Lebensmittelversorgung, und das vor allem – wie bereits erwähnt – im Bereich der Frischprodukte. Überall in Sibirien wird über den daraus resultierenden Vitaminmangel geklagt. 1977 gaben in einer Umfrage 37 % der Personen, die aus Norilsk abwanderten, die unzureichende Versorgung mit Milch, Kartoffeln, Gemüse und Obst als Grund für den Wegzug an (BOEV/GABOV 1981, S. 44). Bei den Frischprodukten ist die Bevölkerung weitgehend auf Eigenversorgung angewiesen. Dazu gehört das Sammeln von Beeren, Pilzen, Bärlauch und Zedernsamen im Wald. Wer auf dem Lande lebt, hält sich, wenn eben möglich, seine eigene Kuh, die im allgemeinen frei herumläuft und die Futterreserven an den Weges- oder Waldrändern (und gelegentlich auch auf wilden Müllkippen!) nutzt. Auf freien Flächen beiderseits der Straße oder auch in Waldschneisen werden Wildäcker angelegt, auf denen Kartoffeln angebaut werden. Fährt man im September mit der Bahn, kann man in der Nähe der Siedlungen sehen, wie die Menschen von unregelmäßigen Parzellen beiderseits der Bahndämme Kartoffeln ernten.

Vor allem aber dienen die Datschakulturen der Eigenversorgung der Bevölkerung. Jede sibirische Stadt (abgesehen von denen des Fernen Nordens) ist von einem Gürtel von Datschakulturen umgeben, wobei jede Parzelle eine einheitliche Fläche von 600 m² aufweist (bei in jüngster Zeit neu angelegten Datschakolonien gelegentlich nur 400 m²). Zur Stadt Bratsk gehörten 1983 (nach MINSEVITSCH/RJATSCHENKO 1988) 26 000 Datschas, 1986 waren es (nach lokalen Angaben) 38 000. Für Nowosibirsk wurde 1990 die Zahl von 150 000 Datschas genannt. Umgerechnet bedeutet dies, daß jede zweite oder dritte Familie eine solche Datscha besitzt. Diese Datschas haben nichts mit „Schrebergarten-Idylle" zu tun, sondern sie dienen der Gesunderhaltung der Bevölkerung, und das unter größtem körperlichem Arbeitseinsatz. Jeder Quadratmeter der Anbaufläche ist mit Kartoffeln, Kohl und Möhren bestellt, und die Kultivierung wie der Transport der Produkte ist mit

Allgemeine Entwicklungen und Probleme

großem Aufwand verbunden. In jüngster Zeit werden häufig in kleinen, selbst erstellten Foliengewächshäusern Tomaten und Gurken, die sonst bei der Kürze des Sommers nicht ausreifen, angebaut.

Zur Eigenversorgung nutzt die Bevölkerung auch die Möglichkeiten, die heute mit der Privatisierung der Landwirtschaft gegeben sind. Man pachtet Parzellen von den kollektiven oder staatlichen Betrieben, um darauf Kartoffeln für den Eigenbedarf anzubauen. In der Umgebung von Nowosibirsk entfiel zu Beginn der 1990er Jahre (und vermutlich auch später noch) der größte Teil der „privatisierten Landwirtschaftsflächen" auf eine solche Nutzung durch die Stadtbewohner.

Bei dieser Versorung ist zu bedenken, daß aufgrund der klimatischen Bedingungen der Kalorienbedarf der sibirischen Bevölkerung um 29 % über dem russischen Mittelwert liegt (nach WOOD/FRENCH 1989, S. 2). Mit dem geringen Angebot, das man in den Lebensmittelgeschäften sehen kann, ist dieser Bedarf kaum zu decken, erst recht nicht in in qualitativer Hinsicht.

Für den Norden ist von staatlicher Seite eine Versorgungsnorm aufgestellt worden, an der sich die Versorgungsorganisationen orientieren sollen. Umgerechnet auf den Tag bedeuten die in Tabelle 7.7 aufgeführten Normen 80 g Kohl, 30 g Obst, 9 g Wurst und 6 g Käse! In vielen Bereichen, so vor allem bei Milch, kann diese Norm nicht gedeckt werden. Lediglich Brot wird in der Regel in ausreichendem Maße angeboten.

Die unzureichende Ernährung wirkt sich negativ auf die Gesundheit der Bevölkerung aus, was durch die in vielen Gebieten starke ökologische Belastung (die in Kapitel 9.2.5. am Beispiel des Irkutsker Gebietes dargestellt wird) noch verstärkt wird. Zu den „normalen" Umweltbelastungen tritt in vielen Gebieten noch eine hohe Strahlenbelastung, hervorgerufen durch frühere (meist unterirdische, aber nicht immer unterirdisch gebliebene) Atomtests und „zivile" Atomsprengungen. Zu den betroffenen Gebieten gehören (nach Wostok 4/1992) die Altai-Region, das Ob-Irtysch-Mündungsgebiet und das Ob-Unterlaufgebiet, die Halbinsel Gydan (östlich des Ob-Busens) und Gebiete am unteren Jenissej, an der Steinigen Tunguska, am mittleren Wiljui, bei Udatschny und in Transbaikalien. Das Altai-Gebiet (Städte Barnaul, Seweroaltaisk, Bijsk und auch das Nowosibirsker Gebiet sind nach BULATOV (1993) verstrahlt durch die insgesamt 468 im benachbarten kasachischen Gebiet um Semipalatinsk durchgeführten Atomexplosionen. Die Folge all dieser Belastungen ist eine deutliche Zunahme der Krankheitsraten und eine Verringerung der Lebenserwartungen in den meisten sibirischen Regionen. Im Wiljui-Becken, das wegen der radioaktiven Verstrahlung offiziell als „ökologisches Notstandsgebiet" bezeichnet wird, stellten Mediziner eine deutliche Erhöhung der Krebserkrankungen fest. Früher galt die „klimagestählte" sibirische Bevölkerung als besonders gesund und widerstandsfähig, aber seit Beginn der Industrialisierungsphase anfang der 1960er Jahre, in der der „Faktor Mensch" gegenüber der Produktion vernachlässigt wurde, ist der Gesundheitszustand der Menschen schlechter als jener der übrigen Bevölkerung der Russischen Föderation. In den medizinischen Abteilungen der Sibirischen Akademie der Wissenschaft wird für die stark belasteten Stadtregionen von Nowosibirsk, Nowokusnezk, Kemerowo, Krasnojarsk, Norilsk und Irkutsk eine deutlich erhöhte Krankenrate und ein Rückgang der Lebenserwartungen von 5–7 Jahren bei den Männern und von 3–5 Jahren bei den Frauen angegeben.

Tab. 7.7:
Versorgungsnorm pro Kopf und Monat in Sibirien
Quelle: nach lokalen Angaben Nowy Urengoi

Fleisch	3,5 kg	Zucker	2,1 kg
Öl und		Brot	14,9 kg
Fette	1,1 kg	Hirse	1,5 kg
Milch	15,3 kg	Nudeln	6,1 kg
Käse	0,17 kg	Kartoffeln	12,2 kg
Wurst	0,27 kg	Kohl	2,5 kg
Eier	15 Stück	Obst	0,9 kg

	Männer	Frauen
Russische Föderation	57,6	71,2
Westsibirien	57,3	70,5
Ostsibirien	54,4	68,4

Tab. 7.8: Durchschnittliche Lebenserwartung in Sibirien 1994 (in Jahren)
Quelle: nach Demographic Yearbook of Russia 1995

Russische Föderation	21,4
(Samara-Gebiet)	(15,5)
Westsibirien	21,8
Ostsibirien	23,4
darunter	
Bezirk der Jamalo-Nenzen	31,1
Bezirk der Chanten und Mansen	30,2
Altai-Republik	25,3
Gebiet Nowosibirsk	24,1
Gebiet Kemerowo	26,6
Region Krasnojarsk	27,7
Gebiet Irkutsk	27,1

Tab. 7.9: Kindersterblichkeit in Sibirien 1993 (Todesfälle im ersten Lebensjahr, auf 1 000 Geburten)
Quelle: Statistic Yearbook of Russia 1995

In den statistischen Darstellungen (Tab. 7.8), bezogen auf die Gesamtregion, kommt dieser Rückgang der Lebenserwartungen zum Ausdruck.

Erschreckend ist die geringe Lebenserwartung der russischen Männer allgemein, vor allem im internationalen Vergleich: Deutschland und USA = 72 Jahre, Dänemark und Spanien = 73 Jahre, Niederlande, Norwegen, Frankreich und Italien = 74 Jahre. Der niedrige russische Wert, der nur mit Pakistan (59) und Indien (55) verglichen werden kann (und der zweifellos teilweise auch auf dem häufigen Alkoholmißbrauch beruht[18], wird in Sibirien noch einmal unterschritten, in Ostsibirien sogar um ganze drei Jahre! Im gleichen Maße ist auch die Lebenserwartung der Frauen abgesunken. Man kann davon ausgehen, daß dieses Absinken der Lebenserwartung auf die ökologische Belastung in den genannten Schwerpunktgebieten zurückzuführen ist.

Ein weiteres Indiz für die ökologische Belastung einer Region ist in der Kindersterblichkeit zu sehen, die in Rußland mehr als doppelt so hoch ist wie in Westeuropa und in bestimmten Gebieten Sibiriens zum Teil noch einmal deutlich übertroffen wird.

Auch hier stechen die Gebiete mit den besonders hohen ökologischen Belastungen hervor, wobei in der Altai-Republik die (nachgewiesene) atomare Verseuchung vom nahen Semipalatinsker Atomtestgelände als Ursache für die überdurchschnittliche Kindersterblichkeit angesehen werden muß.

Bis um das Jahr 1985 war die sibirische Bevölkerung über die ökologische Belastung nicht informiert. Erst mit dem Schlagwort „Glasnost" setzte ab Mitte der 1980er Jahre eine entsprechende Aufklärung ein, die zu einer Verunsicherung der Menschen führte und in manchen Regionen (z. B. Bratsk, s. u.) eine „ökologische Flüchtlingsbewegung" auslöste.

Partei und Regierung mußten einsehen, daß sich die hohe Fluktuation bzw. die zunehmende Abwanderung negativ auf den Erschließungsprozeß auswirkten. Deshalb wurde in das 1985 aufgestellte Wirtschaftsprogramm „Die Hauptrichtungen der wirtschaftlichen und sozialen Entwicklung der Sowjetunion für die Jahre 1986 – 1990 und den Zeitraum bis zum Jahr 2000" als Punkt 7 folgendes Ziel aufgenommen:

„In den Gebieten Sibiriens und des Fernen Ostens ist ein vorrangiges Wachstum des Lebensniveaus der Bevölkerung zu sichern, um die Kader dort zu halten."

Diese Zielsetzung, wie erfolgreich sie auch immer verfolgt worden sein mag, behielt nur bis zu Zusammenbruch der Sowjetunion Gültigkeit.

---

18 Bei SOBOLEVA 1991, S. 72/73, wird dieser Zusammenhang nachgewiesen, indem in einer Tabelle aufgezeigt wird, daß in Rußland allgemein wie auch in den Gebieten Tomsk und Kemerowo die Lebenserwartung der Männer nach dem von Gorbatschow erlassenen Alkoholverbot um drei Jahre angestiegen ist, um nach der Aufhebung des Alkoholverbotes um so stärker wieder abzusinken.

7.1.3 Migrationen

Die großen materiellen Anreize, die die Menschen einst nach Sibirien (und hier vor allem in den Norden) gelockt haben, spielen heute keine ausschlaggebende Rolle mehr. Norilsk z. B. bezeichnet man heute – wie schon oben in anderem Zusammenhang erwähnt – als die „Stadt der Betrogenen", weil die Menschen hierher kamen, um viel Geld zu verdienen und heute nicht einmal ihre normalen Löhne regelmäßig ausgezahlt bekommen! Anfang 1997 drohte hier ein Streik, da seit fünf Monaten keine Löhne mehr ausgezahlt worden waren.

Die wirtschaftlichen und ökologischen Bedingungen haben seit dem Ende der 1980er Jahre zu Migrationsbewegungen geführt, die die einstige Fluktuation übertreffen.

Die innerregionale Migration

Als Reaktion auf die ökologisch angespannte Situation in den sibirischen Städten ist heute eine Umkehr der ursprünglichen Landflucht, eine *Migration von den Städten aufs Land,* zu beobachten. SCHABANOVA beschrieb die innerregionale Migration schon 1989 und bezeichnete sie als „Rückkehr-Migration ins sibirische Dorf", da die Menschen in der Regel in ihr Heimatdorf zurückziehen. Die besseren Möglichkeiten zur Eigenversorgung, u. a. durch die beschriebene Pachtung von Kolchos- oder Sowchosland, läßt die Attraktivität des Dorfes weiterhin steigen.

Der Anteil der städtischen Bevölkerung Sibiriens ging dementsprechend in den letzten Jahren wieder zurück, in Westsibirien von 72,8 % (1989) auf 70,9 % (1995). Besonders deutlich wird dieser Wandel im Gebiet Nowosibirsk, wo der Anteil städtischer Bevölkerung von 79,4 % (1989) auf 73,8 % (1995) zurückgegangen ist. Nowosibirsk verzeichnet demzufolge seit etwa 1985 rückläufige Einwohnerzahlen.

Zur innerregionalen Migration gehört vor allem die *Abwanderung aus dem sibirischen Norden* (s. Beispiel Norilsk). Die positiven Migrationsbilanzen der Regionen und Städte des Nordens schlugen um 1990 in negative Werte um. Nowy Urengoi wies bei Einwohnerzahlen von rund 90 000 in den Jahren 1990 und 1991 Migrationssalden von – 1 800 und – 4 200 auf. Surgut, das im Jahrfünft 1985 – 1989 noch einen Wanderungsgewinn von 29 500 Personen aufwies (s. Tab. 6.7), fiel im darauffolgenden Jahrfünft auf ein Wanderungssaldo von – 1 800 zurück. Nishnewartowsk hatte 1986 noch eine positive Wanderungsbilanz von + 8 450 Personen und 5 Jahre später (1991) bereits einen Wanderungsverlust von 6 390 Menschen. Diese Zahlen sind repräsentativ für die gesamte Region des Nordens.

In allen Nordregionen sind die Migrationsbilanzen in negative Werte umgeschlagen (im Tschukotka-Bezirk des Fernen Ostens sogar auf – 778 !).

Diese Entwicklung ist auf die veränderte ökonomische Situation nach dem Zusammenbruch der Sowjetunion zurückzuführen. Die Versorgung der Menschen, die bis 1991 von staatlicher Seite (wenn auch mehr schlecht als recht) gewährleistet wurde, hat sich unter marktwirtschaftlichen Verhältnissen angesichts der hohen Transportkosten drastisch verschlechtert. Die Produktion, die bis 1991 mit hohen staatlichen Subventio-

Tab. 7.10:

Migrationssalden der Nordregionen Sibiriens 1979 – 1994 (pro Jahr und pro 10 000 Ew.)
Quelle: nach Demographic Yearbook of Russia 1995

	1979 – 1988	1989 – 1994
Autonomer Bezirk der Jamalo-Nenzen	+ 870	– 122
Autonomer Bezirk der Chanten und Mansen	+ 578	– 12
Autonomer Bezirk Taimyr	+ 76	– 317
Autonomer Bezirk der Ewenken	+ 287	– 321
Republik Sacha	+ 96	– 170

> In der Industrieregion Norilsk leben heute um die 300 000 Menschen, davon sind 11 000 Arbeitslose und 37 000 Rentner. Da die Lebenshaltungskosten in Norilsk um 1 800 % höher sind als in anderen Landesteilen Rußlands, wäre die Umsiedlung der nicht arbeitenden Menschen auf das „Festland", wie die nicht zum Hohen Norden gehörenden Landesteile genannt werden, die beste Lösung. Die Kosten für die Umsiedlung können aber selbst wohlhabende Einwohner nicht aus eigenen Rücklagen aufbringen, von den Rentnern ganz zu schweigen. Die ONEXIM-Bank begann daher mit der Umsetzung eines Programmes, das die Umsiedlung von 50 000 Einwohnern aus Norilsk vorsieht. Die Kosten werden auf 500 Mio. US-$ geschätzt. An der Finanzierung beteiligt sich auch die Weltbank. Im Prinzip ist die Umsiedlung eine Aufgabe des russischen Staates, aber die föderalen Umsiedlungsprogramme funktionieren nicht, da sie nicht aus dem Haushalt finanziert werden können. Die Umsiedler bekommen (vom Arbeitgeber) Norilski Nikel einen Ausgleich für den abgegebenen Wohnraum und zuzüglich etwa 25 000 Rubel für die geleistete Arbeit. Diese Summe wird durch Urlaubsgeld und die Auszahlung der Lohnschulden ergänzt, so daß etwa 75 000 Rubel zusammenkommen. Legt man noch eigene Mittel dazu, kann man sich mit diesem Geld eine durchaus anständige Wohnung oder ein Haus irgendwo in Mittelrußland kaufen. Seltsamerweise wollen aber bei weitem nicht alle wegziehen, und sehr viele Umsiedler kehren auch wieder zurück.
>
> Über achtzig Prozent der Norilsker unterstützen heute den Vorschlag, das Einreiseverbot wieder einzuführen und die Stadt wieder zu schließen, wie es früher der Fall war.

Übersicht 7.1:
Zu Um- bzw. Rücksiedlungen in der größten Industrieregion des Nordens, Norilsk
Quelle: WOSTOK 4/1998

nen aufrechterhalten wurde, ist unter den neuen Bedingungen deutlich zurückgefallen. Die unter Förderrückgang leidenden Ölgesellschaften haben 1994 ein Rationalisierungsprogramm angekündigt, das eine Reduzierung der Arbeitskräftezahlen um 20 bis 30 % vorsieht. Eine große Zahl von Arbeitskräften wird damit freigesetzt! Der Norden, um dessen Besiedlung man sich jahrzehntelang intensiv bemüht hatte, gilt nun als übersiedelt, als übervölkert. Die Arbeitslosigkeit breitet sich hier stärker als in anderen Regionen des Landes aus. Die Folge ist ein Abwandern großer Teile der Bevölkerung. Es heißt, daß im Norden bereits die ersten „toten Siedlungen" entstanden sind (WEIN 1996a, S. 387)! Tote Siedlungen in Nordsibirien, so wie nach dem Erliegen des Goldrausches im Westen Amerikas!

Von administrativer und wirtschaftlicher Seite wird der Abwanderungsprozeß unterstützt. Da es einfacher und preiswerter ist, die arbeitslose Bevölkerung (wie auch die Rentner) in südlicheren Regionen zu unterhalten, sind Um- und Rücksiedlungsprogramme aufgestellt worden. Für die Stadt Nishnewartowsk existiert ein solches Programm, nach dem im Zeitraum von 1995 bis 2000 rund 25 000–30 000 Einwohner in (bereits konkret festgelegte) andere Regionen umgesiedelt werden sollen (s. WEIN 1996a). Vom Staat ist ein Programm „Migrazija" aufgestellt worden, nach dem bis zum Jahr 2005 für knapp 2 Mio. Umsiedler aus dem Norden Wohnraum im europäischen Landesteil geschaffen werden soll. Im Programm wird darauf hingewiesen, daß man sich Deutschland zum Vorbild machen solle, das ja ebenfalls große Zuwandererzahlen zu verkraften hat.

Der Norden, der bisher als perspektivreiche Pionierregion angesehen worden ist, erfährt damit eine Umbewertung. Ein künftiger erneuter Wirtschaftsvorstoß in den Norden wird im Hinblick auf die Arbeitskräfte zweifellos andere Erschließungsmethoden anwenden als die bisherigen.

Eine positive Wirkung übt die aus dem Norden hinausführende Migration auf die Region aus, indem sie eine Entspannung der infrastrukturellen Situation (s. Tab. 6.6) zur Folge hat. Der Versorgungsgrad der sozialen Infrastruktur wird sich verbessern, ohne daß neue Objekte (Schulen, Kranken-

Allgemeine Entwicklungen und Probleme

häuser usw.) errichtet werden müssen. Eine Entspannung bedeutet die Abwanderung der Europäer auch für die indigenen Völker (s. Kap. 7.2).

Die überregionale Migration

Ganz Sibirien ist seit dem Zusammenbruch der Sowjetunion „in Bewegung geraten". Große überregionale Wanderbewegungen (d. h. Migrationen über die Grenzen Sibiriens hinweg) sind ausgelöst worden, und allein in den beiden Jahren 1993 und 1994 waren über 1,8 Mio. Menschen davon betroffen.

Diese überregionalen Wanderungen lassen sich in drei Rubriken einteilen:
1. Wanderungen innerhalb Rußlands,
d. h. von Sibirien in den europäischen Landesteil oder den Fernen Osten sowie umgekehrt. In den zwei Jahren 1993 und 1994 sind 646 600 Menschen (s. Tab. 7.8) aus Sibirien in andere russische Regionen (vermutlich ausschließlich in das Gebiet westlich des Urals) abgewandert. Man kann davon ausgehen, daß die Abwanderung in den europäischen Teil noch größer wäre, wenn die Wanderungswilligen dort Arbeit und Wohnung finden könnten. Diesen Abwanderern steht aber eine erstaunlich hohe (und unter den heutigen Bedingungen nur schwer erklärbare) Zahl von 546 400 Zuwanderern aus anderen Teilen der Russischen Föderation gegenüber. Insgesamt aber weist die innerrussische Migration für Sibirien einen Negativsaldo von rund 100 000 Personen auf.
2. Wanderungen von Sibirien ins Ausland.
Dabei handelt es sich in erster Linie um die Auswirkungen einer nationalen Segregation. Angehörige ehemaliger nichtrussischer Sowjetrepubliken, die in Sibirien nur noch als „Gastarbeiter" angesehen werden, wandern in die entsprechenden GUS-Republiken ab. Besonders groß ist der Rückstrom in die Ukraine, da die Ukrainer immer einen relativ hohen Anteil an der Einwohnerschaft der sibirischen Städte gehabt haben. In Nishnewartowsk lag ihr Anteil 1995 bei 11 %, in Surgut 13 %, in Nowy Urengoi bei 19,8 % (aus WEIN 1996a). Zu dieser Migrationsgruppe gehören aber auch die abwandernden Deutschen, die vor allem im Süden Westsibiriens recht zahlreich sind. Die gesamten Abwanderer- und Ausreisezahlen beliefen sich 1993 / 1994 auf 262 000 Personen.
3. Dieser Ausreisebewegung ist ein entsprechender *Zuwandererstrom* aus dem Ausland entgegengerichtet.

Hierbei handelt es sich in erster Linie um Russen, die nach dem Zerfall der Sowjetunion plötzlich zu Ausländern in den benachbarten GUS-Staaten wurden (insgesamt 25 Mio. Menschen), und die nun nach Rußland umsiedeln. In den Jahren 1993 / 1994 lag dieser Einwandererstrom nach Sibirien bei 409 000 Menschen. Der größte Teil von ihnen kam aus Kasachstan, das ja unmittelbar an das südliche Westsibirien angrenzt.[19] Von dort kamen in den angegebenen Jahren 182 000 Migranten, 43 000 davon aus Kirgisien, 30 000 aus Usbekistan und 53 000 aus der Ukraine, womit insgesamt mehr als drei Viertel der Zuwanderer aus dem Ausland erfaßt sind. In diese Rubrik gehören aber auch die vielen Chinesen (zumindest die legal eingereisten), die heute in großer Zahl vor allem nach Ostsibirien einströmen.

Eine Bilanz der drei aufgeführten Migrationsgruppen zeigt, daß die Zuwanderer der dritten Gruppe zahlenmäßig alle Abwanderer übertreffen, so daß Sibirien (unter völlig veränderten Vorzeichen!) auch heute noch eine positive Wanderungsbilanz (im genannten Zweijahreszeitraum +82 300 Menschen) aufweist.

Der unter 7.1.2 genannte Bevölkerungsrückgang ist somit ausschließlich auf negative Werte im Bereich des natürlichen Wachstums, wie sie nach 1990 für ganz Rußland charakteristisch sind, zurückzuführen.

---

19 Diese Zuwanderung bewirkt, daß in vielen Städten Sibiriens die jahrelang negativen Migrationsraten nach 1993 wieder in positive Werte umschlagen.

	Migration		
	aus anderen Regionen Rußlands	aus anderen Ländern	insgesamt
Zuwanderung nach			
Westsibirien	326 700	316 400	643 100
Ostsibirien	219 700	93 000	312 700
Summe	546 400	409 400	955 800
Abwanderungen aus Sibirien			
	in andere Regionen Rußlands	in andere Länder	insgesamt
Westsibirien	338 600	166 200	504 800
Ostsibirien	308 000	60 700	368 700
Summe	646 600	226 900	873 500
Migrationsbilanz			
	gegenüber anderen Regionen Rußlands	gegenüber anderen Ländern	insgesamt
Westsibirien	−11 900	+150 200	+138 300
Ostsibirien	−88 300	+32 300	−56 000
Summe	−100 200	+182 500	+82 300

Tab. 7.11: Migrationen von und nach Sibirien 1993/1994
Quelle: nach Demographic Yearbook of Russia 1995

Innerhalb Sibiriens muß allerdings differenziert werden. Die letzte Rubrik in Tabelle 7.11 zeigt, daß allein Westsibirien Wanderungsgewinne verzeichnet, während Ostsibirien eine negative Bilanz aufweist. Hier gilt, was SCHARFF (1994, S. A 600) schreibt:
„Es schlägt besonders die Abwanderung qualifizierter Kader negativ zu Buche. Es rücken geringqualifizierte Kräfte aus China und Vietnam nach. Schon macht das Wort von der ‚zweiten Kolonisierung Sibiriens' die Runde, und Zeitungen warnen vor der ‚gelben Gefahr'."

In WOSTOK (2/1994, S. 41) heißt es dazu: „In der Region Krasnojarsk sind in Industrie- und Agrarunternehmen überwiegend chinesische Gastarbeiter beschäftigt. Viele der Zugereisten kehren nach dem Ende des Vertrages oder nach der Kündigung nicht mehr in ihre Heimat zurück und lassen sich in Wohnheimen nieder. Illegale ‚Pendler' aus China bilden den Nährboden für zahlreiche Verbrechen. Das führt dazu, daß bereits Flugblätter über die ‚chinesische Bedrohung' verteilt werden."

Die oft illegale Einwanderung von Händlern und sogenannten Gastarbeitern aus China, Korea und Vietnam, die praktisch die heute engen wirtschaftlichen Verbindungen zwischen Ostsibirien und dem ostasiatisch-pazifischen Raum widerspiegelt, kann noch zu nationalen Spannungen führen.

7.2 Die indigenen Völker Sibiriens
7.2.1 Vielfalt der Völker

Sibirien ist nicht nur „russkaja semlja" (russische Erde), sondern auch die Heimat dutzender eingeborener Völker.

Zur Zeit des Eindringens der Russen lebten jenseits des Urals rund eine Viertelmillion Menschen, eine sehr niedrige Bevölkerungszahl in Hinblick auf die gewaltigen Dimensionen dieses Raumes. Doch bedeutete die geringe Bevölkerungsdichte keineswegs, daß dieses Gebiet tatsächlich ein „schlafendes Land" gewesen ist, wie man den Namen „Sibirien" fälschlicherweise häufig übersetzt.

Bei GERLOFF/VOROBJOV (1983, S. 18) heißt es dazu: „Die Geschichte Sibiriens bestand bis zum Erscheinen der Russen aus einer endlosen Kette größerer und kleinerer Kämpfe und bewaffneter Zusammenstöße zwischen verschiedenen Stämmen und innerhalb derselben zwischen verschiedenen Sippen. Nicht selten führten diese bis zur physischen Vernichtung einzelner Stammesgruppen. Eine derartige Situation mußte das Wachstum der Bevölkerung erheblich verlangsamen und die ungehemmte räumliche Ausbreitung der verschiedenen Völkerschaften verhindern."

Die indigenen Völker Sibiriens 139

Diese Uneinigkeit der sibirischen Völker erleichterte den Russen das Eindringen. Bobrick schreibt dazu (1993, S. 63):
„Der entscheidende Nachteil der Ureinwohner Sibiriens gegenüber den Russen war die Zerstrittenheit der sibirischen Stämme. Überall pflegten Sippen, die im Wettbewerb lagen, eine kriegerische Feindschaft untereinander. In draufgängerischen Raubzügen und Rachefeldzügen machten sie einander die besten Jagd- und Fischgründe streitig und schlugen sich um Ehre, Frauen und Wertsachen. Die blutigen Stammesfehden erreichten manchmal die Dimensionen eines Völkermordes."

Die Völker Sibiriens sind nicht, wie die Indianer Nordamerikas, von ethnischer Einheitlichkeit, sondern sie sind verschiedenster Herkunft und gehören den unterschiedlichsten Sprachfamilien an. Der Süden Sibiriens ist schon in der Bronzezeit ein besiedelter und kulturell hochentwickelter Raum gewesen. Bekannte Kulturinseln waren vor allem das Minussinsker Becken am Oberen Jenissej und das Altai-Gebirge, das mit seinen flächenhaft weit verbreiteten Gebirgssteppen immer einen günstigen Lebensraum darstellte. Aus diesen Siedlungsinseln schwärmten in regelmäßigen Abständen einzelne Gruppen aus, die sich später zu eigenen Völkern weiterentwickelten.

Sie wurden überprägt bzw. assimiliert von Volksgruppen, die im Laufe der folgenden Jahrtausende vom Süden in das dünn besiedelte Sibirien einwanderten. Dazu gehör-

Abb. 7.2: Die indigenen Völker Sibiriens Quelle: nach Atlas SSSR 1983

ten die Finno-Ugrier, die Samojeden und Mandschu-Tungusen (deren erster Namensteil auf die heute chinesische Mandschurei als Herkunftsraum verweist) und später vor allem türkische und mongolische Völker. Diese eingewanderten Völker werden als „Neosibirier" bezeichnet, im Gegensatz zu den Paläosibiriern, die – soweit sie überhaupt ihre Eigenständigkeit erhalten konnten – von ersteren in den äußersten Nordosten abgedrängt worden sind.

Während die Neosibirier in ihrer Physiognomie in der Regel mongolid geprägt sind, zeichnen sich die Paläosibirier durch kleine, tiefliegende Augen und einen gedrungenen, stämmigen Wuchs aus. Zwischen ihnen und den Ureinwohnern Amerikas sind enge physische und kulturelle Beziehungen festgestellt worden.

Die erste Welle der einwandernden Neosibirier (in erster Linie die tungisischen Ewenen und Ewenken), hat vor allem den ganzen Taigagürtel besetzt. Von den nachrückenden Völkern sind viele von ihnen später bis über den Polarkreis hinaus abgedrängt worden. Sie, und die bereits erwähnten Paläosibirier (in den Grenzen Sibiriens vor allem Tschuktschen und Jukagirer, weitere Völker im Fernen Osten), bilden heute die sogenannten „Kleinen Nordvölker", denen in der Folge ein eigenes Kapitel gewidmet wird.

Die jüngste Einwanderung erfolgte aus dem mongolischen Becken. Diese Völker mongolischer und türkischer Herkunft – die nordwestliche Mongolei ist die Urheimat der Türken – ließen sich vor allem in den Steppen und Waldsteppen Südsibiriens nieder, die Jakuten (s.u.) vorerst in der Baikalregion, um dann – bedrängt von anderen Völkern – in die Steppeninseln an der mittleren Lena weiterzuziehen.

7.2.2 Völker mongolischer und türkischer Herkunft

Die Einwanderer aus dem mongolischen Becken haben die in den einzelnen Gebieten lebende Urbevölkerung assimiliert, so daß aus dem Vermischungsprozeß neue Völker entstanden. So haben die mongolischen Burjaten ein vor ihnen in der Baikalregion ansässiges Turkvolk assimiliert, die türkischen Tuwiner, deren Gebiet erst 1944 in die Sowjetunion einbezogen wurde, haben mongolische und samojedische Gruppen in sich aufgenommen. Die Chakassen entstanden aus der Vermischung türkischer Einwanderer mit einer samojedischen Urbevölkerung, und die Altaier bildeten sich aus türkischen Einwanderern und nichttürkischen, nicht eindeutig bestimmbaren Ureinwohnern heraus. Die Jakuten schließlich entstanden aus der Mischung eingewanderter türkischer Gruppen mit den an der mittleren Lena lebenden Ewenen.

Alle aufgeführten Völker haben in den letzten Jahrzehnten zahlenmäßig zugenommen. Ihre Gesamtzahl lag 1989 (neuere Zählungen liegen nicht vor) bei 1,15 Mio. Menschen. Bei diesen Völkern handelt es sich um die „Großvölker" Sibiriens (im Gegensatz zu den nördlichen Kleinvölkern, s.u.), die den Russen bei deren Eindringen deutlichen Widerstand entgegengesetzt und auch später noch Aufstände gegen die russische Oberherrschaft durchgeführt haben. Sie leben heute selbstbewußt in eigenen

Tab. 7.12:
Jüngste zahlenmäßige Entwicklung der sibirischen Völker mongolischer und türkischer Herkunft (in 1 000)
Quelle: Goskomstat 1995

	Burjaten	Altaier	Tuwiner	Chakassen	Jakuten
1926	237	44	-	46	237
1939	221	46	-	52	242
1959	252	45	100	56	233
1979	350	59	165	69	327
1989	417	68	206	79	380

Republiken, in denen sie allerdings meist in der Minderheit sind. Ihre Anteile liegen bei 11 % in der Republik Chakassija, bei 24 % in der Republik Burjatien, bei 31 % in der Altai-Republik, bei 33 % in der Republik Jakutien und bei 64 % in der Republik Tuwa. Die Republiken sind durchweg reich an Rohstoffen, so daß sie heute wirtschaftlich selbstbewußt gegenüber Moskau auftreten können und, wie im Falle Burjatiens und Jakutiens, sich für „souverän" erklärt und damit Sonderrechte erkämpft haben haben. Die Völker mongolischer und türkischer Herkunft waren weniger stark als die kleinen Nordvölker der Russifizierung ausgesetzt, so daß (nach einer Mikrobefragung 1994, wiedergegeben bei Goskomstat 1995) im allgemeinen die Mehrzahl von ihnen zu Hause die Nationalsprache als Umgangssprache spricht: 41,9 % bei den Chakassen, 64,9 % bei den Burjaten, 74,3 % bei den Altaiern, 92,7 % bei den Jakuten und 95,6 % bei den Tuwinern.

Die *Burjaten* widersetzten sich den nach Transbaikalien eindringenden Russen, aber um 1700 war ihr Widerstand gebrochen und sie wurden dem Russischen Reich einverleibt. Im 18. Jahrhundert breitete sich unter den Burjaten, die bis dahin dem Schamanismus anhingen, der Lama-Buddhismus aus (1990 feierte man den 250. Jahrestag der Einführung des Buddhismus). Zu Stalins Zeiten wurden die Mönche verfolgt und die zahlreichen Klöster, die sich gebildet hatten, geschlossen oder vernichtet.

Das zweite Ziel der sozialistischen Politik war die Zwangsseßhaftmachung der Burjaten, die 1928/29 noch zu über 90 % in den Steppengebieten Transbaikaliens nomadisierten. Die ersten festen Häuser der Burjaten waren sechs- und achteckige Einraum-Blockhäuser, die den runden Jurten nachempfunden waren. Am westlichen Baikalufer (vor allem bei Buguldejka) kann man heute noch diese (inzwischen leider zunehmend verfallenden) Häuser sehen. Unter Stalin wurde auch die mongolische Schrift verboten und anfangs (1931) durch die lateinische, ab 1939 durch die kyrillische Schrift ersetzt.

Nach dem Zusammenbruch der Sowjetunion erfolgt eine deutliche Rückbesinnung auf nationale Werte. Heute sind bereits wieder 14 buddhistische Klöster in Funktion. Der Lebensraum der Burjaten umfaßt die Burjatische Republik, die über ein relativ hohes Maß an Souveränität verfügt, sowie zwei Siedlungsinseln jenseits dieses geschlossenen Gebietes: den Autonomen Bezirk Ust-Ordinski östlich von Irkutsk (Waldsteppeninsel) und den Autonomen Bezirk der Aginer Burjaten im westlichen Teil des Gebietes Tschita. Zum traditionellen Lebensraum der Burjaten gehört auch die Baikal-Insel Olchon, auf der sie heute eine extensive Schafhaltung betreiben.

Die *Jakuten* sind die größte indigene Volksgruppe des sibirischen Nordens, wobei sie über ein ausgedehntes Territorium verstreut leben. Sie sind die Nachfahren von Türkengruppen, die im 13. und 14. Jahrhundert in mehreren Schüben aus dem Baikalgebiet in das mittlere Lenagebiet einwanderten und dabei die ansässigen Ewenen teilweise assimilierten. Die jakutische Kultur enthält daher sowohl südliche Steppenelemente[20] als auch nördliche Taigaelemente. Angezogen wurden die Einwanderer durch die Steppeninseln im mittleren Lena- und Wiljuibecken (s. Kap. 2.3.3), wo sie ihren angestammten Pferdenomadismus weiter betreiben konnten. Die jakutischen Pferde sind winterfest, so daß diese Wirtschaftsform der Rentierhaltung gleicht. Mit dem Eindringen der Russen im 17. und 18. Jahrhundert wurde nach und nach auch die Rinderhaltung (die die Heuwirtschaft und Winterstallhaltung erforderlich macht und daher für die Jakuten mit großem Arbeitsaufwand verbunden ist!)

---

20 Koumys, die vergorene Stutenmilch, ist Nationalgetränk, genauso wie bei den Kasachen und Kirgisen.

übernommen und – wo es edaphisch möglich ist – der Ackerbau eingeführt. Der Übergang zur damit einhergehenden Seßhaftigkeit erfolgte, wie in Burjatien, in aus den ursprünglichen Jurten hervorgegangenen Einraum-Blockhäusern, die zur Wärmeisolierung mit einem dicken Erddach versehen und außen mit Lehm und Dung verschmiert sind. Heute findet man diese Bauweise noch bei den Rinderställen wieder.

Der Vorstoß russischer Siedler bewirkte, daß Ende des 18. Jahrhunderts kleine Jakutengruppen nach Norden abwanderten und sich an den Ufern der Flüsse Jana, Indigirka, Alaseja und Kolyma niederließen. Dies ist heute das nördlichste Verbreitungsgebiet der Turkvölker.

Die Jakuten sind schon bei ihrem Einwandern ein hochentwickeltes Volk gewesen, das Techniken wie die Töpferei und die Schmiedekunst in den Norden mitbrachte. Auch heute sind sie ein kulturschaffendes Volk, das über eine reiche nationale Literatur, über ein eigenes Theater und eigene Musik verfügt. Sie sind nicht tiefgreifend russifiziert worden (s.o.: 92,7 % der Jakuten sprechen zu Hause ihre Nationalsprache!) und stellen heute – vor allem vor dem Hintergrund eines hohen wirtschaftlichen Potentials – eine selbstbewußte Volksgruppe im Norden dar.

7.2.3 Die „Nördlichen Kleinvölker"

Der Begriff *Nördliche Kleinvölker* ist 1926 in der Sowjetunion eingeführt und wie folgt definiert worden:
– Umfang eines Volkes nicht mehr als 30 000 Personen,
– nomadisierende Lebensweise,
– Wirtschaft basierend auf Rentierzucht, Fischfang und Jagd,
– niedriger Lebensstandard.

Nach diesen Kriterien (wobei der Punkt „nomadisierende Lebensweise" nach der Zwangsseßhaftmachung nicht mehr unbedingt gilt) existieren heute in Sibirien und im Fernen Osten 26 Kleinvölker, deren größte die Ewenken und die Nenzen mit rund 30 000 und die kleinsten die Enzen und Orotschen (im Fernen Osten) mit nur knapp 200 Angehörigen sind. Zusammen umfassen sie 182 000 Menschen, die in einem Gebiet von mehreren Mio. km² leben.

Die geringe Menschenzahl steht zweifellos in einem Systemgleichgewicht mit der nur geringen Tragfähigkeit des Raumes. Ein Jäger braucht in der Taiga zur Ernährung seiner Familie ein Areal von 150 km². Ähnlich hoch ist der Flächenbedarf der Rentiernomaden, da ein einziges Tier mehr als 100 ha Weidefläche im Jahr benötigt. Ein Beispiel für den Flächenbedarf der Nordvölker geben Untersuchungen im Jukakirer Bergland im äußersten Nordosten Sibiriens (östlich von Srednekolymsk), einem nördlichen Lichtwaldgebiet mit Rentierflechten-Unterwuchs. Hier leben vier Ewenen-Stämme von der Jagd und vor allem von der Rentierhaltung. Sie sind wegen der Abgelegenheit ihres Lebensraumes erst 1948 „entdeckt" worden, weshalb sie ihre traditionellen Lebensformen weitgehend erhalten haben und der russischen Sprache überhaupt nicht kundig sind.

Tabelle 7.13 zeigt, daß von insgesamt 216 Personen mit knapp 7 000 Rentieren ein Areal von 37 000 km² genutzt wird, eine

Tab. 7.13: Flächennutzung der Ewenen im Jukagirer Bergland
Quelle: nach Erhebungen des Verfassers 1992

Stamm	Anzahl der Familien	Anzahl der Personen	Anzahl der Rentiere	Wirtschaftsfläche (km²)
Uradan	4	43	1 100	11 800
Nuvalikitsch	5	63	2 400	9 400
Superi	4	64	2 100	5 200
Siwer	3	46	1 200	10 600

Die indigenen Völker Sibiriens

Fläche, die solche Bundesländer wie Baden-Württemberg (35 700 km^2) oder Nordrhein-Westfalen (34 000 km^2) übertrifft und doch von den Menschen als Minimum für das Überleben angegeben wird! Die geringe Tragfähigkeit dieses Gebietes erlaubt keine weitere Vergrößerung der Herden.

Größer ist die Tragfähigkeit der weiter im Norden liegenden Tundren. Hier verfügt, um nur ein Beispiel herauszugreifen, die dreizehnköpfige Tschuktschen-Nomadengruppe „Nutendli" mit 2 600 Rentieren über ein Wirtschaftsareal von 1 830 km^2 (s. Kap. 7.2.4), was umgerechnet auf die Tierzahl einem Sechstel der vorher aufgeführten Weidefläche entspricht. Umgerechnet auf die Personenzahl heißt das: pro Person 140 km^2 (was auch hier als Minimum angesehen wird)![21]

Die nomadisierenden Gruppen leben noch heute in ihren traditionellen Wohnzelten, den Jarangas, die mit Rentierfellen bedeckt sind. Sie nomadisieren mit breitkufigen Schlitten, den sog. „Narty", die auch im Sommer von den Rentieren über den feuchten Tundrenboden gezogen werden. Nach der Auflösung der Sowchosen haben einige Gruppen aus dem Bestand des einstigen Staatsbetriebes Motorschlitten vom Typ Buran erhalten, mit denen sie im Winter relativ beweglich sind.

Zur Glaubenswelt der sibirischen Nordvölker gehört der Schamanismus. Der Schamanismus ist keine Religion im Sinne einer inneren Bindung an eine Gottheit, sondern er besteht aus einer Vielzahl mystischer und kultischer Handlungen. Durch Ekstase und Trance, hervorgerufen durch rituellen Tanz, das Schlagen der Schamanentrommel und Kräuterrauch, entrückt der Schamane seinem weltlichen Körper und führt eine Seelenreise durch, auf der er Verbindung mit den Naturgeistern aufnimmt. Von den Naturgeistern erbittet er Hilfe bei Krankheiten[22] oder Jagdglück. Er ist „Medizinmann", aber auch der Bewahrer der Stammestraditionen, häufig Gelehrter und Weiser. In seinem Stamm ist er hoch geehrt und besitzt mehr Achtung als der Stammeshäuptling.

Unter dem Sozialismus kam es zu einer Verteufelung und schließlich zu einem Verbot des Schamanismus (nicht zuletzt, weil der Schamane mehr Einfluß auf das Volk hatte als der in der Sowchoszentrale residierende Parteisekretär), was bei vielen Stämmen zu einer Verunsicherung und geistigen Entwurzelung führte. Heute lebt der Schamanismus wieder auf, teils in seiner ursprünglichen geistigen Form, teils aber auch nur als Teil der traditionellen Folklore (Auftritte bei Folklore-Festivals). Der ungarische Schamanismusforscher HOPPÁL schreibt dazu (1994, S. 35):

„Der Schamanismus erlebt gegenwärtig eine Renaissance und tritt in den unterschiedlichen Formen in Erscheinung. Vor allem lebt er dort auf – und zwar nach langem Schweigen und Verschwiegenwerden –, wo er ursprünglich ein Teil der Volkskultur war. Er ist für diese Völker ein wichtiger ideologischer Grundpfeiler der Wiedergeburt ethnischen Bewußtseins."

Die nordischen Kleinvölker gehören der finno-ugrischen Sprachfamilie an (Chanten und Mansen), der samojedischen Sprachfamilie (Nenzen und Ngassanen), der mandschu-tungusischen Sprachfamilie (Ewenen

---

21 Die geringe Tragfähigkeit des Raumes zwingt auch zur Begrenzung der Gruppengröße. Dazu gehörte der institutionalisierte Vatermord: Sobald der Gruppenälteste nicht mehr mitarbeiten konnte, wurde er von seinem ältesten Sohn in einem rituellen Akt umgebracht. Da dies unter russischer Gesetzgebung nicht mehr möglich war, verabschiedete sich später der Vater von seiner Familie und ging bei einer Extremkälte allein hinaus in die Tundra, um nie wiederzukehren. In Jakutien kam es auch vor, daß Alte sich lebendig begraben ließen!

22 Dabei ist zu bedenken, daß es, allein durch den psychosomatischen Effekt, bedingt durch den Glauben der Menschen an seine Kräfte, tatsächlich zu vielen Heilungen gekommen ist!

	1926	1939	1959	1979	1989
Chanten	22	18	19	21	22
Mansen	5,8	6,3	6,3	7,4	8,3
Ngassanen	–	–	0,7	0,8	1,3
Nenzen	18	25	23	29	34
Ewenen	2	10	9	12	17
Ewenken	39	30	24	27	30
Dolganen	0,7	–	3,9	4,9	6,6
Tschuktschen*	12	14	12	14	15

* Lebensraum nordöstlichstes Sibirien, vor allem aber Ferner Osten

Tab. 7.14:
Jüngste zahlenmäßige Entwicklung der Nördlichen Kleinvölker
(in 1 000, beschränkt auf den sibirischen Raum)
Quelle: Goskomstat 1995

und Ewenken) sowie der paläosibirischen Sprachfamilie (Keten, Tschuktschen, Jukagirer und andere Völker im Fernen Osten).

Alle Völker waren ursprünglich weiter südlich beheimatet. Von den Nenzen nimmt man an, daß sie aus dem Altai-Sajan-Gebirgsraum den Ob abwärts gewandert sind und sich in ihrem heutigen Siedlungsgebiet mit dort ansässigen Fischern und Jägern vermischt haben. Chanten und Mansen (früher gemeinsam als „Ob-Ugrier" bezeichnet) gingen wahrscheinlich aus der Vermischung autochthoner Fischer- und Jägerstämme mit Pferdezüchtern aus dem zentralasiatischen Raum hervor, die Mitte des ersten Jahrhunderts nach Norden rückten (LINDIG 1981, S. 75). Die Ethnogenese der Ewenen und Ewenken vollzog sich vermutlich im Baikalgebiet. Sie haben sich dort aus der Vermischung mandschurischer, mongolischer und türkischer Stämme sowie einer lokalen Bevölkerung herausbildeten. Ihr traditionelles Zelt ist das kegelförmige „Tschum".

Die paläosibirischen Tschuktschen haben sich ebenfalls viel weiter südlich herausgebildet. Sie sind nach Norden abgedrängt worden, wo sie zwei unterschiedliche Kulturformen annahmen. Man unterscheidet heute die Tundren-Tschuktschen, die Rentierwirtschaft betreiben, sowie die Küsten-Tschuktschen, die die Lebensweise der Eskimos angenommen haben und Jagd auf Wale, Walrosse und Seehunde machen.

In zaristischer Zeit waren die Nordvölker dem Jassak, der Pelzsteuer (s. Kap. 3.2) unterworfen, die sie zwang, neben dem Kampf um die Nahrungsmittel auch noch Pelztiere in großer Zahl für die russischen Eintreiber zu fangen oder zu erlegen. Damit ging für die Nordvölker viel Zeit und Energie für die eigene Lebensbewältigung verloren, und Armut und schlechte Lebensverhältnisse waren die Folgen. Der Jassak führte aber immerhin dazu, daß die Russen an einer Vernichtung der Nordvölker nicht interessiert waren, da diese sich ja als Lieferanten wertvoller Pelze (für die Russen u. a. ein Exportartikel) bewährten.

Mit dem Sozialismus wurde das Leben in Taiga und Tundra grundlegend verändert. Die in Übersicht 7.2 aufgelisteten Maßnahmen und Eingriffe haben die traditionellen Lebensformen weitgehend vernichtet.

---

23 Von russischer Seite wurde dem Verfasser 1995 im Erdgasfördergebiet von Nowy Urengoi erklärt, daß in dieser Region nie einheimische Völker gelebt haben. Im neuen Kulturzentrum der Nenzen in Tarko Sale (d. h. im Umsiedlungsgebiet) wurde von einheimischen Vertretern jedoch versichert, daß das Gebiet von Urengoi geradezu den „heiligen Orten" der Nenzen gehörte und immer bewohnt gewesen ist.

Übersicht 7.2: Eingriffe in die traditionellen Lebensformen der „Nördlichen Völker" Sibiriens während der Sowjetzeit

1. Die Kollektivierung bzw. Verstaatlichung

Die jahrhundertelang frei durch Taiga und Tundra nomadisierenden Völker sind, ohne Rücksicht auf die Eigentumsverhältnisse, in den 1930er Jahren in das staatliche Sowchossystem gezwängt worden. Die Sippen- und Familiengruppen wurden dabei zu „Brigaden" innerhalb des zentralen Sowchosbetriebes, und sie arbeiteten jetzt nicht mehr für sich selber (für ihren eigenen Lebensunterhalt), sondern für den Sowchos, für den Staat. Fremdbestimmung trat an die Stelle des eigenverantwortlichen Lebens. Den einzelnen Brigaden wurden feste Areale, meist lange, Süd-Nord-verlaufende Streifen (im Sowchos Nishnekolymsk nur 20 km breit!), zugewiesen, in denen sie nach festem Plan weiterhin Wanderungen durchführen konnten.

2. Denomadisierung, Seßhaftmachung und Umsiedlung

Am 16.3. 1957 wurde vom Zentralkomitee der Kommunistischen Partei und des Ministerrates der UdSSR eine Deklaration erlassen mit dem Titel: „Über Maßnahmen zur weiteren wirtschaftlichen und kulturellen Entwicklung der Völker des Nordens". Darin wird zum Kampf gegen die nomadisierende Lebensweise aufgerufen und die Ansiedlung in festen Siedlungen gefordert. In Gebieten bereits ansässiger Bevölkerung soll diese (der besseren Kontrolle wegen!) in zentralen Großsiedlungen zusammengefaßt werden.

Die zwangsweise Ansiedlung in festen Siedlungen (die überdies häßlich und schmutzig sind!) trennte die Menschen von ihren Jagd-, Fischfang- und Weidegebieten. Sie wurden in eine ihnen völlig fremde Lebensform versetzt und – zusammen mit Gruppen anderer Völker – in eine ihnen ungewohnte soziale Gemeinschaft gezwungen. Mit der Denomadisierung wurden die Menschen ihrer traditionellen Lebens- und Wirtschaftsweise beraubt.

Zu den „Umsiedlungen" gehören auch die Vertreibungen der indigenen Völker aus den ihnen angestammten Lebensräumen, sobald die industrielle Erschließung in diese Regionen eindrang. Mit der Aufnahme der Erdölförderung am Mittleren Ob sind z.B. die Chanten gezwungen worden, in den Norden auszuweichen. Die im Raum Urengoi (Erdgasförderung) lebenden Nenzen[23] sind dagegen weiter in den Süden, in die ihnen unbekannte Waldzone, umgesiedelt worden.

3. Kampf gegen die Kultur der Nordvölker

Die sozialistische Kultur wurde als der Nationalkultur der Nordvölker hoch überlegen dargestellt, und den nationalen Kulturen wurde kein eigener Wert zuerkannt. In einem „Feldzug gegen die Rückständigkeit" wurden Religion, Volksmedizin und alte Bräuche erbarmungslos bekämpft. Angestrebt wurde die Eliminierung aller ethnischen Unterschiede mit dem Ziel eines einheitlichen Sowjetvolkes. Selbst zur Aufgabe ihrer nationalen Namen wurden die Menschen gezwungen, die nun russische Vor- und Nachnamen annehmen mußten. Das bedeutete für die Menschen einen empfindlichen Verlust ihrer eigenen Identität. Zu den von den Russen übernommenen „Kulturgütern" gehörte der Alkohol, der eine verheerende Wirkung auf die Angehörigen der Nordvölker ausübte, zumal deren Organismus diesen nur sehr langsam abzubauen vermag. Die innere Leere, hervorgerufen durch den Verlust der eigenen Kultur, wurde durch Alkoholkonsum ausgeglichen.

In WOSTOK (4/1993, S. 30) heißt es dazu: *„Die Trunksucht übertrifft im Norden den Landesdurchschnitt um das eineinhalb- bis zweifache. 33 % aller Todesfälle der nördlichen ethnischen Gruppen sind auf Unglücksfälle unter Alkoholeinfluß zurückzuführen."*

4. Russifizierung

Ab etwa 1950 wurden die Nationalsprachen unterdrückt, und den Menschen wurde die russische Sprache aufgezwungen. Ab 1957 wurde in den Schulen des Nordens ausschließlich in russischer Sprache unterrichtet. Die Eltern wurden aufgefordert, mit ihren Kindern zu Hause nicht mehr in der Nationalsprache zu reden. Die Folge war ein weitgehender Verlust der Kenntnisse der eigenen Sprache. Nach der 1994 durchgeführten Mikrobefragung (s. o.) ist russisch die dominante Umgangssprache in den Familien, und zwar zu 73 % bei den Chanten und Nenzen, zu 94,3 % bei den Tschuktschen und zu 95,7 % bei den Mansen.

5. Das Internatssystem

Mit dem gegen Mitte der 1960er Jahre eingeführten Internatssystem wurde der Kampf gegen die nationale Kultur und Sprache „perfektioniert". Von nun ab wurde der für alle Kinder der Nordvölker obligatorische Unterricht

noch Übersicht 7.2

> ausschließlich in Internaten durchgeführt. Die Eltern mußten ihre Kinder für 10 Monate im Jahr in die Internate abgeben, selbst wenn sie am gleichen Ort lebten. In den Internaten (die z. T. in einem erbärmlichen Zustand waren) verbrachte die junge Generation den größten Teil ihrer Kindheit und Jugendzeit. Auf nationale Eigenheiten wurde in den Internaten keine Rücksicht genommen, Erziehungsziel war der einheitliche „homo sovieticus".
>
> „*Im Alter von 15–17 Jahren kehrten die Kinder in ihre Familien zurück, weitgehend als fremde Menschen*", schreibt VACHTIN (1993, S. 96). Sie hatten in der zentralen Siedlung die „Zivilisation" (Fernsehen u. a.) kennengelernt und waren oft nicht mehr zur Rückkehr in die Tundra bereit.
>
> Die Internatserziehung hat in schroffster Weise die traditionellen sozialen Lebensformen der eingeborenen Bevölkerung verändert. In den Internaten fand (wie in allen sozialistischen Schulen) keine Erziehung zu Selbständigkeit, Eigeninitiative und Eigenverantwortung statt, das heißt zu Eigenschaften, die für das Leben in der Tundra unverzichtbar sind. Hier erfolgte im Gegenteil ein Verlust an Lebensenergie, und die Folge waren Apathie, Lethargie in Verbindung mit Agresssionen und Alkoholmißbrauch. Die letzten beiden Generationen der Nördlichen Kleinvölker sind durch diese Internatserziehung gegangen, mit einem verheerenden Einfluß auf das sozial-psychologische Klima der ganzen Region (nach VACHTIN 1993, S. 56).
>
> Die mehr als vier Jahrzehnte währende sozialistische Repression hat nicht zu einer physischen Vernichtung der Nordvölker geführt (zahlenmäßig haben sie seit den 1950er Jahren sogar zugenommen, s. Tab. 7.14), aber zu ihrer psychischen und kulturellen Degradierung.

Die Zerstörung der Umwelt

Der Lebensraum der Nordvölker wird heute zerschnitten durch Straßen, Bahnlinien und breiten Pipeline-Trassen, er wird zerstört durch Geländefahrzeuge, verdreckt durch Abfälle und Bauschutt und verseucht durch auslaufendes Öl. Im Norden Westsibiriens waren bereits gegen Ende der 1980er Jahre 11 Mio. ha Rentierweiden durch Erdöl vernichtet worden. Die Lebensmöglichkeiten der Nordvölker werden durch diese Umweltzerstörung immer weiter eingeengt.

Über die Beeinträchtigung der auf der Halbinsel Jamal lebenden Nenzen schreibt VACHTIN (1993, S. 62):

„*Nach der Entdeckung der Gasfelder Jamals wurde der Entschluß zur forcierten Erschließung dieses Gebietes gefaßt. Ein technischer Plan wurde aufgestellt, in dem der Bau einer Eisenbahnlinie vorgesehen ist, die die Halbinsel von Süd nach Nord durchzieht. Völlig unberücksichtigt in diesem Plan blieben jedoch die Interessen der eingeborenen Bevölkerung. Die Bahntrasse ist so projektiert, daß sie die traditionellen winterlichen Rentierweiden von den sommerlichen abschneidet. Als Ergebnis büßten die fünf Rentiersowchosen Jamals in wenigen Jahren 595 000 ha Weidefläche und mehr als 24 000 Rentiere ein.*"

Das Gebiet der Jamalo-Nenzen ist außerdem durch die oberirdischen Atomtests auf Nowaja Semlja radioaktiv verstrahlt. Das Wasser wie auch die Nahrungsmittel (u. a. Jagdbeute, Fisch) sind häufig durch Ölausscheidungen verseucht.

Die ökologischen Belastungen, das Aufzwingen fremder Nahrungsmittel und der Alkoholmißbrauch haben unter den betroffenen Menschen zu hohen Krankheitsraten (weit verbreitet ist heute die Tuberkulose) und einer deutlichen Absenkung der Lebenserwartung, die heute im Schnitt bei nur noch 45–47 Jahren liegt, geführt.

Mit dem *Ende des Sozialismus* änderte sich im Lande die Einstellung zu den Nordvölkern, deren kulturelle Vielfalt man nun als eine Bereicherung ansah und die demnach zu schützen waren.

Am 22.4.1992 erfolgte ein Erlaß des Präsidenten der Russischen Föderation mit dem Titel „Vordringliche Maßnahmen zum Schutz der Siedlungsorte und der Wirtschaftstätigkeit der nördlichen Kleinvölker." Ihm folgte am 22.6. 1993 ein „Rahmengesetz der Russischen Föderation über den rechtlichen Status der zahlenmäßig kleinen Urvölker". Die UNO hatte schließlich das Jahr 1993 (mit besonderem Blick auf die sibirischen Nordvölker) zum „Jahr der kleinen Völker" erklärt.

Diese Beispiele zeigen, daß man heute endlich bereit ist, die Rechte der kleinen Völker anzuerkennen. Die Sowchosbetriebe sind aufgelöst worden, und das Land ist den Kleinvölkern zur „vorrangig traditionellen Nutzung" übergeben worden.

„Traditionell" bedeutet, daß eine industrielle Wirtschaftsform ausgeschlossen bleibt. Die bisher als Brigaden in engen Sowchos-Arealen wandernden Gruppen haben sich wieder zu den klassischen „Obschtschinas" formiert und ziehen nun in privatwirtschaftlicher Form über die ihnen zum Eigenbesitz übertragenen Weideflächen. Die einen schlagen Gewinn aus der neuen unternehmerischen Freiheit, andere haben große Umstellungsschwierigkeiten (s. WEIN/EGOROV 1992).

Wer nämlich einmal der traditionellen Wirtschafts- und Lebensweise entfremdet ist, wird von den neuen Möglichkeiten kaum noch Gebrauch machen können. In die europäische Zivilisation der im Norden neu errichteten Städte lassen sich die Nordvölker nicht integrieren. Der Anteil sibirischer Ureinwohner in den inmitten der Autonomen Bezirke der Chanten, Mansen und Nenzen gelegenen Städten ist fast unmerklich gering: in Surgut waren es 1992 nicht mehr als 0,23 %, in Nishnewartowsk 0,21 % und in Nowy Urengoi gar nur 0,14 % (nach lokalen Angaben).

Die in den 1950er und -60er Jahren gegründeten Zentralsiedlungen werden heute als nicht mehr entwicklungsfähig bezeichnet. Sie erhalten weniger Subventionen, so daß Schulen und Krankenhäuser häufig geschlossen werden müssen. Versorgungsgüter werden in reduziertem Maße angeliefert. Für die Menschen gibt es kaum noch Arbeit, weshalb sie in den Alkohol flüchten. Ihnen bleibt nur die Alternative, im Ort der Verwahrlosung anheimzufallen oder zurück in die Tundra und Taiga zu ziehen und dort die traditionellen Lebensformen wieder aufzunehmen. Eine solche Renomadisierung, zu der die entwurzelten Menschen kaum noch in der Lage sind, führt nur in seltensten Fällen zu Erfolg.

Man bemüht sich heute, vor allem von seiten der Intelligenz dieser Völker, die alte Kultur wiederzubeleben. Kulturbasen werden gegründet, in denen die Traditionen neu vermittelt werden, Folklore-Festivals werden organisiert. Die Internate werden aufgelöst und durch kleine lokale Schulen mit Unterricht in den Nationalsprachen[24] ersetzt, nachdem Schulbücher in diesen Sprachen verfaßt und herausgegeben worden sind. Im Bereich der Tundren-Nomaden bemüht man sich, eine besondere Form einer „kotschevaja schkola" („nomadisierende Schule") zu entwickeln, bei der die Kinder nicht oder nur kurzzeitig den Eltern entzogen werden.

Es heißt, daß der Zeitpunkt des Zusammenbruchs des Sozialismus der vermutlich allerletzte Moment gewesen ist, um wenigstens noch einen Teil der Kultur der nördlichen Kleinvölker zu retten. Es ist zu hoffen, daß die Bemühungen erfolgreich sein werden. Der völlige Niedergang der Nordvölker würde einen großen Verlust für Sibirien bedeuten![25]

---

24 Beispiele aus der Tschuktschensprache:
  'Turyk nälvylyk tär korat' =
    Wieviele Rentiere hat ihre Herde?,
  'Titä turi torvansaty pajalgynnytyk' =
    Wann zieht ihr auf eine andere Weide um?,
  'Mänin tängynn n yttytschy itypkun' =
    Wer ist der beste Jäger?,
  'Tär gynan tymynat izyt' =
    Wie viele Wölfe habt ihr erlegt?
  (aus: Russisch-tschuktschischer Sprachführer, Magadan 1958)

25 Um 1990 hat das Ethnologische Institut Tobolsk Expeditionen in das Gebiet der Chanten und Mansen geschickt, um deren Lebens- und Wirtschaftsformen in Filmaufnahmen festzuhalten. Man geht davon aus, daß diese Kultur vor dem Aussterben steht und daher zumindest dokumentarisch erhalten werden sollte.

7.2.4 Das Tschuktschenleben 1992

Der jakutische Historiker KOLESOV gibt (1991, S. 44) einen Bericht über das Leben der Tschuktschen im 19. Jahrhundert:

„Die Behausung der Tschuktschen stellte ein großes Zelt in Form eines Vieleckes dar, das mit Rentierfellen überdeckt war und in der Mitte eine Feuerstelle besaß. Obwohl dieses Zelt sehr geräumig war, ließ es sich doch leicht transportieren. Um das Zelt herum standen Schlitten (Narty), auf denen die Wirtschaftsgeräte verstaut waren. Um das zentrale Hauptzelt waren kleine, viereckige Zelte aufgebaut, in denen die Tschuktschen schliefen. – Die Frau der Tschuktschen war zur Arbeit verurteilt: Sie mußte das Essen zubereiten, die Kleidung (aus Rentierfellen – der Verfasser) nähen, das große Zelt aufstellen, Holz herbeischaffen und den Männern beim Hüten der Herde helfen. Ab Mitte des 19. Jahrhunderts benutzten die Tschuktschen in der Hauswirtschaft Töpfe aus Metall, Teekessel, Metallmesser und andere Geräte."

Dieses historische Bild *kann* nach allem, was in der seit damals verstrichenen Zeit geschehen ist, durchaus auch heute noch nahezu unverändert angetroffen werden![26]

Das gilt u.a. für den äußersten Nordosten Sibiriens, wo sich – fern aller städtischen Verlockungen – die alten Lebens- und Wirtschaftsformen in einer erstaunlichen Weise bis in die Gegenwart erhalten haben (Übersicht 7.3).

Ein Hubschrauberflug über den jakutischen Rayon Nishnekolymsk mit dem Besuch einzelner Tschuktschen- und Ewenkengruppen – wobei jede Landung am Rande eines Nomadenlagers inmitten der endlosen Tundra wie eine Landung auf einem fremden Planeten erscheint – führt das plastisch vor Augen.

Abb. 7.3: Tschuktschen-Jaranga
Quelle: nach einem Bild der Nutendli-Jaranga

Nach Funden im Neuwieder Becken sollen die Behausungen der eiszeitlichen Jäger hier in Mitteleuropa genauso ausgesehen haben wie die heutigen Jarangas in Nordost-Sibirien. Hierbei scheint es sich also um die Form einer menschlichen Ur-Behausung zu handeln (s. G. BOSINSKI, Eiszeitjäger im Neuwieder Becken. Koblenz 1992).

[26] Der Verfasser besuchte 1990 und 1992 zahlreiche Tschuktschengruppen in der Tundra nördlich von Tscherski. 1992 verbrachte er (von einem Hubschrauber dort abgesetzt) eine Woche inmitten einer solchen Nomadengruppe.

Die indigenen Völker Sibiriens

Übersicht 7.3: Lebensweise der Nomadengruppe („Obschtschina") Nutendli im jakutischen Rayon Nishnekolymsk

Das Weide- bzw. Wirtschaftsareal der zwölfköpfige Obschtschina Nutendli erstreckt sich am rechten Ufer der Kolyma-Mündung (s. Bericht, Karten und Bilder bei WEIN/EGOROV 1992). In der Mitte des Lagerplatzes liegt das von Kolesov beschriebene Hauszelt, die kuppelförmige „Jaranga", die gegenüber alten Darstellungen und Bildern unverändert geblieben ist (Abb. 7.3). Sie hat einen Durchmesser von etwa 8 m, und ihr Gerüst ist aus groben Holzstangen aufgebaut, die nach Art eines Indianer-Wigwams aus der zentralen Dachöffnung herausschauen. Bedeckt ist das Gerüst, das an eine vereinfachte Jurtenkonstruktion erinnert, mit zu größeren Bahnen zusammengenähten Rentierfellen (im konkreten Fall nur weiße Felle). Die Erstellung der Zelte ist nach wie vor die Aufgabe der Frauen.

Im Inneren der recht geräumigen Jaranga ist es meist duster, nur durch die kleine Dachöffnung fällt ein schwacher Lichtschein ins Innere. Die Türöffnung (ein hochklappbares Fellstück) ist meist geschlossen, um das Eindringen der Mücken zu verhindern. In der Jarangamitte schwelt den ganzen Tag ein kleines Feuer, betrieben mit bestimmten Tundrenkräutern, das zusätzlich der Mückenabwehr dient. Nur an windigen Tagen, wenn die Mückenplage reduziert ist, kann der Jaranga-Eingang den ganzen Tag geöffnet bleiben und auf das Schwelfeuer (das der Gesundheit der Menschen nicht gerade zuträglich ist und das sogar häufig zu Lungenkrankheiten führt) verzichtet werden.

Der Boden des Jaranga-Inneren ist mit Rentierfellen, z.T. in mehreren Schichten, ausgelegt, die als Sitz- bzw. Liegegelegenheiten dienen. Hier lagert der größte Teil der Gruppe an mückenreichen Tagen – und das sind die meisten –, und die Kleinkinder sind mit einem Strick am Wandgerüst festgebunden, um nicht ins Freie gehen zu können, wo sie von den Mücken zerstochen würden. In einer Ecke ist eine hängemattenartige Kinderwiege für das jüngste Gruppenmitglied aufgehängt. Gesprochen wird in der Gruppe ausschließlich russisch. Die beiden zwölf- und vierzehnjährigen Jungen, die jetzt in den Internatsferien bei ihren Familien sind, können ihre Nationalsprache überhaupt nicht mehr sprechen.

Alle Familienmitglieder tragen jetzt, Mitte Juli, in der kurzen warmen Jahreszeit, leichte, industriell gefertigte Kleidung einfacher Art. Ab September aber werden sie wieder die von den Frauen selbst erstellte Fellkleidung, eine Art Overall aus Rentierfellen, anziehen. Im Winter trägt man zwei solche „Overalls" übereinander: den ersten mit dem Fell nach innen, den zweiten mit dem Fell nach außen.

Von der Dachöffnung hängt eine Kette in den Mittelpunkt der Jaranga, an der die Kochtöpfe oder Teekessel über dem Feuer aufgehängt werden können. Betrieben wird das Kochfeuer hier in der baumfreien Tundra mit Treibholz, das man am Ufer der Kolyma gesammelt hat. Gekochtes Rentierfleisch, ungewürzt recht fade schmeckend, ist fast die einzige Nahrung der Tschuktschen. Kommt ein Mitglied, was recht selten der Fall ist, in die nächste Siedlung (Tscherski), wird ein größerer Vorrat an Brot und Tee mitgebracht. Obst oder Gemüse kennt man fast gar nicht.

Daß die Frauen, wie KOLESOV schreibt, die Hauptarbeit verrichten, gilt auch heute noch. Sie sind den ganzen Tag beschäftigt, während die Männer, die nicht gerade bei der Herde sind, oft tatenlos in der Jaranga lagern. Alkoholkonsum konnte aber in der Nutendli-Gruppe nicht beobachtet werden.

Gegessen wird an einem langen, flachen Klapptisch, der inmitten der Lager-Rentierfelle steht. Hunde schleichen ruhig durch die Jaranga und lassen sich mal hier, mal dort nieder. Im ganzen Lager herrscht eine friedliche Atmosphäre, und anders ließe sich diese enge Form des Zusammenlebens wohl auch kaum ertragen.

Um die Jaranga herum stehen, wie von KOLESOV beschrieben, acht bis zehn flache Holzschlitten, die „Narty", auf denen in wasserfesten Säcken Haushaltsgeräte und Werkzeuge gelagert sind. Beim Weiterziehen der Gruppe, etwa alle acht bis zehn Tage, wird die ganze Habe (Zelte usw.) auf die Schlitten verladen, die dann von Rentieren gezogen werden. Mit ihren breiten Kufen lassen sich diese Schlitten problemlos über den feuchten Tundrenboden ziehen. Während im benachbarten Gebiet Tschukotka viele Nomadengruppen mit geländegängigen Lastkraftwagen nomadisieren, ist dies

noch Übersicht 7.3

zum Schutz der Tundra in Jakutien nicht erlaubt. Die Gruppe umgeht beim Weiterziehen die Routen der letzten Jahre, um ein Überweiden der Tundrenflächen zu verhindern.

In der Nähe des Hauptzeltes sind drei kleinere Zelte aufgebaut, die „Schlafzimmer" für die Ehepaare. Eines davon ist von traditioneller Art, während zwei von ihnen industriell hergestellte Hauszelte sind. Auch in diesen Zelten schläft man auf übereinandergelegten Rentierfellen.

Das ganze Lager sieht heute noch genauso aus wie nach der Beschreibung KOLESOVs im vergangenen Jahrhundert. Das einzige, was an die technisierte Gegenwart erinnert, ist ein neben der Jaranga stehender etwa 5 m hoher Holzpfahl mit einem darüber hängenden Draht, der Antenne für das einfache, mit Handgenerator betrieben Funkgerät („Razija"), über das man Verbindung mit der Außenwelt aufnehmen kann, so z. B. um für einen dringenden Transportfall einen Hubschrauber anzufordern. Die Reichweite dieses Funkgerätes ist nur gering, so daß man manchmal die Nachrichten von einer Gruppe zur anderen weiterleiten muß, ehe sie ans Ziel kommen.

Etwa 3 km vom Zeltlager entfernt weidet die Herde, die aus 2 600 Tieren besteht. Wegen der Mückenplage scharen sich die Tiere eng aneinander. Einer der Männer muß abwechselnd die Herde hüten. Dabei muß er vor allem darauf achten, daß sie nicht gegen den Wind weiterzieht, wonach die Tiere ständig streben, um damit den Mücken zu entgehen. Beim Einatmen der Mückenschwärme kann es nämlich zum Ersticken der Rentiere kommen.

Einmal an jedem Standplatz (d. h. einmal alle 8–10 Tage) wird die Herde an das Zeltlager herangeführt. Zwei der Männer fangen dann mit Lassos zwei Tiere zum Schlachten heraus. Die Tiere wehren sich heftig, wobei nicht selten eines der Hörner abbricht. Ein dritter Mann, der darauf spezialisiert ist, führt mit einem Messer einen kurzen und so gezielten Herzstich durch, daß das Tier sofort in sich zusammensackt. Die Frauen gießen nach altem Brauch den gerade erlegten Tieren Wasser über das Maul, weil man glaubt, daß sie im Sterbemoment noch trinken möchten. Dann werden in routinierter Form die Tiere ausgenommen, das Fell wird abgezogen und das Fleisch zerlegt. Gelagert wird das Fleisch als Vorrat für die Eigenversorgung in einer in den in 30 cm anstehenden Permafrost ausgehobenen Grube.

Im Herbst findet das große Jahresschlachten statt, bei dem die Herdengröße – in Anpassung an die geringere Kapazität der Winterweiden – auf 1 700 Tiere reduziert wird. Bei einer Zuwachsrate von 80 %, d. h. 80 Kälbergeburten auf 100 weibliche Tiere, wird im Frühjahr schnell wieder die alte Herdengröße erreicht. Das Fleisch der großen Schlachtaktion, etwa 40–50t, ist bis etwa 1990 vom Sowchos übernommen worden. Heute aber, wo der Sowchos aufgelöst ist und die Nomadengruppen eigene Wirtschaftseinheiten darstellen, müssen sie selber für einen Verkauf des Fleisches sorgen. Mit Lastenhubschraubern vom Typ MI 8 wird das Fleisch in die staatliche Aufkaufstelle nach Tscherski transportiert. Die Aufkaufpreise sind aber niedrig und die Kosten für den Hubschraubertransport hoch, so daß keine großen Verdienste übrigbleiben.

Den Winter verbringt die Gruppe im südlichen Teil des Weideareals, im Bereich der Waldtundra, weil man dann auf Holz als Heizmaterial angewiesen ist. Die Gruppe lebt dann auch in einem „Ballok" genannten Winterzelt, das auf der etwa 4 x 5 m großen Grundfläche eines flachen Schlittens montiert ist und von sechs Rentieren gezogen werden kann. In der dunklen und häufig stürmischen Jahreszeit wäre ein ständiges Auf- und Abbauen des Zeltes nicht möglich. Man ist nun auch mobiler als im Sommer und kann mit den aus dem alten Sowchosbestand stammenden Motorschlitten vom Typ „Buran" problemlos in die Siedlung Tscherski fahren, um Besorgungen zu machen und Nahrungsergänzung einzukaufen. Im Sommer sind die Motorschlitten irgendwo im Bereich der Winterweiden „geparkt".

Die Lebensform dieser Tschuktschengruppe zeigt, daß (vom Funkgerät, vom Hubschrauber und Motorschlitten abgesehen) das alte Sibirien hier und da doch noch existiert. Ob aber auch die nächste Generation, die heute das Internat besuchenden Jugendlichen, noch bereit sein wird, dieses Leben weiterzuführen, ist eine Frage, der auch die älteren Gruppenmitglieder skeptisch gegenüberstehen.

8 Sibirien als administrativer und politischer Raum
8.1 Die administrative Gliederung

Von den 89 Regionen, aus denen sich die Russische Föderation zusammensetzt, entfallen 20 auf Sibirien. Dabei wird unterschieden zwischen „Republiken" (Sing.:. Respublika), „Gebieten" (Sing.: Oblast), „Regionen" (Sing.: Kraj) und „Autonomen Bezirken" (Sing.: Avtonomnyj Okrug). Die Gebietseinheiten folgen in ihren Grenzziehungen weitgehend historischen Vorgaben, indem sie auf die Gouvernements des vergangenen Jahrhunderts zurückgehen. Die Region Krasnojarsk entspricht z. B. dem 1823 gegründeten Jenissej-Gouvernement. Die jüngste Oblast ist die von Kemerowo, welche erst 1943 mit dem Ausbau des Kusnezk-Beckens aus dem Tomsker Gebiet ausgegliedert worden ist.

Mit ihren recht unterschiedlichen Größen – die Flächenrelation der sibirischen Republiken Altai und Jakutien zueinander beträgt etwa 1 : 33 (!) – entsprechen die administrativen Einheiten nur schwerlich den heutigen Anforderungen von Verwaltung und Wirtschaft (man denke nur an die Bestrebungen in Deutschland, durch eine Neuordnung der Bundesländer die Größenunterschiede auszugleichen).

Integriert in die traditionellen Regionen (Oblasti und Republiken) sind die, mit gewissen autonomen Rechten versehenen, insgesamt sechs ethnischen Nationalgebiete, so daß sich verschiedene Ebenen der administrativen Gliederung Sibiriens ergeben. Drückten sich in den unterschiedlichen Bezeichnungen bis zu Beginn der 1990er Jahre noch gewisse hierarchische Unterschiede aus, so wurden diese mit der Verfassung vom Dezember 1992 aufgehoben. Danach sind alle „Föderationssubjekte" nun als gleichberechtigt zu betrachten, alle entsenden zwei Vertreter in den Föderationsrat. Diese verordnete Gleichberechtigung ist aber in den Fällen, in denen Nationalgebiete, die in größere Gebiete integriert sind – nun praktisch auf einer Stufe mit diesen stehen –, nicht immer unproblematisch.

„Dies führt", so schreibt KOLTSCHIK (1994) zum Beispiel bezogen auf das Gebiet Tjumen und seine integrierten Nationalgebiete (s. Tab. 8.1), „zu der Situation, daß zwei unabhängige Subjekte der Föderation einem dritten gehören." Stadelbauer (1996, S. 177) schreibt zum gleichen Beispiel:

„Als Verwaltungsgebiet umfaßt die Oblast Tjumen die Autonomen Bezirke der Jamal-Nenzen sowie der Chanten und Mansen, die aber zugleich auch als Subjekte der Föderation gelten. Ihre Belange werden damit in Moskau, Tjumen und in den Hauptorten Salechard bzw. Chanty-Mansijsk vertreten."

In der Praxis hat dies uneindeutige Kompetenzverteilungen und mangelhaften Koordinationen zur Folge. Während die integrierten Nationalgebiete um weitere wirtschaftliche Eigenständigkeiten und politische Unabhängigkeit von den übergeordneten Verwaltungsgebieten kämpfen, bemühen diese sich um die Einheit der Region (SCHOLZ 1994, S. 193). Spannungen sind bei diesen nicht eindeutig geklärten Aufteilungen und konträren Interessenlagen nicht ausgeschlossen.

Mit der neuen Verfassung sind die bis dahin geltenden Sonderrechte der „Republiken" (früher „Autonome Republiken") eingeschränkt worden. Sie behielten jedoch das Recht auf eine eigene Verfassung und eine eigene (nationale) Staatssprache. Mit den größeren Freiheiten, die sie in der Gesetzesgestaltung und in der Finanzpolitik besitzen, sind sie flexibler gegenüber den heutigen Herausforderungen. Interessant ist, daß neben Jakutien, Tuwa und Burjatien, die schon in der Sowjetzeit den Status einer „Autonomen Republik" besaßen, mit Altai und Chakassija gerade zwei der kleinsten und wirtschaftlich schwächsten Gebietseinheiten (s. Kap. 9.3.) eine Aufwertung zur

Westsibirien				
Region	Fläche (Mio. km^2)	Hauptstadt	Einwohner 1995 (Mio.)	Bevölkerungsdichte (Ew./km^2)
1. Gebiet Tjumen darin integriert:	1,435	Tjumen	3,130	2,18
2. Autonomer Bezirk der Chanten und Mansen	0,523	Chanty-Mansijsk	1,312	2,5
3. Autonomer Bezirk der Jamalo-Nenzen	0,750	Salechard	0,470	0,62
4. Gebiet Omsk	0,140	Omsk	2,173	15,5
5. Gebiet Tomsk	0,317	Tomsk	1,00	3,16
6. Gebiet Nowosibirsk	0,178	Nowosibirsk	2,79	15,7
7. Gebiet Kemerowo	0,095	Kemerowo	3,16	33,0
8. Region Altai	0,169	Barnaul	2,69	15,9
9. Republik Altai	0,093	Gorno-Altajsk	0,198	2,14
Ostsibirien				
10. Region Krasnojarsk darin integriert:	2,34	Krasnojarsk	3,03	1,3
11. Autonomer Bezirk Taimyr	0,862	Dudinka	0,049	0,06
12. Autonomer Bezirk der Ewenken	0,767	Tura	0,023	0,03
13. Republik Chakassija	0,062	Abakan	0,584	9,4
14. Republik Tuwa	0,170	Kysyl	0,306	1,8
15. Gebiet Irkutsk darin integriert:	0,768	Irkutsk	2,86	3,7
16. Autonomer Bezirk Ust-Ordinski (der Burjaten)	0,022	Ust-Ordinski	0,143	6,4
17. Republik Burjatien	0,351	Ulan-Ude	1,053	3,9
18. Gebiet Tschita darin integriert:	0,431	Tschita	1,37	3,17
19. Autonomer Bezirk der Aginer Burjaten	0,019	Aginskoje	0,079	4,15
20. Republik Jakutien (Sacha)	3,103	Jakutsk	1,061	0,34

Tab. 8.1: Administrative Regionen Sibiriens (Die Numerierung bezieht sich auf die Zahlen in Abb. 8.1)
Quelle: Goskomstat 1995

„Republik" oder sogar zur „Souveränen Republik" durchgesetzt haben.

Unter den sibirischen Regionen hat sich (neben Tatarstan und Baschkortostan im europäischen Teil) die Republik Jakutien-Sacha besondere Sonderrechte erkämpfen können. Diese Rechte wurden den genannten „kritischen Föderationssubjekten" (GÖTZ/HALBACH 1996, S. 274) im Sinne einer Befriedigung von Moskau eingeräumt, obwohl dieser Schritt der angestrebten Vereinheitlichung der Föderation entgegensteht.

Alle sibirischen Regionen haben – wie sämtliche russischen Regionen mit Ausnahme Tschetscheniens – den Föderationsvertrag vom 31.3.1992 unterschrieben und damit ihre Zugehörigkeit zur Russischen Föderation bestätigt. Dies schließt aber nicht aus, daß sich die Regionen um eine zunehmende Unabhängigkeit von der Moskauer Zentrale (s. Kap. 8.2) bemühen.

Moskau hat den 89 Regionen viele Freiheiten eingeräumt. Gegen Ende des Jahres 1996 wurde jedoch in der russischen Führung der Ruf laut, die Regionen wieder stärker zu kontrollieren, da unzulässige Eigenmächtigkeiten der Regionalchefs die Einheit der Föderation gefährdeten.

Um die Wirtschafts- und Lebensverhältnisse der einzelnen Regionen einander anzugleichen, ist – wie in Deutschland – ein System des Finanzausgleiches eingeführt worden. Die Steuereinnahmen der Regionen werden unterteilt in regionale Steuern (die

Die administrative Gliederung 153

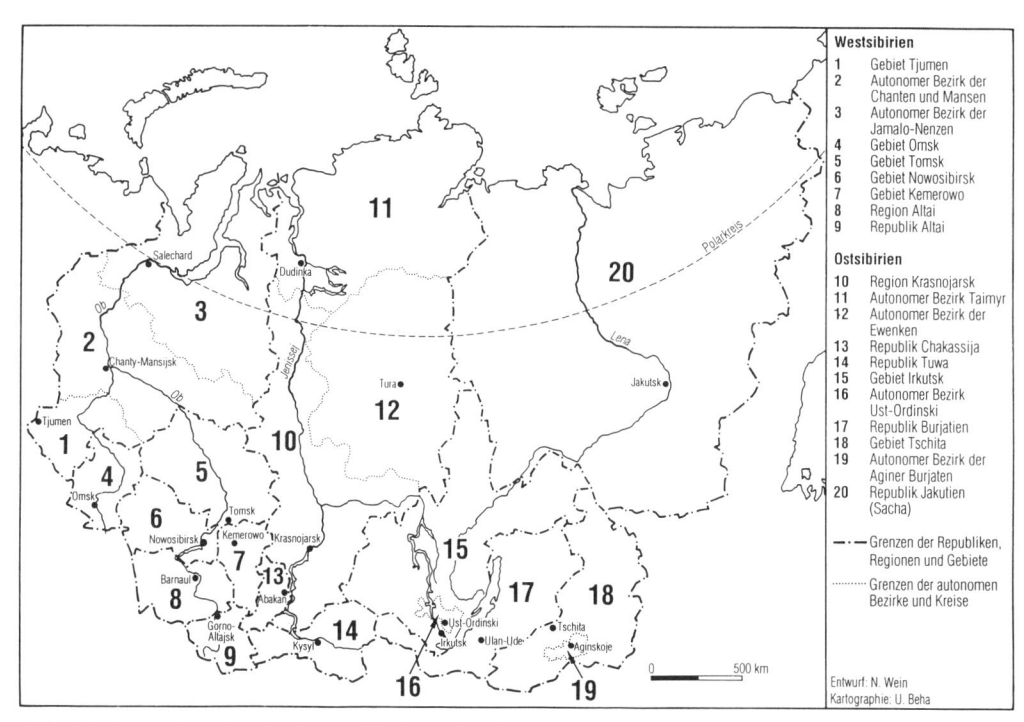

Abb. 8.1: Administrative Regionen Sibiriens (Die Zahlen beziehen sich auf die Numerierung in Tab. 8.1)

Westsibirien
1 Gebiet Tjumen
2 Autonomer Bezirk der Chanten und Mansen
3 Autonomer Bezirk der Jamalo-Nenzen
4 Gebiet Omsk
5 Gebiet Tomsk
6 Gebiet Nowosibirsk
7 Gebiet Kemerowo
8 Region Altai
9 Republik Altai

Ostsibirien
10 Region Krasnojarsk
11 Autonomer Bezirk Taimyr
12 Autonomer Bezirk der Ewenken
13 Republik Chakassija
14 Republik Tuwa
15 Gebiet Irkutsk
16 Autonomer Bezirk Ust-Ordinski
17 Republik Burjatien
18 Gebiet Tschita
19 Autonomer Bezirk der Aginer Burjaten
20 Republik Jakutien (Sacha)

–·–·– Grenzen der Republiken, Regionen und Gebiete
·········· Grenzen der autonomen Bezirke und Kreise

Entwurf: N. Wein
Kartographie: U. Beha

im Gebiet bleiben) und in föderale Steuern, die nach Moskau weitergeleitet werden. Diese föderalen Steuern teilt die Zentrale im Rahmen eines Finanzausgleiches an die ärmeren Regionen aus. Das Gebiet Irkutsk z. B. zählt innerhalb Sibiriens zu den „Geberregionen", die in den zentralen Topf einzahlen und nichts davon zurückerstattet bekommen. Die selbstbewußte Republik Jakutien hat sich diesem Verfahren verweigert und um 1995 in einem geheimgehaltenen Vertrag erreicht, die föderalen Steuern (auf die sie als „arme Region" ohnehin Anspruch zu haben glaubt) einzubehalten, um sie direkt in den Ausbau der eigenen Infrastruktur zu investieren.

Im Herbst 1998 schlossen sich unter dem Eindruck der staatlichen Wirtschaftskrise die Regionen Altai und Krasnojarsk, die Gebiete Omsk, Tomsk und Kemerowo sowie die Republik Chakassija diesem Vorgehen an – allerdings ohne entsprechenden Vertrag mit Moskau! Diese Eigenmächtigkeiten bringen die Föderation an den Rand des Zusammenbruches. Sie stärken die Position der Regionen, die sich so bemühen, auf eigene Faust durch die schwierige Zeit zu kommen.

8.2 Souveränitätsbestrebungen

Sibirien, die Kolonie des europäischen Rußlands, wurde bis in jüngste Zeit ganz und gar von Moskau aus verwaltet. Alle Entscheidungen wurden in Moskau getroffen, Entscheidungen, die vor allem in den Bereichen Ökologie und Versorgung die Belange der sibirischen Bevölkerung nur wenig berücksichtigten. Schon in der Zarenzeit war der Ruf nach einer unabhängigen „Republik Sibirien" lautgeworden. Im Jahre 1919 trennte sich Sibirien sogar für ein paar Monate von Rußland, und auch in der Sowjetzeit ging die Idee eines unabhängigen Sibiriens nicht völlig unter. Was damals nur als Utopie gelten konnte, erschien nach dem Zusammenbruch der Sowjetunion, der eine Schwächung der Zentralmacht und eine Stärkung der „Regionen" zur Folge hatte, durchaus realisierbar. Es erschienen sogar bereits Karten (u. a. wiedergegeben in „Sibirskaja Gazeta" 12/1992), in denen das ganze Gebiet östlich des Urals als eine eigene politische Einheit mit der Bezeichnung „Nordasiatische Vereinigte Staaten" dargestellt wurde. Sibirien erhielt eine eigene Fahne in den Farben weiß-grün, die bei offiziellen Anlässen neben der dreifarbigen Fahne der Russischen Föderation weht.

Realisten erkannten sehr schnell, daß sich eine völlige Loslösung von Moskau nicht praktizieren lassen würde, und man stellte sich daher das Ziel, innerhalb der Föderation möglichst viel politische und wirtschaftliche Autonomie zu gewinnen. In der stürmischen Anfangsphase erstrebte man u. a. eine eigene Polizei, eine eigene Verfassung, einen eigenen Staatshaushalt, ein eigenes Gerichtssystem und eine eigene Finanz- und Zollhoheit – wobei die Verwaltung der Region Krasnojarsk im Sommer 1992 schon so weit ging, ihr eigenes Geld drucken zu lassen (WATSCHNADSE 1993, S. 54).

Gemäßigtere Bestrebungen gingen von Nowosibirsk, der „heimlichen Hauptstadt" Sibiriens, aus, wo sich Ende 1990 (das heißt: schon vor dem Zusammenbruch der Union) sieben Verwaltungsgebiete (Tjumen, Omsk, Tomsk, Nowosibirsk, Kemerowo, Krasnojarsk und Chakassija) zu dem „Sibirischen Abkommen" („Sibirskoje Soglaschenije") zusammengeschlossen hatten. Am 27. und 28. März 1992 tagte der erste Kongreß der Volksdeputierten der genannten Regionen in Krasnojarsk, unter Teilnahme von Beobachtern aus den übrigen sibirischen Verwaltungsgebieten. Nach und nach traten – bis auf eine – sämtliche Regionen der Vereinigung bei, die unter der neuen Bezeichnung MASS (Abkürzung für russ. „Interregionale Assoziation Sibirisches Abkommen") feste organisatorische Strukturen gewann. Im Februar 1993 unterschrieb der russische Ministerpräsident Tschernomyrdin einen Vertrag über die Zusammenarbeit zwischen der Regierung Rußlands und der MASS. Aus dem anfänglichen Gegeneinander ist ein Miteinander geworden, wobei aber die Assoziation sich weiterhin als starke Interessenvertretung Sibiriens gegenüber die Zentrale versteht. Die ursprünglich vornehmlich politischen Ziele der Assoziation wurden nach und nach aufgegeben, und man wandte sich wirtschaftlichen Problemen zu, die man im Rahmen der engen Beziehungen zur Moskauer Zentrale zu lösen versucht. Mehrere konkrete Projekte werden heute von der MASS bearbeitet. Wenn die MASS heute auch ihre „kämpferische Natur" verloren hat, so füllt diese Organisation doch eine wichtige Lücke aus, solange der Staat und die Regionen noch keine regionalpolitischen Konzepte entwickelt haben. Der Sitz der Vereinigung, deren höchstes Organ der „Große Rat" ist, ist Nowosibirsk (s. Adresse im Anhang).

Jakutien, das immer eine Zwischenstellung zwischen dem eigentlichen Sibirien und dem Fernen Osten innehatte (s. Kap. 1.1), hat sich als einzige Region dieser Vereinigung nicht angeschlossen. Die Republik Jakutien-Sacha trat dafür der 1992 gegründeten „Fernöstlichen Assoziation für wirtschaftliche Zusammenarbeit" bei.

In einer Analyse des Senders „Radio Liberty" heißt es:

„Es scheint, daß die meisten einflußreichen politischen Kräfte gegen eine völlige Loslösung von Moskau sind, daß sie sich aber in starkem Maße für mehr wirtschaftliche Rechte und Autonomie einsetzen. Verschiedene sibirische Regionen streben dabei die vollständige Kontrolle über ihr Land und die

Naturressourcen an. Die Rufe nach einer eigenen Sibirischen Republik werden wohl mehr aus wirtschaftlichen Gründen vorgetragen als aus nationalen Ambitionen der sibirischen Politiker. Die meisten sibirischen Regionen scheinen einzusehen, daß die vollständige Unabhängigkeit in der vorhersehbaren Zukunft nicht zu erreichen sein wird." (TOLZ 1993, S. 8).

Die lokalen Wirtschaftsexperten beklagen heute, daß Sibirien, bzw. die sibirischen Regionen, zwar eine anerkennenswerte Eigenständigkeit erhalten haben, daß aber die Finanzhoheit nach wie vor überwiegend in Moskau liegt. Das drückt sich z. B. darin aus, daß die großen Firmen wie vor allem die Erdöl- und Erdgaskonzerne ihren Sitz nicht in der Region, sondern in Moskau haben (bzw. diesen aus der Region sogar dorthin verlagert haben). Die erwirtschafteten Gewinne werden so großenteils nach Moskau verlagert und fließen dort in das zentrale Budget.

Trotzdem bleibt anzuerkennen: Moskau hat – nicht zuletzt unter dem Druck der drohenden Loslösungsbestrebungen – manche Kompetenzen an die sibirischen Regionen übertragen. Sibirien ist dadurch selbstbewußter geworden, und die neue Wirtschafts-Wochenzeitung „Russkaja Asia" trägt einen Tiger in der Titelleiste, der zweifellos dieses gestärkte Selbstbewußtsein zum Ausdruck bringen soll.

Probleme bestehen heute zwischen der Zentralregierung in Moskau und den sibirischen Regionen vor allem hinsichtlich der Steuerpolitik (Einzug und Verteilung der föderalen Steuern, s. o.) und der zentralen Kontrolle über die natürlichen Ressourcen. Diese Probleme führen in der Presse immer wieder zu Spekulationen über neue Souveränitätsforderungen der sibirischen Regionen.

PUSTILNIK (1996) schreibt dazu:
„Die sibirischen Regionen sehen zwar ein, daß es nicht unbedingt vorteilhaft für sie wäre, die politische Unabhängigkeit von Moskau zu verlangen und zu souveränen Staatsgebilden zu werden. Ihre Forderungen nach mehr wirtschaftlicher Unabhängigkeit sind aber sehr realistisch und sollten von der Zentralregierung nicht zu leicht genommen werden. Wenn Moskau seine Beziehungen zu den sibirischen Regionen nicht neu überdenkt, könnte das zu einer destabilisierenden Situation führen und gefährlich werden für den Reformprozeß in der Russischen Föderation."

Moskau kann in der Frage der Eigenverfügbarkeit über die Rohstoffe auch nicht zu weit gehen, da nach dem Verlust der rohstoffreichen Sowjetrepubliken Ukraine und Kasachstan die „Schatzkammer Sibirien" heute für den Staat wichtiger ist als in der Zeit des Sozialismus. Das ist auch einer der Gründe, weshalb die Zentralregierung einer politischen Eigenständigkeit niemals zustimmen könnte.

Abb. 8.2: Titelleiste der Zeitung „Russkaja Asija"

9 Sibirien als Wirtschaftsraum heute

Sibirien ist heute nicht mehr das „Bauernland", das es in früheren Jahrhunderten vornehmlich gewesen ist. Heute steht in der Wirtschaftsstruktur der einzelnen Regionen die Industrie im Vordergrund, die zu Beginn in einem kurzen Überblick betrachtet wird.

9.1 Die industrielle Struktur des Wirtschaftsraumes

Stand bei den bisherigen Betrachtungen der sibirischen Wirtschaft in erster Linie der Aspekt der industriellen Erschließung im Mittelpunkt, so soll im folgenden Kapitel die heutige wirtschaftliche Stellung Sibiriens herausgestellt werden, die nicht zuletzt ein Ergebnis dieser geplanten Raumerschließungen wie auch der jüngsten Transformationsprozesse ist. Dabei tritt der regionale Aspekt in den Vordergrund: Der Wirtschaftsraum Sibirien wird untergliedert in verschiedene Wirtschaftsregionen, deren ökonomisches Potential herausgearbeitet wird.

9.1.1 Historischer Blick auf die sibirische Industrie

Bis zum Beginn des 20. Jahrhunderts hatte die sibirische Wirtschaft hauptsächlich eine agrare Ausrichtung, und die Industrie bestand überwiegend aus der Verarbeitung der landwirtschaftlichen Produkte (s. Butterproduktion, Kap. 4.1).

Der größte Zweig der verarbeitenden Industrie war die Mühlenwirtschaft, die 1913 auf 266 Großmühlen basierte. Die Alkoholproduktion, ebenfalls eine Form der Verarbeitung landwirtschaftlicher Produkte, kam auf den zweiten Platz in der verarbeitenden Industrie. Die Rohstoffe, die sie verwandte, waren zu 50 % Roggen, zu 20 % Weizen, zu 20 % Gerste und zu 10 % Kartoffeln. 1914 gab es über 50 große Brennereibetriebe in Sibirien, wo der durchschnittliche Alkoholverbrauch schon damals deutlich über dem russischen Durchschnitt lag. Während für Gesamtrußland ein Verbrauch von „0,6 Eimern pro Einwohner" (ohne genauere Definition des Mengenbegriffes „Eimer") angegeben wurde, entfiel auf das Irkutsker Gouvernement mit „1,1 Eimern pro Einwohnern" fast die doppelte Menge (nach WINOKUROV 1996). Welche Rolle der Alkohol, meist in der Form des Wodkas, bereits in früheren Jahrhunderten gespielt hat, beschreibt SCHTSCHEGLOV (1883/1993, S. 119) recht plastisch:

„Die Trunksucht war im alten Sibirien eine allgemein verbreitete Erscheinung und hatte die gewaltigsten Ausmaße. Es tranken alle, Alte und Junge, Frauen und Kinder. Man trank zu Hause, im Trinkhaus oder in der Wirtschaft, man trank auf der Reise, bei Besuchen, und man trank auf den Feldern, wohin die Bürger an Festtagen gerne zum Spazierengehen hinausfuhren."

Daß dies keine rein historische Betrachtung ist, sondern eines der größten sozialen Probleme Sibiriens auch in der Gegenwart darstellt, ist bekannt.

Mit dem Begriff „Bergbau" (s. Tab. 9.1) stand die Förderindustrie in den letzten Jahren des Zarenreiches wertmäßig auf Platz zwei der Industriezweige.

Tab. 9.1: Wertmäßige Anteile der sibirischen Industriezweige 1913 (in %)

Mühlenwirtschaft	45
Bergbau	35
Alkoholproduktion	12
Leder- und Fellverarbeitung	4
Sonstiges	4

9.1.2 Die wichtigsten heutigen Industriezweige

9.1.2.1 Die Förderindustrie

In sozialistischer Zeit war Sibirien in ein System der „volkswirtschaftlichen Aufgabenteilung" einbezogen, nach der im europäischen Teil der RSFSR die verarbeitende Industrie dominierte, während Sibirien vornehmlich die Aufgabe der Rohstoffgewinnung und Energieerzeugung zugeteilt wurde. Diese Aufgabenteilung, die deutlich kolonialistische Züge erkennen läßt, war einer der Hauptgründe für die wirtschaftliche Rückständigkeit Sibiriens.

Die Rohstoffgewinnung bzw. Förderindustrie bezieht sich auf die überaus reichen Bodenschätze des asiatischen Rußlands. Hingewiesen sei nur auf die bereits in Kapitel 6.5 dargestellten Erdöl- und Erdgasvorkommen, die zu den größten der Welt gehören. Noch nicht erwähnt wurden dabei die zum größten Teil noch gar nicht erschlossenen Öl- und Gaslager in Ostsibirien: in der Krasnojarsker Region, im Irkutsker Gebiet und in der Republik Sacha. Hier könnten einmal die Zentren der russischen Erdöl- und Erdgasförderung liegen – wobei als Nachteil gegenüber den westsibirischen Fördergebieten nur die größere Ferne zu den Verbraucherzentren im europäischen Landesteil und in Westeuropa anzusehen ist. Allerdings erfolgt hier bereits eine Orientierung zum Osten hin, z. B. nach Nordchina, Korea und Japan.

Kohlevorkommen
Die Kohlevorkommen Sibiriens werden auf 7 Trillionen t geschätzt (KISELNIKOV/LARINA 1996a, S. 12), was einen globalen Anteil von 50 % bedeutet. Gewaltige Lager, vor allem im Tunguska- und Lenabecken, warten noch auf ihre Erschließung – wobei nur die Frage des Transportes einen hemmenden Faktor darstellt. 1995 wurden in Sibirien rund 180 Mio. t Kohle gefördert (nachdem es 1980 noch 225 Mio. t gewesen sind), und zwar in den in Tabelle 9.2 ausgewiesenen Gebieten.

Eisenerzlager
Diese gibt es in West- und Ostsibirien. Abgebaut werden in Westsibirien vor allem die im Kusbass verhütteten Erze des Gornaja-Schorija-Berglandes, in Ostsibirien die Vorkommen im Minussinsker Becken, im mittleren Angara-Gebiet und in Südjakutien (geschätzte Vorräte: über 3 Mrd. t). Auch hier sind große Vorkommen, z. B. an der Unteren Tunguska, noch nicht erschlossen, wozu zweifellos auch ihre abseitige Lage beiträgt. Eine verkehrsmäßige Erschließung, z. B. durch eine von der Transsib nach Norden gerichtete „Erz-Stichbahn", würde die Eisenerzbasis Rußlands gewaltig erhöhen.

Buntmetalle und Polymetalle
Kupfer, Blei, Zink, Nickel u. a. sind vor allem im Norden Sibiriens (wozu auch die BAM-Region gehört) reich vertreten. Verschiedene Vorkommen wie die Nickellager bei Norilsk und die noch nicht erschlossenen Kupferlager bei Udokan gehören ebenfalls zu den größten der Welt. Reich sind auch die Goldvorkommen, aus denen Rußland pro Jahr rund 150 t dieses Edelmetalles fördert. Die größten Vorkommen liegen in Sibirien und im Fernen Osten, und manche stehen erst noch vor ihrer Erschließung (s. Vorkommen „Suchoi Log" im Irkutsker Gebiet).

Diamanten
Zu den begehrtesten Förderprodukten gehören schließlich die jakutischen Diamanten, deren Förderung quantitativ wie

Tab. 9.2: Kohleförderung in Sibirien 1995 (in Mio. t)
Quelle: Goskomstat 1996

Gebiet	Förderung
Kemerowo	99,3 (1980 = 145,0)
Chakassija (Abakan)	7,2
Krasnojarsk (KATEK)	32,7
Irkutsk (Tscheremchowo)	14,5
Tschita	12,5
Sacha (Südjakutien)	11,8

qualitativ einen führenden Platz in der Welt einnimmt. Im Schnitt der Jahre 1991–1994 förderte Rußland (zu über 99 % aus Sacha/Jakutien) jährlich 13 Mio. Karat Juwelierdiamanten, was einen Weltanteil von 17,7 % bedeutet (WEIN 1997, Tab. 4). Damit lag Rußland (bzw. die Republik Sacha) auf Platz 4 unter den Förderländern.

Hydroenergie
Zu den großen sibirischen Ressourcen gehört auch die Hydroenergie. In der Stromerzeugung nimmt Sibirien aufgrund der großen Wasserkraftwerke eine führende Stellung innerhalb der Russischen Föderation ein. Im Jahre 1995 produzierte Rußland 860 Mrd. kWh, von denen 261,5 Mrd. kWh (= 30,4 %) auf Sibirien entfielen. Ostsibirien steht auf diesem Gebiet mit 150, 1 Mrd. kWh an zweiter Stelle unter allen russischen Wirtschaftsrayons (Platz 1: „Zentralrayon" mit 155 Mrd. kWh). Das Energiepotential Sibiriens ist noch erheblich höher, problematisch ist nur der Ferntransport in den europäischen Teil, der große Übertragungsverluste mit sich bringt.

Die Naturressourcen stellen heute praktisch die einzigen Ausfuhrgüter Sibiriens dar und bilden große Anteile der gesamtrussischen Exporte (s. Tab. 10.4).

In der Zukunft wird es aber darauf ankommen, einen möglichst großen Teil der Rohstoffe der eigenen verarbeitenden Industrie zuzuführen.

9.1.2.2 Die verarbeitende Industrie

Metallverarbeitung und Maschinenbau
Der wirtschaftlich bedeutendste Sektor der Verarbeitenden Industrie, der Bereich „Metallverarbeitung und Maschinenbau", ist im gesamtindustriellen Zusammenhang in Sibirien, verglichen mit dem europäischen Landesteil, unterrepräsentiert. Während er in ganz Rußland einen Anteil von 17,9 % an der gesamten industriellen Produktion einnimmt, sind es in Westsibirien nur 8,3 % und in Ostsibirien 7,3 %. Punkthaft können jedoch auch hier Spitzenwerte erreicht werden: In der Region Altai (mit dem Zentrum Barnaul) lag 1995 der Anteil bei 24,7 % und im Gebiet Nowosibirsk gar bei 36,6 % – was einen der höchsten Werte der ganzen Russischen Föderation darstellt.

Zivile und militärische Produktion
Einige Gebiete zeichneten sich dabei durch einen besonders hohen Anteil militärischer Produktion aus (Tab. 9.3, 9.4 und Übersicht 9.1).

Infolge des Rückganges des Rüstungssektors hatte der zivile Maschinenbau 1993 trotz einer Halbierung des Produktionsvolumens seinen Anteil gegenüber 1990 (s. Tab. 9.3) auf 74,5 % (für ganz Sibirien) steigern können. Die führenden Zweige sind dabei der Schwermaschinenbau, der elektrotechnische Maschinenbau und der Landmaschinenbau.

Der Schwermaschinenbau
Der Schwermaschinenbau Sibiriens produziert vor allem Geräte für den lokalen Bergbau über und unter Tage. Das gilt u. a. für Krasnojarsk, wo Tagebaubagger für das KATEK-Kohlerevier gebaut werden, oder für Irkutsk, wo Großmaschinen für die Goldgewinnung im Lenagebiet hergestellt werden. Die Bedarfsdeckung liegt in diesem Bereich jedoch nur bei etwa 30 %, und der Herantransport derartiger Großmaschinen aus dem europäischen Raum erhöht die Maschinenpreise um 10–20 %. Hinzu kommt, daß die von außen eingeführten Geräte oft zu wenig an die besonderen klimatischen und geologisch-bergbaulichen Verhältnisse Sibiriens angepaßt sind. Der Großmaschinenbau müßte also in Sibirien eine Ausweitung erfahren.

Der elektrotechnische Maschinenbau
Er ist in Sibirien in erster Linie ausgerichtet auf die Produktion von Generatoren, Elektromotoren und Turbinen (u. a. für die sibirischen Wasserkraftwerke) und dabei zum Teil auch

> Bis zum Zweiten Weltkrieg hatte es den Sektor Metallverarbeitung und Maschinenbau in Sibirien kaum gegeben. Einen deutlichen Anstoß erhielt dieser Bereich erst im Jahr des Kriegsausbruches, 1941, als 322 Rüstungsbetriebe im europäischen Landesteil demontiert und in das sichere „Hinterland" Sibiriens verlagert wurden: 244 Betriebe nach Westsibirien und 78 Betriebe nach Ostsibirien (ORLOV 1988, S. 36). Mit ihnen wurde auch der größte Teil der Belegschaft umgesiedelt. Welche Rolle Sibirien auf diese Weise in der militärischen Wirtschaft erhielt, zeigt die Tatsache, daß ein Viertel aller russischen Kriegsflugzeuge (rund 15 000 Maschinen) in Sibirien gebaut worden sind.
>
> Tomsk und Krasnojarsk erhielten sogenannte „Sputnikstädte" (benannt nur nach ihren Postleitzahlen, s. u.), in denen ausschließlich Betriebe der militärischen Atomindustrie arbeiten.
>
> 18 % der Industriearbeiter Sibiriens sind im Rüstungssektor beschäftigt, in Nowosibirsk sind es sogar über 70 %. Bis in die jüngste Zeit war der Maschinenbausektor in Sibirien weitgehend durch die Rüstungsindustrie bestimmt. Produktionsschwerpunkte im Rüstungssektor sind die Funkelektronik und der Flugzeugbau (Maschinen wie die auch im Westen respektierte MIG 29 werden in Sibirien gebaut).
>
> Nach 1990 erlitt die Rüstungsproduktion jedoch einen starken Einbruch, weil die staatlichen Aufträge drastisch reduziert wurden oder gar völlig ausblieben. Nach wie vor aber hat der militärische Sektor einen großen Anteil am Export, und Sibirien stellt – trotz reduzierten Volumens – noch immer ein Fünftel aller Rüstungsexporte auf diesem Gebiet, wobei Nowosibirsk neben drei Regionen des europäischen Landesteiles eines der führenden Ausfuhrgebiete ist.
>
> Konversion, die Umwandlung militärischer in zivile Produktion, ist heute eine der großen Herausforderungen an den Rüstungssektor - der allerdings schon immer nebenher einen Teil der normalen Konsumgüter herstellte. 1997 wurden (nach Siberian Business Review) 85 % aller in Sibirien produzierten Konsumgüter von den Rüstungsbetrieben ausgeliefert.

Übersicht 9.1:
Zur Rolle der sibirischen Rüstungsindustrie

	Militärisch	Zivil
Westsibirien	42,1	57,9
Ostsibirien	60,7	39,3
Sibirien insgesamt	45,6	54,5

Tab. 9.3: Anteile militärischer und ziviler Produktion in Sibirien 1990 (in %)
Quelle: KISELNIKOV/LARINA 1996b, S. 109

Gebiet	Anteil
Nowosibirsk	52,5
Tomsk	87,5
Irkutsk	69,6
Burjatien	63,8
Tschita	71,1

Tab. 9.4: Anteil militärischer Produktion in verschiedenen sibirischen Gebieten (in %)
Quelle: KISELNIKOV/LARINA 1996b, S. 110

Zentrums im Gebiet Chakassija-Minussinsk (im Zusammenhang mit dem Aufbau des TPK Sajan). Für Minussinsk waren 12 Großbetriebe dieser Art vorgesehen – wonach die Stadt in „Elektrograd" umbenannt werden sollte. Durch den Aufbau der Erdöl- und Erdgasindustrie in Westsibirien wurden aber die dafür vorgesehenen Mittel anderweitig gebunden, so daß diese Pläne nicht verwirklicht werden konnten.

Der Landmaschinenbau
Der Landmaschinenbau (s. u. a. unter Nowosibirsk: Betrieb „Sibselmasch" = Abkürzung für „Sibirische Landwirtschaftsmaschinen") kann ebenfalls den Bedarf Sibiriens nicht decken, und auch hier gilt, daß die eingeführten Maschinen nicht den Klima- und Bodenverhältnissen entsprechen. Der Bedarf ist unter anderem deshalb so groß, weil in der sozialistischen Zeit die kollektiv- oder staatseigenen Landmaschinen zu wenig gepflegt und gewartet und im Winter häufig im Freien abgestellt wurden, so daß viele von ihnen nicht mehr in funktionstüchtigem Zustand sind und ersetzt werden müssen. Hinzu kommt, daß die sich entwickelnde ländliche Privatwirtschaft heute für ihre durchschnittlich 60 ha Betriebsfläche kleinere Maschinen braucht, die aber noch nicht produziert werden.

integriert in den Rüstungskomplex. Eines der Zentren dieses Maschinenbauzweiges ist Nowosibirsk mit seinen in Tab. 9.11 unter den Nummern 1, 8, 9, 10 und 11 aufgeführten Betrieben. Geplant war in den 1970er Jahren der Aufbau eines Elektromaschinenbau-

Ein großes Problem für den *gesamten Maschinenbausektor* ist – von einigen spezialisierten Betrieben, vornehmlich des Rüstungsbereiches, abgesehen – seine technologische Rückständigkeit und die Überalterung seiner Ausrüstung. Viele Betriebe werden auch im Lande selber spöttisch als „Industriemuseen" bezeichnet. Dies ist auch der Hauptgrund für den mangelnden Kapitalzustrom in diesen Bereich. Bisher haben sich noch kaum Investoren, vor allem ausländische, für diesen Sektor gefunden. Man muß also davon ausgehen, daß die Bedeutung des Maschinenbaues weiter zurückgehen wird. Dabei ist vorauszusehen, daß vor allem die größeren Städte, in denen der Maschinenbau angesiedelt ist und dabei rund 37 % aller Arbeitskräfte beschäftigt, große soziale Probleme bekommen werden. Die Arbeitslosigkeit greift dort heute schon um sich. In Westsibirien mit seinen Maschinenbauzentren Barnaul, Omsk und Nowosibirsk ist die Arbeitslosigkeit (nach Goskomstat 1997) von 1992 bis 1996 um 546 % angestiegen!

Insgesamt muß die Forderung erhoben werden, den Maschinenbau in Sibirien deutlich zu stärken, um die Disparitäten zwischen dem europäischen und dem asiatischen Landesteil zu verringern, Sibiriens Gewicht in der Gesamtwirtschaft Rußlands zu stärken – um nicht zuletzt sozialen Spannungen vorzubeugen.

9.2 Neuorientierung der Wirtschaft nach 1991

In Sibirien haben sich – wie im gesamten Rußland – mit dem Zusammenbruch der Sowjetunion und dem Ende der sozialistischen Staats- und Planwirtschaft die wirtschaftlichen Rahmenbedingungen radikal gewandelt. Die Standortbedingungen änderten sich, da ja die Industriegebiete nicht „natürlich gewachsen" sind, sondern von der Zentrale geplant und – meist unabhängig von Rentabilitätsgesichtspunkten – regional festgelegt worden waren. Extremstes Beispiel dafür sind die „Territorialen Produktionskomplexe", die nach ganz und gar theoretischen Planungskonzepten in sibirischen Extremgebieten aufgebaut bzw. projektiert worden sind. Mit der Einführung der Marktwirtschaft erfuhren die Standorte eine neue Bewertung, und das ganze regionale Wirtschaftsgefüge mußte sich neu einpendeln. Regionen, die bis dahin mit hohen staatlichen Investitionen erschlossen und unterhalten worden waren, wie z. B. der sogenannte „Norden", verloren unter den neuen Bedingungen ihre einstige Bedeutung, was zu Abwanderungsbewegungen der Bevölkerung führte (s. Kap. 7.1.3.).

Mit dem Wegfall des „Eisernen Vorhanges" drängten westliche Firmen in das Land und verkaufen dort ihre Waren, Lebensmittel wie Konsumgüter. Sie setzen damit die einheimische Produktion unter einen hohen Konkurrenzdruck (vor allem durch qualitativ höherstehende Waren), dem diese in der Regel nicht gewachsen ist. Unter diesen Bedingungen eine Wirtschaft neu aufzubauen, erweist sich als äußerst schwierig.

Um das Potential Sibiriens zu erschließen, sind Know-how, moderne Technologie und Kapital erforderlich. Vor allem letzteres, das in sozialistischen Zeiten, wenn oft auch spärlich, aus Moskau gekommen ist, fehlt heute den Republiken. Deshalb ist eine wirtschaftliche Weiterentwicklung in der Regel nur mit Hilfe ausländischen Kapitals möglich. Alle Regionen bemühen sich heute um ausländische Investoren. Im Vorteil sind dabei diejenigen, die neben für den Weltmarkt interessanten Ressourcen ein günstiges Investitionsklima ausweisen können. Dazu gehören u.a. eine infrastrukturelle Grundausstattung, ausgebildete Arbeitskräfte, eine ausgeglichene ökologische Situation und soziale Stabilität.

Die Rolle der Investoren führte zu einer regionalen Neuorientierung der Wirtschaft. Die Gebiete der verarbeitenden Industrie verloren gegenüber den von den Investoren bevorzugten Förderregionen weiter an Bedeutung. Und hier erwies sich nun in verschiedenen Gebieten die einseitige Ausrichtung auf die Rüstungsindustrie, die diesen Regionen bisher ein großes Gewicht verliehen hatte, als nachteilig. Mit dem Bedeutungsrückgang dieses Sektors verloren die betroffenen Städte bzw. Regionen ihre wirtschaftliche Grundlage. Ihre Wirtschaft ist nun auf Konversion angewiesen, auf die Umstellung von militärischer auf zivile Produktion, die aber nur über hohe Investitionen möglich ist.

Wie sehr sich die Bedingungen in den Jahren nach 1990 geändert haben, zeigt ein Blick auf die durchschnittlichen Löhne in den sibirischen Regionen (Tab. 9.5).

Das Gebiet Nowosibirsk, das in sozialistischer Zeit der industrielle Kernraum Sibiriens (mit Schwerpunkt Rüstungsindustrie!) war, stolz bezeichnet als „sibirischen Chicago", ist unter den neuen Bedingungen zum Armenhaus Sibiriens geworden: Mit seinen Durchschnittslöhnen liegt es vor der völlig unterentwickelten Republik Tuwa an zweitletzter Stelle unter allen sibirischen Gebietseinheiten. Ursache ist der hohe Anteil des militärischen Sektors an der industriellen Produktion (s. Kap. 9.4.2).

Während die Rüstungsindustrie aber immerhin über ein hohes technologisches Potential verfügt, das sich bei der Konversion zukunftsträchtig nutzen läßt, sind die Anlagen der Konsumgüter- und Lebensmittelindustrie heute total veraltet. Diese Betriebe, die in sozialistischer Zeit nur mit hohen Arbeitskräftezahlen und unter totaler Vernachlässigung der Arbeits- wie auch der Umweltbedingungen aufrechterhalten wurden, können unter marktwirtschaftlichen Bedingungen nicht mehr rentabel arbeiten. Ihre Produktion ist daher auf etwa 40 % zurückgefallen.

Eine Neuorientierung hat sich für die sibirischen Regionen heute auch durch ihre Lage ergeben. Konnte sich in sozialistischer Zeit die bloße Entfernung von Moskau als nachteilig erweisen, so ist heute oft umgekehrt die Nähe zu den östlichen Nachbarländern ein Vorteil. Hier treten in großer Zahl ostasiatische Investoren in Erscheinung, die für die zentraler gelegenen Gebiete weniger Interesse zeigen.

Neue Konstellationen haben sich auch durch die drastische Erhöhung der Transporttarife ergeben. Der Transport vieler Güter ist unter den heutigen Bedingungen nicht mehr rentabel. Das Gebiet Kemerowo kann seine Kohle nicht mehr auf dem Weltmarkt verkaufen. Überhaupt hat der Transportfaktor, der in sozialistischen Zeiten keine große Rolle spielte, den Wert der sibirischen Rohstoffe deutlich geändert. Viele von ihnen werden durch die Förder- und die Transportkosten so teuer, daß sie eigentlich nicht mehr verkauft werden könnten. Der Wert des Rundholzes ist nach einem Transport über 1 000 km gleich Null! Bei längeren Transporten übersteigen die Gesamtkosten die des Transportgutes. Unter diesem Gesichtspunkt sind viele der reichen sibirischen Bodenschätze und damit der sibirischen Regionen unter anderen Vorzeichen zu sehen. Die zunehmende Bedeutung des Kostenfaktors Transport wird immer mehr zu einer Neubewertung der sibirischen Ressourcen führen. Abhilfe könnte langfristig nur eine Verarbeitung vor Ort bieten.

Die Gewichtung der sibirischen Wirtschaftsregionen hat sich somit in den letzten

Tab. 9.5: Durchschnittliche Monatslöhne in Sibirien 1995 (in 1 000 Rubeln)
Quelle: Goskomstat 1996

Westsibirien		Ostsibirien	
Gebiet Tjumen	1 140	Region Krasnojarsk	599
Gebiet Omsk	376	Republik Chakassija	437
Gebiet Tomsk	479	Republik Tuwa	302
Gebiet Nowosibirsk	344	Gebiet Irkutsk	586
Gebiet Kemerowo	712	Republik Burjatien	375
Region Altai	350	Gebiet Tschita	422
Republik Altai	370	Republik Sacha	995

Jahren deutlich gewandelt. Alle Gebiete suchen nach einer neuen wirtschaftlichen Basis. Heute haben sie die Möglichkeit, eigenständig Kontakte mit dem Ausland aufzunehmen – wobei sich Sibirien zu einer Brücke zwischen dem europäischen Rußland und den ostasiatischen Staaten (China, Korea, Japan) entwickelt.

9.3 Klassifikation der Wirtschaftsregionen

Dem Wirtschaftsraum Sibirien kommt eine große Bedeutung innerhalb der Russischen Föderation zu. Der Anteil Sibiriens (ohne Sacha!) an der industriellen Produktion Rußlands lag 1990 bei 24,0 %, wovon 16,6 % auf Westsibirien (Erdöl und Erdgas!) und 7,7 % auf Ostsibirien entfielen. Im Exportvolumen der Russischen Föderation erreicht Sibirien einen Anteil von etwa 50 %.

Untergliedert man den Gesamtwirtschaftsraum Sibirien, so werden heute die administrativen Regionaleinheiten (ohne Berücksichtigung der integrierten Nationalgebiete), die sich im Zuge des Zugewinnes ökonomischer Autonomie als wirtschaftliche Einheiten verstehen und entsprechende Ministerien, Wirtschaftskomitees, Industrie- und Handelskammern sowie Außenhandelsbüros unterhalten, als die offiziellen Wirtschaftsregionen angesehen. Diese Regionen unterscheiden sich sehr stark in ihrer Ausrichtung und wirtschaftlichen Leistungsfähigkeit, so daß man (wiederum ein Vergleich zu den deutschen Bundesländern) schon Überlegungen anstellt, die schwächeren Regionen den leistungsstärkeren Gebieten anzugliedern.

Wie es die Tabellen 9.6 und 9.7 zeigen, erweisen sich die rohstoffreichen Gebiete als die leistungsfähigsten und perspektivreichsten. Sie sind demzufolge auch in der Lage, die höchsten Investitionen an sich zu ziehen (Tab. 9.7).

Letztere Tabelle dürfte (auch bei Berücksichtigung weiterer Indizes wie Produktion, Löhne, Außenwirtschaft) in etwa ein wirtschaftliches Ranking der sibirischen Wirtschaftsregionen wiedergeben. Sie spiegelt auch die Attraktivität für ausländische Investoren wider.

Beide Tabellen lassen eine Dreiteilung der Wirtschaftsregionen erkennen: An der Spitze („Gruppe 1") steht eine Fünfergruppe, deren Wirtschaftsprofil hauptsächlich durch die Förderwirtschaft geprägt wird. Diese Regionen erzeugen rund 80 % aller Industrieprodukte (vor allem der Förderindustrie), sie ziehen 81 % aller Sibirieninvestitionen an

Tab. 9.6: Anteil der Regionen (ausgenommen Sacha) an der industriellen Produktion Sibiriens 1996 (in %)
Quelle: Siberian Business Review, Sept. 1997

Gebiet Tjumen	31,5
Gebiet Kemerowo	16,6
Region Krasnojarsk	14,5
Gebiet Irkutsk	12,3
Gebiet Omsk	7,1
Gebiet Nowosibirsk	5,2
Gebiet Tomsk	3,4
übrige Regionen	9,4

Tab. 9.7: Investitionen* in die sibirischen Regionen 1995 (in Mrd. Rubeln)
*staatliche wie private, in- wie ausländische
Quelle: Goskomstat 1996

Gebiet Tjumen	35 400
Gebiet Kemerowo	7 500
Region Krasnojarsk	7 100
Gebiet Irkutsk	5 100
Republik Sacha	4 000
Gebiet Nowosibirsk	3 000
Region Altai	2 500
Gebiet Omsk	2 200
Gebiet Tomsk	2 000
Gebiet Tschita	1 700
Republik Burjatien	1 100
Republik Chakassija	980
Republik Altai	189
Republik Tuwa	167

sich und weisen auch mit Abstand die höchsten Exportquoten auf. Es folgt eine Vierergruppe („Gruppe 2"), die relativ arm an Naturressourcen ist und in der der Maschinenbau mit einer Dominanz des militärischen Sektors vorherrscht. Am Ende steht eine weitere Fünfergruppe („Gruppe 3"), deren wirtschaftliches Niveau in allen Bereichen noch recht niedrig ist (dazu gehören vor allem die „armen Kleinrepubliken").

Demzufolge ergibt sich die in Übersicht 9.2 aufgeführte Klassifikation der sibirischen Wirtschaftsräume.

Die aufgeführte Untergliederung der sibirischen Regionen in drei unterschiedlich leistungsstarke Gruppen hat auch KASANZEV (1997) seiner Untersuchung der sibirischen Wirtschaftsregionen (die allerdings Sacha nicht beinhaltet) zugrunde gelegt. Seine Ergebnisse, die die bisherigen Aussagen exakt bestätigen, sind in Tabelle 9.8 wiedergegeben.

In Fortsetzung seiner Untersuchungen schreibt KASANZEV (1997, S. 44):
„Damit wird folgender Zusammenhang aufgezeigt: Je reicher die sibirischen Regionen mit Naturressourcen ausgestattet sind und je höher ihr wirtschaftliches Potential ist, um so stärker arbeiten sie auch auf der Basis der Eigenfinanzierung und Eigenentwicklung. Im Gebiet Tjumen beträgt z.B. der Anteil staatlicher Gelder am gesamten Investitionsumfang 1,4 %, im Omsker Gebiet 8 % und in der Republik Tuwa 62,1 % !"

Die wirtschaftliche Spannweite der einzelnen Regionen ist somit, unabhängig von ihren geographischen Dimensionen, ausgesprochen hoch, und man kann davon ausgehen, daß diese Disparitäten in der Zukunft noch weiter anwachsen werden.

9.4 Betrachtung der Wirtschaftsregionen

In den folgenden Kapiteln werden 7 der 14 Wirtschaftsregionen Sibiriens einer genaueren Betrachtung unterzogen. Es handelt sich dabei um alle Regionen der oben aufgeführten „Gruppe 1" sowie um je einen Vertreter der „Gruppe 2" (Gebiet Nowosibirsk) und der „Gruppe 3" (Republik Burjatien). Diese Regionen nehmen mit einer Gesamtfläche von etwa 8,2 Mio. km² rund 85 % der Gesamtfläche Sibiriens ein. Die übrigen Gebiete werden in einem letzten Kapitel (9.4.8) in einem kurzen Überblick dargestellt.[27]

---

[27] Die auf Angaben des Staatlichen Komitees der Russischen Föderation für Statistik (GOSKOMSTAT) basierenden Wirtschaftsstatistiken reichen in der Regel bis zum Jahr 1995. Mit dem Jahresband 1997 (Inhalt bis 1996) erfolgt leider eine Änderung des regionalen Rasters von den Verwaltungebieten zu den Wirtschaftsrayons (d.h. zu einer Einschränkung auf West- und Ostsibirien, letzteres noch dazu ohne Jakutien), so daß eine Fortsetzung der Datenfolge nicht möglich ist.

Tab. 9.8: Charakteristika der drei regionalwirtschaftlichen Gruppen Sibiriens
Quelle: KASANZEV 1997, S. 43

	Gruppe 1	Gruppe 2	Gruppe 3
Anteile (in %) an den Gesamtwerten der Russischen Föderation (1996)			
Bevölkerungszahl	8,2	5,9	2,3
Wert der industriellen Produktion	18,6	4,6	1,2
Kapitalinvestitionen	20,6	3,6	1,6
Einnahmen der Bevölkerung	11,1	4,2	1,7
Mio. Rubel pro Kopf der Bevölkerung			
Wert der industriellen Produktion	13,0	4,6	3,1
Kapitalinvestitionen	4,1	1,0	1,1
Einnahmen der Bevölkerung	1,05	0,57	0,57

Übersicht 9.2: Zur Klassifikation der sibirischen Wirtschaftsregionen

Gruppe 1	Gruppe 2	Gruppe 3
Gebiet Tjumen	Gebiet Nowosibirsk	Gebiet Tschita
Gebiet Kemerowo	Region Altai	Republik Burjatien
Region Krasnojarsk	Gebiet Omsk	Republik Chakassija
Gebiet Irkutsk	Gebiet Tomsk	Republik Altai
Republik Sacha		Republik Tuwa

9.4.1 Das Gebiet Tjumen – Erdöl und Erdgas

Das Gebiet Tjumen steht an der Spitze der „Gruppe 1" der Wirtschaftsregionen, wobei das wirtschaftliche Potential fast ausschließlich in den integrierten Nationalgebieten der Chanten und Mansen sowie der Jamalo-Nenzen (Nr. 2 und 3 in Tab. 8.1 und Abb. 8.1) konzentriert ist.

Das bis Mitte der 1960er Jahre relativ bedeutungslose Tjumener Gebiet (es hatte der Plan bestanden, große Teile davon durch Aufstau des Ob in ein „Sibirisches Meer" zu verwandeln) ist von da ab (unter Investitionskürzungen in den übrigen sibirischen Regionen) zur führenden „Devisenschmiede" des Landes ausgebaut worden.

Geographische Grundlagen
Das Tjumener Gebiet nimmt zusammen mit den Gebieten Omsk, Tomsk und Nowosibirsk das Westsibirische Tiefland ein. Dabei handelt es sich um ein Senkungsgebiet, in dem sich als Folge langandauernder mariner und fluvialer Akkumulationsprozesse mächtige Deckschichten (im zentralen Teil 1 000 – 4 000 m) über einem starren, paläozoisch gefalteten Fundament abgelagert haben. Entstanden ist dabei das größte fluviatile Aufschüttungsgebiet der Erde. Überlagert werden diese Deckschichten in weiten Teilen noch von glazialen Sedimenten. Morphologisch hat sich in der Westsibirischen Tiefebene ein System von Denudations- und Akkumulationsebenen herausgebildet.

Physiogeographisch ist das Gebiet zweigeteilt:
– in das feuchte Ob-Irtysch-Tiefland mit seinem Moor- und Seenreichtum und
– in die sich südlich anschließenden Baraba-, Ischim- und Kulundasteppen (Gebiet Nowosibirsk).

Der seit dem Mesozoikum anhaltende Absenkungsprozeß hat im mittleren Bereich Erdöllager und im Norden Erdgaslager entstehen lassen, die zu den größten der Welt gehören.

Im Gebiet Tjumen werden heute 60 % des russischen Erdöls und fast 90 % des russischen Erdgases gefördert. Daraus werden rund ein Viertel aller russischen Devisenerlöse erzielt, womit das Gebiet in seiner Bedeutung unter den Wirtschaftsgebieten Sibiriens zweifellos an erster Stelle steht.

Das Gebiet umfaßt mit 1,435 Mio. km^2 eine Fläche, die dem vierfachen Ausmaß Deutschlands entspricht. Die integrierten Nationalgebiete der Chanten und Mansen sowie der Jamalo-Nenzen verfügen seit dem Herbst 1992 über eine gewisse wirtschaftliche Unabhängigkeit von der Tjumener Regionalverwaltung, die u. a. in eigenen Haushaltsbudgets zum Ausdruck kommt. Aufgrund ihrer für die gesamtrussische Wirtschaft wichtigen Ressourcen sind sie mehr auf Moskau als auf ihr Regionalzentrum Tjumen ausgerichtet. Mit insgesamt 1,273 Mio. km^2 nehmen diese beiden Bezirke fast 89 % des Tjumener Gebietes ein. Das südliche „Restgebiet" um die Städte Tjumen, Tobolsk und Ischim macht mit 162 000 km^2 demgegenüber nur 11,3 % der Gesamtregion aus.

Bei einer Nord-Süd-Erstreckung von 2 000 km hat das Gebiet Anteil an verschiedenen Landschaftszonen, von der von Dauerfrostboden eingenommenen Nördlichen Tundra über die in vielfacher Form ausgeprägte Waldzone bis an den Rand der Waldsteppe im Süden. Klimatisch weist das Gebiet dementsprechend eine starke Differenzierung auf. Die Spannweite der durchschnittlichen Julitemperaturen reicht von nur +4°C im Norden der Halbinsel Jamal bis etwa +19°C (Tjumen = +18,6°C) im südlichen Grenzbereich.

Die Erdöl- und Erdgasfördergebiete liegen in der klimatisch extremen Zone des Nordens. Nowy Urengoi, das Zentrum der Erdgasregion, weist ein Januarmittel von −25,7°C und ein Julimittel von +14,9°C auf. Die Extremtemperaturen erreichen in den drei Monaten Dezember bis Februar bis zu

Wirtschaftsregionen 165

−63°C. Selbst im Juni können noch Temperaturen von −13°C auftreten. Ein hoher Bewölkungsgrad in Verbindung mit einer geringen Sonnenscheindauer, häufige starke Winde (Schneestürme an 54−70 Tagen) und feuchte, vom Eismeer kommende Luftmassen (Jahresmittel der relativen Luftfeuchtigkeit = 77%) führen zu harten Lebensbedingungen in diesem Gebiet.

In der Erdölregion um Surgut ist dagegen für viele Menschen der Sommer (Julimittel +16,8°C) die unangenehmere Jahreszeit, wenn der hohe Versumpfungsgrad der Umgebung zu drückender Luft und einer quälenden Mückenplage führt. Die Fluktuation der Menschen ist deshalb gerade in dieser Gegend besonders hoch (s. Tab. 6.5 und 6.7).

Die Versumpfung wird dadurch verursacht, daß das Tjumener Gebiet von den Mittel- und Unterläufen der Flüsse Irtysch und Ob sowie deren zahlreichen Nebenflüsse (Tobol u. a.) durchzogen wird, deren Wasserreichtum zum Überstau und zur Vermoorung gewaltiger Areale führt (s. Kap. 2.4.2). Ein Flug über das Gebiet am Mittleren Ob führt über scheinbar endlose Moor-, Sumpf- und Seengebiete, durchzogen von einem dichten Netz mäandrierender Flußläufe. Als helle Linien sind dabei in dieser amphibischen Landschaft die Verkehrswege sichtbar – die Straßen wie auch die über 1 500 km von Tjumen bis nach Jamburg am Eismeer führende Eisenbahn (s. Kap. 5.3.2), die hier über dammartige Sandaufschüttungen verlaufen. Der dazu erforderliche Sand ist in gewaltigen Mengen über den Ob aus dem Süden herantransportiert worden (s. Kap. 6.4.3).

Trotz seiner Größe hat das Gebiet Tjumen nur 3,1 Mio. Einwohner. Der Großteil sind Zugereiste, meist nur als Zeitarbeiter für 5, 10 oder 15 Jahre. Von 1 000 Einwohnern leben im Bezirk Chanty-Mansijsk 728 und

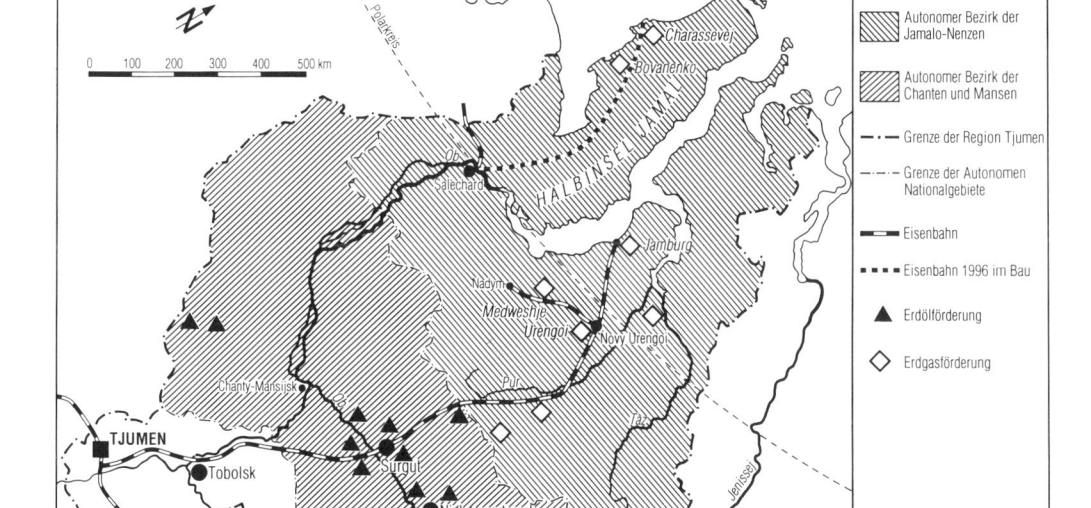

Abb. 9.1: Das Gebiet Tjumen

im Bezirk der Jamalo-Nenzen 793 nicht seit ihrer Geburt in diesen Gebieten – was Spitzenwerte (der Fluktuation) innerhalb der Russischen Föderation sind.

Angelockt wurden sie durch die hohen Löhne, die – bedingt vor allem durch die harten Lebensverhältnisse – in der Erdöl- und Ergasregion zu verdienen sind. Im Jahre 1995 lag der durchschnittliche Monatslohn hier mehr als doppelt so hoch als im Schnitt der Russischen Föderation. An der großen Anzahl stattlicher Personenwagen, wobei bestimmte deutsche Marken einen hohen Anteil haben, spiegelt sich der Wohlstand der Erdöl- und vor allem der Erdgasarbeiter wider. Im Jahre 1994 kamen in der Russischen Föderation durchschnittlich 84 PKW auf 1 000 Einwohner, im Bezirk Chanty-Mansijsk aber waren es 121 PKW, was den absolut höchsten Wert unter den Flächengebieten der Föderation darstellt.

Ein Problem ist damit verbunden, daß die Zeitarbeiter (russ. „vremennye"), die nach einer bestimmten Frist in ihr Herkunftsgebiet zurückzukehren gedenken, in der Regel nur wenig Verantwortung gegenüber der Umwelt und den Materialien besitzen. Hinzu kommen ein hoher Alkoholkonsum und eine gegenüber dem Schnitt der Russischen Föderation um ein Drittel höhere Kriminalitätsrate.

Die südlichen Städte Tjumen (58 000 Ew.) und Tobolsk (110 000 Ew.) waren die ersten auf sibirischem Boden gegründeten russischen Siedlungen (s. Kap. 3.1), und das am Mittleren Ob gelegene Surgut (260 000 Ew.) ist nur wenige Jahre jünger. Um 1965 hatte Surgut nicht mehr als 11 000 Einwohner, aber mit dem damals einsetzenden „Ölrausch" konnte die Stadt ihre Einwohnerzahl in 25 Jahren mehr als verzwanzigfachen. Die alten Holzhäuser wurden dabei nach und nach abgerissen (die letzten 1988) und durch moderne Hochhäuser ersetzt.

Die zweitgrößte Stadt im Erdölgebiet ist das erst 1972 im Zusammenhang mit der Erschließung des Samotlor-Ölfeldes (s. u.) gegründete Nishnewartowsk, dessen Einwohnerzahl 1990 mit 251 000 sein Maximum erreichte (s. Kap. 6.5). Die größte Stadt im Erdgasgebiet ist Nowy Urengoi mit 90–95 000 Einwohnern (s. Abb. 6.10).

Bei allen Planungen und Erschließungsvorgängen völlig unberücksichtigt blieben die autochthonen Völker dieser nördlichen Region (s. Kap. 7.2.3). Sie sind, ohne daß sie irgendwelche Entschädigungen erhalten haben, aus ihren ursprünglichen Lebensräumen vertrieben worden, oder aber die Weidegründe ihrer Rentiere sind durch Verkehrs- und Siedlungsbau sowie durch ökologische Belastungen vernichtet worden. Nach Angaben der Sibirischen Abteilung der Russischen Akademie für Medizinische Wissenschaften können die kleinen Völker des Tjumener Nordens in zwei bis drei Generationen völlig ausgelöscht worden sein (nach Ruwwe 1995).

Die Wirtschaft

Die *Landwirtschaft* konzentriert sich auf den äußersten Süden des Gebietes, wo im Schnitt der Jahre 1991–1995 an Getreide 1,25 Mio. t, an Kartoffeln 0,63 Mio. t und an Gemüse 0,1 Mio. t geerntet worden sind. Schwerpunktmäßig ist die Landwirtschaft auf die Viehwirtschaft ausgerichtet, zu der im weiteren Sinne auch die Rentierhaltung des Nordens gezählt werden kann. Im genannten Zeitraum wurden jährlich im Schnitt 120 000 t Fleisch und 757 000 t Milch produziert. Insgesamt wird ein Eigenversorgungsgrad von rund 50 % erreicht. Nachteilig ist, daß wegen fehlender Verarbeitungskapazitäten der größte Teil der Agrarprodukte in Nachbarregionen ausgeführt wird und dafür fertige Lebensmittel – in der Regel aus dem europäischen Landesteil – eingeführt werden. Der Aufbau einer Lebensmittelindustrie würde das Ausmaß der Transporte deutlich verringern.

Nicht ausgeschöpft wird das Potential der *Holzwirtschaft.* Beachtliche Holzvorräte gehören zu den bedeutenden Ressourcen

Wirtschaftsregionen

des projektierten Territorialen Produktionskomplexes (TPK) „Mittlerer Ob". In den 1970er Jahren sind sie als wichtige Wirtschaftsgrundlage angesehen worden. Jährlich wird aber nur weniger als ein Drittel der zugelassenen Quote eingeschlagen, und beim Transport und der Verarbeitung treten noch große Verluste auf. Dieser Wirtschaftszweig ließe sich, vor allem mit Hilfe ausländischer Investitionen, noch weiter intensivieren.

Der Maschinenbau ist in den südlichen Städten Tjumen, Tobolsk und Ischim konzentriert. Er zeichnet sich jedoch durch veraltete Technologien und eine geringe Produktivität aus, wobei dieser Sektor in keinerlei Verbindung zum Erdöl- und Erdgaskomplex des Gebietes steht (KOLTSCHIK 1994). An der industriellen Produktion des Gebietes hat der Maschinenbau nur einen Anteil von 2,8 %, während rund 80 % (im Autonomen Bezirk der Jamalo-Nenzen über 96 %!) auf den Brennstoffbereich (Öl und Gas) entfallen.

Der Süden übt aber eine besondere Funktion aus als Basiszone für die Erschließung des Nordens. Aus der Südzone um Tjumen und Tobolsk werden Geräte, Maschinen, Baumaterialien, vorgefertigte Gebäudeteile, Betriebsstoffe und auch Nahrungsmittel und andere Versorgungsgüter auf dem Schiffahrts- und Eisenbahnweg in den Norden geliefert. Ohne diese rückwärtigen Dienste wäre die Erschließung der Erdöl- und der Erdgasregion gar nicht möglich gewesen.

Die *Erdölförderung* setzte im Jahre 1965 ein, als bei Surgut die erste Tonne westsibirischen Erdöls gefördert wurde. Die Erdölförderung ist auf etwa ein dutzend Standorte verteilt, die zu drei Schwerpunktgebieten zusammengefaßt werden. Um 1980 entfielen 16,5 % der Fördermengen auf den „Industrieknoten" Surgut, 15,4 % auf Neftejugansk und 68,1 % auf Nishnewartowsk – das mit seinem Samotlor-Vorkommen (s. Kap. 6.5) eindeutig das Zentrum der Erdölförderung war.

Ihr Maximum erreichte die Erdölförderung im Jahre 1988, als 415 Mio. t gefördert wurden (s. Abb. 6.5), was mehr als zwei Dritteln der sowjetischen Fördermenge entsprach. Danach aber sanken die Fördermengen bis auf weniger als 200 Mio. t ab (s. Kap. 6.5.1). Ein drastisches Beispiel für den Förderrückgang bietet die Entwicklung in den Gebieten Surgut und Nishnewartowsk (Abb. 9.2).

Bis 1997 ist die Fördermenge in Nishnewartowsker Gebiet weiter bis auf nur noch 18 Mio. t abgesunken. Die einst euphorisch gefeierte Erdölwirtschaft ist in eine Krise geraten – eine tiefgreifende Krise, aus der sie wohl ohne westliche Investoren nicht wieder herauskommen wird. Man klagt vor Ort, daß die westlichen Konzerne sich in der Erdölförderung Kasachstans, Turkmenistans,

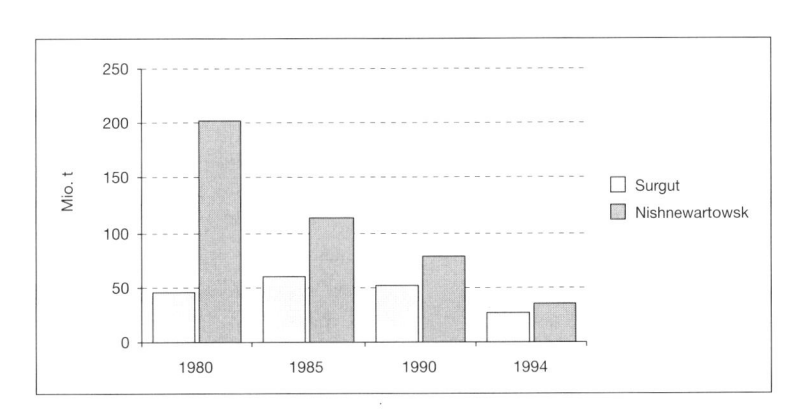

Abb. 9.2:
Erdölfördermengen in den Ölregionen Surgut und Nishnewartowsk 1980-1994
Quelle: lokale Angaben

Aserbajdshans und auch im fernöstlichen Sachalin engagieren, daß sie aber die westsibirischen Ölfelder aufgrund ihres heruntergewirtschafteten Zustandes weitgehend meiden. Prognosen (bei KISELNIKOV/LARINA 1996a, S. 74) sehen für das Jahr 2010 Fördermengen im Tjumener Gebiet von 170 bis 190 Mio. t voraus, was praktisch ein Stagnieren auf dem Stand von 1995 bedeutet.

Der drastische Rückgang der Ölgewinnung hat zu sozialen Problemen in der Förderregion geführt. In diesem Wirtschaftszweig wird bis zum Jahre 2000 mit einem Überangebot von 360 000 Arbeitskräften gerechnet. Arbeitslosigkeit greift um sich, und Nishnewartowsk hat ein Rücksiedlungsprogramm für seine „überzählige" Bevölkerung aufgestellt (s. WEIN 1996a), welches sich aber, wie sich inzwischen gezeigt hat, wegen finanzieller Probleme nicht durchführen läßt.

Ein weiteres Problem, das mit der Erdölförderung in Verbindung steht, ist sogar aus dem Weltraum zu erkennen. Auf einer Computerdarstellung, die die Erde aus der Satellitenperspektive bei Nacht zeigt, ist das westsibirische Erdölgebiet als einer der hellsten Flecken auf dem Globus zu erkennen. Das sind die unzähligen Fackeln, mit denen das bei der Ölförderung anfallende Begleitgas in ressourcenverschwenderischer Weise verbrannt wird. Dabei werden große Mengen des Treibhausgases CO_2 sowie das krebserregende Benz[a]pyren freigesetzt. Letzteres übersteigt in der Stadtluft von Surgut und Nishnewartowsk die Grenzwerte um ein Vielfaches und führt zu einer Gesundheitsgefährdung der Bevölkerung (Übersicht 9.3).

Organisatorisch ist die einst staatliche Erdölwirtschaft nach dem Zusammenbruch der Sowjetunion umstrukturiert worden. Im November 1992 wurde vom russischen Präsidenten ein Vertrag unterschrieben, mit dem die bis dahin staatliche Ölgesellschaft privatisiert und in vier Konzerne aufgegliedert wurde: „Lukoil" (120 000 Beschäftigte),

---

„Jedes Jahr werden in Westsibirien bis zu 10 Mrd. m³ benzinhaltiges Gas abgefackelt, wobei die Schadstoffe der Verbrennung die umliegenden Gebiete verschmutzen. Die Atmosphäre wird ebenfalls durch die Wärmeenergie verdreckt. In den westsibirischen Vorkommen gibt es jedes Jahr bis zu 5 000 Brüche von Ölleitungen und bis zu 300 amtlich registrierte Havarien und Ölaustritte von bis zu 100 000 t. Kleinere Havarien werden im Regelfall nicht einmal registriert. Im Ergebnis sickern nach unterschiedlichen Angaben zwischen 3 und 10 Mio. t Erdöl in den Boden und in die Gewässer. Im Einzugsgebiet der westsibirischen Ströme Ob und Pur gibt es praktisch keine ölfreien Flüsse mehr. Die Havarien in den Erdölrevieren mehren sich, was maßgeblich auf die schlechte Qualität der Rohrleitungen zurückzuführen ist. Die Unternehmen haben kein Geld für die Instandsetzung, und 90 % der Havarien werden durch Korrosion der Leitungen verursacht. Sogar in relativ neuen Vorkommen, die seit weniger als 10 Jahren in Betrieb sind, mußte das Unternehmen Purneftegas 1995 schon sieben Prozent der Ölleitungen austauschen."

Übersicht 9.3: Ökologische Belastung im Westsibirischen Erdölgebiet
Quelle: NOWIKOWA 1997, S. 58

„Jukos" (115 000 Beschäftigte), „Surgutneftegas" (100 000 Beschäftigte) und „Rosneft" (75 000 Beschäftigte). Lukoil ist nach Shell, BP und Exxon der viertgrößte Erdölförderer der Welt und nach Gasprom (s. u.) der zweitgrößte Steuerzahler Rußlands. 1995 lieferte die Gesellschaft mit 57,3 Mio. t rund ein Fünftel der russischen Fördermengen. An zweiter Stelle folgte Jukos, das in diesem Jahr mit 34,2 Mio. t rund 12 % des russischen Erdöls produzierte. Unter den umsatzstärksten Unternehmen der Russischen Föderation standen die Konzerne (in obiger Reihenfolge) an 2., 4., 6. und 10. Stelle.

In der Folgezeit entstanden weitere Ölgesellschaften (u. a. „Sibneft"), und Anfang 1998 wurde gemeldet (Handelsblatt, 20.1.1998):

„In Rußland entsteht durch den Zusammenschluß der Ölgesellschaften Jukos und Sib-

neft ein neuer Ölgigant. Die beiden Unternehmen vereinbarten die Bildung einer Holdinggesellschaft 'Juksi', der drittgrößten Ölfirma der Welt. Beide Firmen haben Zugang zu mehr Reserven als jede andere Ölfirma. Auf die Gesellschaft entfallen 22 % der gesamten Ölförderung Rußlands. Das neue Unternehmen beschäftigt rund 200 000 Arbeitnehmer."

Inzwischen haben sich auch zahlreiche Joint Ventures gebildet (s. Kap. 10), die sich um eine Reaktivierung der westsibirischen Erdölwirtschaft bemühen.

Die westsibirische Erdgaswirtschaft kann auf die größten Reserven der Welt zurückgreifen (Tab. 9.9).

Die westsibirische Erdgasförderung ist nicht von einem der Ölwirtschaft vergleichbaren Einbruch betroffen. Ein gemäßigter Rückgang nach 1990 ist nicht strukturbedingt, sondern auf einen verminderten Inlandsbedarf aufgrund des allgemeinen Produktionsrückganges in der Industrie zurückzuführen. im Jahre 1990 wurden in Rußland 641 Mrd. m^3 Erdgas gefördert, 1996 waren es 607 und 1997 614 Mrd. m^3. 87 % dieser Fördermengen stammen aus den westsibirischen Erdgasfeldern im Norden des Tjumener Gebietes. Im Jahre 1994 wurden hier 529 Mrd. m^3 gefördert, und davon stammten 494 Mrd. m^3 (= 93,4 %) aus den in Tab. 6.9 und Abb. 6.9 wiedergegebenen drei Großfeldern, die in einer Nord-Süd-Erstreckung von knapp 200 km um den nördlichen Polarkreis lagern.

Über mehrere Pipeline-Stränge sind diese drei Felder eng mit Europa (europäisches Rußland als auch westliches Ausland) verbunden. Ab Nadym ziehen zwei Stränge, bestehend aus jeweils sieben bzw. neun Röhren, als Fernleitungen „Nordlicht" und „Progress" in südwestliche Richtung. In der westlichen Ukraine vereinigen sich beide Stränge und münden nach der Durchquerung der Slowakei und Tschechiens in das deutsche (und damit westeuropäische) Leitungsnetz.

Undichte Leitungen oder Kompressorstationen können auch bei der Erdgasförderung zu einer globalen Umweltbelastung führen, da dabei Methan, ein noch wirksameres Treibhausgas als CO_2, in die Atmosphäre abgegeben wird. Schätzungen gehen dabei von einer Menge aus, die die russischen Gasexporte nach Deutschland übertrifft!

Die Prognosen der Erdgasförderung sehen gegenüber den das Erdöl betreffenden optimistisch aus. Für das Jahr 2000 rechnet man für Westsibirien mit einer Fördermenge von 630 Mrd. m^3 und für das Jahr 2010 von 770–820 Mrd. m^3 (nach KISELNIKOV/LARINA 1996b, S. 74). Die Fördersteigerung wird größtenteils durch die Innutzungnahme der neu erschlossenen Gasfelder auf der Halbinsel Jamal basieren.

Im Gegensatz zur der auf vier Konzerne aufgeteilten Erdölförderung ist die Erdgasförderung in der Hand eines Monopolisten: *Gasprom*, mit einem Weltmarktanteil von 23 % der mit Abstand größte Erdgaskonzern der Welt. Umgerechnet auf Erdölbasis ist die Tagesproduktion mit 9,5 Mio. Barrel dreimal so hoch wie die des Ölkonzerns Shell. Die Erdgasreserven sollen mit (umgerechnet) 200 Mrd. Barrel sechsmal so hoch sein wie die von EXXON und Shell zusammengenommen. Der Wert dieser Erdgasreserven wird auf 800 Mrd. US-$ geschätzt.

Tab. 9.9: Nachgewiesene globale Erdgasvorräte 1996 (in Bio. m^3)
Quelle: Gasporm 1996

1. Russische Föderation (davon 90% in Sibirien)	49,2
2. Iran	20,96
3. Nichtrussische GUS-Staaten	9,30
4. Katar	7,07
5. Algerien	3,69
6. Nigeria	3,47
7. Norwegen	3,0
8. Niederlande	1,82
9. Libyen	1,3
10. Großbritannien	0,7

Das Pipeline-Netz, über das Gasprom verfügt, hat eine Gesamtlänge von 140 800 km. Hervorgegangen ist dieser Konzern aus der einst staatlichen Förderorganisation, die im November 1992 in eine Aktiengesellschaft überführt worden ist. Dabei gehören 40 % der Anteile dem Staat, 34 % den Regionen und 15 % den Beschäftigten. Etwa 10 % der Aktien sollen im Ausland verkauft werden. Im Herbst 1996 sind von deutscher Seite Gasprom-Aktien für 1,2 Mio. DM erworben worden.

Im Westen wurde Gasprom als „das vielleicht einzige intakte Großunternehmen Rußlands" bezeichnet (Handelsblatt 24.10.1995). Der Konzern ist mit rund 400 000 Beschäftigten auch größter Arbeitgeber des Landes. Die von einem westlichen Unternehmen überprüfte Wirtschaftsbilanz des Konzerns wies für 1995 einen Nachsteuergewinn von 2,4 Mrd. Dollar aus. Wenn heute trotzdem von rückständigen Steuerzahlungen des Konzerns die Rede ist, so beruht das darauf, daß viele Erdgasbezieher aus dem Inland und den GUS-Republiken ihre Rechnungen nicht pünktlich bezahlen und der Konzern Außenstände in Höhe von umgerechnet 20,6 Mrd. DM aufweist (nach Handelsblatt 28.9.1997).

Gasprom erzeugt jedoch 10 % des russischen Sozialproduktes und (sofern sie bezahlt werden können) 25 % der russischen Steuereinnahmen. Es ist außerdem der wichtigste Devisenbringer des Landes (nach TULTSCHINSKI 1997).

Insgesamt ist Gasprom zu einem stabilen Wirtschaftsfaktor im Tjumener Gebiet geworden – wenn der Konzern seinen Sitz auch von Tjumen nach Moskau verlegt hat.

Gasprom gilt als Monopolist in der Erdgaswirtschaft. Genau genommen trifft das nur auf den Erdgastransport zu, da dem Konzern das gesamte Leitungsnetz gehört, während er bei der russischen Erdgasförderung „nur" einen Anteil von 94 % besitzt. Konkurrenzbetriebe sind u. a. Norilskneftegas und Jakutgasprom. Gasprom besitzt in Westsibirien drei Unterbetriebe: Urengoigasprom, Jamalgasdobytscha (übersetzt: Jamal-Erdgasförderung) und Nadymgasprom. Gasprom spielt eine wichtige Rolle in der russischen Wirtschaft, und – wie es heißt – auch in der russischen Politik. Man sagt, daß Gasprom Jelzins Wahlkampf von 1996 finanziert hat! Anfang 1997 wurden in Regierungskreisen Stimmen laut, endlich auch die Gaswirtschaft zu entmonopolisieren und Gasprom in mehrere kleinere Konzerne aufzuteilen. Es bleibt daher abzuwarten, ob Gasprom seine dominante Stellung beibehalten wird.

Gasprom steht in enger Verbindung mit deutschen Unternehmen. Zusammenarbeit besteht mit der Ruhrgas AG, die mit einer jährlichen Bezugsmenge von rund 20 Mrd. m^3 der größte westeuropäische Gasprom-Kunde ist.

Seit 1990 besteht ferner eine enge Kooperation zwischen Gasprom und dem BASF Tochterunternehmen Wintershall AG. 1994 ist das Gemeinschaftsunternehmen WINGAS gegründet worden, in dem 35 % der Anteile bei Gasprom und 65 % bei Wintershall liegen. WINGAS beteiligt sich am Ausbau der Jamal-Erdgasfelder sowie am Bau der 4 200 km langen Erdgasleitung „Jamal–Europa", die heute als eines der größten Energieprojekte der Welt gilt. Die Investitionskosten belaufen sich auf rund 40 Mrd. US-$, von denen 10–12 Mrd. auf die Erschließung der Jamalfelder (s. Kap. 6.5) entfallen und 28–30 Mrd. auf den Bau der Fernleitung.

Bei Frankfurt/Oder stößt die Fernleitung auf das deutsche Leitungsnetz.

Die auf deutschem Boden verlaufenden Endverteilerleitungen (an denen das russische Unternehmen Gasprom zu 35 % Anteilhaber ist) mit Namen wie JAGAL (Jamal-Gas-Anbindungsleitung), MIDAL (Mitteldeutsche Anbindungsleitung), WEDAL (westdeutsche Anbindungsleitung) und STEGAL (Sachsen-Thüringen-Erdgas-Anbindungsleitung) bestehen bereits bzw. sind (Stand 1998) im Bau.

Wirtschaftsregionen

Übersicht 9.4:
Streckenabschnitte der Fernleitung
Jamal–Europa (s. Abb. 9.3)
Quelle: Gasprom 1997

1. *Russische Strecke (2 867 km),*
von Jamal bis Torshok, bestehend aus drei (in der Bajdaratskaja-Bucht vier) und von Torshok bis zur weißrussischen Grenze aus zwei parallelen 1 420-mm-Leitungen,
davon:
- 400 km durch Permafrosttundra (besondere Isolierung nötig),
- 70 km durch die Bajdaratskaja-Bucht (Leitungen 6 m tief im Meeresboden verlegt),
- 600 km durch Sumpf- und Moorgebiete,
- 1 600 km durch Taigawald.
800 Gewässer müssen überwunden werden.

2. *Weißrussische Strecke (575 km),*
zwei parallele 1 420-mm-Leitungen

3. *Polnische Strecke (665 km),*
zwei parallele 1 420-mm-Leitungen

4. *Deutsches Verteilernetz (insgesamt 1 695 km),*
einspurige Leitungen von 1 220 bzw. 1 000 mm Durchmesser.

Der Bau der Großleitung Jamal–Europa erfolgt vom Westen her: Ende 1998/Anfang 1999 wird die „polnische Strecke" fertiggestellt sein, wonach ab der weißrussischen Grenze der Weiterbau schrittweise in östliche Richtung erfolgen soll. Diese zwei- bis dreispurige Fernleitung mit einer Kapazität von 83 Mrd. m^3 pro Jahr wird Deutschland direkt mit dem Norden des Tjumener Gebietes verbinden. Sie stellt ein gewaltiges Gemeinschaftsprojekt dar, das zweifellos auch dazu beitragen wird, den Frieden zwischen beiden Ländern auf Dauer sicherer zu machen.

Abb. 9.3: Die Erdgas-Fernleitung Jamal–Europa

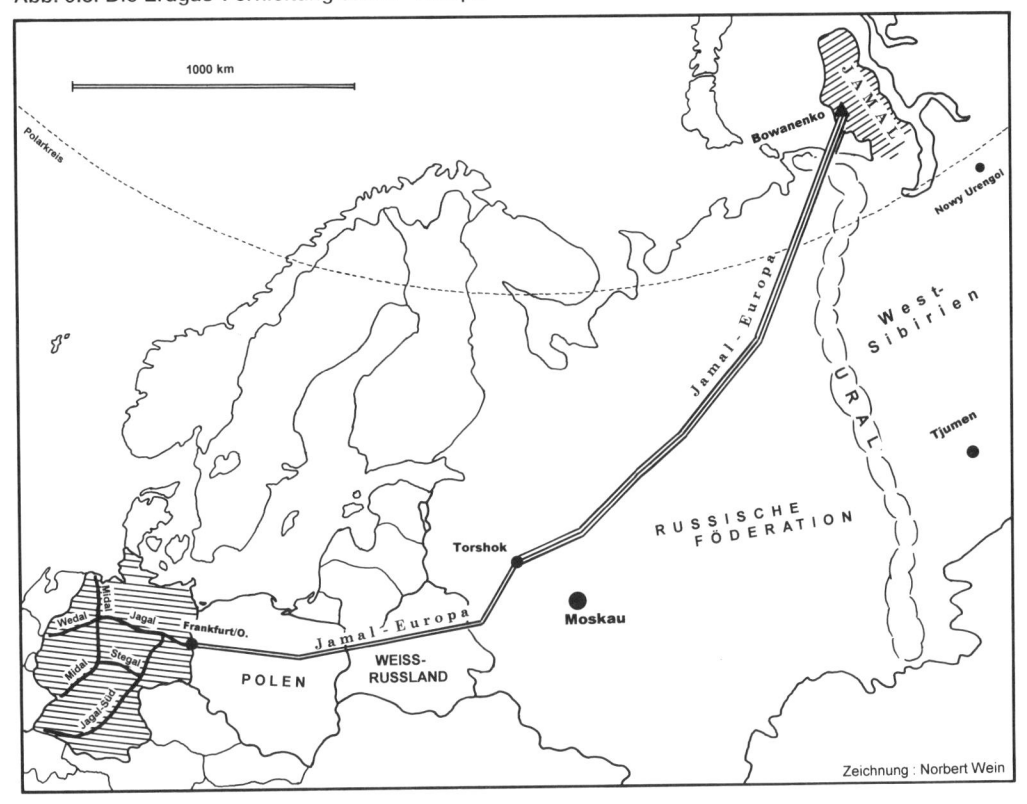

WINGAS wird über diese Leitung anfangs 41 Mrd. m³ und später 67 Mrd. m³ Erdgas in Deutschland verkaufen. Mit der Ruhrgas AG und der Wintershall AG (als Teilhaber an WINGAS) wird es dann zwei Konkurrenten auf dem deutschen Markt geben, die westsibirisches Erdgas in das deutsche Leitungsnetz einspeisen. Schon 1994 lag Deutschland mit 27, 2 Mrd. m³ unter den Importländern russischen Erdgases an erster Stelle, und es deckt ein Drittel seines Erdgasbedarfes aus russischen Importen.

Die enge Anbindung an Deutschland bzw. Westeuropa bedeutet eine starke Aufwertung des Tjumener Gebietes. 1994 lag das Tjumener Gebiet mit einem Exportwert von über 3 Bio. Rubeln an zweiter Stelle unter allen Regionen der Russischen Föderation.

KOLTSCHIN bescheinigt dem Gebiet Tjumen eine „hohe Investitionsattraktivität". Nach Tabelle 9.7 konnte die Region im Jahre 1995 48,5 % aller nach Sibirien fließenden Investitionen (in- wie ausländische) an sich ziehen.

Die Tjumener Region sucht weitere ausländische Investoren, um den weiteren Niedergang der Erdölwirtschaft aufzufangen und die Erdgaswirtschaft weiter auszubauen. Seit 1994 stellt sich das Gebiet Tjumen in einer Fachmesse „Neft i Gaz" (Erdöl und Gas) in- und vor allem ausländischen Interessenten vor. Bis zum Herbst 1994 hatten sich (nach RUWWE 1995) mehr als 100 ausländische Firmen kapitalmäßig in diesem Gebiet engagiert. Sie beteiligen sich verstärkt an der Rekonstruktion unproduktiver oder bereits aufgegebener Bohrlöcher (rund 20 000 sind, ohne daß die Vorkommen erschöpft wären, stillgelegt worden) und an der Erschließung neuer Felder. Ende 1992 sind mit ausländischen Unternehmen 28 Verträge über die Sanierung von 5 000 Bohrlöchern abgeschlossen worden.

Die European Bank for Reconstruction and Development (EBRD) hat dem Gebiet 1995 einen Kredit von 260 Mio. US-$ zur Sanierung des Samotlor-Ölfeldes zur Verfügung gestellt – ein Betrag, der allerdings nur für die notwendigsten Reparaturarbeiten ausreicht (vor Ort wird von dafür notwendigen 8 Mrd. US-$ gesprochen!).

Rund um den Samotlor-See sieht man heute eine Vielzahl kleinerer Reparatur-Bohrtürme, an deren Spitze die Flagge Kanadas weht: Hier führen kanadische Firmen die Sanierungsarbeiten durch.

Eine von der Osteuropa Consulting GmbH Berlin erstellte Studie kam 1995 zu dem Ergebnis, daß im Tjumener Gebiet auch deutsche Firmen eine starke Stellung einnehmen. Zu den Investitionen von deutscher Seite gehört der Bau eines gaschemischen Betriebes zur Herstellung von Polyäthylen und Polypropylen (Kunststoffe) in Nowy Urengoi, an deren Gesamtkosten von 1,5 Mrd. DM zwei Drittel in Form eines Krediten an Gazprom von einem Konsortium deutscher Banken (unter Führung der Dresdner Bank) übernommen worden sind. Mit dem Bau dieser Großanlage wurde 1995 begonnen, und 1998 soll sie ihren Betrieb aufnehmen.

Im Jahre 1995 existierten im Tjumener Gebiet rund 140 Joint Ventures, abgeschlossen mit den USA, Kanada, Großbritannien, Deutschland, Österreich, Ungarn und weiteren Ländern, deren größtes das beschriebene WINGAS-Gemeinschaftsunternehmen ist.

Trotz gegenwärtiger Probleme in der Erdölförderung und trotz starker ökologischer Belastungen und schwieriger Lebensverhältnisse kann das Tjumener Gebiet, das unter dem Gesichtspunkt der Devisenerwirtschaftung schon heute eine führende Stellung in Rußland einnimmt, als eines der perspektivreichsten Wirtschaftsgebiete Sibiriens angesehen werden.

9.4.2 Das Gebiet Nowosibirsk – Probleme der Konversion

Das Nowosibirsker Gebiet gehört zur zweiten Gruppierung (s. Kap. 9.3) der Wirtschaftsregionen Sibiriens, also zu denen, die über nur wenige Naturressourcen verfügen und die sich durch eine hochentwickelte, überwiegend in den Rüstungssektor integrierte Verarbeitende Industrie auszeichnen. Die Stadt Nowosibirsk gilt mit ihrem Umland als wirtschaftliches und geistiges Zentrum Sibiriens und darüber hinaus als „Hauptstadt Sibiriens". Nur am Rande sei erwähnt, daß es um 1995 (zweifellos nicht ganz ernst zu nehmende) Bestrebungen gegeben hat, Nowosibirsk sogar zur Hauptstadt der Russischen Föderation zu machen. Im Juni 1995 wurde darüber in der Stadt eine Konferenz abgehalten, und auch in der Moskauer Duma wurde über dieses Thema diskutiert (nach Zeitung „Wetscherny Nowosibirsk" vom 24.6.1995).

Seit dem Zusammenbruch der Sowjetunion hat die Stadt mit großen Umstellungsproblemen zu kämpfen, und das Gebiet ist in der wirtschaftlichen Rangstellung weit zurückgefallen.

Geographische Grundlagen
Das Gebiet Nowosibirsk nimmt mit 178 000 km^2 gerade ein Achtel der Fläche des Tjumener Gebietes ein. Es liegt im Mediannetz genau in der Mitte der Russischen Föderation; bis zur West- wie auch bis zur Ostgrenze sind es jeweils reichlich 3 000 km. Mit dieser Mittelpunktlage ist Nowosibirsk eine ideale Zwischenstation im Verkehr zwischen den Ost- und Westteilen der Föderation und ein wichtiges Luftverkehrskreuz.

Das Gebiet Nowosibirsk liegt im Übergangsbereich von der Taiga zur Steppe. Zu jeweils etwa einem Drittel wird das Gebiet in zonaler Ausrichtung von Wald (mit hohem Versumpfungsgrad), Waldsteppe und Steppe eingenommen. Die Transsibirische Eisenbahn, die es in seiner Mitte durchquert, verläuft auf mehr als 500 km durch die heute überwiegend landwirtschaftlich genutzte Waldsteppe.

Das Klima Nowosibirsks zeichnet sich durch kalte, aber trockene und sonnenreiche Winter (Januarmittel –19°C) aus, denen eine Periode von 7 Monaten mit Durchschnittstemperaturen über 0°C und einem Julimittel von +18,7°C gegenübersteht. Die frostfreie Periode beträgt 120 Tage, die durchschnittlichen Jahresniederschläge liegen bei 425 mm. Nowosibirsk weist damit ein typisches Waldsteppenklima auf. Die Sonnenstundenzahl wird mit 2 028 angegeben, wodurch Nowosibirsk sich deutlich von dem trüberen Surgut (1 511 Stunden) abhebt. Innerhalb Sibiriens gehört das Gebiet Nowosibirsk damit zu den klimatisch begünstigteren Räumen.

Von Umweltproblemen, hervorgerufen durch Industrie und Verkehr, bleibt auch diese Region nicht verschont. Gerade Nowosibirsk weist eine hohe Luftbelastung auf. Hinzu kommt, daß das Nowosibirsker Gebiet noch heute unter der Fernwirkung der rund vier Jahrzehnte lang im kasachischen Gebiet Semipalatinsk durchgeführten Atomtests zu leiden hat. Nach Angaben der „Siberian Business Review" (Sept. 1997) sollen vor allem aus diesem Grund die Krebsraten im Nowosibirsker Gebiet seit 1980 um 150 % angestiegen sein.

Der Ostteil des Gebietes wird vom Ob durchzogen, der südlich von Nowosibirsk auf einer Länge von rund 200 km zu einem langgestreckten und 1 070 km^2 großen See aufgestaut ist (der Aufstau erfolgte 1957 bis 1959). Als wichtige Süd-Nord-Verkehrsachse hat der Fluß zur Entwicklung der Stadt beigetragen.

Die Bevölkerungszahl des Gebietes Nowosibirsk wird mit 2,8 Mio. Ew. angegeben, wobei es mit einer Bevölkerungsdichte von 15,7 Ew./km^2 zu einem der dichtestbesiedelten Territorien Sibiriens gehört. Rund 74 % der Bevölkerung leben in Städten, davon zwei Drittel in der Hauptstadt Nowosibirsk (über 1,3 Mio. Ew.), der mit Abstand größten Stadt, gefolgt von Berdsk (69 000 Ew.), Iskitim (67 000 Ew.) und Kuibyschew (52 000 Ew.).

Die noch junge Stadt weist eine geradezu stürmische Entwicklung auf, wuchs sie doch in nur sieben Jahrzehnten zur Millionenstadt heran, wozu selbst das als „Boom-Town" bezeichnete Chicago neun Jahrzehnte gebraucht hatte. Gegründet worden ist Nowosibirsk im Zusammenhang mit dem Bau der Transsibirischen Eisenbahn, für deren Überquerung des Ob die Geologen die ideale Stelle in der Nähe des Dorfes Kriwoschekowo gefunden hatten.1893 wurde an der Brücken-Baustelle eine Arbeitersiedlung errichtet, die nach dem Zaren Nikolaus den Namen Nowonikolajewsk erhielt. Aufgrund der günstigen Verkehrslage (Schnittpunkt Transsib und Wasserstraße Ob) entwickelte sich die Siedlung, die 1904 zur Stadt erklärt wurde, sehr schnell zu einem Handelszentrum. 1910 wurde in der Innenstadt das „Handelshaus" als erstes steinernes Gebäude der Stadt errichtet. 1925 erfolgte die Umbenennung der Stadt in Nowosibirsk. Die Verkehrssituation verbesserte sich weiter, als Nowosibirsk in den 1930er Jahren über weitere Bahnlinien mit dem Altaigebiet (Barnaul), dem Kusbass und darüber hinaus durch die „Turksib" mit Mittelasien verbunden wurde. Die Folge war ein weiteres Anwachsen der Stadt, das im Zweiten Weltkrieg durch den Zuzug von Industriebetrieben (s. u.) einen zusätzlichen Impuls erhielt. 1962 wurde der millionste Einwohner geboren!

Die eineinhalb Millionen Einwohner, die in manchen Quellen schon als runde Zahl angegeben werden, erreichte die Stadt nicht, da ab 1991 hier, wie in Rußland allgemein und in Sibirien im besonderen, die Einwohnerzahlen zurückgingen. In der Einwohnerrangfolge der russischen Städte steht Nowosibirsk heute (ganz knapp hinter Nishni Nowgorod) an vierter Stelle und ist die größte Stadt Sibiriens (vor Omsk mit 1,16 Mio. Ew.). Das schnelle Wachstum der Stadt führte dazu, daß Städtebau und Architektur bis in jüngste Zeit durch „Wildwuchs" gekennzeichnet waren. Erst seit den 1980er Jahren bemüht man sich, durch einen „Generalplan" der Stadt ein einheitliches Gepräge zu verleihen. Im Jahre 1950 bestand die Stadt noch zu 75 % aus Holzhäusern, 1980 war dieser Anteil auf 15 % geschrumpft (um danach weiter abzunehmen).

Im Jahre 1954 wurde durch den Bau der Straßenbrücke das linke Ob-Ufer, auf dem bis dahin die Stadtbevölkerung wilde Kartoffeläcker unterhielt, erschlossen und in die Bebauung einbezogen. Das linksufrige Stadtgebiet, in dem heute viele Industriegebiete liegen, ist städtebaulich jedoch vernachlässigt worden, was u. a. in einem sehr schlechten Zustand der Straßen zum Ausdruck kommt.

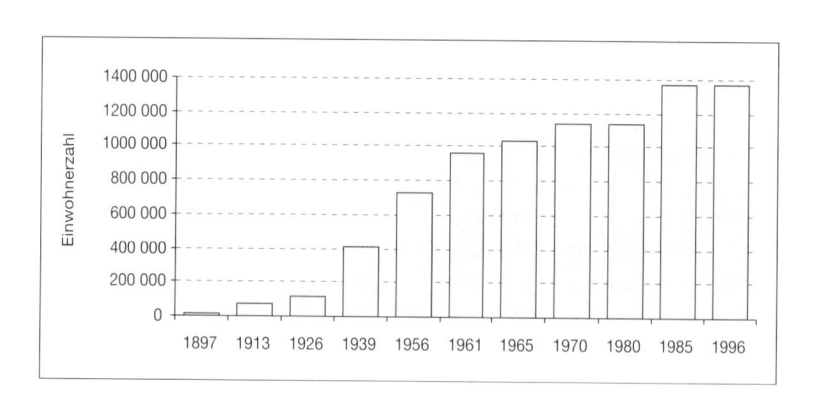

Abb. 9.4:
Entwicklung der Einwohnerzahlen von Nowosibirsk
Quelle:
u. a. Goskomstat 1995

Die genannte Straßenbrücke war nach der Transsibbrücke aus den 1890er Jahren des vergangenen Jahrhunderts die zweite Nowosibirsker Brücke. In den 1980er Jahren kam eine zweite Transsibbrücke hinzu (für deren Bau – s. o. – mehr Jahre benötigt wurden als für den Bau der ersten knapp 100 Jahre vorher!). Hinzu kam schließlich, als jüngste Flußüberquerung, eine Metrobrücke.

Die Wirtschaft
Knapp die Hälfte (48 %) des Gebietes Nowosibirsk wird *landwirtschaftlich* genutzt, stellen doch Waldsteppe und Steppe mit ihren Schwarzerden agrare Gunsträume dar. Die Landwirtschaftliche Nutzfläche wird mit 8 Mio. ha angegeben, die Anbaufläche mit 3,8 Mio. ha. Im Anbau steht das Getreide (großenteils als Futtergetreide für die insgesamt dominierende Viehwirtschaft) an erster Stelle. Im Jahrfünft 1986–1990 wurden im Schnitt jährlich 2,5 Mio. t Sommergetreide geerntet, im darauffolgenden Jahrfünft 1991–1995 im Jahresmittel 2,18 Mio. t. Trotz der relativ günstigen agrarökologischen Verhältnisse lagen die Getreideerträge mit 12,4 bzw. 11,1 dt/ha deutlich unter den russischen Mittelwerten von 15,9 bzw. 15,6 dt/ha. Eine Leistungssteigerung dürfte hier möglich sein, zumal Planungen der MASS vorsehen, aus dem Agrarraum Omsk–Nowosibirsk–Barnaul (s. Kap. 4.2) einmal ganz Sibirien mit Nahrungsmitteln zu versorgen. Das Landwirtschaftliche Forschungsinstitut in der kleinen Stadt Krasnoobsk (gegenüber Akademgorodok, s. u.) hat durchaus das Potential, entsprechende Intensivierungsprogramme aufzustellen.

Eine Leistungssteigerung könnte auch von der Privatisierung ausgehen, die bis 1995 zur Bildung von mehr als 6000 „Farmerwirtschaften" mit durchschnittlich 58 ha Landfläche geführt hatte.

Zu den potentiellen Reichtümern der Region gehören die heute noch weitgehend ungenutzten Bodenschätze, deren (bisher) erkundete Vorräte folgend aufgeführt werden:

Erdöl	133	Mio. t
Erdgas	35	Mio. m^3
Anthrazitkohle	550	Mio. t
Marmor	6	Mio. m^3
Torf	8,4	Mio. t

Quelle: BfAI 1996

Diese Rohstoffe sind noch unerschlossen, sie könnten aber einmal einen Beitrag zur Verbesserung der industriellen Situation des Gebietes liefern.

Bei der Beschreibung der *Industrie* wird in der Folge im allgemeinen nur von Nowosibirsk gesprochen, da auf diese Stadt mehr als 80 % des Industriepotentials des ganzen Gebietes entfallen. In den übrigen Städten (vor allem in den größenmäßig auf Nowosibirsk folgenden Städten Berdsk, Iskitim und Kuibyschew) weisen die genannten Industriezweige aber die gleichen Entwicklungen und Probleme auf.

Bis zum Zweiten Weltkrieg bezog Nowosibirsk seine Entwicklungsimpulse in erster Linie aus dem Handel und aus der Verarbeitung der agraren Rohstoffe der Umgebung (Mühlenwirtschaft, Butterproduktion). Einen neuen Anschub erhielt die Wirtschaft, als zu Beginn des Zweiten Weltkrieges 1941 über 50 industrielle Großbetriebe zusammen mit mehr als 140 000 Facharbeitern aus dem europäischen Landesteil hierher nach Nowosibirsk verlagert wurden. Es handelte sich dabei um wichtige Zweige der Militärindustrie, die jenseits des Urals in Sicherheit gebracht werden sollte. Nowosibirsk wurde damit zu einem Zentrum der Verarbeitenden Industrie, und zwar der Rüstungsindustrie. Das Produktionsvolumen des Standortes erhöhte sich damit gegenüber dem Vorkriegsstand um 700 %.

Während des Krieges wurden außerdem zahlreiche Betriebe der Metallverarbeitung in der Stadt neu gegründet. Dazu gehört vor allem das Zinnkombinat (Olovokombinat), das nach russischen Angaben das reinste Zinn der Welt herzustellen in der Lage ist. Es produziert heute 85 % des russischen Zinns und ist damit der größte Zinnproduzent Europas.

Hinzu kamen, ebenfalls während des Krieges, ein Schwermaschinen- und ein Baukombinat, ein Reparaturbetrieb für Lokomotiven und ferner Betriebe der Elektro-, Eisen- und Buntmetallurgie, die großenteils in den Rüstungssektor eingebunden waren. Diese Entwicklung zum Metallverarbeitungszentrum steht im direkten Zusammenhang mit der Herausbildung des Schwerindustriezentrums im benachbarten Kusbass, von dem Kohle, Eisen und Stahl über eine recht kurze Bahnverbindung direkt nach Nowosibirsk geliefert werden können. Entstanden ist auf diese Weise die mit über 200 Großbetrieben größte Industriekonzentration zwischen Ural und Pazifik. Die dynamische Entwicklung der Industrie hat Nowosibirsk die Bezeichnung „Sibirisches Chicago" eingebracht.

Zu den Rüstungsbetrieben ist zu bemerken, daß sie in der sozialistischen Zeit nach außen (z. B. in den offiziellen Statistiken) kaum sichtbar wurden, da sie in kleinerem Rahmen auch Landmaschinen und andere zivile Geräte produzierten und sich in der Namensgebung hinter diesen nichtmilitärischen Produkten (z. B. „Landmaschinenkombinat") „versteckten". Rund 60 % der industriellen Produktion Nowosibirsks (in verschiedenen Quellen werden auch 70 und sogar 80 % genannt) entfielen bis etwa 1991 auf die Rüstungsindustrie, in der rund 70 % aller Beschäftigten arbeiteten. Der

Maschinenbau	35,6
Nahrungsmittelindustrie	20,9
Energieproduktion	14,6
Baumaterialienproduktion	8,2
Buntmetallurgie	4,2
Leichtindustrie	3,3
Chemische Industrie	2,9
Schwarzmetallurgie	1,3
Holzverarbeitung	2,8
Sonstiges	6,2

Tab. 9.10:
Struktur der Industrieproduktion des Gebietes Nowosibirsk 1995 (Anteile in %)
Quelle: Goskomstat 1996

Rüstungskomplex umfaßte 26 Unternehmen und 14 Forschungsinstitute.

Heute entfällt auf den von der Rüstungsindustrie geprägten Bereich des Maschinenbaus mehr als ein Drittel der gesamten Industrieproduktion des Nowosibirsker Gebietes, mit einer Konzentration auf den Standort Nowosibirsk mit 104 Betrieben. Einer der markantesten Betriebe ist das Nowosibirsker Flugzeugwerk. Daneben gibt es 130 Betriebe der Nahrungsmittelindustrie (z. T. kleinere Betriebe auf dem Lande), 56 Holzverarbeitungsbetriebe und 65 Betriebe der Leichtindustrie.

Neben diesen Großbetrieben gibt es im Nowosibirsker Gebiet (wiederum mit Konzentration auf die Hauptstadt) noch rund 11 000 Privatbetriebe der verschiedensten Größen und Sparten (Handwerk, Dienstleistungen, Einzelhandel). Ein 1997 erschienenes Handelsverzeichnis führt für die Stadt Nowosibirsk mehr als 3 700 derartige

Elektrogeneratoren für Turbinen, elektrische Maschinen	(AG „Elsib")
Metallschneideausrüstungen	(AG „Stankosib")
Gießerei-Ausrüstungen	(„Sibtilmasch")
Landmaschinen	(„Sibselmasch")
Flugzeuge	(Nowosibirsker Luftfahrtvereinigung)
Ausrüstungen für die Textilindustrie	(„Sibtextilmasch")
Brennstoffanlagen für Atomenergetik	(PV „Sewer")
Fernmeldeausrüstungen	(AG „Elektrosignal")
Medizintechnik, Unterhaltungselektronik	(PV „Kometa", PV „Vega", PV „Lutsch")
Elektrotechnische Ausrüstungen	(Werk für Elektroaggregate)
Elektronik-Erzeugnisse	(„Ekran")

Tab. 9.11:
Wichtigste Produkte und Betriebe der Metallverarbeitenden und Elektrotechnischen Industrie im Gebiet Nowosibirsk 1995
Quelle: BfAI 1996

Unternehmen (Geschäfte, Gaststätten usw.) auf. In einem entsprechenden, 1994 erschienenen Verzeichnis waren es erst 750 Betriebe. In dieser zahlenmäßigen Entwicklung kommt die starke gegenwärtige Dynamik der Stadt zum Ausdruck.

Die hohe Konzentration von industrieller Produktion auf dem Areal der Stadt Nowosibirsk führt hier zu einer starken *Umweltbelastung*. Vor allem die Luftverschmutzung stellt eines der größten Probleme dar. Wie in allen Industriezentren Sibiriens wirkt sich das negativ auf den Gesundheitszustand und die Lebenserwartungen der Einwohner aus. Nach Angaben aus dem Wirtschaftsinstitut der Sibirischen Akademie der Wissenschaften in Akademgorodok (1990) führt die ökologische Belastung zu einer Verringerung der Lebenserwartungen, und zwar um 6 Jahre bei den Männern und um 3 Jahre bei den Frauen.

Einen zweiten Entwicklungsschwerpunkt erhielt Nowosibirsk in den 1950er Jahren, und zwar aus ganz anderer Richtung: Die Stadt wurde zum *Wissenschaftszentrum* Sibiriens ausgebaut. Im Jahre 1957 wurde etwa 20 km vor der Stadt, inmitten der Taiga und am Ufer des neuen Ob-Stausees (an dem sogar ein künstlicher Sandstrand aufgeschüttet wurde), die Wissenschaftsstadt Akademgorodok gegründet. Zehn Jahre später war diese „Elitestadt", die als Stadtteil (mit rund 60 000 Einwohnern) verwaltungsmäßig zu Nowosibirsk gehört, als Sitz der Sibirischen Abteilung der Sowjetischen (heute Russischen) Akademie der Wissenschaften (s. Kap. 6.6) fertiggestellt. Von hier sind immer wichtige Impulse für die Industrieproduktion ausgegangen.

Mit diesen seinen beiden Hauptstandpfeilern, der Rüstungsindustrie und der Wissenschaft, muß Nowosibirsk nun nach dem Zusammenbruch der Sowjetunion den Übergang von der Staatswirtschaft zur Marktwirtschaft bewältigen.

Wie im ganzen Lande erfolgte mit dem Jahre 1991 ein starker Einbruch der Produktion. In Nowosibirsk vollzog sich dieser Prozeß besonders drastisch, weil die vorherrschende Rüstungsindustrie nun kaum noch Staatsaufträge erhielt. Hinzu kamen die allgemeinen Schwierigkeiten beim Übergang von der risikolosen subventionierten Staatswirtschaft zur Marktwirtschaft mit ihren Wettbewerbsbedingungen. Außerdem ist Sibirien seit dem Wegfall des Eisernen Vorhanges zu einem Absatzmarkt für viele ausländische Firmen geworden, was zu einem lähmenden Konkurrenzdruck für die einheimische Produktion geführt hat.

Die Industrieproduktion Nowosibirsks ging um 50 % zurück, was unter allen wichtigeren sibirischen Regionen den stärksten Rückgang bedeutete (zum Vergleich: Nachbarregion Tomsk = Rückgang um nur 26 %). Dazu heißt es in WOSTOK 2/1995 (S. 55): *„Besonders zugespitzt hat sich die Lage in der Eisen- und Buntmetallindustrie, in der Chemie, im Maschinen- und Gerätebau sowie in der Baustoffindustrie. Viele Großbetriebe schickten ihre Belegschaft in Zwangsurlaub. Im Unternehmen „Sibselmasch" (Sibirische Landmaschinenfabrik) wurde 1994 nur noch an drei Tagen in der Woche gearbeitet, und in anderen Unternehmen wurde die Viertagewoche eingeführt. Die Produktionsvereinigung Wostok sowie die Flugzeugbauvereinigung wurden für einen längeren Zeitraum völlig stillgelegt. Diese Liste könnte man noch weiter fortsetzen."*

Die Rüstungsindustrie, auf die einst 60 % (oder mehr!) der industriellen Produktion in Nowosibirsk entfiel, ist bis 1995 auf einen Anteil von nur noch 5 % zurückgefallen. Das bedeutet aber: 5 % an der aktuellen industriellen Produktion, die ihrerseits nur noch das halbe Volumen gegenüber der Zeit vor dem Umbruch aufweist.

Die einzige Chance wird in der Konversion, die Umstellung von militärischer auf zivile Produktion gesehen. Ein Beispiel für

Bemühungen in diese Richtung ist das der Flugzeugvereinigung angehörende Tschkanow-Werk, das bis um das Jahr 1991 Militärflugzeuge baute. Im Zuge der Umstellung ist nun hier eine zivile Turbopropmaschine mit 38 Sitzen (die AN 38) konstruiert und in einem ersten Prototyp gebaut worden (wobei die Triebwerke aus den USA bezogen werden mußten, da die heimische Industrie keine gleichwertigen zu liefern vermag). Das Flugzeug ist von Experten positiv aufgenommen worden, und die russische Luftfahrt hätte zweifellos Bedarf an einer modernen Maschine, die die alte AN 24 ersetzen kann. Es fehlt jedoch das Kapital, um die Serienproduktion aufzunehmen. Das Tschkanow-Werk produziert heute in seinem Konversionsprogramm Kühlaggregate, Traktorenkabinen und Verpackungsmaschinen. Die Nachfrage nach diesen Erzeugnissen ist allerdings gering.

Insgesamt werden heute (1997) in Nowosibirsk 17 derartige Konversionsprojekte durchgeführt.

Für viele Betriebe gilt auch, daß der schlechte Zustand der vorhandenen Ausrüstung eine mögliche Konversion beeinträchtigt. Investoren verhalten sich zurückhaltend gegenüber solchen Unternehmen, obwohl das in der Rüstungsindustrie steckende technologische Potential in Verbindung mit hochqualifizierten Arbeitskräften eine gute Grundlage für eine erfolgreiche Konversion sein könnte. Beklagt wird, daß manche Unternehmen „zu stolz" sind, anstelle hochwertiger Rüstungsgüter nun z. B. schlichte Haushaltsgeräte (die statttdessen heute aus dem Ausland importiert werden müssen!) herzustellen. Allgemein aber fehlt das Geld für eine konsequente Umstellung der Produktion.

Ähnliche Probleme hat auch der Wissenschaftsbereich. Forschungsergebnisse lassen sich kaum noch in die Praxis übertragen. Die Unternehmen sind nicht imstande, die wissenschaftsintensiven Technologien zu verwerten, da für sie die Kosten zu hoch sind. Die staatliche Finanzierung für Akademgorodok und die Akademie der Wissenschaften ist auf ein Minimum reduziert worden. Viele Institutsleiter wissen kaum noch, wie sie ihre Mitarbeiter bezahlen sollen. Oft werden die Gehälter der Wissenschaftler, die (nach internen Informationen) häufig noch unter denen einer Verkäuferin liegen, nur verspätet ausgezahlt. Als Ergebnis sind bereits tausende von hochqualifizierten Wissenschaftlern abgewandert, ins Ausland oder ins lokale „business". Nach WOSTOK (2/1995) reisten pro Jahr etwa 1 650 Wissenschaftler aus, davon 35 % in die USA, 20 % nach Deutschland, 15 % nach Frankreich und 7 % nach Japan. Für Sibirien bzw. für Rußland bedeutet dies einen irreparablen „brain drain".

Unter niedrigen Löhnen leiden auch die Industriearbeiter. Die durchschnittlichen Monatslöhne lagen in Nowosibirsk im Jahr 1995 mit 344 000 Rubeln deutlich unter dem Schnitt der Russischen Föderation in Höhe von 533 000 Rubeln. Unter allen sibirischen Regionen nimmt das Nowosibirsker Gebiet (mit seiner hochqualifizierten Bevölkerung) im Lohnniveau den zweitletzten Platz ein! In WOSTOK (2/1994, S. 54) heißt es, daß ein Durchschnittslohn im Gebiet Nowosibirsk heute nur noch 90 % des Existenzminimums decke. Nach TACIS-Informationen (s. Tab. 7.6) lag 1995 bei mehr als einem Viertel der Einwohner das Einkommen unter dem offiziellen Existenzminimum. Überleben können diese Menschen oft nur durch mühsame Eigenproduktion an Nahrungsmitteln auf den kleinen Datschafeldern.

In der Wirtschaft haben sich die Kontakte mit dem Ausland ausgeweitet, wobei von Nowosibirsker Seite aber eine gewissen „Einbahnstraße" beklagt wird, da viele ausländische Unternehmern lediglich ihre Produkte auf dem großen lokalen Verbrauchermarkt verkaufen wollen und weniger an der Schaffung von Produktionsbetrieben interessiert sind. Positiv für die Verbindung zum Ausland erweist sich, daß der Flughafen Tolmatschewo 1992 eine Abteilung für internationale Abfertigungen erhalten hat, so daß die Stadt nun direkt, ohne das lästige Umsteigen in Moskau, angeflogen werden kann. Die lokale Fluggesellschaft „Sibir" und die Lufthansa verkehren seit 1994 viermal wöchentlich zwischen Frankfurt und Nowosibirsk. Im September 1997 konnte auf dem Flughafen schließlich ein neuer und moderner Trakt für den internationalen Verkehr in Betrieb genommen werden.

Die Kontakte und Kooperationen mit dem Ausland sind für die Nowosibirsker Wirtschaft überaus wichtig. Deshalb hat die Gebietsverwaltung Bestimmungen erlassen, die den freien Warenaustausch mit dem Ausland ermöglichen. So dürfen einheimische Unternehmen auf direktem Wege Geschäfte mit ausländischen Firmen abschließen und Devisen einnehmen. Die Abwicklung der Devisentransaktionen mit dem Ausland übernimmt die „Sibirische Bank" (BfAI 1996). Auf zahlreichen Messen in der Stadt selber wie auch im Ausland (u. a. in Frankfurt) stellt die Region ihr wirtschaftliches Potential vor.

Die Gründung von Gemeinschaftsunternehmen begann 1992. Heute kann man sagen, daß Nowosibirsk als größte sibirische Stadt, in zudem günstiger geographischer Lage, von ausländischen Investoren innerhalb Sibiriens bevorzugt wird. 1996 existierten in der Stadt 17 % aller sibirischen Betriebe mit ausländischen Investitionen.

Zu Beginn des Jahres 1996 waren 372 und ein Jahr später rund 500 Joint Ventures registriert (die Zahl der wirklich „arbeitenden" Gemeinschaftsunternehmen ist allerdings niedriger, s. Kap. 10). Ihre Hauptbranchen sind der Bereich Handel und Nahrungsmittel (43 %) und die Verarbeitende Industrie (27 %). Aufgrund des relativ geringen industriellen Anteiles ist der Exportwert dieser Joint Ventures aber im Vergleich mit den Nachbarregionen relativ gering. 1994 lag er bei 33 Mio. US-$, in den Gebieten Tjumen, Tomsk und Kemerowo dagegen bei 617, 118 und 69 Mio. US-$.

Die meisten dieser Joint Ventures bestehen mit amerikanischen, chinesischen und deutschen Partnern (Anteile 1996 = jeweils 13 %). Dabei wird die Position der deutschen Seite immer stärker. In einem Bericht des American Business Center Nowosibirsk vom Januar 1996 heißt es dazu:

„*The german gouvernment has been extremly supportive as for business development in the region and has investigated considerably in Nowosibirsk. Germany is commited to developing strong business ties with the city and the region.*"

Auch WOSTOK (2/1995) weist darauf hin, daß Deutschland (neben China und den USA) führend ist bei der Schaffung von Gemeinschaftsunternehmen und Unternehmen mit Auslandsinvestitionen.

Es scheint, daß Nowosibirsk (sicherlich nicht zuletzt wegen seines hohen Anteils deutschstämmiger Bevölkerung) zu einem zentralen Auslandsstandort der deutschen Wirtschaft ausgebaut wird, von dem aus, bei entsprechenden positiven Entwicklungen, der ganze sibirische Markt erschlossen werden kann.

Von 1992 auf 1993 haben sich die deutschen Exporte in das Nowosibirsker Gebiet mehr als versechsfacht!

Das deutsche Engagement in Nowosibirsk spiegelt sich auch wider in der Gründung eines Generalkonsulats, eines Geschäftsbüros (Außenstelle des DIHT) und eines Kulturhauses. Im Gegenzug ist 1993 in Frankfurt ein „Informations- und Wirtschaftszentrum des Nowosibirsker Gebietes in Deutschland" errichtet worden (Adresse im Anhang).

Deutschland ist der wichtigste Handelspartner des Nowosibirsker Gebietes, wobei sich (nach DIHT / Nowosibirsk) 1995 die Lieferungen von Deutschland nach Nowosibirsk auf 120 Mio. DM (drei Jahre vorher noch 20 Mio. DM!) und in umgekehrter Richtung auf 40 Mio. DM beliefen. Das Gebiet Nowosibirsk liefert in erster Linie Elektroden, Aluminium und Legierungen seltener

Metalle nach Deutschland, während von dort vor allem Ausrüstungen für die Kleinindustrie und das Handwerk (z. B. Fleischerei- und Bäckereiausrüstungen), Möbel (für die wohlhabenderen Gesellschaftsschichten) sowie Lebensmittel bezogen werden.

Die genannten Zahlen – 120 Mio. DM Einfuhr und nur 40 Mio. DM Ausfuhr – belegen das Hauptdilemma der Nowosibirsker Wirtschaft, die gegenüber den rohstoffreichen Nachbarregionen kaum in der Lage ist, Waren auf dem Weltmarkt anzubieten. 1994 erreichte das Nowosibirsker Gebiet gerade 3,4 % des Exportvolumens des Tjumener Gebietes, 4,3 % der Region Krasnojarsk, 4,6 % des Gebietes Kemerowo und 8 % des entsprechenden Volumens des Gebietes Irkutsk (Berechnungen n. Goskomstat 1995).

Heute entwickelt sich Nowosibirsk, das aufgrund seiner einseitigen industriellen Ausrichtung auf den Rüstungsbereich im Produktionssektor nur eine geringe Rolle spielen kann (sofern die Konversion nicht deutliche Fortschritte machen wird), zum führenden Finanz- und Handelszentrum Sibiriens. Ursachen dafür sind einmal die Anziehungskraft dieser größten Stadt und „heimlichen Hauptstadt" Sibiriens, ferner die günstige Lage in der Mitte der Russischen Föderation und die relative Nähe zum europäischen Landesteil in Verbindung mit der verkehrsgünstigen Situation. Hinzu kommt, daß ein großer Teil der Wissenschaftler in diesen Bereich übergewechselt ist und damit ein hochqualifiziertes Arbeitskräftepotential zur Verfügung steht.

Im Jahre 1995 war Nowosibirsk (nach TACIS-Informationen 1996) bereits das sechstgrößte Bankenzentrum der Russischen Föderation. Bei einem Besuch der Stadt sieht man heute überall neue, große Bankengebäude. Die weiteren sibirischen Städte folgen mit zum Teil großen Abständen: Tomsk liegt in dieser Rangliste auf Platz 13, Tjumen auf Platz 15, Krasnojarsk (immerhin die größte Stadt Ostsibiriens) auf Platz 18 und Irkutsk auf Platz 20.

Nowosibirsk zeigt sich heute (1997) dem Besucher als eine dynamische Stadt. Überall wird gebaut, es entstehen neue Geschäfte, Restaurants, Hotels, Cafés, Boutiquen und Banken. Westliche Werbung gibt der einst grauen Stadt heute einen bunten Anstrich. Diese Entwicklung wird sicherlich weiter anhalten.

Erarbeitet wird heute ein Programm, nach dem Nowosibirsk aufgrund seiner verkehrsgünstigen Lage zum Handelszentrum ganz Sibiriens ausgebaut werden soll. Die Stadt wird dann wieder eine zentrale Funktion zukommen, die ihr zweifellos auch zusteht.

9.4.3 Das Gebiet Kemerowo (das Kusbass) – Kohle und Stahl

Das an das Nowosibirsker Gebiet östlich angrenzende Gebiet Kemerowo gehört zu den kleinsten Verwaltungs- und Wirtschaftseinheiten Sibiriens, aber zur Gruppe 1 der sibirischen Wirtschaftsregionen (s. Kap. 9.3). Es nimmt mit seinem Produktionsvolumen einen führenden Platz nicht nur innerhalb Sibiriens, sondern in der gesamten Russischen Föderation ein.

Geographische Grundlagen
Das Gebiet Kemerowo ist mit seinen 95 000 km^2 Fläche kleiner als Süddeutschland (Bayern und Baden-Württemberg zusammen = 106 000 km^2). Die Grenzen dieser Region sind nicht (wie z. B. die des Gebietes Nowosibirsk) willkürlich gezogen, sondern überwiegend durch die Landschaftsstruktur vorgegeben. Kernraum des Gebietes ist das Kusnezk-Becken (russ: Kusbass), das im Osten vom Steilabfall des Kusnezker Alataus (Höhen bis über 1 800 m NN), im Süden vom Gornaja Schorija-Gebirge (bis über 1 600 m NN) und im Westen vom flacheren Salair-Rücken (bis knapp 600 m NN) begrenzt wird. Nur im Norden geht der in einem

Wirtschaftsregionen 181

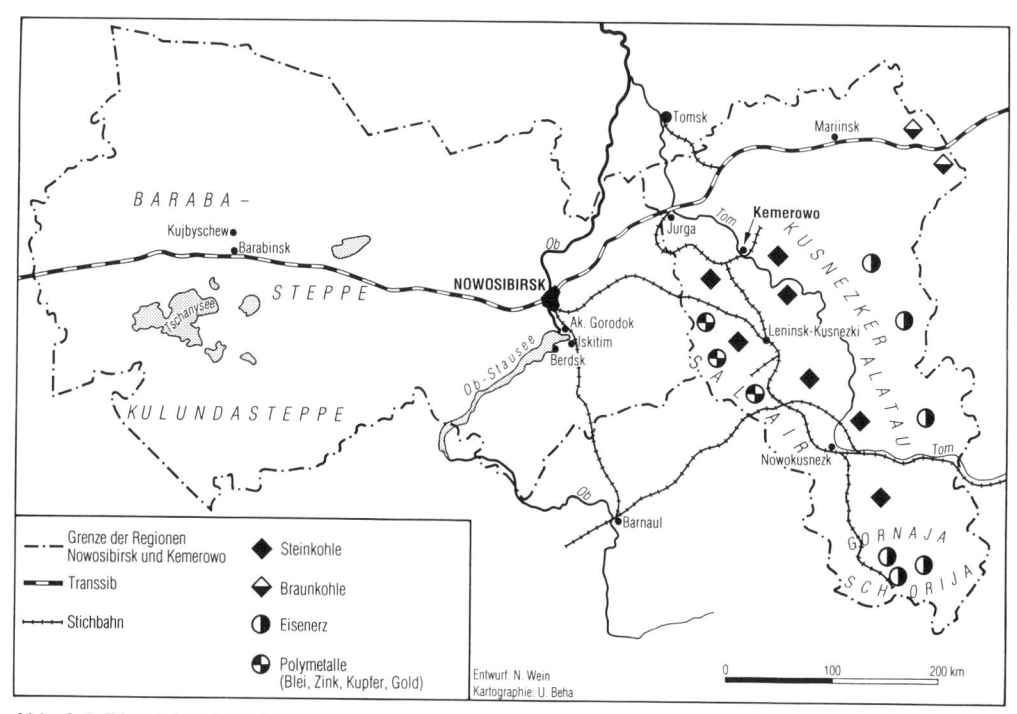

Abb. 9.5: Die sibirischen Gebiete Nowosibirsk und Kemerowo

Niveau von 100–300 m NN liegende und vom Fluß Tom (Gesamtlänge 840 km) durchzogene Beckenraum ohne natürliche Abgrenzung in das Westsibirische Tiefland über.

Das Kusnezk-Becken wird von der im Süden Westsibiriens typischen Birken-Waldsteppe eingenommen. Die Station Leninsk-Kusnezki entspricht mit einem Julimittel von +18,6°C, 117 frostfreien Tagen und 495 mm durchschnittlichem Jahresniederschlag weitgehend der Station Nowosibirsk. Mit den für die Waldsteppe charakteristischen Schwarzerden eignet sich die langgestreckte Niederung (Nord-Süd-Erstreckung etwa 400 km) recht gut für die landwirtschaftliche Nutzung. Die rund 500 000 Einwohner, die um 1917 in diesem Raum lebten, waren noch überwiegend in der Landwirtschaft tätig. Noch heute werden 28 % des Gebietes von Landwirtschaftlicher Nutzfläche eingenommen und 65 % von Wald: zusammen also 93 % für Felder, Grünland und Wälder – ein Prozentsatz, der zweifellos den Vorstellungen vom Kusbass als dem „Sibirischen Ruhrgebiet" widerspricht.

Der Reichtum des Gebietes Kemerowo liegt aber nicht in seinen landwirtschaftlichen Möglichkeiten, sondern in den *Bodenschätzen* des Beckenraumes und seiner ihn an drei Seiten umgebenden Gebirge. Die wirtschaftliche Grundlage des ganzen Gebietes sind die Kohlevorkommen. Noch nicht genutzt werden die Ausläufer des Kansk-Atschinsker Braunkohlebeckens im Nordosten des Gebietes, wo die Kohle leicht im Tagebau gefördert werden könnte: Ein hoher Schadstoffgehalt und ein Feuchtegehalt von 43 % schränken die Verarbeitung wie auch den Transport über größere Entfernungen ein.

Um so wertvoller ist aber die Steinkohle des Kusnezk-Beckes, wo auf einer Fläche von 26 000 km^2 (d.h. praktisch im gesamten Beckenraum) geologisch erkundete Vorräte von 725 Mrd. t lagern. Als günstig für die Erschließung erweisen sich dabei 265 Mrd. t, und durch Förderbetriebe aufgeschlossen sind 58,8 Mrd. t, was 59,6 % der in ganz Rußland erschlossenen Vorräte (98,9 Mrd. t) entspricht. Wenn man bedenkt, daß in diesem Gebiet bisher insgesamt erst rund 5 Mrd. t Kohle gefördert worden sind, kann man ermessen, welche Zukunftsperspektiven die Kusbass-Kohle noch bietet. Rund zwei Drittel der Kohle lagern in Tiefen von weniger als 400 m, und 40 % können sogar im Tagebau gefördert werden. Die Flözdicke hebt sich deutlich von der des Donbass (durchschnittlich 0,7 m) ab: 43 % der Flöze besitzen Mächtigkeiten von 1,3 bis 3,5 m, 31 % solche von 3,5 bis 10 m und 14 % von über 10 m. Zwei Flöze zeichnen sich gar durch Mächtigkeiten von 22 bzw. 32 m aus (nach KISLJUK 1996, S. 23). Die Kohle weist einen äußerst geringen Asche- und Schwefelgehalt auf und gehört qualitativ zu den besten der Welt.

Zur Gunstsituation des Kusbass gehört, daß hier in unmittelbarer Nachbarschaft zu den Kohlevorkommen große Eisenerzlager zu finden sind, und zwar vor allem im Gornaja Schorija-Bergland und im Kusnezker Alatau. Die Vorräte werden mit 5,25 Mrd. t angegeben, wovon rund ein Viertel problemlos abzubauen sein dürfte. Der Eisengehalt beträgt durchschnittlich 38 %. Der Schwerpunkt der abbaubaren Erze (in Tiefen von 1 600 – 1 800 m) liegt bei Taschtagol inmitten des Gornaja Schorija-Berglandes.

Im Salair-Bergland gibt es Polymetall-Erzvorkommen verschiedenster Art. Aufgeschlossen sind derzeit fünf Blei-Zink-Lagerstätten. Auch Kupfer- und Silbervorkommen sind hier gefunden worden, ferner goldhaltige Ablagerungen in einer Konzentration von 150–250 mg/m^3.

Das Gebiet Kemerowo kann als modellhaft für das an Bodenschätzen so reiche Sibirien insgesamt angesehen werden. 1698 wurde hier das erste Silbervorkommen und 1721 die Steinkohle entdeckt. Im 18. Jahrhundert bildete sich vor allem am Osthang des Salair-Rückens eine erste Bergbauindustrie heraus, basierend auf den Polymetallen und schließlich auch auf Gold. Nach der Eröffnung kleinerer Kohletagebaue ab 1851 setzte die eigentliche Kohleförderung im Kusbass in den 1880er Jahren ein. Gegen Ende dieses Jahrhunderts erhielt die Kohleförderung einen deutlichen Impuls durch den Bau der Transsibirischen Eisenbahn, die durch den nördlichen Teil des heutigen Gebietes Kemerowo verläuft. Das Kusbass wurde zur Versorgung des transsibirischen Eisenbahnverkehrs ausgebaut, und 1913 wurden hier (hauptsächlich im Norden, d. h. in der Nähe der Bahntrasse) 760 000 t Kohle gefördert. Zur Erschließung der größeren Kohlelager wurde 1915 von der Transsibstation Jugra eine Stichbahn bis Koltschugino (dem späteren und auch noch heutigen Leninsk-Kusnezki) gebaut, mit einer Abzweigung bis in die Nähe des heutigen Kemerowo.

Den wichtigsten Entwicklungsanstoß erhielt das Kusbass, als dieser Raum im ersten Fünfjahresplan (1928–1933) zur zweiten Kohle-Eisen-Basis der Sowjetunion ausgebaut wurde (UKK, s. Kap. 6.2). In dieser Zeit wurde auch die Verkehrserschließung mit der Fortsetzung der Nord-Süd-Stichbahn bis in das Zentrum des erzreichen Gornaja Schorija-Berglandes vorangetrieben. Über zwei vom Westen kommende Bahnstrecken, die etwa bei Leninsk-Kusnezki auf diese Nord-Süd-Trasse stoßen, wurde das Kusbass direkt mit Nowosibirsk und Barnaul verbunden. Dem Tal des Tom nach Osten folgend wurde noch eine Bahnstrecke in das Minussinsker Becken (Abakan) mit Fortsetzung an die Transsibstation Taischet (die sog. „Jushsib", d. h. südsibirische Magistrale) gebaut, womit das Schienennetz im relativ kleinen Gebiet Kemerowo auf 5 800 km anwuchs. Ausgebaut wurde mit der industriellen Erschließung auch das Straßennetz. Die Dichte der Straßen mit fester Decke liegt im Gebiet Kemerowo heute bei 81 km / 1 000 km^2 (bei einem Mittelwert für

Wirtschaftsregionen

Westsibirien von 19 km/1 000 km²), was den mit Abstand größten Wert innerhalb ganz Sibiriens darstellt. Das Gebiet weist damit eine für sibirische Verhältnisse optimale Verkehrsinfrastruktur auf.

Die industrielle Entwicklung führte zu einem rapiden Anwachsen der Bevölkerung. Bis 1939 hatte sich die Einwohnerzahl gegenüber 1917 mit 1,65 Mio. mehr als verdreifacht. 1959 lebten in der Region Kemerowo 2,6 Mio. Einwohner, und heute liegt die Bevölkerungszahl bei 3,2 Mio. Daraus ergibt sich eine für Sibirien als Spitzenwert anzusehende Bevölkerungsdichte von 33,4 Ew./km², bezogen ausschließlich auf den dichter besiedelten Beckenraum sogar von etwa 130 Ew./km²! Von 1926 bis 1994 wuchs die Bevölkerungszahl auf das 3,8fache, die Stadtbevölkerung aber um mehr als das zwanzigfache. Der hohe Urbanisierungsgrad (88 % der Bevölkerung sind Stadtbewohner) hebt die Region Kemerowo ein weiteres Mal von den übrigen sibirischen Regionen ab. Die 19 Städte des Kusbass sind alle – abgesehen von Mariinsk – erst nach 1920 entstanden oder, aus kleinen Siedlungen hervorgehend, zur Stadt erklärt worden. Die drei größten Städte sind Nowokusnezk (im Jahre 1931 zur Stadt erklärt) mit 572 000 Einwohnern, Kemerowo (im Jahre 1925 zur Stadt erklärt) mit 503 000 Einwohnern und – mit einem größeren Abstand – Leninsk-Kusnezki (im Jahre 1925 zur Stadt erklärt) mit 121 000 Einwohnern.

Die ersten beiden Städte wiesen in den ersten Jahrzehnten nach der Stadtrechtsverleihung ein ähnlich stürmisches Wachstum wie Nowosibirsk auf, sind dann allerdings bei einer Einwohnerzahl von etwa einer halben Million stehengeblieben.

Die Wirtschaft

Das Gebiet Kemerowo gehört zu den altindustriellen Gebieten Rußlands, und mit seinem Monoprofil im Bereich Kohle/Metallurgie (68,2 %) ähnelt es dem Ruhrgebiet der frühen 1950er Jahre.

Kohleförderung	31,0
Schwarzmetallurgie	29,2
Buntmetallurgie	4,4
Metallverarbeitung und Maschinenbau	5,8
Stromproduktion	10,8
Chemische Produktion	6,9
Baumaterialienindustrie	3,4
Holz- und Papierindustrie	1,0
Leicht- und Lebensmittelindustrie	5,0
Sonstiges	2,5

Tab. 9.12:
Industriestruktur des Gebietes Kemerowo 1995 (Anteile an der Gesamtproduktion in %)
Quelle: Goskomstat 1996

Der führende Wirtschaftszweig des Gebietes ist seit den 1930er Jahren die Kohleförderung. Gefördert werden hier mehr als 36 % der Steinkohle der Russischen Föderation und, aufgrund der hohen Qualität, 77 % der Kokskohle des Landes.

Von den im Jahre 1980 rund 145 Mio. t Jahresförderung wurden 85 Mio. t unter Tage und 60 Mio. t im Tagebau gefördert. Das Maximum erreichte die Kohleförderung 1988–1990, danach gingen die Produktionszahlen bis 1994 um 40 % zurück. Darin drücken sich große wirtschaftliche Schwierigkeiten aus, in welche das Gebiet Kemerowo geraten ist. In der Zeitschrift WOSTOK (2/1994, S. 41) heißt es dazu:
„Die Kohleförderung ist 1993 gegenüber 1988 auf 60 % gesunken. Die Arbeitsproduktivität der Bergleute hat sich um die Hälfte verringert, während sich die Produktionskosten verdoppelt haben. Die Erhöhung der

Abb. 9.6: Kohleförderung im Kusbass 1913–1995
Quelle: Kisljuk 1996, S. 40

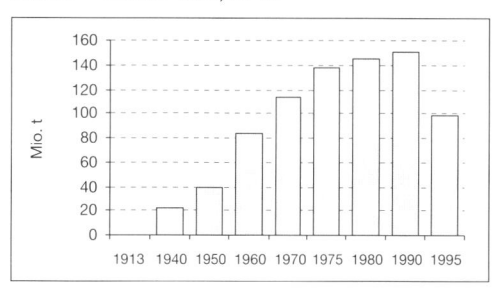

Eisenbahntarife hat das Kusnezker Becken vom fernen und vom nahen Ausland praktisch abgeschottet, während gleichzeitig in Rußland weniger Kohle verbraucht wird. Dabei bezahlen die Abnehmer die ihnen termingerecht gelieferte Kohle einfach nicht mehr. Die Produktionstätigkeit ist damit wirtschaftlich sinnlos geworden. Um die Unternehmen weiter zu betreiben, benötigt man Geld, doch die Stillegung würde noch mehr Geld kosten."

WATSCHNADSE (1995, S. 319) bezeichnet die Kohleförderung in allen 76 Schachtanlagen des Kusnezk-Beckens heute als verlustbringend.

Nach BATER (1989, S. 197) machte die Kusbass-Kohle in den 1980er Jahren ein Sechstel der Exporte der damaligen Sowjetunion aus. Die Kohle wurde – aufgrund der günstigen Bahnverbindung über die Transsib – bis nach Nordkorea, Japan und Ägypten verkauft. Mit der drastischen Erhöhung der Eisenbahntarife im Jahre 1994 wurde der Kohletransport (bis zum Pazifik sind es rund 4 000 Bahnkilometer!) jedoch unrentabel. Der Anteil der Transportgebühren am Endpreis der Kohle liegt im Weltmaßstab bei maximal 30 %, in Rußland heute dagegen bei 56–70 % (nach BfAI 1996). Der Kohleexport ist damit weitgehend zusammengebrochen. Heute wird Kohle nur noch in geringen Mengen in einige GUS-Republiken ausgeführt, und zwar (Werte für 1995) 0,9 Mio.t in die Ukraine und 0,8 Mio.t nach Kasachstan (nach KISLJUK 1996, S. 41).

Mit der Fördermenge von knapp 100 Mio. t (1994) ist das Kusbass aber nach wie vor der größte Steinkohleproduzent Rußlands, mit großem Abstand gefolgt vom Workuta-Kohlebecken mit 22,7 Mio. t. Der größte Teil der Kohle, bis zu zwei Dritteln, wird in die Schwerindustriezentren am Osthang des Urals geliefert.

Die neuere Entwicklung zeigt, daß im Kusbass die Gewinnung von Energiekohle weiter absinkt, während die der wertvollen Kokskohle wieder langsam ansteigt.

Die Kohleförderung, die in 76 Schacht- und 25 Tagebaubetrieben durchgeführt wird, leidet heute unter veralteten und unzuverlässigen Ausrüstungen, unter einer (darauf zurückzuführenden) hohen Unfallquote, unter niedriger Arbeitsproduktivität, hohen Selbstkosten sowie unter der mehrmaligen Erhöhung der Eisenbahntarife. Diese Negativfaktoren haben viele Betriebe in den Jahren 1994/1995 bis an den Rand des Bankrottes getrieben.

Ein Kohleförderprogramm sieht vor, die verlustbringenden Anlagen zu schließen und neue Förderbetriebe mit hohem technischem Niveau zu schaffen bzw. das Niveau der leistungsfähigeren Betriebe zu erhöhen. Eine Analyse der 1995 bestehenden Betriebe ließ drei Gruppen erkennen, die unterschiedlichen Entwicklungszielen zugeordnet werden (nach KISLJUK 1996):

– *Gruppe 1: Perspektivische Betriebe*
Dazu gerechnet werden 36 % der Betriebe, d. h. 30 Schachtanlagen und 9 Tagebaue, die 1994 zusammen 57,4 % der Kohleförderung leisteten. Sie sollen technisch weiter aufgerüstet werden mit dem Ziel, ihren Anteil an der Kohleförderung auf 63 % zu erhöhen.

– *Gruppe 2: Stabile (mittlere) Betriebe*
Sie machen 46 % der Anlagen aus (31 Schachtanlagen und 16 Tagebaue) und produzierten 1994 zusammen 36,3 % der Kohle. Ihr Anteil soll auf 34,3 % reduziert werden.

– *Gruppe 3: Perspektivlose Betriebe.*
Ihr Anteil beträgt 18 % (15 Schachtanlagen), und sie förderten 1994 lediglich 6,3 % der Kohle. Sie sollen nach und nach aufgegeben werden.

Das Ziel des Programmes ist es, das technische Niveau der Betriebe so weit zu erhöhen, daß sie ab etwa 1998–2000 ohne staatliche Unterstützung gewinnbringend arbeiten können. Als Produktionsziel für das Jahr 2000 wird eine Fördermenge von 122,7 Mio. t (davon 74 Mio. t = 60 % im Tagebau) angegeben, ein Wert, der etwa wieder dem Stand von 1992 entspricht. Die Zahl

Wirtschaftsregionen

der Arbeitskräfte im Förderbereich soll dabei auf 62 000 gesenkt werden.

Heute sind im Förderbereich rund 140 000 Arbeitskräfte beschäftigt, in der Kohlewirtschaft insgesamt rund 200 000, das sind rund 40 % aller Beschäftigten im produzierenden Sektor des Gebietes. Organisatorisch teilen sich 14 Aktiengesellschaften die Kohlegewinnung auf, wovon mit Ausnahme der AG „Oblkemerowougol" alle der gesamtrussischen Gesellschaft „Rosugol" (Rußland-Kohle) angehören. Durch die Aufgliederung in mehrere Unternehmen soll eine leistungssteigernde Konkurrenzsituation erreicht werden.

Der zweitgrößte Industriesektor ist die *Metallurgie*. Zwischen 1929 und 1932 wurde in Nowokusnezk das erste metallurgische Kombinat des Gebietes errichtet. Heute sind die beiden größten Betriebe das Kusnezker und das Westsibirische Metallurgische Kombinat, die zusammen 83 % der gesamten Produktion erbringen.

Die Produktion des für die Hüttenbetrieben benötigten Kokses betrug in den einzelnen Jahren jeweils knapp 5 Mio. t.

In allen diesen Produktionsbereichen liegt das Gebiet Kemerowo innerhalb der Russischen Föderation auf Platz zwei hinter dem Gebiet Tscheljabinsk (Gebiet „Südostural", s. Kap.1). Ein weiterer bedeutender metallurgischer Bereich ist die Aluminiumproduktion in Nowokusnezk (Jahresproduktion etwa 0,25 Mio. t).

Das Hauptproblem der Schwarzmetallurgie des Gebietes besteht in den veralteten Ausrüstungen. Nach Kisljuk (1996) wird die Hälfte des Gußeisens in Anlagen produziert, die in den 1930er und -40er Jahren errichtet worden sind. Entgegen einer Norm von 20 – 25 Jahren liefen in einem der Betriebe im Jahre 1995 die Anlagen schon seit 67 Jahren.

Viele Betriebe bemühen sich heute um eine Diversifizierung der Produktion. So ist an das Westsibirische Metallurgische Kombinat ein Möbelwerk, eine Schuhfabrik und

	1970	1980	1990	1991	1994
Gußeisen					6,7
Stahl	7,3	11,8	12,2	9,9	8,2
Walzgut	4,8	8,0	8,5	7,2	6,0

Tab. 9.13: Schwerindustrieproduktion im Gebiet Kemerowo 1970-1994 (in Mio. t)
Quelle: Goskomstat 1995

eine Bierbrauerei angeschlossen, und an das Nowokusnezker Aluminiumwerk eine Fernsehfabrik, ein Fleischverarbeitungswerk und eine Großbäckerei.

Der *Maschinenbausektor* im Gebiet Kemerowo steht hinsichtlich der Arbeitskräftezahl zwar nach der Kohlewirtschaft an zweiter Stelle (14,2 %), er erbringt aber nur rund 6 % seines Produktionsvolumens. Die Spezialisierung liegt (zum Teil erst als Folge der Konversion von Rüstungsbetrieben) in der Produktion von Bergwerks- und Tagebauausrüstungen, wobei aber nebenbei auch Haushaltsgeräte wie Waschmaschinen und Staubsauger hergestellt werden. Der Maschinenbau des Gebietes Kemerowo steht im Entwicklungsniveau an einer der letzten Stellen in Rußland. Der Mechanisierungs- oder gar Automatisierungsgrad ist äußerst niedrig. Der Anteil an Handarbeit liegt in den einzelnen Betrieben bei 70 – 80 %, was eine äußerst niedrige Arbeitsproduktivität zur Folge hat. Die Betriebe weisen einen hohen Material- und Energieverbrauch auf, der Aufwand für Reparaturen ist hoch, genauso wie die Selbstkosten der Produktion (KISLJUK 1996, S. 62). Von 1992 bis 1994 ist die Produktion im Maschinenbau auf die Hälfte, ein Drittel oder noch weiter zurückgefallen (z. B. Elektromotoren 1992 = 41 200 Stück, 1994 = 12 400 Stück; größere Bohranlagen 1992 = 132, 194 = 13).

Die Rüstungsindustrie ist mit dem zivilen Maschinenbau eng verwoben, sie ist, wie in den meisten sibirischen Regionen, die Keimzelle der metallverarbeitenden Industrie. Sieben derartige Betriebe arbeiten im

Gebiet Kemerowo. 1988 beschäftigten sie noch 42 500 Arbeitskräfte, was 8,3 % des Arbeitskräftepotentials des ganzen Gebietes entsprach. Insgesamt ist die militärische Produktion von 1990 bis 1994 auf weniger als die Hälfte (46,2 %) reduziert worden.

Beim Produktionsanteil noch vor dem Maschinenbausektor steht mit 6,7 % die *Chemische Industrie.*
Auch hier sind die meisten Anlagen 30 – 40 Jahre alt und bedürften dringend einer grundlegenden Rekonstruktion. Die Produktion basiert zu 75 % auf Rohstoffen aus der eigenen Region, und die Produktskala besteht zu zwei Drittel aus Mineraldüngern, zu 14 % aus Chemiefasern und zu 8 % aus Kunstharzen und Plastikmassen.
Insgesamt stellen 14 Chemieunternehmen rund 600 verschiedene Erzeugnisse her, so das Werk „Organika" in Kemerowo ein weite Palette pharmazeutischer Produkte. In der Rangskala der Beschäftigtenzahlen (im produzierenden Sektor) nimmt die chemische Industrie im Gebiet mit 5,5 % den vierten Platz ein.

Die große Dichte an veralteten Industriebetrieben führt zu einer hohen *ökologischen Belastung* der Region. Von Kemerowo heißt es, daß dort ständig 250 Schornsteine qualmen, und nach WATSCHNADSE (1995) hatte 1992 allein das Westsibirische Metallurgische Kombinat in Nowokusnezk einen Schadstoffausstoß von 214 000 t. Nach WEISSENBURGER (1995) entfielen 1993 auf das Gebiet Kemerowo 10 % aller Schadstoffemissionen der ganzen Russischen Föderation. Im Statistischen Jahrbuch (Goskomstat 1995) werden die Schadstoffemissionen des Gebietes für das Jahr 1991 mit 1,3 Mio. t und für 1994 (nach entsprechendem Produktionsrückgang) mit 1,02 Mio. t angegeben. Auf die Bevölkerungszahl umgerechnet bedeutet dies 330 kg Schadstoffe/Ew. In gleichem Maße wie die Luft ist auch das Wasser verschmutzt, und die Tagebaue-biete erfahren keinerlei Rekultivierung, sondern der Abbau hinterläßt öde Mondlandschaften. Das Kusbass zählt zu den am stärksten belasteten Gebieten der Russischen Föderation, ein Faktor, unter dem die Menschen stark leiden. Die Krankheits- und Sterberaten gehören zu den höchsten der Russischen Föderation. Die jährliche Sterberate liegt bei 172/10 000 Ew. (KISLJUK 1996, S. 29), gegenüber 151 in Rußland und – zum Vergleich – 110 in Deutschland.

Zu den ökologischen Belastungen kommen äußerst schlechte Arbeitsbedingungen, vor allem unter Tage. Rund 70 % der Kohlegruben bedürften dringend einer Sanierung. Die Arbeit ist hart und gefährlich. Nach WATSCHNADSE ist bei jeder geförderten Million Tonnen Kohle der Tod eines Arbeiters zu beklagen (in einem aktuelleren ZDF-Bericht wurde gar von 6 Toten pro Fördermillion gesprochen). KISLJUK schreibt (1996, S. 130), daß der Anteil der Menschen, die im berufsfähigen Alter sterben (im Schnitt der Jahre

Tab. 9.14:
Produktion der Chemischen Industrie im Gebiet Kemerowo 1992-1994 (in Mio. t)
Quelle: KISLJUK 1996, S. 48

	1992	1994
Mineraldünger	0,49	0,40
Chemiefasern	0,04	0,21
Kunstharze und Plastik	0,17	0,11
Synthetische Farben	1,6	0,40

Tab. 9.15: Beschäftigtenstruktur in der Industrie des Gebietes Kemerowo 1994 (Anteile an den Gesamtbeschäftigten in %)
Quelle: KISLJUK 1996, S. 36

Kohlewirtschaft	39,3
Metallverarbeitung und Maschinenbau	14,2
Schwarzmetallurgie	13,0
Chemische Industrie	5,5
Buntmetallurgie	4,3
Lebensmittelindustrie	4,3
Leichtindustrie	3,8
Energiewirtschaft	3,3
Waldwirtschaft und Holzverarbeitung	3,2
Buntmetallurgie	1,9
Sonstige	8,2

1992–1994 waren es 1 043 / 100 000 Ew.), der höchste in Rußland ist und nur mit den gefährlichen Arbeitsbedingungen erklärt werden kann.

Trotz der schwierigen Arbeitsverhältnisse waren die Löhne im Kusbass bis um das Jahr 1990 recht niedrig, und lange Zeit wurden sie nur unregelmäßig oder überhaupt nicht ausgezahlt.

Unzureichend sind auch die Lebensbedingungen im Gebiet Kemerowo. Beim stürmischen Aufbau der Industrie ist die soziale Sphäre völlig vernachlässigt worden. Die Wohnverhältnisse sind großenteils als primitiv zu bezeichnen: triste Plattenhäuser mit nur kleinen Wohnungen. Unterentwickelt sind u. a. die sanitären Verhältnisse, wobei häufig für eine ganze Etage nur eine einzige Gemeinschaftstoilette vorhanden ist.

Alle diese Unzulänglichkeiten führten zu Beginn der 1990er Jahre zu mehreren Streikbewegungen, die 1991 ihren Höhepunkt fanden und die Politik unter einen starken Druck setzten. Im März 1991 drohte z. B. in Nowosibirsk eine Stillegung der Kraft- und Heizwerke, weil als Folge des Streikes die Kohlelieferungen aus dem Kusbass ausblieben. Nach den offiziellen Statistiken (Goskomstat 1995) gingen 1990 im Gebiet Kemerowo 22 600 Arbeitsstunden durch Streiks verloren, 1991 waren es 1,614 Mio., 1992 noch 397 000 und 1993, nach entsprechenden Zugeständnissen der Regierung, noch 6 400. Die Zahl der streikenden Arbeiter wird in der gleichen Quelle für 1990 mit 22 600 angegeben, für 1991 mit 125 100, für 1992 mit 19 800, für 1993 mit 6 400 und für 1994 mit 21 000. Mit der für 1991 genannten Zahl stand das Kusbass mit Abstand an der Spitze der damaligen Streikbewegung in Rußland! Auf Platz zwei folgte in weitem Abstand das Steinkohlegebiet von Workuta mit 15 500 Streikenden und auf Platz drei der Bezirk Krasnojarsk mit 14 200 beteiligten Arbeitern.

Zu den durch diese Streiks erzielten Erfolgen gehörte eine im Januar vorgenommene Verdreifachung der Bergarbeiterlöhne. In den südlichen Regionen Sibiriens liegt das Gebiet Kemerowo in der Lohnskala nun an erster Stelle – Löhne, die allrdings oft monatelang nicht ausgezahlt wurden. Hier griffen die Bergarbeiter zu drastischeren Protestmaßnahmen: Im Frühsommer 1998 blockierten sie tagelang die Gleise der Transsibirischen Eisenbahn!

Trotz aller aufgeführten Probleme ist das Gebiet Kemerowo gemessen am Produktionsvolumen der fünftgrößte Wirtschaftsraum der Russischen Föderation, und etwa ein Drittel aller sibirischen Produktionskapazitäten sind hier konzentriert (nach FREYER 1994).

In weiten Teilen ist die Wirtschaft des Gebietes Kemerowo unterentwickelt, liegt doch der Anteil der Handarbeit in der Industrie noch bei 40 % und im Bauwesen bei 55 % (KISLJUK 1996, S. 137). Der Bereich Maschinenbau ist weitaus rückständiger als im Nowosibirsker Gebiet und wird, nicht zuletzt im Hinblick auf Investoren, kaum Zukunftsperspektiven haben. Die Exporte konzentrieren sich auf die Bereiche Kohle und Eisen, wobei aufgrund der Verteuerung der Bahntransporte in den letzten Jahren eine Verschiebung zum letztgenannten Bereich stattgefunden hat: Machte die Kohle 1991 noch 46 % der gesamten Exporte aus, so waren es 1994 nur noch 14 %, während beim Walzgut die Anteile in dieser Zeit von 2,8 auf 45,5 % anstiegen.

Die Wirtschaft des Gebietes leidet unter einem niedrigen Investitionsniveau, weshalb in Kemerowo eine Agentur zur Anwerbung

Tab. 9.16:
Anteile des Gebietes Kemerowo an der industriellen Produktion Rußlands 1994 (in %)
Quelle: KISLJUK 1996, S. 39

Kohle	36,5
Gußeisen	18,6
Stahl	17,0
Walzgut	16,8
Chemiefasern	10,6
Kunststoffe	6,5

ausländischer Investoren gegründet worden ist. Diese finden sich (von der Aluminiumproduktion abgesehen) hauptsächlich für die Kohlewirtschaft, die aufgrund der hohen Kohlequalität, der leichten Abbaubarkeit und der guten Verkehrserschließung der Kohlefelder trotz aller gegenwärtigen Probleme der einzige perspektivreiche industrielle Zweig des Gebietes ist.

Um Anreize für Investoren zu bieten, wurde dem Gebiet Kemerowo 1991 auf Beschluß der Regierung der Russischen Föderation der Status einer Freien Wirtschaftszone verliehen. Den Investoren werden zahlreiche Vergünstigungen geboten, so u. a. Steuerfreiheit in den ersten und ein reduzierter Steuersatz von 10 % in den weiteren fünf Jahren, ferner die Garantie, daß erwirtschaftete Devisen problemlos ausgeführt werden können. Die bisherigen Erfahrungen mit Sonderwirtschaftszonen in Rußland lassen allerdings wenig Hoffnung auf einen Erfolg dieser Einrichtung aufkommen.

Anfang 1994 waren im Gebiet Kemerowo 133 Joint Ventures registriert, die fast ausschließlich auf Förderung, Verarbeitung und Verkauf von Kohle basierten. Führende Partnerländer waren China mit 15, die USA und Deutschland mit je 13 und Österreich mit 9 Gemeinschaftsunternehmen. Die größten Joint Ventures waren in jenem Jahr (und sind es vermulich noch heute) die Unternehmen „Raspadskaja Joy" (USA), „Russia Coal" (USA) und „Meshduretschje" (Frankreich). Das größte deutsch-russische Joint Venture im Kusbass war 1994 das Unternehmen „Karbo-KH", ein Gemeinschaftsunternehmen von „Kusbassrasresugol", dem mit einer Jahresförderung von 18 Mio. t größten Kohlekonzern des Gebietes, und der „Fertigbausystem Helter & Co. GmbH". Das Gemeinschaftsunternehmen, das ausschließlich mit deutschen Ausrüstungen arbeitet, fördert und exportiert Energiekohle, wobei 1993 der Exportwert bei 19 Mio. US-$ lag (alle Angaben aus MALKOV 1994).

Das Kusbass ist nach MALKOV (1994) das größte Kohlebecken der Welt, ein Kohleproduzent, der zudem Kohle von bester Qualität und zu niedrigsten Förderkosten zu liefern vermag. Das Gebiet Kemerowo ist damit ein Wirtschaftsraum mit großen Potentialen, der in allen Bereichen über eine konsequent durchgeführte Modernisierung und einen entsprechenden Strukturwandel – in Verbindung mit einer Verbesserung der ökologischen und sozialen Situation – zu einer deutlichen Leistungssteigerung in der Lage wäre.

9.4.4 Die Region Krasnojarsk – Nickel und Aluminium

Die Region (russ. Kraj) Krasnojarsk gehört zu den an Bodenschätzen reichsten Gebieten der Erde und damit zur leistungsstärkeren Gruppe 1 (s. Kap. 9.3.) der sibirischen Regionen. Während der industrielle Schwerpunkt des Gebietes Kemerowo in den Bereichen Kohleförderung und Schwarzmetallurgie liegt, nimmt in der Region Krasnojarsk die Buntmetallurgie die führende Stellung ein. In einzelnen Bereichen (z. B. Kupfer, Kobalt und Nickel) werden hier Anteile an der russischen Förderung von 70 % und mehr erreicht oder – wie beim Palladium – gar Spitzenwerte in der Weltproduktion.

Geographische Grundlagen
Die Region Krasnojarsk gehört nach der geographischen Untergliederung (s. Abb. 1.1) zu Ostsibirien. Mit einer Fläche von 2,34 Mio. km^2 ist sie nach der Republik Jakutien-Sacha die zweitgrößte Gebietseinheit Sibiriens und darüber hinaus ganz Rußlands. Integriert sind in die Region zwei in den 1930er Jahren eingerichtete Nationalgebiete, der Autonome Bezirk Taimyr (0,86 Mio. km^2) und der Autonome Bezirk der Ewenken (0,77 Mio. km^2). Der festländische Teil der Region weist eine Nord-Süd-Erstreckung von rund 3 000 km auf und

reicht 1 250 km über den Polarkreis hinaus. Mit der vorgelagerten Inselgruppe „Sewernaja Semlja" („Nordland", 37 000 km²), die auf der Höhe Spitzbergens liegt, erstreckt sich die Region sogar noch um 400 km weiter nach Norden und überschreitet den 80. Breitenkreis.

Morphologisch setzt sich die Region aus dem Nordsibirischen Tiefland und dem Ostsibirischen Plateau zusammen. Das Nordsibirische Tiefland ist praktisch die nordöstliche Fortsetzung des Westsibirischen Tieflandes. Es hat Geosynklinalcharakter und ist mit 4 000 – 5 000 m mächtigen Sedimentschichten ausgefüllt. Der 200 km lange Taimyr-See ist mit einer Fläche von 4 500 km² der zweitgrößte See Sibiriens. Seine Oberfläche ist nur drei Monate im Jahr eisfrei. Den nördlichen Teil der Taimyrhalbinsel nimmt das Byrrangagebirge ein.

Das Ostsibirische Plateau ist ein System einzelner Hochflächen, in dem die Flachformen dominieren und dem nur die zum Teil tief eingeschnittenen Täler einen Berglandcharakter verleihen. Im Gegensatz zum Gebiet westlich des Jenissejs, der recht genau eine tektonische Grenze nachzeichnet, herrschen hier deutliche Hebungstendenzen vor. Die neotektonischen Hebungsbeträge erreichen ihr Maximum im Putorana-Plateau mit über 1 000 m. Die einzelnen Plateauflächen, wie das Tunkuska-, das Angara- und das Lena-Plateau, liegen in verschiedenen Stockwerken zwischen 500 und 1 000 m über- und nebeneinander. Große Teile der Plateaus sind von 150 Mio. Jahre alten Basaltdecken überzogen, die im Putorana-Plateau in 1 701 m Höhe gipfeln. Das ganze Plateau (Durchschnittshöhe 1 100 m) ist durch Flußtäler tief zerschnitten und unbewohnt.

Die weite meridionale Erstreckung der Region Kransnojarsk bewirkt eine starke Differenzierung des Klimas. Die Gegenüberstellung in Tabelle 9.17 zeigt in etwa die thermische Spannweite des industriell erschlossenen Areales.

Während Dudinka ein typisches Waldtundrenklima aufweist, zeichnet sich Krasnojarsk (Jahresniederschläge 338 mm) durch ein Waldsteppenklima aus. Hier und in den Steppen des noch südlicheren Minussinsker Becken (Julimittel 20,2°C, Jahresniederschläge 308 mm) herrschen gute Bedingungen für die Landwirtschaft.

Die Region Krasnojarsk ist weitgehend deckungsgleich mit dem Einzugsgebiet des Jenissejs, der im Westteil das Gebiet von Süd nach Nord durchquert und im Osten mit seinen Nebenflüssen Angara, Steinige Tunguska und Untere Tunguska in das Ostsibirische Plateau eingreift. Diese Wasserläufe sind reich an Hydroenergieressourcen, die im Bereich des Verwaltungsgebietes in den Kraftwerken von Krasnojarsk und Sajan-Schuschenskoje, beide zu den größten der Welt gehörend, genutzt werden (s. Kap. 6.3).

Zu den Ressourcen der südlichen Hälfte der Region zählt auch der Holzreichtum, weisen doch gerade die Einzugsgebiete der genannten östlichen Nebenflüsse einen hohen Bewaldungsgrad auf (s. Abb. 2.5). Lesosibirsk, westlich des Jenissej gelegen und Endpunkt einer von der Transsib abzweigenden „Holz-Stichbahn", (s. Kap. 5.3.2) ist der Standort des ersten großen Zellulosekombinates in Sibirien.

Die Bevölkerungszahl der Region Krasnojarsk lag 1995 bei 3,12 Mio. Ew., von denen 2,3 Mio. (= 73 %) in Städten leben. Der Anteil der einheimischen Urbevölkerung ist sehr gering, für die der auf der Taimyr-

Tab. 9.17: Monatsmittel der Lufttemperatur (in °C) von Dudinka und Krasnojarsk

Station	Jan.	Feb.	März	April	Mai	Juni	Juli	Aug.	Sept.	Okt.	Nov.	Dez.	Jahresmittel
Dudinka	−29,5	−25,7	−22,5	−16,8	−6,4	−3,8	12,0	10,4	3,2	−8,4	−21,8	−26,9	−10,7
Krasnojarsk	−17,4	−16,0	−8,0	1,6	9,5	16,7	19,9	16,6	9,9	1,6	−8,3	−15,9	−0,8

Halbinsel lebenden Ngassanen wurden z. B. 1989 nur 1 300 Menschen angegeben.

Die Stadt Krasnojarsk, (übersetzt rotes oder auch schönes Steilufer) geht auf die 1628 erfolgte Gründung des gleichnamigen Ostrogs zurück. Bedeutung erhielt die Siedlung durch ihre Lage am Sibirischen Trakt (s. Kap. 5.2.). 1823 wurde die Stadt zum Zentrum des Jenissej-Gouvernements erklärt, und 1899 wurde mit dem Bau der Transsibirischen Eisenbahn die erste der heute fünf existierenden Brücken über den Jenissej errichtet. Mit der den Schiffahrtsweg des Jenissej überquerenden Bahnlinie wurde Krasnojarsk (wie Nowosibirsk in Westsibirien) zum wichtigsten Verkehrsknotenpunkt Ostsibiriens. Einen weiteren Entwicklungsschub erhielt die Stadt (wiederum eine Parallele zu Nowosibirsk) durch die Verlagerung zahlreicher Rüstungsbetriebe aus dem europäischen Raum im Zweiten Weltkrieg. Mit der im Jahre 1972 erfolgten Inbetriebnahme des Wasserkraftwerkes, eines Lieferanten preiswerter elektrischer Energie, setzte die Entwicklung der Aluminiumindustrie, die heute für die Wirtschaft der Stadt maßgebend ist, ein.

Die Industrialisierung hat in Krasnojarsk, mehr noch als in jeder anderen sibirischen Großstadt, zu einer gewaltigen Luftverschmutzung geführt. Im Wochenbericht 44/1988 des Deutschen Institutes für Wirtschaftsforschung Berlin, der sich dabei auf die Ekonomitscheskaja Gaseta Nr. 6/1988 stützt, heißt es dazu (S. 595):

"Eine geradezu unglaubliche Luftverschmutzung verzeichnet die Stadt Krasnojarsk. Lediglich Staub wird teilweise durch Filteranlagen aufgefangen, alle Gase werden ungehindert emittiert. Zeitweilig werden in der Umgebung der Großbetriebe der Stadt die Grenzwerte bei Benzpyren um das 50fache überschritten, bei Chlorwasserstoff, Schwefelwasserstoff und Schwefelkohlenstoff um das 20- bis 25fache, bei Staub um das 18fache, bei Fluorwasserstoff um das 6fache. In einem Radius von 20 km rund um die Aluminiumhütte wird die Luft als so verschmutzt bezeichnet, daß das Atmen geradezu gefährlich wird. In der Umgebung der Stadt gelten die Pilze als ungenießbar, viele Tiere haben Leberzirrhose."

Zur ökologischen Belastung der Einwohner trägt bei, daß der Jenissej wegen des Wasserkraftwerkes im Stadtgebiet und über Dutzende von Kilometern unterhalb im Winter nicht zufriert. Es bilden sich Nebel, in denen sich die Schadstoffe ansammeln und Krasnojarsk praktisch in eine Giftwolke einhüllen.

Wegen der Zunahme der Luftfeuchtigkeit, die untypisch für Sibirien ist, mußte einer der beiden Flugplätze der Stadt um 120 km verlegt werden, weil die dort stehenden Maschinen (eine typische Erscheinung auf allen russischen Flugplätzen!) durch Korrosion Schaden nahmen.

Noch stärker ist die Luftverschmutzung in Norilsk. Nach WEISSENBURGER (1995) entfielen auf das Nichteisenmetallurgie-Kombinat 1993 ein Viertel aller SO_2-Emissionen der ganzen Russischen Föderation. Es heißt, daß hier jährlich 2,5 Mio. t. Schwefeldioxid ausgeschieden werden, was pro Einwohner eine Belastung von 14 t bedeutet! In einem Umkreis von 90–180 km um Norilsk erstreckt sich eine sogenannte „tote Zone", in der 200 000 ha Wald abgestorben sind.

Norilsk, 320 km nördlich des Polarkreises gelegen, ist der nördlichste industrielle Vorposten der Region. 1935 ist hier, in unwirt-

Abb. 9.7:
Entwicklung der Einwohnerzahlen der Stadt Krasnojarsk 1897–1996

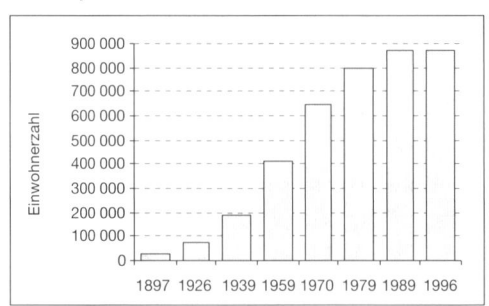

lichster Waldtundra, auf Anordnung Stalins durch Zwangsarbeiter eine Bergbausiedlung errichtet worden, mit dem Ziel, die reichen Buntmetallvorkommen an den Westausläufern des Putorana-Gebirges zu erschließen. Dazu gehören u. a. die reichsten Kupfer-Nickel-Kobalt-Vorkommen der Erde. 1939 hatte die Siedlung 14 000 Einwohner und erreichte ihren Einwohner-Höchststand 1982 mit 183 000.

Zur Lebenssituation in diesem polaren Vorposten schreibt KLÜTER (1991, S. 182): *„Die Straßen sind zu breit, um sie bei Schneesturm überqueren zu können. Die nach europäischen Normen entworfenen Häuser sind so leicht gebaut, daß riesige Wärmeverluste entstehen. Kanalisation und Wasserversorgung sind den tiefen Temperaturen nicht gewachsen. Bei Windstille geht ein Teil der Schadstoffe auf die Stadt nieder. Der Smog wird dann unerträglich. Krankheiten, die nur in Norilsk vorkommen, machten Schlagzeilen."*

Windstille ist in Norilsk selten, meist bestimmen ausgesprochen starke Stürme das Wettergeschehen. Es heißt, daß dann für die Fußgänger Seile durch die Straßen gespannt werden. Bauarbeiten werden behindert, weil bei hohen Windstärken die Baukräne nicht in Betrieb genommen werden können. Im Winter ist der Flughafen oft 8–10 Tage lang wegen der Wettersituation (Stürme, Nebel) geschlossen. Die Stadt ist dann praktisch von der Außenwelt abgeschnitten.

TATJANA DON schreibt in WOSTOK 4/1998 (S. 54): *„Norilsk ist die nördlichste und die kälteste Stadt der Welt. Der lange Polartag dauert in Norilsk zwei Monate, die Polarnacht anderthalb Monate. Neun Monate lang herrscht der Winter, wobei die Temperatur bis auf −60 °C sinken kann. Drei Monate lang wüten Schneestürme, bei denen jeder zusätzliche Meter pro Sekunde Windgeschwindigkeit die gefühlte Kälte noch um 2 K sinken läßt. Die intensive Polarstrahlung und die Änderung des Magnetfeldes der Erde kommen zudem in diesem Gebiet stark zur Geltung. Im Umkreis von 150 km um den Industriebetrieb ist der Boden bis zu einer Tiefe von 30 cm verseucht, und der Schwefelgehalt der Luft übersteigt bei Windstille den zulässigen Grenzwert um 3 000 %. Wie negativ sich dies alles auf den Gesundheitszustand der Bevölkerung auswirkt, soll hier nicht weiter ausgeführt werden. Nur so viel: Einem ärztlichen Gutachten zufolge sollten in diesem Gebiet Geburten verboten werden!"*

Die schlechten Lebensbedingungen haben die Einwohnerzahl der Stadt auf 159 000 im Jahre 1995 sinken lassen – bei weiterhin abnehmender Tendenz. Die Einwohner nennen heute – wie bereits erwähnt – Norilsk die „Stadt der Betrogenen". Durch hohe Verdienstmöglichkeiten angezogen, kamen sie einst hierher, mit dem Vorsatz, nur für eine beschränkte Zeit zu bleiben. Inzwischen sind die Löhne gesunken, und oft werden sie monatelang überhaupt nicht ausgezahlt. Die Perspektiven, die Stadt zu verlassen und anderswo Wohnung und Arbeit zu finden, sind heute nur noch gering.

Durch eine von 1937 bis 1939 gebaute 127 km lange Bahnlinie (die nördlichste Eisenbahn der Welt!) ist Norilsk mit dem auch für Seeschiffe zugänglichen Jenissej-Hafen Dudinka verbunden worden, so daß der An- und Abtransport der Massen- wie der Konsumgüter auf dem Wasserweg (vor allem über den Nördlichen Seeweg) erfolgen kann. Stalin wollte Norilsk an das westliche Schienennetz anbinden und ließ in den 1940er Jahren von Salechard bis nach Igarka eine 1 300 km lange Bahntrasse durch die Tundra bauen, das sogenannte GULAG-Bauwerk Nr. 501, an dem mehr als eine Mio. Sträflinge arbeiteten. Über diese Trasse, die wegen der unzähligen Bauopfer als „Todesbahn" bezeichnet wird, ist aber bis heute kein einziger Zug gefahren (WATSCHNADSE 1995, S. 267).

In den 1970er Jahren ist zur Energieversorgung der anwachsenden Stadt Norilsk an der Chantajka ein Wasserkraftwerk, das nördlichste der Welt, gebaut worden. Der Stausee hat eine Länge von 469 km und eine Fläche von 1 561 km². In der Umgebung von Norilsk, direkt an den Förderbetrieben, entstanden weitere Siedlungen, deren größte das 1962 gegründete Talnach ist, welches durch eine Fortsetzung der von Dudinka kommenden Bahn an die Hauptstadt dieses nördlichen Industriegebietes angeschlossen ist.

Da der Metallgehalt der Erze nur rund 4 % beträgt, kommt ein weiter Transport in südliche Regionen nicht in Frage, sondern die Verhüttung muß vor Ort erfolgen. So entstanden die großen Hüttenbetriebe, welche Schadstoffe in den genannten Mengen emittieren. In der Luftbelastung nimmt der Komplex Norilsk mit Abstand den ersten Platz unter allen Industrieregionen der Russischen Föderation ein.

An zu großen Umweltproblemen letztendlich gescheitert ist der neben Krasnojarsk und Norilsk dritte Industriekomplex der Region: das Kansk-Atschinsker Braunkohlerevier, auch bezeichnet als KATEK (s. u.). Seinen Namen erhalten hat es nach den an seinen östlichen und westlichen Flügeln gelegenen Städten Kansk (1995 = 109 000 Ew.) und Atschinsk (1995 = 123 000 Ew.). Hier verläuft in 100–300 km Breite ein rund 800 km langes Braunkohlebecken parallel zur Transsibirischen Eisenbahn, die Hauptstadt Krasnojarsk in seiner Mitte einschließend. Dieses Braunkohlebecken gilt, was die Tagebaumöglichkeiten anbetrifft, als das größte der Welt. Die gesamten Vorräte werden mit 550 Mrd. t angegeben, von denen 150 Mrd. t in Tiefen von weniger als 300 m lagern und damit im Tagebauverfahren gefördert werden können. Größte wirtschaftliche Bedeutung hat die oberste Schicht, die durchschnittlich 25–30 m mächtig ist und bei Berjosowski sogar 60–100 m Mächtigkeit erreicht. Allerdings ist der Heizwert dieser Kohle weniger als halb so hoch wie der der Kusbasskohle, und der Feuchtegehalt beträgt 32–44 % (KORYTNYJ 1987), was dazu führt, daß sie nicht über große Entfernungen transportiert werden kann, sondern vor Ort „verstromt" werden muß.

Im Kansk-Atschinsker Braunkohlerevier sollten 8–10 Großkraftwerke mit Kapazitäten von 6,4 MW (d. h. doppelt so groß wie die stärksten deutschen Braunkohlekraftwerke) errichtet werden. Überland-Hochspannungsleitungen von 1 150 oder gar 2 250 kV sollten den produzierten Strom bis in den europäischen Landesteil liefern. Das erste Großkraftwerk (wenn auch noch nicht mit endgültiger Leistung) wurde am Tagebau Berjosowski errichtet. Zur Arbeitersiedlung sollte der nahe Ort Scharipowo ausgebaut werden. Planungen sahen eine „sozialistische Musterstadt" mit neun-, zwölf- und sechzehnstöckigen Häusern und 200 000 Einwohnern vor.

Es zeigte sich jedoch bald, daß die hohe Konzentration von Tagebauen und Großkraftwerken im Westflügel zu einer extremen ökologischen Belastung der ganzen Region führen würde. Der Flächenbedarf für die Umgestaltung war gewaltig, wertvolle Schwarzerdeareale gingen dabei verloren. Für aufgegebene Tagebauflächen war keine Rekultivierung vorgesehen, so daß sich Haldenlandschaften bildeten. Aus den Tagebauen wird Braunkohlestaub ausgeweht und in der Umgebung abgelagert, genauso wie die Asche und andere Schadstoffe aus den Kraftwerken. Die geplanten 8–10 Großkraftwerke und die damit neu aufgeschlossenen Tagebaue würden, das mußte man bald einsehen, eine weite Region mit Asche und Staub überziehen, was das ganze Gebiet mehr oder weniger unbewohnbar machen würde. Ein Ende der 1980er Jahre vom Geographischen Institut der Sibirischen Akademie der Wissenschaften in Irkutsk erstelltes Umweltgutachten setzte den ursprünglichen Plänen schließlich ein Ende: Es wurde beschlossen, die Zahl der Großkraftwerke auf zwei zu beschränken. Dies war der erste Sieg der Ökologie über die Ökonomie in Sibirien!

Wirtschaftsregionen

Die Wirtschaft

Die Industrie des riesigen Raumes konzentriert sich auf die Schwerpunktgebiete Krasnojarsk-Stadt, Norilsk und den Westflügel des KATEK-Reviers.

Der Schwerpunkt der Industrieproduktion liegt eindeutig in der Buntmetallurgie, die etwa einen gleich großen Anteil hat wie im Gebiet Kemerowo die Bereiche Kohleförderung und Schwarzmetallurgie zusammengenommen. Der Platz 2 der Energieproduktion in der Rangskala beruht in erster Linie auf den beiden Wasserkraftwerken von Krasnojarsk und Sajan-Schuschenskoje und den beiden Kohle-Großkraftwerken der KATEK-Region. Auf deren Produktion preiswerter Energie (vor allem Hydroenergie) basiert die Aluminiumproduktion, die am Standort Krasnojarsk eine führende Rolle spielt.

1988 lag die Region Krasnojarsk in der Industrieproduktion auf Platz 5 und bei der Vergabe von Investitionen auf Platz 3 in der Russischen Föderation. Wie alle anderen sibirischen Wirtschaftsregionen hat auch die Region Krasnojarsk nach 1991 einen deutlichen Produktionsrückgang zu verzeichnen. Bei einem für das Jahr 1990 festgesetzten Index von 100 ist die Produktion bis 1994 auf den Wert 59 zurückgefallen (gegenüber einem entsprechenden Rückgang der Wirtschaft Gesamtrußlands auf den Wert 51).

Tab. 9.18:
Industriestruktur der Region Krasnojarsk 1995 (Anteile am Gesamt in %)
Quelle: Goskomstat 1996

Buntmetallurgie	48,9
Energieproduktion	8,8
Metallverarbeitung und Maschinenbau	7,2
Chemische Industrie	6,1
Brennstoffindustrie	7,8
Lebensmittelindustrie	6,7
Holzindustrie	6,5
Baumaterialienindustrie	3,5
Leichtindustrie	0,9
Futterproduktion	1,3
Schwarzmetallurgie	0,7
Sonstiges	1,8

Administratives und *wirtschaftliches Zentrum* ist die Fast-Millionenstadt *Krasnojarsk*. Hier existieren etwa 400 Mittel- und Großbetriebe, von denen viele dem Rüstungskomplex angehören, in dem bis 1991 nach KULESCHOW (1992) zwei Fünftel aller Industriearbeiter beschäftigt waren.

Der größte Betrieb der Stadt Krasnojarsk ist das Aluminiumwerk KrAS (russ. Abkürzung für „Krasnojarsker Aluminiumfabrik"), das als der weltweit größte Produzent dieses Leichtmetalles gilt. Im Jahre 1992 ist das Unternehmen in eine Aktiengesellschaft umgewandelt worden, wobei die Mehrheit der Anteile in Streubesitz übergingen und kleinere Anteile (etwa je 5 %) von Schweizer Investoren und dem koreanischen Konzern Daewoo gekauft wurden.

Da nach 1991 mit dem Zusammenbruch der sowjetischen bzw. russischen Rüstungsindustrie der Inlandsbedarf an Aluminium stark zurückging, werden heute mehr als 90 % der Produktion exportiert, in erster Linie nach Westeuropa.

Zur aktuellen Situation des Unternehmens hieß es im Handelsblatt vom 3.6.1997: *„Die Krasnojarsker Aluminiumwerk AG ist auf der Suche nach finanzkräftigen Investoren. Für die Modernisierung und die Einführung westlicher Umweltstandards sind in den kommenden 15–17 Jahren zwischen 1,5 und 2,0 Mrd. US-$ notwendig. Die Jahresproduktion für 1996 wird mit 780 000 t beziffert, und 1997 soll der Ausstoß um 4 % gesteigert werden. Mit etwa 15 000 Beschäftigten werden 650 Mio. US-$ umgesetzt. Auch in Deutschland will der Aluminiumproduzent Fuß fassen. In Berlin wurde dazu die Krasmetall GmbH gegründet, die u. a. die Siemens AG beliefert."*

Weitere bedeutende produzierende Unternehmen der Stadt Krasnojarsk sind: das Reifenwerk „Super-Schina", das Kühlschrankwerk „Birjusa", das ein Viertel aller russischen Kühlschränke produziert, das Metallurgische Werk, das Chemiefaserwerk RTI, das Werk für die Herstellung von Getreidemähmaschinen „Kombajnyj Savod", das unter dem Firmennamen „Jenissej" ein Viertel aller russischen Kombines herstellt, das Pharmakombinat, der Schwermaschinenproduzent „Sibtjashmasch" und das Chemiekombinat „Jenissej" (nach GOERKE 1994).

Zum bereits genannten militärischen Komplex gehören vor allem die Betriebe der geheimen, bis 1991 in keiner Karte verzeichneten und lediglich nach ihren Postleitzahlen benannten Stadtteile Krasnojarsk–26 (heute Shelesnogorsk, 90 000 Ew.) und Krasnojarsk–35. In Krasnojarsk–26 wurde in einem sogenannten Bergchemischen Kombinat, das man zum Schutz gegen atomare Angriffe in ein in 200–250 m Tiefe in den Fels geschlagenes Höhlensystem gebaut hatte, waffenfähiges Plutonium hergestellt – wobei nach Watschnadse (1995, S. 329) im Laufe der Jahrzehnte hochradioaktive Stoffe im Ausmaß „einiger Tschernobyls" aus diesem Betrieb emittiert wurden. Im Rahmen der Konversion werden hier heute in einem Joint Venture mit dem koreanischen Konzern Samsung Fernsehgeräte hergestellt.

Im Stadtteil Krasnojarsk–35 (etwa 60 km von der eigentlichen Stadt entfernt) liegt der Chemiebetrieb „Fackel", der Chemikalien für Kühlschränke wie auch für Raketenantriebe herstellt. Heute werden hier u. a. in einem Joint Venture mit der deutschen Firma BASF Audio- und Videokassetten produziert.

1 600 km nördlich der Gebietshauptstadt Krasnojarsk liegt der *Industriekomplex Norilsk*. Norilsk ist mit seinen Bergwerken, Aufbereitungsanlagen und Hüttenbetrieben die für wertvolle Polymetalle reichste Produktionsstätte der Welt.

Die globale Stellung von Norilsk in der Nickelproduktion ist so bedeutend, daß im Frühjahr 1997 die bloße Streikandrohung der Norilsker Hüttenarbeiter zu einer deut-

Übersicht 9.5:
Die Aktiengesellschaft **NORILSKI NIKEL** heute

Die neu gegründete Aktiengesellschaft NORILSKI NIKEL, zu der heute auch Unternehmen auf der Halbinsel Kola im europäischen Landesteil gehören, gilt als der größte Buntmetallproduzent der Welt. Trotz seiner Bedeutung ist der Betrieb nach dem Zusammenbruch der Sowjetunion in wirtschaftliche Schwierigkeiten geraten. Die Probleme dürften typisch für die aller großen Industriebetriebe sein.

„Zur Russischen Aktiengesellschaft Norilski Nikel gehören 130 Unternehmen - von Gruben bis zu Metallurgiebetrieben -, die auf der Halbinsel Taimyr und auf der Halbinsel Kola angesiedelt sind. Das Herz ist das Bergbau- und Metallurgiekombinat Norilsk. Die Unternehmen der Aktiengesellschaft liefern ... 72 % des Nickels, 70 % des Kobalts, 43 % des Kupfers und beinahe 100 % des Platins, die heute in Rußland hergestellt werden. Die riesigen Erzbestände sind auf einem verhältnismäßig kleinen Territorium konzentriert und enthalten alle Metalle. Nach ihren Kennwerten übertreffen sie alle weltweit bekannten Vorkommen. Die Qualität und relativ niedrigen Herstellungskosten sichern den Produkten einen stabilen Absatz auf den Weltmärkten.

Aber trotzdem befand sich Norilski Nikel 1996 am Rande einer Krise. (...) Nach Erläuterungen der lokalen Gewerkschaften drohte dem Kernstück der Aktiengesellschaft, dem Bergbau- und Metallurgiekomplex Norilsk, im Sommer 1996 die Stillegung. (...) 1994 war Norilski Nikel in eine Aktiengesellschaft umgewandelt worden, wobei der Staat weiterhin die Aktienmehrheit behielt. Ende 1995 übernahm die ONEXIM-Bank das staatliche Aktienpaket und begann, die Aktiengesellschaft umzustrukturieren. Das Management wurde auf allen Ebenen ausgewechselt, eine effiziente Vertriebsstruktur aufgebaut, und die Finanzen wurden geordnet. (...) Der Jahresabschluß für das Jahr 1997 belegte die ersten Erfolge: die Pläne wurden umfassend erfüllt. Der Ausstoß von Nickel, Kupfer und Kobalt wurde um 15% gesteigert, die Kosten wurden um 1,5 Bio. (alte) Rubel gesenkt und die Arbeitsleistungen verbessert. Und Investoren fanden sich auch: In den zurückliegenden zwei Jahren wurde über eine Mrd. US-$ investiert. Um allerdings die Konkurrenzfähigkeit der Norilsker Produkte auf dem Weltmarkt zu erhalten, müssen nach Schätzungen in den nächsten Jahren noch mindestens 3,3 Mrd. US-$ in die Sanierung der Produktion investiert werden. (...) Trotz der positiven Ergebnisse bleibt die Lage von Norilski Nikel weiterhin angespannt, da die Aktiengesellschaft die städtischen, regionalen und föderalen Steuern bezahlen und zudem den Sozialbereich der Industrieregion finanzieren und Gelder für die Umsiedlung der Menschen aufbringen muß." (aus: WOSTOK 4/1998)

Nickel 26,6	Palladium 62,5
Kupfer 4,1	Platin 22,3
Kobalt 19,0	

Tab. 9.19:
Anteil Norilsks an der Weltproduktion von Buntmetallen (in %)
Quelle: MELLOW/BAKER 1996

1970	1980	1991	1993	1994	1995
21,6	35,4	56,2	41,6	36,7	32,1

Tab. 9.20:
Kohleförderung im KATEK-Revier 1970–1995 (in Mio. t)
Quelle: Goskomstat 1996

lichen Preissteigerung für dieses Metall auf dem Weltmarkt führte: Der Tonnenpreis stieg von 6 400 auf 8 330 US-$ an.

Beiderseits von Krasnojarsk erstreckt sich das bereits erwähnte *Braunkohlerevier von Kansk-Atschinsk*. Mitte der 1970er Jahre entstand das Konzept zur Schaffung des „Kansk-Atschinsker Brennstoff- und Energiekomplexes", russisch abgekürzt KATEK. Die Überlegungen sahen dabei die Verstromung und längerfristig auch die Vergasung und Hydrierung der reich vorhandenen Braunkohle vor. Dieser „Sibirische Energieozean" sollte, wie es in jener Zeit pathetisch in den Medien hieß, zum „Energetischen Herz Sibiriens" und zum „größten Energiekomplex der Welt" ausgebaut werden. Die Entwicklung des KATEK wurde schließlich im April 1979 in einem Beschluß des Zentralkomitees der Kommunistischen Partei der Sowjetunion festgelegt, wobei zuerst der Ausbau des Westflügels des Kohlebeckens vorgesehen wurde. Die mit dem genannten Beschluß verbundenen Planungen sahen vor, die Braunkohleförderung von 30 Mio. t bis etwa 1995 auf rund 300 Mio. t zu steigern. Längerfristige Planungen sahen sogar Jahresfördermengen von 1 Mrd. t vor! Das KATEK-Revier hat jedoch die großen Hoffnungen, die man in den 1970er Jahren in diese Industrieregion gesetzt hat, nicht erfüllen können, die geplanten Förderleistungen konnten auch nicht annähernd erreicht werden. Der 1985 für die wirtschaftliche Entwicklung der Sowjetunion aufgestellte Generalplan sah, bei einer Reduzierung der ursprünglichen Planungen, für das Jahr 2000 immer noch eine Kohleförderung von 170–200 Mio. t vor. Auch davon ist man weit entfernt!

Seit 1990 geht die Förderung kontinuierlich zurück, aber mit dem für 1995 genannten Wert liegt das KATEK-Revier immer noch auf Platz 2 unter den russischen Kohleproduzenten, hinter dem Kusbass (99,0 Mio. t) und vor dem Workuta-Becken (22,7 Mio. t). Dabei ist aber zu berücksichtigen, daß die KATEK-Braunkohle einen weitaus geringeren Heizwert hat als die Steinkohle der übrigen Regionen.

Das einst als äußerst perspektivreich angesehene KATEK-Projekt muß heute, neben der BAM, als eine der Fehlplanungen der Breshnew-Ära angesehen werden. WATSCHNADSE (1995, S. 329) beklagt, daß sich, im Gegensatz zu den beiden anderen Industriekernen der Krasnojarsker Region, für dieses Revier keine ausländischen Investoren finden lassen!

Insgesamt aber hat die Region Krasnojarsk in vielen Bereichen der Wirtschaft ein führende Stellung in der Russischen Föderation inne. Das gilt vor allem in der Förderung wertvoller Metalle.

Tab. 9.21:
Anteil der Region Krasnojarsk an der Förderung ausgewählter Rohstoffe in Rußland 1995 (in %)
Quelle: BfAI 1996

Blei	24	Nickel	80
Kobalt	75	Gold	10
Kupfer	70		

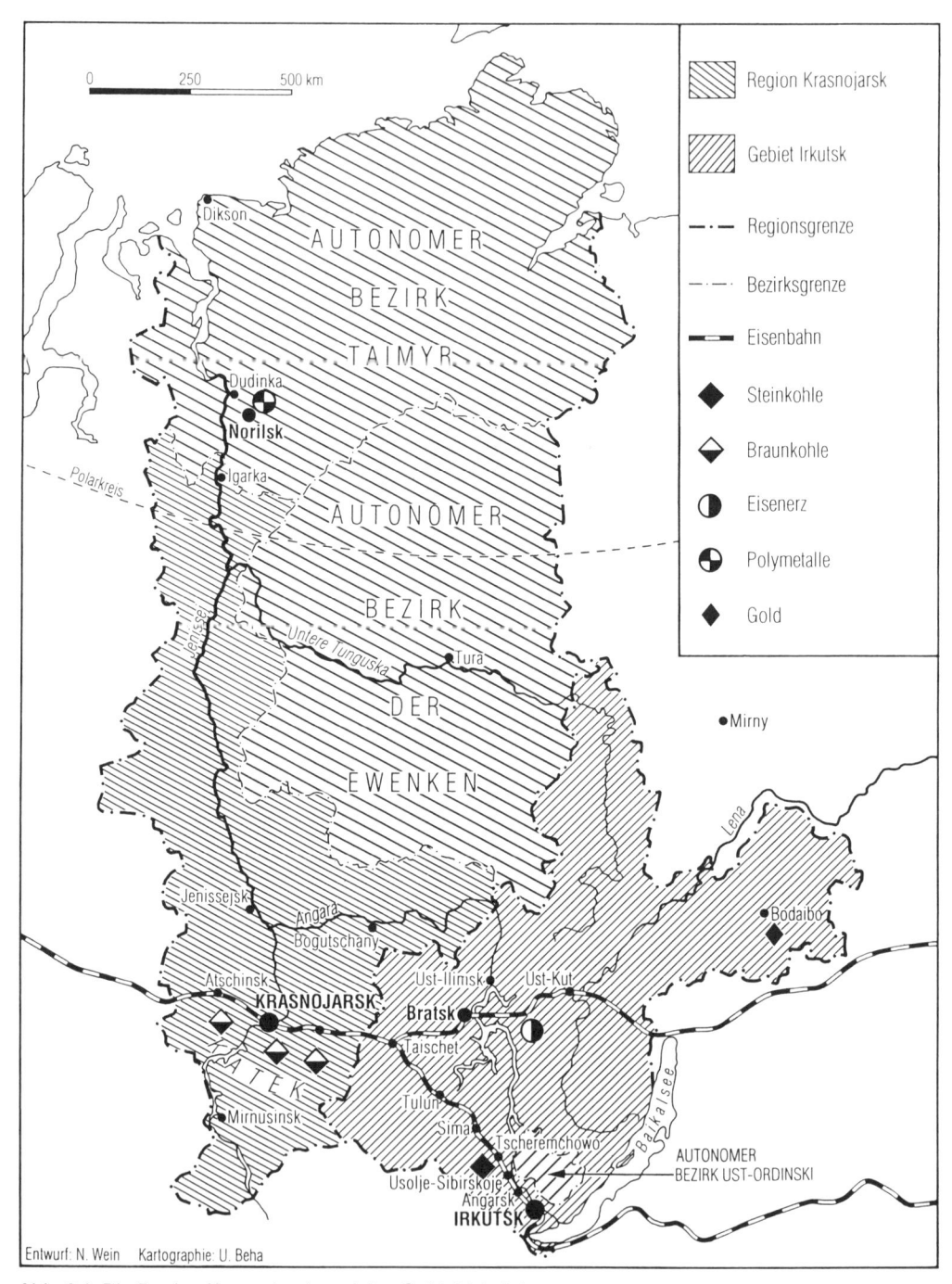

Abb. 9.8: Die Region Krasnojarsk und das Gebiet Irkutsk

Rohstoffe, zu denen auch noch Aluminium und Holz gehören, machen 93 % der Exportgüter der Region aus. 1994 stand die Region Krasnojarsk mit einem Exportvolumen von 2,4 Bio. Rubeln auf Platz 3 in Sibirien und einem der führenden Plätze in Rußland. Nach KLÜTER (1994, S. 211) entfallen 38,7 % der Exporte allein auf das Sawenjagin-Kombinat in Norilsk, 28,1 % auf das Krasnojarsker Aluminiumwerk und 14,9 % auf den Holzexporteur „Jenissejleso" (russ.: Jenissej-Wald).

Das Potential der Region lockt ausländische Investoren an. im Jahre 1995 waren über 250 Unternehmen mit ausländischem Kapital registriert, wobei (nach BfAI 1996) China mit 25 Joint Ventures den ersten Platz belegte, gefolgt von den USA mit 18 und Deutschland mit 13 Joint Ventures.

Die Tatsache, daß China der führende Partner bei den Gemeinschaftsunternehmen ist, zeigt, daß Ostsibirien sich wirtschaftlich immer mehr auf den ostasiatisch-pazifischen Raum hin orientiert.

9.4.5 Das Irkutsker Gebiet – Brücke zum pazifischen Raum

Mehr noch als die Region Krasnojarsk erweist sich das Irkutsker Gebiet als Brücke zum ostasiatisch-pazifischen Raum. Mit seiner Lagegunst und seinem Ressourcenreichtum kann dieses Gebiet als einer der perspektivreichsten Wirtschaftsräume ganz Sibiriens gelten.

Geographische Grundlagen
Das Irkutsker Gebiet umfaßt 768 800 km², was mehr als der doppelten Größe der Bundesrepublik Deutschland entspricht. Integriert in das Verwaltungsgebiet ist der hauptsächlich von Burjaten bewohnte Bezirk Ust-Ordinski (22 000 km²), der praktisch einen nördlichen Vorposten der Republik Burjatien oder gar der Mongolei darstellt.

Von den nördlichen Vorläufern des Ost-Sajans abgesehen gehört des Irkutsker Gebiet morphologisch noch dem Ostsibirischen Plateau bzw. Bergland an (s. Region Krasnojarsk). Es nimmt hauptsächlich das Angara-Lena-Plateau ein, das (mit z. T. tief eingeschnittenen Tälern) durchschnittliche Höhen von 500 – 1 000 m NN aufweist.

Das Klima des Irkutsker Gebiet ist aufgrund der östlichen Lage extrem kontinental. Der Vergleich von Tabelle 9.17 mit Tabelle 9.22 zeigt, daß die Winter in Irkutsk deutlich kälter und die Sommer milder sind als z. B. in Krasnojarsk. Bei Jahresniederschlägen von 402 mm grenzt Irkutsk an den Waldsteppenkomplex des Bezirkes Ust-Ordinski, der mit seinen Schwarzerden günstige Voraussetzungen für die landwirtschaftliche Nutzung bietet. Als Risikofaktor erweist sich dabei nur die kurze Vegetationsperiode (frostfreie Periode in Irkutsk = 94 Tage).

Wichtiges Element der Hydrographie des Gebietes ist der Balkalsee (s. Kap. 2.4.3), dessen Westufer zum Irkutsker Gebiet gehört. Ihm entspringt die Angara, die – bei einer Gesamtlänge von mehr als 1 800 km – innerhalb der Grenzen des Gebietes auf 1 360 km von Süden nach Norden fließt und unterhalb von Irkutsk seit den 1960er Jahren

Tab. 9.22: Monatsmittel der Lufttemperatur (in °C) einer nördlichen (57° N) und südlichen Station (52° N) des Irkutsker Gebietes
Quelle: BOJARKIN 1985

Station	Jan.	Feb.	März	April	Mai	Juni	Juli	Aug.	Sept.	Okt.	Nov.	Dez.	Jahresmittel
Bodajbo	−33,4	−25,8	−15,1	−4,0	6,2	13,5	14,7	14,2	7,7	−2,6	−18,6	−29,6	−6,1
Irkutsk	−23,6	−20,7	−11,8	0,0	7,8	14,3	17,2	14,5	7,3	−0,8	−12,2	−21,2	−2,4

zu zwei Stauseen (Bratsker und Ust-Ilimsker Stausee, s. Kap. 6.3.2/6.3.3) von zusammen 7 200 km² Fläche aufgestaut ist. Das entspricht 720 000 ha z. T. wertvoller Auenböden, die durch die Überflutung verlorengegangen sind, weshalb der einst heroisierte Kraftwerksbau heute kritischer gesehen wird.

Die Lena durchfließt das Irkutsker Gebiet auf 1 250 km Länge, und ihr wichtigster Hafen auf Irkutsker Gebiet ist das an der Transsib gelegene Ust-Kut. Hier können Waren von der Bahn auf die Wasserstraße umgeschlagen und in den Norden, vor allem nach Jakutien, transportiert werden.

Mit der Transsibirischen Eisenbahn und dem westlichen BAM-Abschnitt (zusammen in den Gebietsgrenzen 2 930 km) ist das Irkutsker Gebiet fest in das sibirische Eisenbahnnetz eingebunden. An Straßenverbindungen sind vor allem der Ausbau des einstigen „Moskauer Traktes" (von Irkutsk nach Krasnojarsk wie auch nach Ulan-Ude und Tschita) sowie die „Jakutsker Straße" hervorzuheben.

Von Rußland erobert und erschlossen wurde das Gebiet in der zweiten Hälfte des 17. Jahrhunderts. 1651 ist an der Mündung des Irkut (473 km Länge) in die Angara der Irkutsker Ostrog gegründet worden, der 1686 Stadtrecht erhielt.

Irkutsk entwickelte sich rasch zum Zentrum Ostsibiriens. Die Lage am Sibirischen Trakt und der intensive China-Handel ließen die Stadt aufblühen, so daß sie wegen ihres Reichtums und ihrer prachtvollen Kirchen bald das „Sibirische Petersburg" genannt wurde. Eindrucksvolle Kaufmannshäuser zeugen noch heute von dieser Epoche.

Einen wichtigen Entwicklungsschub erhielt die Stadt, als am 16. August 1898, von Westen kommend, der erste Zug der Transsibirischen Eisenbahn in Irkutsk eintraf. Dieser Bahnanschluß führte zu einem rapiden Bevölkerungswachstum. Im Zweiten Weltkrieg erhielt die Stadt (wie auch Omsk, Nowosibirsk und Krasnojarsk) einen entscheidenden Impuls durch die Verlagerung von Rüstungsbetrieben aus dem europäischen Landesteil hierher. Damit entwickelte sich in der alten Handels- und Verwaltungsstadt der (auf den militärischen Bereich konzentrierte) Sektor Metallverarbeitung und Maschinenbau. Hauptbetrieb wurde ein Militärflugzeugwerk im Stadtteil Irkutsk 2, der bis 1991 für Ausländer gesperrt war.

1959 nahm in Irkutsk das erste Angarakraftwerk, dessen Stauwerk am Südrand der Stadt auch Brückenfunktion übernimmt, seinen Betrieb auf und bildete die Basis für die Entwicklung der Aluminiumproduktion im Vorort Schelechow.

Die Einwohnerentwicklung der Stadt Irkutsk erfuhr einen ersten Schub mit dem Bau der Transsibirischen Eisenbahn, einen zweiten während des Zweiten Weltkrieges mit der bereits erwähnten Verlagerung von Rüstungsbetrieben mitsamt deren Arbeitskräften hierher. Ihren Höchststand erreichte die Einwohnerzahl gegen Ende der 1980er

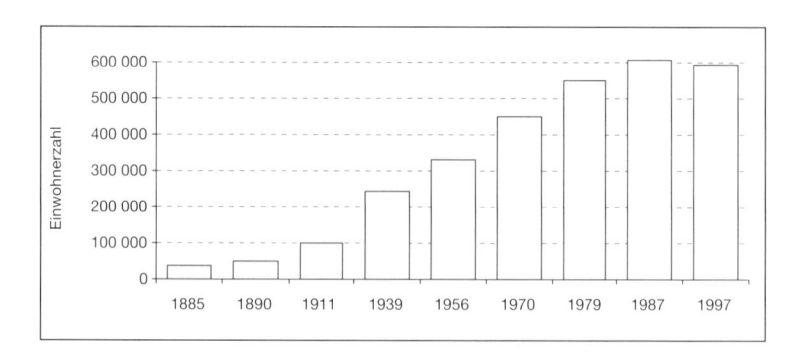

Abb. 9.9:
Entwicklung der Einwohnerzahlen der Stadt Irkutsk 1922–1995

Wirtschaftsregionen 199

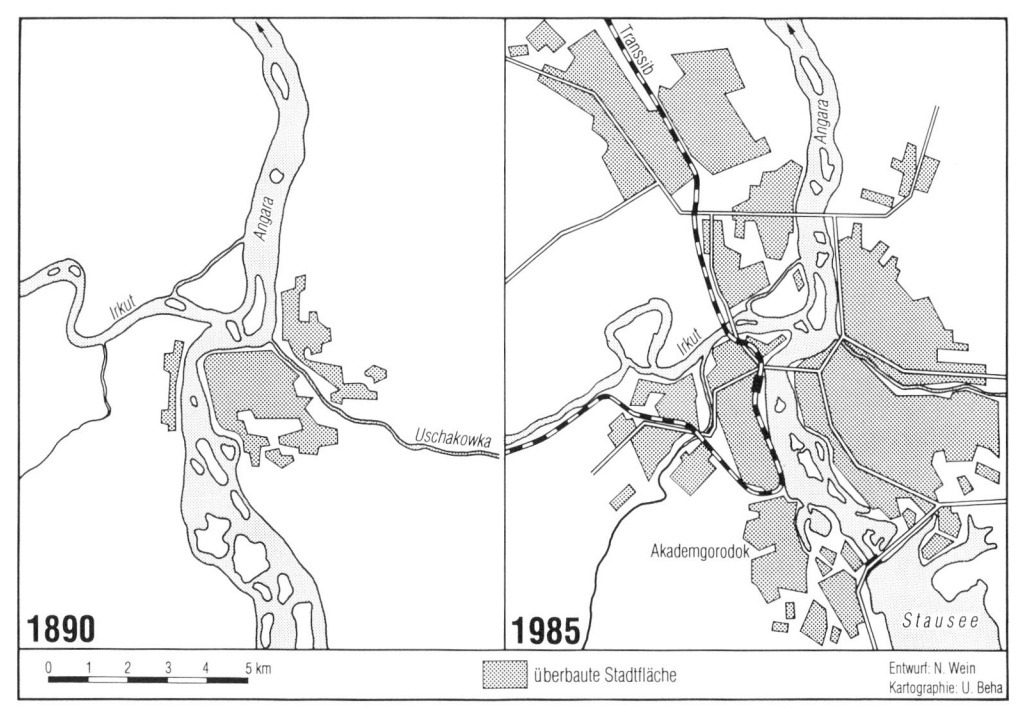

Abb. 9.10: Stadtfläche von Irkutsk 1890 und 1985

Jahre mit über 600 000, um danach (wahrscheinlich parallel zum Wirtschaftseinbruch) wieder leicht abzusinken. Vermutlich kommt darin auch der neue Trend „von der Stadt zurück aufs Land" zum Ausdruck.

Mit der rapiden Zunahme der Einwohnerzahlen ist Irkutsk in den letzten rund 100 Jahren weit über seine früheren Grenzen hinausgewachsen.

Im Jahre 1890 (vgl. Abb. 9.10, links) wohnten in Irkutsk nur 50 000 Einwohner. Die Stadt hatte sich gerade von dem großen Brand des Jahres 1879, der ganze Stadtteile vernichtete, erholt. Damals begann „... ein gesegnetes Zeitalter für die sibirische Kaufmannschaft. Die Anlage von Goldgruben, ein lebhafter Handel, die Förderung von Eisen und Glimmer, der Verkauf von Holz und Schnittwaren, von Pelzen, Chinaseide und chinesischem Tee prägten das Leben Irkutsks in jener Zeit" (aus Irkutsk-Reiseführer 1986). Im Jahr 1890 hielt sich Anton Tsche-

chow in der Stadt auf. In Briefen (vom 5. und 6. Juni) schrieb er: „Von allen sibirischen Städten ist Irkutsk die schönste." – „Irkutsk ist eine hervorragende Stadt. Es gibt viel Intelligenz, Theater, Museum, Stadtgarten mit Musik, gute Herbergen."

1985 (vgl. Abb. 9.10, rechts) hatte die Stadt mehr als elfmal so viel Einwohner. Einer der Katalysatoren dieser stürmischen Entwicklung war der Transsib-Bahnhof am linken Angara-Ufer. 1936 wurde vom Bahnhof zum rechtsufrigen Stadtzentrum die erste Brücke gebaut, nachdem bis dahin in der Sommerzeit eine Fähre die beiden Ufer miteinander verband. Seit 1958 dient der von einer Straße überquerte Staudamm im Süden als zweite Verbindung zwischen den Ufern, und 1978 wurde zur Verbindung der neuen nördlichen Stadtteile, in denen vor allem die Industrie lokalisiert ist, die zweite Brücke gebaut.

Für die Aufnahme einer Filiale der Sibirischen Akademie der Wissenschaften (s. Kap.

6.6) ist in den 1960er Jahren der Stadtteil Akademgorodok errichtet worden. Trotz seiner raschen Entwicklung hebt sich Irkutsk in oft wohltuender Weise von der Monotonie vieler anderer sibirischer Städte ab. Bei einem Besuch der Stadt hat man aber heute (1997) das Gefühl, daß Irkutsk, das ja nach Krasnojarsk die größte Stadt Ostsibiriens ist, von der Reformentwicklung noch wenig berührt ist. Von einer Dynamik, wie sie in Nowosibirsk herrscht, ist hier noch wenig zu spüren. In den meist kleinen Läden der Hauptstraße werden zwar westliche Waren verkauft, aber neue und größere Geschäfte, Restaurants oder Hotels sind noch kaum gegründet worden. Die Sanierung wertvoller Bausubstanz (bei Stein- wie Holzhäusern) läßt noch auf sich warten, und die Straßen sind nach wie vor in einem schlechten Zustand.

Mit der Industrialisierung nach dem Zweiten Weltkrieg sind weitere Großstädte, meist im Süden des Irkutsker Gebiet, entstanden (Tab. 9.23).

Die Einwohnerzahl des Irkutsker Gebietes belief sich 1994 (nach Goskomstat 1995) auf 2,805 Mio., von denen 80 % Bewohner von 22 städtischen Siedlungen waren. Als Siedlungsachse erweist sich dabei die Transsibtrasse, an der sich von Taischet bis Irkutsk acht größere Städte aneinanderreihen.

Das Irkutsker Gebiet ist, wie alle sibirischen Regionen, reich an natürlichen Ressourcen. Dazu gehört einmal ein reicher *Waldbestand,* der in Dichte und Qualität einmalig in Rußland ist. BOJARKIN (1985, S. 65) gibt die Waldfläche mit 620 000 km^2 an, was einem Bewaldungsgrad von 81 % entspricht. Auf jeden Einwohner des Gebietes entfallen damit etwa 45 ha Wald. Vorherrschend sind Kiefernwälder, wobei 50 000 km^2 von der wertvollen Zirbelkiefer oder der sibirischen Zeder eingenommen werden. Die Vorräte an „reifen Holzbeständen" werden auf 5,6 Mrd. m^3 geschätzt. Unter Beachtung ökologischer Gesichtspunkte könnten jährlich 45 bis 50 Mio. m^3 Holz geschlagen werden, ein Potential, das bisher erst zu einem Viertel genutzt wird (RUWWE 1994a).

Die zweite Ressource, durch die sich gerade das Irkutsker Gebiet auszeichnet, ist die *Hydroenergie* der Angara, die in den Wasserkraftwerken von Irkutsk (0,66 Mio. kW), Bratsk (4,5 Mio. kW) und Ust-Ilimsk (3,8 Mio. kW) genutzt wird (s. Kap. 6.3).

An *Bodenschätzen* besitzt das Irkutsker Gebiet reiche Vorkommen an Kohle, die vor allem im Südwesten, im 1852 entdeckten Irkutsker Steinkohlebecken (Zentrum Tscheremchowo), konzentriert sind. Das Kohlebecken zieht sich über 500 km von Irkutsk nach Nordwesten bis zur Stadt Nishneudinsk. Die gesamten Vorräte werden auf 7,5 Mrd. t geschätzt. Die Mächtigkeit der Flöze liegt bei 4–12 m, und 96 % der Kohle kann kostengünstig im Tagebau gewonnen werden. In größerem Maßstab abgebaut wird die Kohle seit 1889, als sie zur Versorgung der Transsibirischen Eisenbahn herangezogen wurde. 1906 gab es im Kohlebecken 10 Abbaubetriebe. Die vielen kleinen Kraftwerke, die auch im Stadtgebiet von Irkutsk arbeiten, lassen aber an ihren schwarzen Rauchfahnen erkennen, daß die Kohle reich an Ruß und Schadstoffen ist, was zu einer starken ökologischen Belastung der Stadt führt (s. u.).

Weitere Bodenschätze sind die Erdöllagerstätten, deren Gesamtvorräte auf 260 Mio. t geschätzt werden, und Erdgas mit Lagerstätten bis über 800 Mrd. m^3, die zwar bisher noch nicht ausgebeutet werden, die jedoch wichtige Faktoren für die Per-

Tab. 9.23:
Einwohnerzahlen weiterer Großstädte im Irkutsker Gebiet 1970–1997

	1970	1989	1997
Bratsk	155 000	256 000	281 000
Ust-Ilimsk	16 000	109 000	110 000
Angarsk	203 000	266 000	272 000
Usolje-Sibirskoje	87 000	106 000	106 000
Tscheremchowo ist immer knapp unter der 100 000-Einwohner-Grenze geblieben			

Wirtschaftsregionen

spektiven des Gebietes sind. Erdgasexporte in die südostasiatischen Länder sind bereits fest eingeplant.

Eisenerzvorkommen gibt es östlich von Bratsk bei der neugegründeten Stadt Shelesnogorsk (russ.: Eisenstadt), wo allein die Vorräte der Lagerstätte Korschunowo auf 1,5 Mrd. t geschätzt werden. Die Steinsalzvorkommen bei Sima und Usolje-Sibirskoje sind so groß wie die in allen anderen russischen Regionen zusammengenommen.

Schließlich ist noch das Gold zu nennen, das an verschiedenen Stellen im Irkutsker Gebiet gefördert wird bzw. prosperiert worden ist.

Zum Potential des Irkutsker Gebiet gehört ferner seine *Lagegunst* im Zentrum des russischen Asiens, genau in der Mitte zwischen dem Ural und der Insel Sachalin. Bis nach Peking und nach Seoul ist es nicht weiter als nach Omsk, und Japan ist nicht weiter entfernt als das am Osthang des Urals liegende Industriegebiet um die Städte Tscheljabinsk und Jekaterinburg. Damit bietet sich diese Region für Kontakte mit den ostasiatischen Ländern geradezu an.

Die Wirtschaft

Die *Landwirtschaft* bewegt sich im Irkutsker Gebiet im agrarökologischen Grenzbereich. Vor allem die Kürze der Vegetationsperiode führt regelmäßigen zu hohen Ernterisiken.

Die Landwirtschaftliche Nutzfläche beträgt 2,6 Mio. ha, was lediglich 3,4 % der Gebietsfläche ausmacht. Ein großer Teil davon liegt in der Steppenregion des Autonomen Bezirkes Ust-Ordinski (östlich von Irkutsk). Das Anbauspektrum setzt sich wie folgt zusammen: Getreide = 48,2 %, Futterkulturen = 46,2 %, Kartoffeln = 4,8 %, Gemüse = 0,6 %, technische Kulturen = 0,2 % (nach SOKOLOV 1995, S. 76).

Das angebaute Getreide dient ausschließlich Futterzwecken, so daß fast 95 % der gesamten Anbaufläche der Viehwirtschaft dienen. Die Getreideernten lagen im Schnitt der Jahre 1991–1995 bei rund 1 Mio. t. 1996 wurden dagegen (was die Ernterisiken belegt) nur 0,77 Mio. t eingebracht. Der Mittelwert von 1 Mio. t entspricht gerade einem Anteil von 6 % an der sibirischen Getreideernte.

Auch in der Produktion von Fleisch und Milch nimmt das Gebiet einen der letzten Plätze in Sibirien ein. Nur in der Kartoffelproduktion ist das Irkutsker Gebiet mit über 1 Mio. t (Schnitt der Jahre 1991–1994) Spitzenreiter in der ganzen Region östlich des Urals. 1995 wurde mit über 1,3 Mio. t ein Drittel der gesamten sibirischen Kartoffelernte eingebracht, ein Jahr später waren es dagegen nur 0,9 Mio. t (was noch einmal die naturrisikenbedingten Ernteschwankungen aufzeigt). Nicht bekannt ist, ob in diesen Zahlen auch die großen Mengen an Kartoffeln, die von der städtischen Bevölkerung auf Datschas, gepachteten Feldern oder Wildflächen angebaut werden, enthalten sind.

Die insgesamt aber nur geringe Leistung der Landwirtschaft führt dazu, daß 50–60 % der Nahrungsmittel (45 % des Fleisches, 100 % des Brotgetreides) aus anderen Gebieten eingeführt werden müssen.

1995 zählte die *Industrie* des Irkutsker Gebietes 1 566 Betriebe. Davon entfielen 522 (= 33,3 %) auf den Bereich Holzverarbeitung/Zelluloseproduktion, 418 (= 26,7 %) auf den Bereich Metallverarbeitung/Maschinenbau, 131 Betriebe (= 8,4 %) auf die Leichtindustrie und 154 (= 9,9 %) auf die Lebensmittelindustrie (nach SOKOLOV 1995, S. 61).

Der führende Wirtschaftszweig ist der Bereich *Forstwirtschaft und Holzverarbeitung*. Das Irkutsker Gebiet produzierte heute (1997) 58 % der Zellulose der Russischen Föderation. Die großen Holzressourcen werden in den drei Betrieben von Bratsk, Ust-Ilimsk und Baikalsk genutzt.

Das Bratsker Werk zählt zu den größten Holzverarbeitungsbetrieben der Welt. 1965 wurden die ersten Abteilungen in Betrieb genommen, 1968 die erste Zellulose produziert, und seit 1977 arbeitet es mit voller Kapazität. Die Holzeinschlagsfläche dieses am Südrand der Bratsker Siedlungsagglomeration gelegenen Werkes beträgt 5,8 Mio. ha, und die maximale Einschlagentfernung wird mit 140 km angegeben. Jährlich werden (die folgenden Zahlen sind 1990 im Werk erfragt worden) 6 Mio. m³ Holz eingeschlagen und zu 50 % auf dem Wasserweg (Flößerei) und zu 50 % auf dem Landweg (d.h. per LKW) herantransportiert. Das Werksgelände nimmt mit seinen Betriebshallen, seinem Holzhafen, den Holzlagerflächen und den Kläranlagen eine Gesamtfläche von 540 ha (etwa 3 x 1,8 km) ein. Der Komplex ist betriebswirtschaftlich in 10 verschiedene Werke untergliedert, die mechanisch wie auch chemisch arbeiten. Zu den mechanischen Werken gehören ein Sägewerk, ein Furnierwerk, ein Sperrholz- und ein Spanplattenwerk, zu den chemisch arbeitenden Abteilungen ein Chlorwerk (Chlorproduktion zum Bleichen der Zellulose), ein Collophoniumwerk (Herstellung von Terpentin und Lacken aus dem vor allem in den Baumstümpfen reich enthaltenen Harz) und vier Zellulosewerke zur Produktion von Karton, gebleichtem Zellstoff (für die Papierproduktion), Cordzellulose und Viskosestoffen (für die industrielle Produktion). Rund 60 % der Produktion wurden in den 1980er Jahren ins westliche Ausland exportiert, und der Exportanteil ist auch heute noch sehr groß.

Die Ausrüstungen des BLPK (Bratsker Holzwirtschaftskomplex) genannten Betriebes stammen überwiegend aus Schweden und Finnland, das Collophoniumwerk und das Spanplattenwerk aus Polen. Um 1990 waren 18 000 Arbeitskräfte in der Bratsker Holzverarbeitung beschäftigt. 1992 produzierte das Werk 20 % der Zellulose und 12,9 % des Sperrholzes der Russischen Föderation.

Nach 1990 war der Komplex in mehrere Einzelbetriebe aufgegliedert worden, die Anfang 1995 (inzwischen angewachsen auf 19 Betriebe) zu einer Holdinggesellschaft („BRATSKKOMPLEKSHOLDING") wieder zusammengeschlossen wurden. 20 % der Aktien sind in staatlichem Besitz, 17 % in den Händen eines St. Petersburger Unternehmens und bis zu jeweils 10 % in den Händen verschiedener amerikanischer Gesellschaften (nach: Ostsibirische Prawda vom 17.1.1995).

Der Ust-Ilimsker Betrieb produziert pro Jahr rund 500 000 t Zellulose, die ursprünglich großenteils in die RGW-Länder (darunter auch die DDR), die den Bau des Kombinates weitgehend finanziert hatten, geliefert wurde. Auch heute wird ein großer Teil der Produktion exportiert, in erster Linie nach wie vor in die gleichen, nun als „Fernes Ausland" bezeichneten Länder.

Das ökologisch umstrittene Werk von Baikalsk exportiert (nach einem eigenen Firmenprospekt) seit 1990 einen großen Teil seiner wertvollen Cordzellulose nach Korea, Ungarn, Tschechien, Polen, Vietnam, Kuba und in die Mongolei.

Der Export von Produkten der Holzwirtschaft aus dem Irkutsker Gebiet konnte in den letzten Jahren erheblich gesteigert werden.

Tab. 9.24: Produktionszahlen des Bratsker Holzverarbeitungskomplexes um 1990
Quelle: Werksinformationen

Spanplatten	4 000 000 m²
Sperrholz	375 000 m²
Schnittholz	190 000 m²
Furnier	200 000 m³
Karton	260 000 t
Weißzellulose	250 000 t
Viskose-Zellulose	200 000 t
Cordzellulose	200 000 t

Tab. 9.25: Export von Holz und Holzprodukten aus dem Irkutsker Gebiet 1991–1994
Quelle: BABENKO 1997, S. 21

Produkt		1991	1992	1993	1994
Rohholz	(1 000 m³)	51,2	18,0	263,8	258,6
Schnittholz	(1 000 m³)	61,3	22,7	52,5	392,3
Papier	(1 000 t)	0,07	11,2	0,03	51,1
Zellulose	(1 000 t)	8,9	0,8	12,8	176,8

1960	16,6	1984	24,4
1970	21,9	1990	24,3
1980	26,0	1994	15,6

Tab. 9.26: Kohleförderung im Irkutsker Gebiet 1960–1994 (in Mio. t)
Quellen: BOJARKIN 1985, Goskomstat 1995

1960	7,8	1990	67,1
1965	28,3	1992	62,7
1975	49,0	1994	57,3
1984	69,0	1996	55,2

Tab. 9.27: Produktion von elektrischer Energie im Irkutsker Gebiet 1960–1996 (in Mrd. kWh)
Quellen: Bojarkin 1985, Goskomstat 1995, u.a.

Das in der *Energiewirtschaft* genutzte hohe Energiepotential des Gebietes zählt zu dessen weiteren Reichtümern. Die im Irkutsker Gebiet geförderte Kohle wird hauptsächlich als Energiekohle eingesetzt und in 13 Wärmekraftwerken in elektrischen Strom verwandelt. Hauptförderort ist Tscheremchowo, gefolgt von Asej bei Tulun.

Die Kohleförderung ist nach Tabelle 9.26 im Jahre 1994 wieder auf den Stand von vor 1960 zurückgefallen, was auf einem verringerten Bedarf aufgrund der abgesunkenen Industrieproduktion beruhen dürfte.

Der größte Teil der Energie wird heute in den Großwasserkraftwerken gewonnen, die bei voller Auslastung pro Jahr 46,7 Mrd. kWh liefern könnten. Mit ihrer Inbetriebnahme zwischen 1955 und 1974 stieg die Energieproduktion des Irkutsker Gebietes deutlich an.

In den 1980er Jahren wurden sämtliche (Wärme- wie Wasser-) Kraftwerke zu einem Verbundsystem mit dem Namen Irkutsk-Energo zusammengeschlossen. Damit war der größte Energieproduzent der Sowjetunion und der späteren Russischen Föderation entstanden. Die Gesellschaft verfügt über 3 Wasser- und 13 Wärmekraftwerke mit insgesamt 42 Wasser- und 64 Dampfturbinen. 1993 sollten die drei Angarakraftwerke in föderales Eigentum überführt und der Russischen Staatlichen Energiegesellschaft zugeschlagen werden, wogegen aber der Irkutsker Gebietsgouverneur Verfassungsklage einlegte. Im Dezember 1995 sicherte die Moskauer Zentrale nach langen Disputen schließlich IrkutskEnergo seine Unabhängigkeit zu. IrkutskEnergo kann heute die niedrigsten Energietarife in Rußland (wenn nicht gar in der ganzen Welt) anbieten, was zweifellos einen Anreiz für ausländische Investoren darstellt.

Das Unternehmen könnte pro Jahr 78 Mrd. kWh produzieren, was bedeutet, daß das Energiepotential 1996 (s. Tab. 9.27) nur zu 71 % ausgeschöpft war. Bei der Darstellung des Angara-Jenissej-Projektes (s. Kap. 6.3) ist ja schon darauf hingewiesen worden, daß der in den Großwasserkraftwerken produzierte Strom gar nicht genügend Abnehmer findet. Ein spezielles Programm „Sibirski Energimost" (russ.: Sibirische Energiebrücke), das gegenwärtig im Aufbau ist, sieht daher den Export überschüssiger Energie nach China vor. In einer ersten Stufe sollen über eine von Tschita bis zur chinesischen Grenze gebaute Fernleitung (Länge 520 km, Kosten 35 Mio. US-$) jährlich 3–4 Mrd. kWh nach China geleitet werden. In einer zweiten Stufe, die den Bau einer weiteren Fernleitung ab Irkutsk (Länge 1 390 km, Kosten 250 Mio. US-$) vorsieht, sollen dann jährlich 8 Mrd. kWh in das Nachbarland exportiert werden. Aber auch damit kann die Lücke zwischen potentieller und tatsächlicher Stromproduktion nur zu einem Teil geschlossen werden.

Die *Metallindustrie* gehört zu den wichtigsten Industriezweigen des Gebietes. An die Produktion großer Mengen preiswerter Elektroenergie angeschlossen ist die *Aluminiumproduktion*.

Die Rohstoffe für die Herstellung der Tonerde wurden in sowjetischer Zeit aus dem Ural (Stadt „Boksitogorsk", Name nach der russ. Bezeichnung für Bauxit), aus dem Süden der Region Krasnojarsk und aus Kasachstan bezogen. Heute müssen große

Mengen dieser Rohstoffe importiert werden (aus Kasachstan und Australien), was eine Belastung des Außenhandels des Irkutsker Gebietes darstellt.

Das erste Aluminiumwerk des Gebietes war der an das Irkutsker Wasserkraftwerk angeschlossene Betrieb im südlichen Nachbarort von Irkutsk, Schelechow, dessen Produktion 1962 anlief. Das Bratsker Aluminiumwerk, dessen erster Teilkomplex 1966 in Betrieb genommen wurde, erreichte seine vollen Produktionszahlen erst 1974. 1995 waren hier 12 300 Arbeitskräfte beschäftigt. Nach WATSCHNADSE (1995) ist das BrAS genannte Aluminiumwerk (heute eine Aktiengesellschaft) das größte Rußlands. 1996 wurden 770 000 bis 780 000 t Aluminium hergestellt, was einen geringer Anstieg gegenüber dem Vorjahr bedeutete. Im Jahre 1998 soll die Produktion dank der Wiederinbetriebnahme einer Produktionsstraße auf 857 000 t gesteigert werden. Das Irkutsker Gebiet produziert 40 % des russischen Aluminiums, davon werden große Anteile exportiert. Technologisch befinden sich beiden Werke noch auf dem Stand der 1960er Jahre, und Verhandlungen mit westlichen Werken über die Modernisierung der Betriebe sind seit Jahren im Gange.

Ein im Gebiet Irkutsk etwas bescheidener ausgeprägter Bereich der Metallindustrie ist die *Eisenerzgewinnung* bei Shelesnogorsk (Tagebau Korschunowo) am Angara-Nebenfluß Ilim. Im Jahre 1985 wurden hier 20 Mio. t Erz gefördert, welches aber aufgrund seines relativ geringen Eisengehaltes von 25 % in einer Aufbereitungsanlage auf einen Gehalt von 61 % konzentriert wird. Diese Konzentration ist nötig, da das Erz nicht vor Ort verhüttet wird, sondern über weite Entfernungen transportiert werden muß. Geliefert wurde es in sowjetischer Zeit in das Westsibirische Metallurgische Kombinat im Kusbass. Es ist fraglich, ob diese Transporte über 1 700 km Bahnstrecke auch heute noch durchgeführt werden, zumal die Schwerindustrie des Kusbasses über eigene große Erzvorkommen in unmittelbarer Nähe verfügt.

Wichtiger und perspektivreicher für das Gebiet ist dagegen die *Goldgewinnung*.

Seit 1843 wird Gold in der Lena-Witim-Region gefördert. Es handelt sich um Seifengoldlagen, die mit großen, in Irkutsk produzierten Baggern abgebaut werden. 1993 wurden hier mit 11,715 t rund 9 % des russischen Goldes gefördert, womit das Irkutsker Gebiet (wenn auch mit einigem Abstand) hinter den Gebieten Jakutien und Magadan auf Platz 3 der Goldförderregionen liegt.

Im genannten Gebiet, in der Nähe der Stadt Bodajbo, liegt auch das erkundete, aber noch nicht erschlossene Goldvorkommen von Suchoi Log (russ.: Trockener Hohlweg), das mit Vorräten von 1 500 t das größte Rußlands ist und zu den größten der Welt gehören soll. 1985 wurde der Entschluß zur Errichtung eines Förderkombinates gefaßt. Die ersten Arbeiten sind auch durchgeführt worden, aber dann wurde das Projekt aus Geldmangel eingestellt. Träger der Arbeiten war „Lensoloto" (russ.: Lenagold), ein Unternehmen, das alle Goldförderbetriebe im Goldfördergebiet um Bodaibo zusammenfaßt und gegenwärtig im Jahr etwa 8 t Gold fördert. Die Ertschließungskosten werden heute auf 2 Mrd. US-$ geschätzt. Dazu heißt es bei KISELNIKOV/LARINA (1996a, S. 27):

„Die Versuche, Suchoi Log zu erschließen, haben gezeigt, daß die Durchführung eines solchen Großprojektes ohne die Inanspruchnahme privater Investoren, in- wie ausländischer, praktisch unmöglich ist. Suchoi Log ist gegenwärtig ein ‚eingefrorenes Projekt', ähnlich wie das Udokaner Projekt (Kupfervorkommen im BAM-Gebiet – der Verfasser) und einige Erdölprojekte. Dies ist die typische Situation bei der Organisation großmaßstäblicher Rohstoffprojekte unter den Bedingungen der heutigen Übergangsperiode der russischen Wirtschaft."

Ein Investor hat sich gefunden: Das australische Unternehmen STAR Technology Systems Ltd. Im Jahre 1992 ist eine gemeinsame Aktiengesellschaft, bestehend aus Lensoloto und dem STAR-Unternehmen gegründet worden, in der 31 % der Aktien in Händen des australischen Partners sind. Ziel ist eine Jahresförderung von 40–50 t Gold. Aufgrund ständiger Interessengegensätze und Konflikte, auch mit den lokalen Behörden, ist es jedoch (zumindest bis zum Stand 1996) noch nicht zu den Erschließungsarbeiten gekommen.

Wertmäßig an erster Stelle im Verarbeitenden Sektor (s. Tab. 9.29) steht im Irkutsker Gebiet die *Erdölverarbeitende Industrie,* die ihren Sitz in der Stadt Angarsk hat. Dieser Bereich konnte nach 1990 seinen Anteil an der industriellen Produktion des Gebietes nahezu verdoppeln. Die Aktiengesellschaft „Angarsker Ölchemische Gesellschaft" steht damit in der Aufzählung der größten Industriebetriebe des Gebietes an erster Stelle. Pro Jahr werden hier etwa 20 Mio. t Erdöl verarbeitet.

Die petrochemische Industrie dieser Stadt basierte ursprünglich auf den reichen Steinsalzlagern der Umgebung. Heute wird über eine von Taischet kommende Pipeline Erdöl aus Westsibirien als Rohstoff hierher geleitet. Man strebt an, die Petrochemische Industrie aus eigenen Erdölvorkommen des Gebietes zu versorgen. Englische Erdölgesellschaften haben bisher im Irkutsker Gebiet Vorräte von 262 Mio. t (zusätzlich 870 Mrd. m³ Erdgas) erkundet. Weitere Vorräte werden vermutet. Für die Erschließung der bisher prospektierten Vorkommen wären aber Investitionen von 3,5–5,0 Mrd. US-$ nötig, und bis heute hat sich noch kein westlicher Unternehmer dafür gefunden. Aus eigener Kraft die Erdölförderung aufzubauen ist man in der Region (noch) nicht in der Lage.

Die *Metallbearbeitende Industrie* des Gebietes konzentriert sich auf die Hauptstadt Irkutsk, wo 70 größere Betriebe auf den Bereich Maschinenbau spezialisiert sind. Der größte Teil davon trägt natürlich eine militärische Ausrichtung. Wie es Tabelle 9.29 zeigt, ist in diesem Bereich nach 1990 auch, wie in allen übigen Gebieten mit einem hohen Anteil an Rüstungsindustrie, der größte Einbruch (von 15,2 auf 4,3 %, d.h. auf weniger als ein Drittel!) erfolgt. Man bemüht sich auch hier, über Konversionsprojekte der Verarbeitenden Industrie wieder einen Aufschwung zu verleihen. Ein Beispiel dafür ist der Bau eines Spezialflugzeuges zur Waldbrandbekämpfung im Werk für Militärflugzeuge. Zu den zivilen Produkten gehören vor allem Fördereinrichtungen für den Kohle- und Goldtagebau. Im Maschinenbaubereich, der nur über völlig veraltete Ausrüstungen verfügt, ist es schwierig, ausländische Investoren zu finden. Es ist somit fast unmöglich, sich auf ein moderneres Produktionsspektrum umzustellen, um z. B. das Bedürfnis der Bevölkerung nach Kon-

Tab. 9.28:
Industrielle Produktion im Irkutsker Gebiet 1995
Quelle: East-Siberian Center 1997, S. 8

Elektrischer Strom	55,22 Mrd. kWh
Produkte der Erdölverarbeitung	13,43 Mio. t
Kohle	13,69 Mio. t
Eisenerz	4,12 Mio. t
Rohholz	8,2 Mio. m³
Schnittholz	1,19 Mio. m³
Furnierholz	92 100 m³

Tab. 9.29: Wertmäßiger Anteil der Industriezweige an der Produktion im Irkutsker Gebiet 1990 und 1995 (in %)
Quelle: GUKOV 1997, S. 153

	1990	1995
Erdölverarbeitung	16,0	30,2
Elektrizitätserzeugung	12,7	10,3
Schwarzmetallurgie	1,0	2,1
Buntmetallurgie	11,2	16,2
Forstwirtschaft und Holzverarbeitung	20,7	21,0
Maschinenbau	15,2	4,3
Leichtindustrie	3,5	0,4

sumgütern zu befriedigen. Hier ist man weitgehend auf Einfuhren, meist auf Importe aus dem Ausland, angewiesen. Dabei nehmen heute chinesische Waren – deren Qualität im allgemeinen aber von der Bevölkerung nicht geschätzt wird – einen hohen Anteil ein.

Die Ökologie

Das Irkutsker Gebiet nimmt mit seiner industriellen Produktion einen hohen Rang innerhalb Sibiriens ein, eine Stellung, die aber – bei fast völligem Mangel an Umwelttechnologie – mit einer starken ökologischen Belastung erkauft werden muß. Die Situation soll hier etwas umfassender dargestellt werden, da sie symptomatisch ist für die ökologischen Verhältnisse in allen sibirischen Industriegebieten.

In der *Gewässerverschmutzung* nimmt das Gebiet einen unrühmlichen ersten Platz in Sibirien ein. 1994 wurden 1,4 Mrd. m^3 verschmutzter Abwässer in die Flüsse (vor allem die Angara und die Angara-Stauseen) eingeleitet. Bei diesen Einleitungen handelt es sich vor allem um unzureichend geklärte Abwässer aus der Holzverarbeitungs-, Zellstoff- und Papierindustrie, die reich sind an Sulfaten, Chloriden, Phenolen und Sulfiden (nach WEIẞENBURGER 1995). Die in ihrem natürlichen Verlauf durch die Stauseen gebremste Angara weist dabei ein verringertes Selbstreinigungsvermögen auf, so daß die hygienische Situation des Wassers immer problematischer wird. Beim Überfliegen des Bratsker Stausees in niedriger Höhe sind überall großflächige Schlieren als Zeichen einer starken Verunreinigung zu sehen.

Für die Bevölkerung aber noch gefährlicher ist die *Luftverschmutzung*. Die Emissionen an Luftschadstoffen werden in den offiziellen Statistiken (Goskomstat) für 1991 mit 967 000 t angegeben, womit das Irkutsker Gebiet den vierten Platz unter den sibirischen Regionen einnimmt. Hier konzentriert sich jedoch die Luftverschmutzung auf das von Irkutsk bis Tscheremchowo reichenden Städteband sowie auf das isoliert davon liegende Bratsk. In der Stadt Irkutsk wird die Luftverschmutzung vor allem durch das Großwärmekraftwerk im Südosten der Stadt sowie die Aluminiumhütte im nahen Schelechow verursacht. Nach BELOW (1991) enthält die Irkutsker Luft 58 verschiedene Schadstoffe, von denen 20 den Gefährlichkeitsstufen 1 und 2 angehören. Die Zahl der Herzerkrankungen in Irkutsk lag 1990 3,3mal über dem Mittel in der Sowjetunion.

In der Zeitung „Russki Wostok" (Russischer Osten) Nr. 2 / 1992, heißt es:
„Der Gesundheitszustand der Bevölkerung des Irkutsker Gebietes, besonders der Kinder, ist erschreckend. Die Krankheitsrate der Neugeborenen liegt bei den einzelnen Erkrankungen um 2,6 bis 6,2mal über den Mittelwerten Rußlands. Die Lebensdauer der Gebietsbevölkerung hat um mehr als 7 Jahre abgenommen. Bei einer Beibehaltung der gegenwärtigen ökologischen Situation wird die Lebenserwartung der Männer in den nächsten 10 Jahren auf 42–43 Jahre absinken, und das Ausmaß der Erkrankungen der Neugeborenen wird bis zum Jahr 2000 um 100 % zunehmen. Die Bevölkerungszahlen des Irkutsker Gebietes können bis zum Jahr 2025 auf unter 1 Mio. absinken."

Als Extrembeispiel für eine durch Luftschadstoffe belastete Stadt wird neben Norilsk immer wieder Bratsk aufgeführt. WATSCHNADSE (1994, S. 41) schreibt dazu:
„Bratsk zählt zu den am stärksten belasteten Städten Rußlands. Der Gehalt der Luft an Schwefelkohlenstoff übersteigt die Grenzwerte um das 190fache. Die Zahl krebskranker Kinder stieg in den vergangenen Jahren in Bratsk um das Fünffache an. 110 000 ha Wald sind in den letzten 16 Jahren durch die Ansammlung giftiger Chemikalien eingegangen."

Wer heute vom Bratsker Stadtzentrum zum Flughafen fährt, durchquert über rund 20 km ein Taigagebiet, dessen Nadelbäume fast nur noch „Baumruinen" sind, wobei die vermutlich resistenteren Birken immer mehr an die Stelle der Kiefern treten. Aus der Kieferntaiga ist ein Birken-Buschwald geworden.

Die Situation ist in Bratsk wegen der vorherrschenden Wetterlage besonders dramatisch. Meist herrscht eine Hochdrucklage, die dazu führt, daß die Emissionen aus den Schornsteinen des Zellulose- und des Aluminiumwerkes nicht aufsteigen können, sondern niedrig, oft wie eine bodennahe Wolke, durch die Taiga der Umgebung und auch durch die Stadt ziehen. In der Ostsibirischen Prawda vom 21.6.1995 wird Bratsk als eine *„Zone ökologischen Desasters"* bezeichnet. Die ohnehin bedrohliche Situation, die von den beiden genannten Werken ausgeht, wird noch durch betriebliche Zwischenfälle erhöht, von denen 1993 ganze 162 bekannt geworden sind.

An 200 und mehr Tagen im Jahr herrscht in der Stadt ein grauer Nebel, der u. a. dazu führt, daß der Verkehr zwischen den einzelnen Stadtteilen aufgrund schlechter Sichtverhältnisse zusammenbricht. Dem ätzenden Geruch kann man auch in den Häusern nicht entgehen. In einem Pressebericht (Sputnik 9/1996) heißt es u. a.:

„Die ökologische Situation ist der Grund für den Anstieg der Krankheitsrate unter den Einwohnern. Besonders hoch ist diese bei den Kindern. Viele von ihnen werden schon mit Gebrechen geboren, die zur Invalidität führen."

Bis zum Beginn der Glasnost-Ära sind von offizieller Seite jegliche ökologischen Belastungen abgestritten worden[28].

Heute sind die Bewohner aufgeklärt, und „Öko-Flüchtlinge", vor allem die jungen Leute, verlassen die Stadt. Früher galt Bratsk als die Stadt der Jugend. Heute aber sind ein Viertel der Einwohner Pensionäre. Die natürliche Zuwachsrate der Bevölkerung, die sich in Bratsk immer durch hohe Pluswerte auszeichnete, ist in den letzten Jahren ins Minus gesunken. Wer das Risiko auf sich nimmt, nach Bratsk zu ziehen, bleibt nach den offiziellen Statistiken nicht länger als zwei Jahre dort. All das hat dazu geführt, daß die etwa für das Jahr 1990 vorgesehene Einwohnerzahl von 300 000 nie erreicht worden ist (1986 = 272 000 Ew., 1997 = 281 000 Ew.).

Das Irkutsker Gebiet, wie ganz Sibirien, braucht dringend westliche Umwelttechnologie, die zu erwerben aber nur über intensive wirtschaftliche Außenkontakte möglich ist.

Kontakte mit dem Ausland

Am 1.1. 1996 arbeiteten im Irkutsker Gebiet nach Informationen des East-Siberian Center on Investment Policy (1997) 94 Joint Ventures mit 30 Ländern aus aller Welt.[29] 11 500 Beschäftigte waren in diesen Gemeinschaftsunternehmen tätig.

Führende Joint Venturer-Partner sind: China (17 Gemeinschaftsunternehmen), USA (14), Ukraine (8), Kasachstan (8), Japan (7). Deutschland, das in Sibirien insgesamt auf Platz 3 der Partnerländer steht, ist hier unter den führenden Ländern nicht vertreten. Die Irkutsker Administration bemüht sich daher um engere Kontakte zu Deutschland und hat u. a. ein „repräsentatives" Gebäude für die Einrichtung einer Handelsvertretung nach Nowisibirsker Vorbild angeboten (bis September 1997 allerdings ohne Erfolg).

Das Irkutsker Gebiet steht heute mit 50 Ländern in Handelsbeziehungen. 1995 entfielen 2, 9 Mrd. US-$ auf Exporte und 1 Mrd. US-$ auf Importe. Unter den Einfuhrgütern machen die Rohstoffe für die Aluminiumherstellung mit einem wertmäßigen Anteil von 35 % (aus Australien und Kasachstan) den führenden Posten aus.

Deutschlands Anteil unter den Exportländern betrug 1995 ganze 1,3 %, sein Importanteil demgegenüber 7,4 %. Für 1996 wird der Exportwert mit 2,77 Mrd. US-$ angegeben.

---

28 Auch gegenüber dem Verfasser glaubten die lokalen Experten angesichts dichter schwarzbrauner und orangefarbener Emissionen aus den Schornsteinen immer wieder behaupten zu können, daß dies alles völlig ungefährlich sei.

29 In anderen lokalen Quellen wird von bis über 140 Gemeinschaftsunternehmen gesprochen. Die Diskrepanz ergibt sich vermutlich daraus, daß zwischen bloß registrierten und tatsächlich arbeitenden Joint Ventures unterschieden werden.

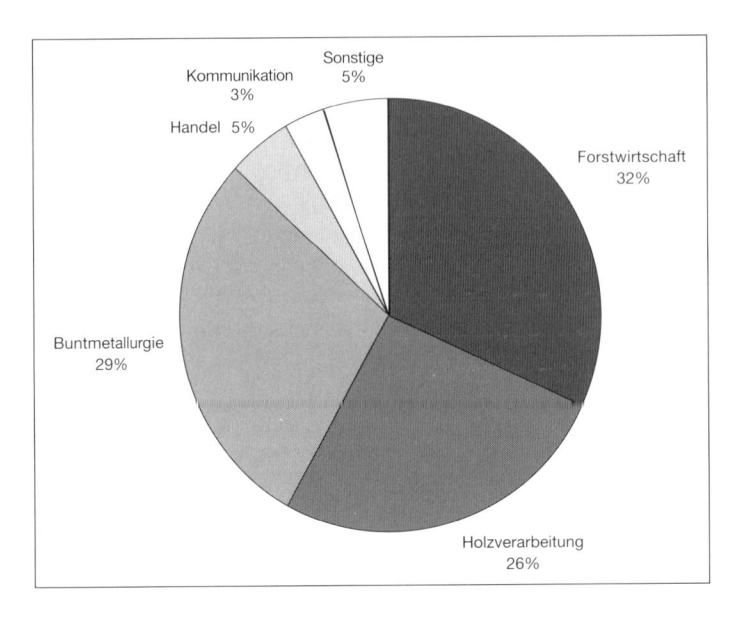

Abb. 9.11:
Struktur der Joint Ventures nach Branchen im Gebiet Irkutsk 1997
Quelle: East-Siberian Center 1997, S. 11

- Forstwirtschaft 32%
- Holzverarbeitung 26%
- Buntmetallurgie 29%
- Handel 5%
- Kommunikation 3%
- Sonstige 5%

Nach den führenden Ländern in Tabelle 9.32 entfallen 43 % der Exporte des Gebietes Irkutsk auf Ostasien. Da weitere ostasiatische Länder, wie z. B. Südkorea, in der Rubrik „Sonstige" enthalten sein dürften, kann mit einem Anteil dieses Raumes von über 50 % gerechnet werden. Die Ausrichtung auf den Ostasiatisch-pazifischen Raum wird damit deutlich. Das Irkutsker Gebiet nimmt damit die Gunst seiner Brückenlage wahr, und der Stellvertretende Vorsitzende der Administration erklärte in einem Gespräch (September 1997), daß diese Hinwendung zu den östlichen Ländern weiter intensiviert wird.

In einer Selbstdarstellung (East-Siberian Center 1997, S. 3) heißt es stolz:
„*Irkutsk region is one of the most developed regions in Russia.*"

Tab. 9.30: Außenhandel des Irkutsker Gebietes mit Deutschland 1995 (in Mio. US-$)
Quelle: JORSCH 1996

Exporte nach Deutschland		Importe aus Deutschland	
Chemische Erzeugnisse	19,3	Werkzeugmaschinen	23,2
Nutzholz	10,0	Ausrüstungen für die Lebensmittelindustrie	14,4
Zellstoff	5,3	Lebensmittel	5,1
Kunststoffe	3,6	Medizinische Ausrüstungen	4,0
		Sonstige Güter	27,1
Summe	38,2	Summe	73,8

Tab. 9.31: Wertmäßiger Anteil der Ausfuhrgüter des Irkutsker Gebietes 1996 (in %)
Quelle: East-Siberian Center 1997, S. 10

Aluminium	47
Erdölprodukte	15
Zellulose	9
Holzprodukte	6
Flugzeugtechnik	6
Sonstiges	17

Tab. 9.32: Führende Exportpartner des Irkutsker Gebietes 1996 (Anteil in %)
Quelle: East-Siberian Center 1997, S. 10

Japan	27
USA	18
Singapur	10
China	6
Schweden	6
Sonstige	30

Wenn dieses „höchstentwickelt" gegenwärtig auch noch eine gewisse Übertreibung darstellen dürfte, gehört das Gebiet doch zu den sibirischen Regionen mit den besten Perspektiven.

RUWWE (1994, S. 31) schreibt dazu:
„Mit seinem Rohstoffreichtum, seiner billigen Energie und nicht zuletzt aufgrund der Nähe zu den großen entwicklungsfähigen Absatzmärkten in Asien und Fernost verfügt das Gebiet Irkutsk wie nur wenige andere russische Gebietskörperschaften über **hervorragende Ausgangsbedingungen für ein kräftiges kontinuierliches Wirtschaftswachstum.** Bei noch unterentwickelter Infrastruktur, mangelnder Kapitalkraft der örtlichen Wirtschaft und rückläufigen zentralen Investitionen der Russischen Föderation können diese Wachstumschancen wahrscheinlich nur befriedigend genutzt werden, wenn es gelingt, (weitere) ausländische Investoren für die Region zu interessieren."

9.4.6 Die Republik Burjatien – Buntmetalle und Buddhismus

Burjatien gehört als strukturschwache Region der Gruppe 3 der Regionalklassifikation Sibiriens (s. Kap. 9.3.) an. Das Gebiet jenseits des Baikalsees stellt mit seiner burjatischen Bevölkerung, seinen buddhistischen Klöstern und seinen Steppenflächen einen kultur- und naturgeographischen Übergangsraum zur Mongolei dar.

Geographische Grundlagen
Transbaikalien (wozu auch das Gebiet Tschita gehört) ist ein tektonisch stark beanspruchtes Gebiet, ein System, in dem in Südwest-Nordost-Erstreckung (d.h. in Richtung des Verlaufes des Baikalgrabens) mehrere parallele Gebirgsketten und langgestreckte Depressionen und Becken aufeinanderfolgen.

Kernraum dieses auch stark erdbebengefährdeten Gebietes ist die Republik Burjatien, die mit ihrer Fläche von 351 300 km^2 nur geringfügig kleiner ist als die Bundesrepublik Deutschland. Die Einwohnerzahl lag 1995 bei 1,053 Mio., von denen rund 340 000, d. h. 24 %, zur Titularnation der Burjaten gehören.

Die natürliche Vegetation des stark reliefierten Burjatiens ist abhängig von der Höhenlage. Bis zu einer Höhe von etwa 1 000 m NN herrschen Waldsteppe und Steppe vor. Die langgestreckten Becken (vor allem das Obere-Angara-Becken und das Bargusin-Becken), die alle in einer Höhe von 500–700 m NN liegen, bilden einen Übergang zum mongolischen Steppenraum. Oberhalb 1 000 m NN (bis etwa 1 800 m NN) folgt die Bergtaiga, die 52 % Burjatiens einnimmt. Der häufigste Baum ist hier mit einem Anteil von 65 % die Lärche, gefolgt von der Kiefer (19 %), der Zeder oder Zirbelkiefer (8 %) sowie Fichte und Tanne (je etwa 5 %). Diese Holzvorräte gehören zu den wirtschaftlich wichtigsten Ressourcen der Republik.

Die Waldsteppen und Steppen könnten ideale Landwirtschaftsflächen sein, wenn die agroklimatischen Bedingungen in diesem hochkontinentalen Raum weniger extrem wären. So beschränkt sich das landwirtschaftlich genutzte Areal auf 13,5 %, wovon der größte Teil von Wiesen und Weiden eingenommen wird. 1994 lag die Zahl der Rinder bei 172 000 und der Schafe bei 460 000 (nach RUWWE 1996b). Die Leistungsfähigkeit der Landwirtschaft ist gering: Die Getreideerträge lagen 1994 bei 8 dt/ha und die Milchleistung pro Kuh und Jahr wurde (in Goskomstat 1995) mit 1 151 Liter (der niedrigste Wert in ganz Sibirien) angegeben.

Zu den Reichtümern Burjatiens gehören die reichen Bodenschätze, vor allem Buntmetalle und andere Erze. Wolfram, Molybdän, Eisenerz, Polymetalle, Aluminiumrohstoffe, Gold und weitere sind in z. T. großen Vorkommen vorhanden. Die Republik verfügt über 48 % der russischen Zinkvorräte.

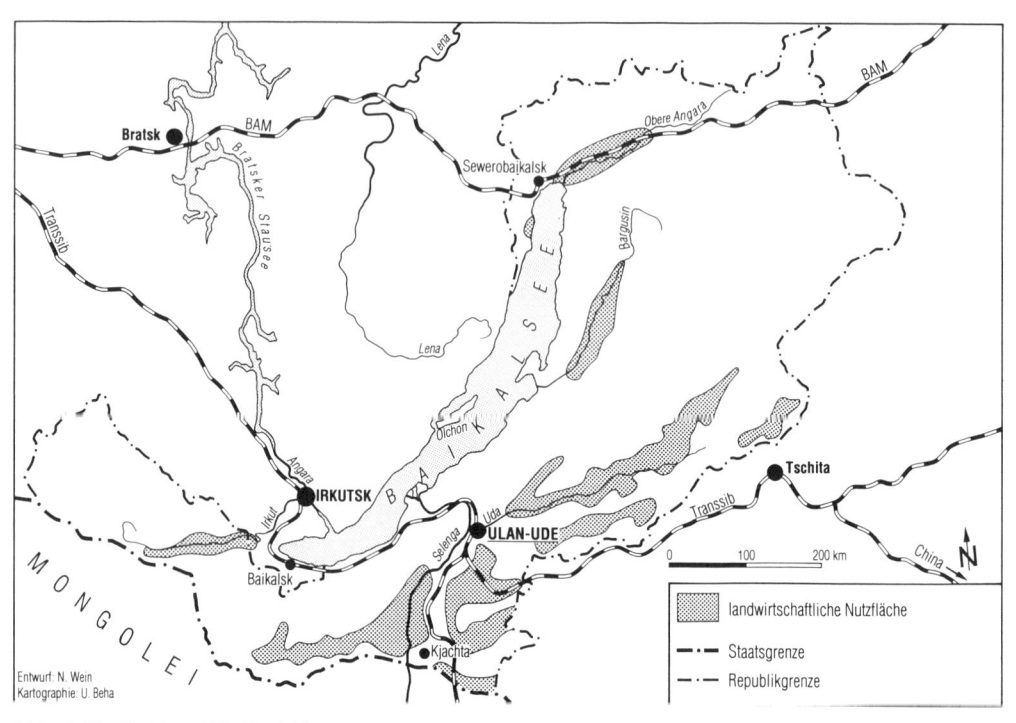

Abb. 9.12: Die Republik Burjatien

Günstig ist, daß sich die Bodenschätze weitgehend im Tagebau fördern lassen. Außerdem liegen die Vorkommen (ausgenommen das Gold) in Zentralburjatien eng beieinander, so daß sich zusammenhängende Förderzentren mit einheitlicher Infrastruktur (Verkehrssystem usw.) gründen lassen.

Die (wenn auch noch unterentwickelte – s.u.) Förderindustrie führt zu ökologischen Problemen, da ganz Burjatien im Einzugsgebiet des Baikalsees liegt und damit alle in die Flüsse geleiteten Schadstoffe das empfindliche Ökosystem dieses Sees beeinträchtigen. Nach VOROBJOV (1988) wurden Ende der 1980er Jahre jährlich 33,2 Mio. m³ ungereinigten Abwassers über den Hauptfluß Burjatiens, die Selenga, in den See eingeleitet. Nach GALAZIJ/VOTINCEV (1987) ist die Selbstreinigungskraft der Selenga unterhalb der burjatischen Hauptstadt Ulan-Ude erschöpft, so daß die Schadstoffe aus dem Fluß zu einer Verschmutzung des Baikalwassers auf einer Erstreckung von 130–150 km unterhalb der Mündung führen. Auch die junge burjatische Stadt Sewerobaikalsk, Zentrum des gleichnamigen BAM-TPKs (s. Kap. 6.5.1 und Abb. 6.12), ist zu einem Gefahrenherd für den See, vor allem das nördliche Seebecken, geworden. Burjatien ist daher zur strikten Befolgung aller Umweltschutzgesetze, wozu auch der Bau ausreichender Kläranlagen gehört, verpflichtet worden. In einem 1995 von den Präsidenten der Russischen Föderation und der Republik Burjatien unterzeichneten Vertrag über die Abgrenzung der föderalen und regionalen Kompetenzen wird Burjatien auf die Einhaltung und Beachtung der Gesetze und Regelungen zur Reinhaltung des Baikalsees eingeschworen. Im Gegenzug sagt Moskau die Finanzierung entsprechender Aufwendungen zu und erteilt Mittel zur Bildung eines „Baikal-Ökologiefonds" (nach RUWWE 1996b).

Zu Burjatien gehören 70 % der Uferlinie des Baikalsees. Das burjatische Ostufer weist dabei mit den bis zu 2 700 m aufragenden Gebirgszügen des Chamar-Daban und des Bargusin-Gebirges eine eindrucksvolle Kulisse auf. Hier sind zum Schutz des Baikal-Naturkomplexes (zu dem der See wie auch die Uferzone gehören) zwei Schutzgebiete geschaffen worden (s. WEIN 1989), in denen alle menschlichen Aktivitäten verboten sind: das Baikal-Schutzgebiet (1 657 km²) und das Bargusin-Schutzgebiet (2 630 km²).

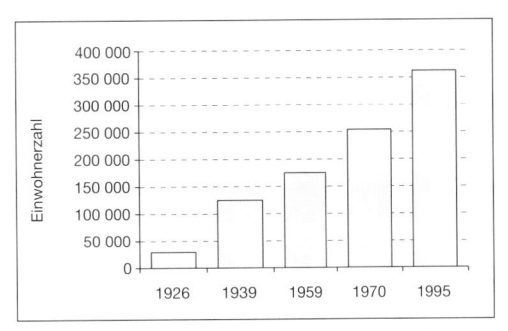

Abb. 9.13: Entwicklung der Einwohnerzahlen Ulan-Udes 1926 – 1995

Das Territorium des heutigen Burjatiens fiel Ende des 17. Jahrhunderts an Rußland. 1666 ist an der Mündung des Flusses Uda in die Selenga das Winterlager „Werchnje-Udinsk" gegründet worden, aus dem später die Stadt Ulan-Ude hervorging. 1728 wurde Kjachta gegründet, gelegen an der Selengapforte, durch die ein bequemer Übergang in die Mongolei möglich ist. Über Kjachta lief 150–200 Jahre lang ein intensiver Handel zwischen China und Rußland (und weiter in westeuropäische Länder). Diese wichtige Funktion verlor Kjachta zum ersten, als in der zweiten Hälfte des 19. Jahrhunderts nach dem Bau des Suezkanals der chinesische Tee hauptsächlich auf dem Seeweg in das europäische Rußland transportiert wurde. Vollends ging die Handelsfunktion Kjachtas verloren, als die Transsib, deren Ostteil anfangs über chinesisches Territorium verlief, gebaut war. Heute ist Kjachta, einst der wichtigste Handelspunkt im asiatischen Rußland, ein bescheidener Ort mit 18 000 Einwohnern.

Werchnje-Udinsk wurde 1923 zur Hauptstadt der neue gegründeten Burjatischen Autonomen Sozialistischen Sowjetrepublik (ASSR) erklärt und dabei in Ulan-Ude umbenannt. Die Einwohnerzahl der Stadt wuchsen daraufhin schnell an.

Hervorzuheben ist, daß bei ihrem raschen Wachstum die Stadt in architektonischer Hinsicht nicht die „Chrustschoby"-[30]Plattenbau-Monotonie vieler anderer jüngerer Städte Sibiriens angenommen hat. Die Entwicklung der Stadt ist auf die günstige Verkehrslage zurückzuführen, liegt Ulan-Ude doch an der Abzweigung der in den 1950er Jahren gebauten Transmongolischen Eisenbahn (nach Ulan-Bator und weiter nach China) von der Transsib. Bahnverbindungen bestehen somit in westliche, östliche und südliche Richtung. Heute durchzieht noch die Baikal-Amur-Magistrale (BAM) den Nordosten der Republik, so daß Burjatien verkehrsmäßig relativ günstig erschlossen ist.

Ulan-Ude ist das herausragende Zentrum der Republik. Es gibt noch sieben weitere Städte, von denen Gusinoosersk mit 31 000 Ew. die größte ist.

Seit 1990 hat Burjatien als „Souveräne Republik" (neben Jakutien – s. u.) eine herausgehobene Stellung unter den sibirischen Regionen inne. Seit 1991 nennt die Republik sich selber „Burjat-Mongolija", womit auf die enge kulturelle Beziehung zur Nachbarrepublik hingewiesen wird. Die eigene Kultur wird wieder gefördert, und heute wird an den Mittel- und Hochschule (wenn das Russische auch die Umgangssprache bleibt) auch wieder Burjatisch unterrichtet.

Die Wirtschaft[31]

Zur allgemeinen wirtschaftlichen Situation der Republik schreibt RUWWE (1996b, S. 14):

---

30 fünfgeschossige Einheitshäuser geringen Komforts, gebaut überall in Sibirien während der Chrustschow-Ära

31 hauptsächlich nach RUWWE 1996b

„Die Republik Burjatien ist wirtschaftlich gesehen eine strukturschwache Region. Die Industrie ist zwar nicht gerade unterentwickelt – vor allem im Maschinenbausektor gibt es eine Reihe wichtiger Unternehmen – doch im Vergleich etwa mit der Nachbarregion Irkutsk ist das industrielle Potential Burjatiens recht dürftig. Hinzu kommt, daß gerade die renommiertesten Unternehmen der Republik früher zu einem großen Teil Rüstungsgüter herstellten, die jetzt nicht mehr gefragt sind. Das bedingt einen dringenden Zwang zur Umstrukturierung."

Der Anteil militärischer Produktion ist mit 63,8 % einer der höchsten in Sibirien (s. Tab. 9.3).

Die Wirtschaftsproduktion ist in Burjatien, wie in allen anderen Regionen Sibiriens, nach 1990 (= 100) deutlich zurückgefallen, und zwar bis 1994 auf den Indexwert von 55 (bei einem entsprechenden Durchschnittswert für ganz Ostsibirien von 61).

Die genannten „renommierten" Unternehmen sind vor allem das Lokomotiv- und Waggonreparaturwerk und das Flugtechnische Werk, beide lokalisiert in Ulan-Ude. Mit dem ersteren bildet Ulan-Ude einen wichtigen Reparaturstützpunkt im östlichen Eisenbahnnetz. Im Flugtechnischen Werk sind heute 50 000 Arbeitskräfte beschäftigt (nach WATSCHNADSE 1995), die in erster Linie Hubschrauber herstellen. Früher waren es ausschließlich militärische Typen, heute gibt es auch zivile Modelle, und neue werden entwickelt. Nach RUWWE (1996) wird die gesamte Produktion dieses Werkes heute exportiert.

Weitere größere Werke sind eine Glasfabrik, eine Landmaschinenfabrik, ein Werk für Elektromotoren und schließlich das an der Unteren Selenga gelegene Selenginsker Zellstoff- und Kartonkombinat (ein kleineres Gegenstück zum Baikalsker Kombinat).

Im Rohstoffbereich hat Burjatien große Perspektiven. Einer der wichtigsten Rohstoffe ist das Holz. Die gesamten Holzvorräte wurden 1995 auf 1, 85 Mrd m³ beziffert (was nach WATSCHNADSE [1995] etwa der Holzmenge Finnlands entspricht!). Es könnten jährlich große Mengen an Holz eingeschlagen werden, ohne den Waldbestand zu schädigen, aber die gegenwärtigen Einschlagquoten sind äußerst bescheiden. Mehrere ostasiatische Länder wie China, Südkorea und Japan zeigen jedoch großes Interesse an den burjatischen Holzvorräten.

Interesse zeigen die benachbarten Länder, wie bereits oben erwähnt, auch an einer weiteren, reich vorhandenen Ressource der Republik Burjatien: am Baikalwasser! Seit 1992 wird Baikalwasser aus einer größeren Seetiefe gefördert und in 1,5-l-Flaschen abgefüllt. Als Tafelwasser wird es – sogar in beachtlichen Mengen – bis nach Japan verkauft. Auch die Länder am Persischen Golf zeigen schon Interesse am Baikal-Tafelwasser. Hier hat sich für die Republik eine beachtliche Einnahmequelle ergeben.

Noch bei weitem nicht ausgeschöpft ist das Potential der mineralischen Rohstoffe. Mehr als 100 bedeutende Vorkommen sind bekannt, aber es werden erst 5 % von ihnen ausgebeutet.

Die größten Unternehmen im Bergbausektor sind:
- die Wolfram-Molybdän-Aktiengesellschaft Dshidshinski
- das Kjachtinsker Flußspat-Bergwerk
- die Kohlegruben Gusinsooserskaja, Tugnujsji und Cholboldshinski
- die Aktiengesellschaft Kwarzit (Quarzitgewinnung)
- die Aktiengesellschaft Burjatsoloto (Burjat-Gold)

Gold wird im nordöstlichen Grenzraum zum Gebiet Tschita gefördert (der südlichen Fortsetzung des zum Irkutsker Gebiet gehören-

Tab. 9.33:
Holz- und Papierexporte Burjatiens 1991–1994
Quelle: BABENKO 1997, S. 20

	1991	1992	1993	1994
Rohholz (1 000 m³)	1,5	1,9	49,6	48,9
Papier (1 000 t)	1,3	15,2	7,2	25,0

den Bodaibo-Vorkommens). Nachdem die vorher staatliche Organisation „Sabaikalsoloto" (russ.: Transbaikal-Gold) in die Aktiengesellschaft Burjatsoloto umgewandelt worden ist, wurde die Förderung intensiviert. 1995 wurden 4,2 t des Edelmetalles gefördert. Insgesamt hatte der Bergbau 1994 rund 16 % Anteil an der Industrieproduktion Burjatiens.

Hier sind noch große Steigerungen möglich, nur stehen dem zwei Probleme entgegen:
1. Die Republik Burjatien, deren Haushaltsbudget zu 80 % von Moskau bestritten wird, verfügt über kein Kapital, um neue Erschließungen vorzunehmen.
2. Die drastische Erhöhung der Eisenbahntarife verteuert den Transport der Rohstoffe in andere Regionen und macht damit die Förderung eventuell unrentabel (ein Problem, unter dem auch das rohstoffreiche Kusbass leidet, s. Kap. 9.4.3).

Der Kapitalmangel verhindert auch die Sanierung und den weiteren Ausbau der Produktionsbetriebe. Burjatien ist, da Moskau auch keine Kredite gewährt, in seiner Weiterentwicklung ganz von ausländischen Investoren abhängig. Die Republik hat daher im Herbst 1995 30 konkrete Investitionsprogramme ausgearbeitet, für die ausländische Investoren gesucht werden. Es handelt sich um durchaus positiv zu bewertende Projekte aus dem Bergbau- und auch aus dem Produktionsbereich.

Viele Länder zeigen vor allem für die burjatischen Rohstoffe Interesse. RUWWE (1996b, S. 41) kritisiert aber, daß sich „die deutsche Wirtschaft in dieser Region bisher auffällig inaktiv" verhält.

Burjatien orientiert sich, stärker noch als das benachbarte Irkutsker Gebiet, außenwirtschaftlich zum ostasiatisch-pazifischen Raum hin. Von 142 Joint Ventures, die 1994 bestanden, waren 71 mit Partnern aus China und 30 mit Partnern aus der Mongolei abgeschlossen. Die mit Abstand größten Handelspartner sind China (Anteil etwa 50 %) und die Mongolei (18–19 %). Es folgen Japan und – mit aufsteigender Tendenz – Südkorea.

Als „wichtige Quelle einer möglichen Wohlfahrt Burjatiens" sieht Watschnadse (1995, S. 347) den wiederauferstandenen Buddhismus. Burjatien ist heute zu einem anerkannten Weltzentrum dieser Religion geworden, vor allem nachdem im September 1992 der Dalai Lama die Republik besucht hat. Es gibt heute wieder rund 20 Klöster (Dazan), das größte und bekannteste ist das rund 50 km südlich von Ulan-Ude gelegene Kloster von Iwolginsk. Neue religiöse Komplexe werden gebaut, so ein Zentrum für Tibetische Medizin. Pilger aus allen buddhistischen Ländern kommen heute als Touristen nach Burjatien, und Spendengelder fließen ins Land.

Burjatien ist damit von allen sibirischen Regionen diejenige, die sich (unter innerer Abkehr von der Moskauer Zentrale) wirtschaftlich und kulturell am stärksten in die Gemeinschaft seiner Nachbarländer einbeziehen läßt.

9.4.7 Jakutien/Die Republik Sacha – Gold und Diamanten

Die einstige „Autonome Sowjetrepublik" Jakutien, die sich seit September 1990 „Republik Sacha" (Sacha = Eigenbezeichnung der Jakuten) nennt, wird wegen ihrer Nordlage und der damit extremen Naturverhältnisse als „Sibirien im Quadrat" bezeichnet. Die Besiedlungsdichte dieses gewaltigen Territoriums beträgt nur 0,3 Ew./km², aber die reichen Rohstoffvorkommen bedingen, daß Jakutien (in der Folge weiterhin in dieser Form bezeichnet) nicht – wie es eigentlich zu erwarten wäre – ein Vakuum in Nordostasien darstellt. Es entwickelt sich vielmehr unter den neuen politischen und wirtschaftlichen Bedingungen zu einem wichtigen Wirtschaftsfaktor im asiatischen Raum.

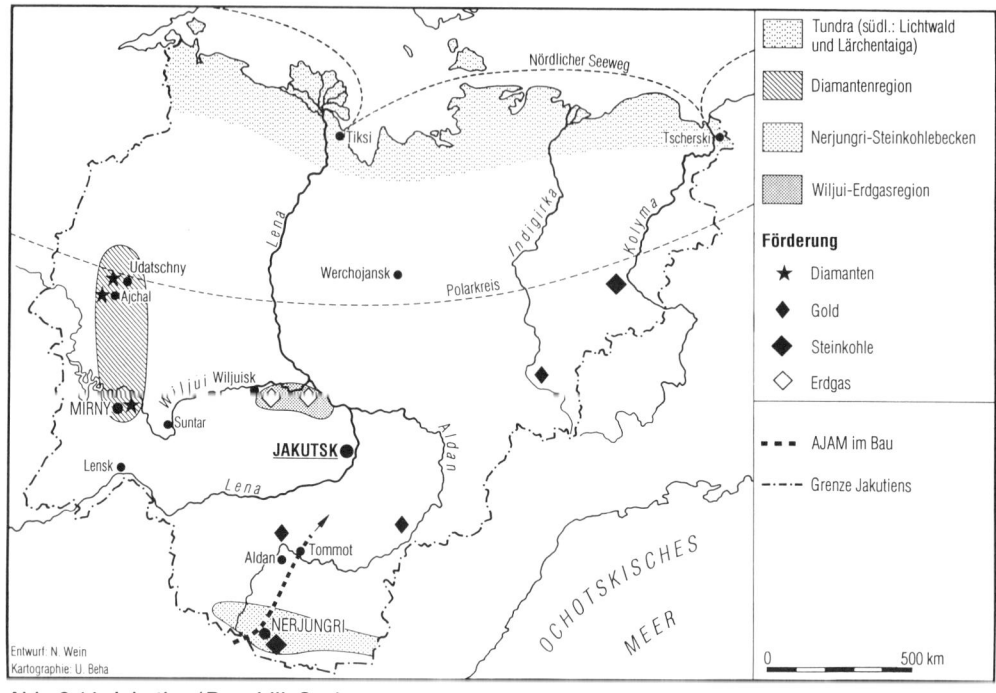

Abb. 9.14: Jakutien / Republik Sacha

Geographische Grundlagen

Jakutien ist mit 3,1 Mio. km² die größte Flächeneinheit nicht nur Rußlands, sondern der gesamten GUS-Gemeinschaft: Es ist fünfmal so groß wie die Ukraine und immer noch um 14 % größer als die größte GUS-Republik, Kasachstan.

Morphologisch und tektonisch ist Jakutien zweigeteilt. Der westliche, südliche und zentrale Teil wird vom Jakutischen Becken gebildet, einem Ausläufer des Ostsibirischen Plateaus, in dem die Flüsse ausgedehnte Tiefländer ausgeräumt haben. Hier herrschen Ebenheiten vor. Jenseits der Randsenke (Synklinale) des Werchojanser Gebirges, die von der Mittleren und Unteren Lena durchflossen wird, liegt Nordostjakutien mit seinen komplizierten und eng gekammerten Reliefverhältnissen. Es besteht aus einzelnen mesozoischen, von Brüchen durchsetzten Faltenzügen und Bergländern mit dazwischen liegenden Synklinalen. Die Faltenzüge sind das erwähnte Werchojanser Gebirge und das Tscherskigebirge, die sich beide über etwa 1 500 km erstrecken und maximale Höhen von 2 389 m und 3 147 m NN erreichen. Nach Osten schließen sich, an Brüchen herausgehoben, das Alaseja-Bergland und das Jukagirer Plateau an. Zwischen diesen Kettengebirgen und Horsten liegen Hoch- und Tiefbecken, die von den Flüssen Jana, Indigirka und Kolyma durchflossen werden. Im Jana-Hochbecken bei Werchojansk und im südlichen Indigirka-Hochbecken bei Oimjakon werden die niedrigsten Temperaturen der Nordhalbkugel erreicht.

Die Republik liegt ganz in der Zone des russischen Nordens und zu 40 % nördlich des Polarkreises. Das ganze Territorium wird von Dauerfrostboden (s. Kap. 2.2) eingenommen, der nördlich von Mirny mit rund 1 500 m global die größte Mächtigkeit erreicht. Dieser Permafrost, der den Aufbau der Infrastruktur entscheidend behindert, stellt ein Erschließungshemmnis für die ganze Region dar.

Station	Jan.	Feb.	März	April	Mai	Juni	Juli	Aug.	Sept.	Okt.	Nov.	Dez.	Jahresmittel
Tscherski	−35,8	−33,4	−26,0	−15,6	−2,9	9,6	11,8	8,6	2,3	−10,6	−24,2	−35,5	−12,4
Werchojansk	−48,9	−43,7	−29,9	−13,0	2,0	12,7	15,3	11,0	2,6	−14,1	−36,1	−45,6	−15,6
Jakutsk	−43,2	−35,8	−22,0	−7,4	5,6	15,4	18,8	14,8	6,2	−7,8	−27,7	−36,6	−10,2

Tab. 9.34: Monatsmittel der Lufttemperatur (in °C) an drei Stationen Jakutiens

Das Klima Jakutiens weist die höchste Kontinentalität der gesamten besiedelten Festlandsfläche der Erde auf. Die Winter sind hier so kalt und so lang wie sonst nirgendwo auf der Nordhalbkugel.

Die drei in Tabelle 9.34 aufgeführten Stationen liegen in der Nähe des Eismeeres (Tscherski), im Bruchschollengebiet Nordostjakutiens (Werchojansk) und im Jakutischen Becken (Jakutsk). Die Dauer der frostfreien Periode beträgt (in der in Tab. 9.34 genannter Reihenfolge) 74, 69 und 95 Tage, die Dauer der Schneebedeckung 235, 223 und 206 Tage und das Mittel der Jahresniederschläge 173, 142 und 192 mm.

Die Extremtemperaturen erreichen in der Hauptstadt Jakutsk Werte von −64°C und +38°C – was eine Amplitude (welche die Einwohner fast jährlich zu ertragen haben) von 102 K bedeutet! Vor allem auch durch die Länge der Winter wirkt das Klima belastend auf die Menschen.

Ein positiver Faktor ist demgegenüber die (ebenfalls aufgrund der Kontinentalität) hohe Zahl von Sonnenstunden, die für Jakutien im Jahresmittel mit 2266 angeben wird (zum Vergleich siehe in Tab. 2.1: Düsseldorf = 1364 Sonnenstunden). Wer im Sommer Jakutsk besucht, kann sich bei Tagestemperaturen von nicht selten über 30°C und strahlender Sonne kaum vorstellen, sich im winterkältesten Gebiet der Nordhalbkugel zu befinden!

Die Landwirtschaft konzentriert sich auf die Viehhaltung. Wo in edaphisch günstigen Gebieten (an der mittleren Lena und am mittleren Wiljui, s. Abb. 2.7) Ackerbau möglich ist, werden Futterkulturen angebaut. Der Viehbestand (von der Rentierwirtschaft abgesehen) belief sich 1990 auf 200000 (Mast-) Pferde und 400000 Rinder. Die Rinder werden in den rund acht Wintermonaten in langgestreckten, aus senkrechten Balken erstellten niedrigen Ställen, die zur Isolierung gegen die Extremkälte von außen mit Dung beschmiert sind, gehalten. Die Pferde haben ein zottiges Fell und können im Winter im Freien bleiben. Betrieben wurde die Landwirtschaft bis Anfang der 1990er Jahre von 116 Sowchosen – wobei „Sowchos" hier in der Regel nicht Großbetrieb im üblichen Sinne bedeutet, sondern die organisatorische Zusammenfassung zahlreicher kleiner, in Taiga-Alassen verstreut liegender Dörfer (oft nur aus einem Dutzend Häusern bestehend). Unter den harten Bedingungen des nördlichen Extremklimas wird die staatliche oder kollektive Wirtschaft als eine geeignete Betriebsform angesehen. Die Statistiken geben für 1996 zwar rund 3700 private Bauernbetriebe an, aber nicht immer sind diese aus einer „freiwilligen" Privatisierung hervorgegangen. Über das Suntar-Gebiet heißt es (in einer schriftlichen Mitteilung an den Verfasser), daß die dortigen Sowchosbetriebe „zusammengebrochen" sind und die Bauern nun auf sich allein gestellt sind und einen schweren Überlebenskampf führen.

Die Jakuten wanderten im 13.–14. Jahrhundert in diese Nordregion ein (s. Kap. 7.2.2), und im 17. Jahrhundert drangen die Russen hierher vor.

Solange sich die Tätigkeit der Russen auf Verwaltung und Handel beschränkte, blieb ihre Anzahl relativ gering. Erst mit der Entwicklung der Förderwirtschaft (Goldförderung ab 1924) erfolgte ein größerer Zustrom aus dem europäischen Raum. Im Jahre 1926 stellten die Jakuten in ihrer zwei Jahre vorher gegründeten „Autonomen Republik"

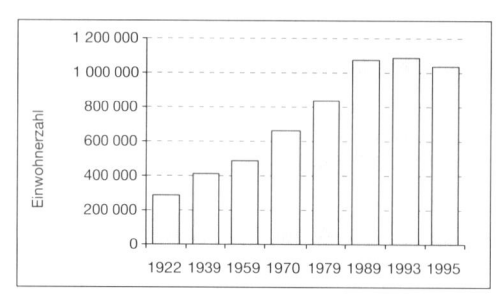

Abb 9.15: Bevölkerungsentwicklung Jakutiens 1922–1995
Quellen: NEKRASOW 1980 und Goskomstat 1995

noch 82,3 % der Bevölkerung. Den Rest bildeten neben den Russen die einheimischen Nordvölker wie Ewenen, Ewenken und Tschuktschen. Bis 1990 war der Anteil der europäischen Zuwanderer auf 60 % gestiegen, und die Jakuten bildeten mit rund 36 % nur noch eine Minderheit in ihrer eigenen Republik.

Heute leben 87 % der Jakuten auf dem Land, während die Russen überwiegend in den Städten wohnen. Diese räumliche Trennung (die bei der Größe des Landes besonders schwer wiegt) verhindert eine ethnische Annäherung dieser weitgehend nebeneinander lebenden Bevölkerungsgruppen.

In der Hauptstadt Jakutsk (240 000 Ew.) leben heute 63 % Russen und 26 % Jakuten. Die zentrale Hauptstraße der Stadt unterscheidet sich von den Straßen in Irkutsk oder Nowosibirsk dadurch, daß aufgrund der Stelzenbauweise praktisch der Boden aller Häuser in etwa 3 m Höhe liegen und die Eingänge nur über Treppen zu erreichen sind, weshalb es hier keine Schaufensterfronten geben kann. Jenseits dieses eng begrenzten Zentrums zeigt Jakutsk ein unausgeglichenes Stadtbild, in dem Plattenhäuser und alte Holzhäuser scheinbar planlos nebeneinander liegen. Versorgungsleitungen ziehen sich in geradezu abenteuerlichen Windungen oberirdisch durch das ganze Stadtgelände. Außerdem weist Jakutsk die typische „Unaufgeräumtheit" der meisten Städte des Nordens auf, wo man überall auf Bauschutt und Abfälle stößt.

Die dünne Besiedlung Jakutiens führt im Zusammenwirken mit den Naturbedingungen (Dauerfrostboden) dazu, daß die Verkehrsinfrastruktur nur schwach entwickelt ist. Während in Zentralrußland auf 1 000 km^2 Landesfläche 147 km Straße mit fester Decke kommen, sind es in Jakutien gerade 1,5 km. Eisenbahnen, die in Sibirien in der Regel die Grundlage einer großmaßstäbigen Erschließung (s. u. a. Norden des Tjumener Gebietes) darstellen, gibt es in Jakutien praktisch noch gar nicht. Seit den 1960er Jahren schiebt sich zwar eine von der BAM bei Tynda abzweigende Stichbahn nach Norden vor, die unter der Bezeichnung AJAM (Amur-Jakutsk-Magistrale) schon 1995 die Hauptstadt Jakutsk erreichen sollte. Aus Kapitalmangel ist der Bahnbau aber auf halber Strecke steckengeblieben, und für die 400 km lange Reststrecke (Stand 1995) werden Baukosten von 700–800 Mio. US-$ veranschlagt, wobei man für den Weiterbau auf ausländisches Kapital hofft (RUWWE 1994b).

Jakutien ist reich an Bodenschätzen (Kohle, Erdöl, Erdgas, Gold, Diamanten). Für den Abbau der um den Polarkreis liegenden Vorkommen hat man sich (im Gegensatz zum Norden Westsibiriens) für die „komplexe Erschließungsmethode" entschieden, bei der in den Fördergebieten komplette Städte mit voller Infrastruktur errichtet werden. Für Udatschny (Diamantenvorkommen am Polarkreis, s. Kap. 8.6.2) hatten Experten ursprünglich die Wachtmethode vorgeschlagen, bei der die Arbeitskräfte aus Bratsk (Entfernung 1 400 km) eingeflogen werden sollten. Diese Gedanken wurden jedoch verworfen, und im Hohen Norden sind neue Städte, wie Mirny (1990 = 40 000 Ew.) und Udatschny (1990 = 22 500 Ew.) gebaut worden. Es handelt sich dabei um ganz und gar monofunktionale Städte (vgl. Nowy Urengoi

Wirtschaftsregionen

und Nishnewartowsk). Diese Siedlungen, wie Jakutsk auf dem Dauerfrostboden in der „Stelzenbauweise" errichtet, zeichnen sich durch ihre bauliche Monotonie, starke Defizite in der sozialen Infrastruktur und eine unzureichende Versorgung der Bevölkerung aus.

Udatschny besteht aus fünf Einzelsiedlungen, die im Abstand von bis zu 4 km um den Tagebau und das Diamantenwerk gruppiert sind. Der jüngste und mit 12 000 Ew. größte Siedlungsteil ist der Komplex „Nowy Gorod" (russ.: Neustadt), der ausschließlich aus einheitlichen, langgestreckten viergeschossigen Fertigteil-Wohnblöcken auf Stelzen (!) besteht. Bis 1990 waren 27 dieser Blöcke mit je 120 Wohnungen fertiggestellt, und jedes Jahr sollten ein bis zwei Blöcke hinzu kommen (der Mangel an Bauarbeitern, so wurde geklagt, erlaube kein höheres Bauvolumen). Der Ortsteil Nowy Gorod war, wie es als Idealmodell für den ganzen Norden gilt, geplant als „Stadt unter einem Dach". In Anpassung an das extreme Klima sollten geschlossene Galerien alle Häuser miteinander verbinden, aber wegen Kapitalmangels ist es nur zum Bau eines einzigen kleinen Galerieabschnittes (in dem heute „fliegende Händler" ihre Stände errichtet haben) gekommen.

Im Diamentenwerk, das als klotzartiger Bau die ganze Siedlung überragt, sind 5 000 Arbeitskräfte beschäftigt. Da das Herauslösen der Diamanten aus dem in Schlamm verwandelten Kimberlitgestein sehr wasseraufwendig ist und es im Dauerfrostbodengebiet an Oberflächenwasser mangelt, wird der größte Teil des Brauchwassers (jährlich 18 von 20 Mio. m^3) in einem Kreislauf gehalten: der taube Schlamm wird über isolierte Röhren in ein Absetzbecken geleitet, von wo das Wasser durch einen als Filter wirkenden Kiesdamm in ein tiefergelegenes Becken sickert und über Pumpleitungen in die Fabrik zurückgeführt wird.

Für die Anlage dieses Unterbeckens ist eine „zivile" unterirdische Atomsprengung zur Anwendung gebracht worden, bei der es jedoch zu einem oberirdischen Durchbruch gekommen ist. Vier Jahre später wurde ganz in der Nähe, am Ufer des Flusses Marcha,

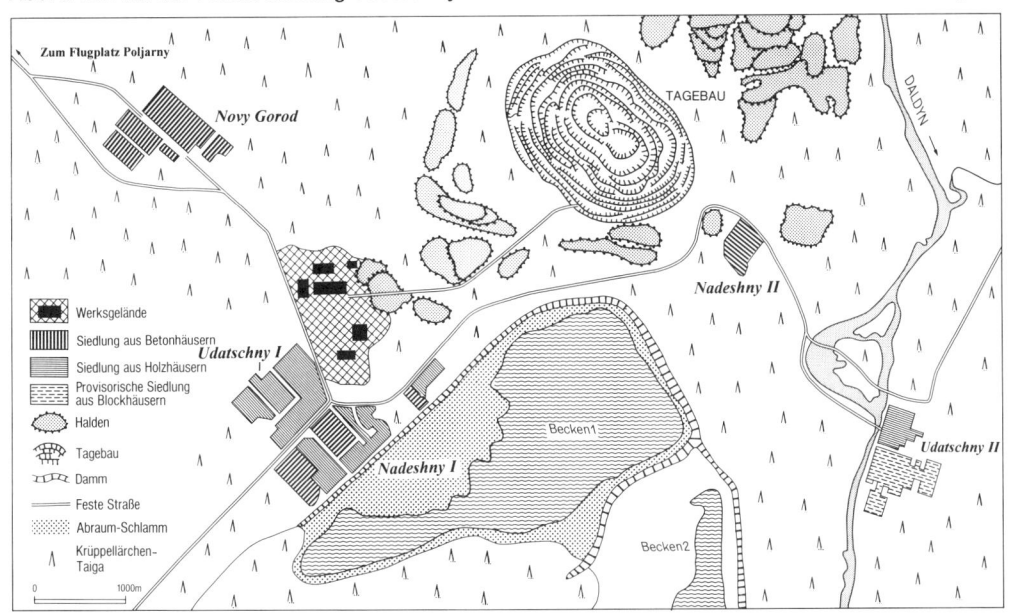

Abb. 9.16: Plan der Fördersiedlung Udatschny   Quelle: lokaler Plan, ohne Maßstabsangabe

eine weitere „zivile" Nuklearsprengung durchgeführt, als deren Folge ein großes Waldgebiet abgestorben ist. Auch militärische unterirdische Atomtests sind in Jakutien durchgeführt worden, da man annahm, daß sie im Dauerfrostboden ungefährlich seien. Nach WATSCHNADSE (1995, S. 272) hat es zwischen 1974 und 1987 ein halbes Dutzend derartiger unterirdischer Atomexplosionen mit oberirdischen Auswürfen gegeben. Die Bevölkerung, die seit Ende der 1980er Jahre davon erfährt, ist verunsichert, man glaubt Wuchsveränderungen bei Beeren und Pilzen zu erkennen.

Verseucht ist auch das Wasser vieler Flüsse durch die schwermetallhaltigen Abwässer der Diamantentagebaue und der Goldförderbetriebe. Das gilt für den das Hauptsiedlungsgebiet der Jakuten durchziehenden Wiljui wie auch für die durch den äußersten Nordosten fließende Kolyma. Die Folge ist eine beunruhigende Zunahme von Krankheiten. Vor allem unter den Kindern nehmen die Leukämie-Erkrankungen drastisch zu. Nach WATSCHNADSE (1993, S. 167) ist in den industriell und radioaktiv verseuchten Gebieten die Lebenserwartungen der dort lebenden Menschen auf bis auf 45 Jahre abgesunken. Das ist der Preis, den die Einwohner Jakutiens (die Jakuten zählten einst zu den langlebigsten Völkern des russischen Reiches!) für die wirtschaftliche Ausbeutung ihrer Republik zahlen müssen, eine Ausbeutung, von der sie bis zum Jahre 1991 selber gar nicht profitieren konnten, da alle Reichtümer auf dem direkten Weg nach Moskau transportiert worden sind.

Politische Neuorientierung
Nicht zuletzt aus dem oben genannten Grunde strebte die „Autonome Sozialistische Sowjetrepublik" (ASSR) Jakutien schon 1990, d.h. noch vor dem eigentlichen Zerfall der Sowjetunion, nach mehr politischer und wirtschaftlicher Eigenständigkeit. Im September dieses Jahres erklärte sich die Republik zum „Souveränen Demokratischen Rechtsstaat" und gab sich die Bezeichnung „Republik Sacha", und im April des folgenden Jahres gab sie sich eine neue Verfassung.

Mit der eigenen Verfassung setzte ein neues nationales Selbstbewußtsein ein. Die jakutische Sprache gewinnt zunehmend an Bedeutung, und hohe Posten in Politik und Wirtschaft, die bisher traditionell von Russen eingenommen wurden, werden nun zunehmend mit Jakuten besetzt. RUWWE (1994b) spricht hier von einer „gezielten Jakutisierung des Regierungsapparates". 1995 waren 68 % der Regierunsmitglieder Jakuten, 20 % Russen (und Weißrussen) sowie 11 % Ewenen und Ewenken.

Eine Folge davon ist, daß Teile der russischen Bevölkerung aus Jakutien abwandern. 1993 äußerte über die Hälfte der russischen Fachkräfte, daß sie das Land verlassen wollen, wobei sie als Grund u. a. die ihnen gegenüber reservierte Haltung der Jakuten nannten.

Trotz eines natürlichen Bevölkerungszuwachses nehmen die Einwohnerzahlen der Republik seit 1991 kontinuierlich ab. Die Migrationsbilanz, die im Schnitt der Jahre 1979–1988 mit +96 pro 10 000 Ew. noch positive Werte aufwies, fiel im Zeitraum 1989–1993 auf –146 ab. Prognosen gehen davon aus, daß 1998 die Millionengrenze unterschritten wird und im Jahre 2000 nur noch 992 000 Ew. in der Republik leben werden (POPOV 1995).

Die Fluktuation ist aufgrund der Tatsache, daß in der Industrie in erster Linie russische Zeitarbeiter beschäftigt sind, schon seit Beginn der Diamantenförderung sehr gewesen. Der Migrationsumschlag für die letzten 30 Jahre wird mit über 4 Mio. angegeben – bei einer Republikbevölkerung von gerade einer Million!

Die Wirtschaft
Jakutiens Bedeutung liegt heute – und mehr noch in der Zukunft – ganz und gar in der Förderindustrie. Geologen haben rund 1 000

Lagerstätten erkundet, die der Republik eine gesicherte Zukunft garantieren dürften.

Zu den Bodenschätzen Jakutiens gehört einmal die **Kohle,** von der mehrere hundert Vorkommen bekannt sind und deren Gesamtvorräte nach Bio.t geschätzt werden. Die Mächtigkeit der Flöze beträgt bis zu 25 m, und die Kohle kann meist im Tagebau gefördert werden. Erschlossen sind bisher die Vorkommen bei Syrjanka an der Mittleren Kolyma und vor allem bei Nerjungri im Süden der Republik. Die Nerjungri-Lagerstätte gilt als das größte im Tagebauverfahren abbaubare Kohlevorkommen der Welt. Aufgenommen wurde die Kohleförderung im Jahre 1970.

Zum Abbau der Nerjungri-Kohle ist in den 1970er Jahren der „Territoriale Produktionskomplex (TPK) Südjakutien" gegründet worden (s. Kap. 6.5).

Die *Goldgewinnung* in Jakutien begann 1923 mit der Entdeckung der Vorkommen am Fluß Aldan (nördlich der gleichnamigen Stadt). Im Jahr darauf wurde die staatliche Gesellschaft „Aldansoloto" (russ.: Aldan-Gold) gegründet, die 1929 fast 6 t des Edelmetalles förderte. Später stiegen die jährlichen Produktionswerte auf rund 10 Mio. t an, und bis um 1990 hatte das Aldangebiet insgesamt über 550 t Gold geliefert (POPOV 1995, S. 38).

Weitere Goldvorkommen, die heute ebenfalls ausgebeutet werden, liegen am Oberlauf der Indigirka sowie in den Rayons Kulas und Allach-Jun im Südwesten der Republik. Rund drei Viertel des Goldes stammen aus Flußablagerungen und ein Viertel aus Golderz. Jakutien produziert jährlich etwa 30 t des wertvollen Metalles (d. h. 23 bis 25 % der russischen Goldproduktion)

Tab. 9.35:
Kohleförderung in Jakutien 1970–1994 (in Mio. t)
Quelle: Goskomstat 1995

1970	1980	1990	1994
1,6	3,7	16,9	11,4

und liegt damit in der Föderation auf Platz 2, hinter dem Magadan-Gebiet mit 43 t Jahresförderung. Goldvorkommen mit geschätzten Vorräten von 490 t warten noch auf ihre Erschließung (BfAI 1996). Seit 1993 ist die jakutische Goldförderung von 32 auf 23 (1997) Mio.t abgesunken, vor allem wegen der Erschöpfung wichtiger Tagebaue.

Wodurch Jakutien vor allem bekannt geworden ist, das sind die *Diamantenvorkommen* in dieser Republik. Im August 1949 gab es am Ufer des Wiljui (d. h. in sekundärer Lagerung) den ersten Diamantenfund – nachdem man bereits in den 1930er Jahren geologische Ähnlichkeiten dieses Gebietes mit den diamantenführenden Strukturen Südafrikas erkannt hatte. Bei daraufhin durchgeführten Expeditionen wurde am 21.8.1954 der erste Kimberlitschlot „Jubilejnaja" (russ.: der Bejubelte) östlich von Ajchal und knapp ein Jahr später, am 13.6.1955, der Schlot „Mir" (russ.: Frieden), eine der größten Kimberlitröhren der Erde, entdeckt. Nur drei Tage später stieß man am Polarkreis auf den Schlot „Udatschnaja" (russ.: die Erfolgreiche). In allen drei Schloten wurde die Förderung aufgenommen, wobei die beiden größten Betriebe „Mir" (mit der neu gegründeten Stadt Mirny) 1957 und „Udatschnaja" (mit der neu gegründeten Arbeitersiedlung Udatschny) 1965 die Arbeit aufnahmen. In festungsartigen „Diamantenfabriken" werden die Edelsteine aus dem in einen grauen betonartigen Schlamm verwandelten Gestein herausgelöst (wobei man bei Besuchen dieser Fabriken auf eine erschreckend veraltete Ausrüstung stößt!). Dabei werden aus 10 000 t des grauen Kimberlitgesteines gerade 100 Karat (entsprechen 20 g!) Diamanten gewonnen, was zeigt, daß die Diamantengewinnung mit gewaltigen Materialbewegungen und -bearbeitungen verbunden ist. Riesige Abfallhalden haben sich deshalb im Umkreis der Förderbetriebe gebildet. Beim Landeanflug auf Mirny blickt man auf eine wahre Mondlandschaft aus grauen Halden.

> Die Mirny-Röhre hat einen Durchmesser von 300 m und reicht bis in eine Tiefe von 1 400 m. Der Abbaukrater, Durchmesser etwa 1 100 m, hat heute (Stand 1995) eine Tiefe von 360 m erreicht. Der Tagebaukrater von Udatschny, heute der leistungsfähigste der drei jakutischen Diamantenbetriebe, hat einen Durchmesser von 2 000 m und ging 1990 bis auf eine Tiefe von 300 m. Die Abbauarbeiten werden auch im Winter, bei Temperaturen in der Tiefe des Kraters bis zu –68°C, nicht eingestellt. Auf jeweils 15 min Arbeitszeit folgen für die Arbeitskräfte 15 min Aufwärmzeit an einem offenen Feuer.
>
> Tiefer als 500 m bei Mirny und 600 m bei Udatschny wird man mit der bisherigen Tagebautechnik nicht gehen können. Danach wird eine andere Methode angewandt werden müssen: Von einem senkrechten Parallelschacht werden in verschiedenen Tiefen seitliche Stollen zur Diamantenröhre vorgetrieben. Bei Mirny rechnet man mit einer Umstellung der Fördertechnik um das Jahr 2010, bei Udatschny um 2015. Insgesamt geht man von einer Fortsetzung der jakutischen Diamantenförderung für weitere 40 – 50 Jahre aus.

Übersicht 9.6:
Die Diamantförderung in den Kimberlit-Schloten von Mirny und Udatschny

Zur Energieversorgung der Stadt Mirny wie der gesamten Diamantenregion ist in den 1960er Jahren das Wiljui-Wasserkraftwerk angelegt worden. 1961 wurde mit dem Bau des 70 m hohen Erddammes begonnen. Der Damm staut den Wiljui auf 430 km und seinen rechten Nebenfluß Tschona auf 250 km auf, und der Stausee hat eine Fläche von 2 200 km^2. 1968 lieferte das Wiljui-Kraftwerk den ersten Strom. Es versorgt den Mirny-Rayon (Diamantengebiet) und den benachbarten Suntar-Rayon mit Energie. Aufgrund der unregelmäßigen saisonalen Wasserführung des Flusses kam es jedoch häufig zu Versorgungsengpässen, die u. a. die Diamantenwerke zu einer Drosselung ihrer Produktion zwangen. Aus diesem Grund ist knapp 100 Flußkilometer unterhalb ein zweites Wiljui—Wasserkraftwerk gebaut worden, das bei einer Dammhöhe von 45 m ab 1993 elektrischen Strom liefern sollte (aber 1997 noch nicht arbeitete).

Mirny entstand (etwa zeitgleich mit Bratsk) 1955 als Zeltsiedlung und wurde 1959 Stadt. Heute hat es 40 000 Ew., die großenteils in der Diamantenförderung arbeiten.

Die drei jakutischen Abbaubetriebe liefern 99,8 % der russischen Diamantenproduktion (einige wenige Diamanten werden noch im Gebiet Archangelsk gefördert). In der sozialistischen Ära war die Fördermenge Staatsgeheimnis. Die gewonnenen Diamanten wurden direkt nach Moskau geflogen, ohne daß man in der Hauptstadt Jakutsk erfuhr, welche Werte auf dem Territorium ihrer Republik gefördert worden sind. Heute, unter den geänderten politischen und rechtlichen Bedingungen, sind die Fördermengen bekannt: rund 13 Mio. Karat werden im Jahr hier gewonnen, womit Jakutien mit einem Anteil von 13,7 % den vierten Platz unter allen Diamantenproduzenten der Erde einnimmt. Bei diesen Diamanten handelt es sich ausschließlich um Juwelierdiamanten, wobei die jakutischen als die wertvollsten der Welt gelten: Sie sind i. a. groß, geometrisch gleichförmig und ausgesprochen rein. Man nimmt an, daß in den jakutischen Minen darüber hinaus noch rund 12 Mio. Karat an Industriediamanten (kleiner als ein Achtel Karat) gefördert werden.

Im Juli 1990 schloß die sowjetische Gesellschaft „Glavalmassoloto" (Hauptverwaltung für Diamanten und Gold) einen Vertrag mit der südafrikanischen Firma De Beers, nach der diese 95 % der jakutischen Diamanten vermarktet und dafür Einnahmen von jährlich mindestens einer Mrd. US-$ garantiert. Im Februar 1991 legte die Regierung der Republik Jakutien (bzw. Sacha) dem damaligen Präsidenten der Sowjetunion, Gorbatschow, einen Forderungskatalog vor, in dem eigene Rechte an den Rohstoffen der Region eingefordert wurden. Im Dezember dieses Jahres, nach dem Machtwechsel in Moskau, gewährte der Präsident Rußlands der Republik einen Anteil von 10 % an den geförderten Diamanten, und diese Quote ist im darauffolgenden Jahr auf jakutischen Druck hin auf 20 % erhöht worden. Ferner erhielt die Repu-

Wirtschaftsregionen

blik das Recht, über 11,5 % der Goldförderung und 20 % der Kohle frei zu verfügen. In einem besonderen Vertrag wurde noch vereinbart, daß die Russische Föderation die Jakutische Republik zu angemessenen Preisen mit Lebensmitteln, Industriegütern und technischem Material versorgt. Damit hatte Jakutien mehr erreicht als alle anderen Republiken der Russischen Föderation.

Im Jahr 1992 wurde die Staatliche Gesellschaft „Almasy Rossii" (Russische Diamanten) in die Aktiengesellschaft „Almasy Rossii-Sacha" (ARS) umgewandelt, wobei die Aufnahme des Namens Sacha zum Ausdruck bringt, daß die Diamanten nun nicht mehr allein der Russischen Föderation gehören. Diese Gesellschaft bestreitet heute 90 % des jakutischen Republikhaushaltes.

Die Anteile dieser Gesellschaft verteilen sich wie folgt: 32 % gehören der Russischen Föderation, 32 % der Republik Sacha, 23 % den Arbeitnehmern, 8 % der Administration des Rayons Mirny und 5 % einem sozialen Garantiefonds für Militärangehörige.

Im Jahre 1993 erzielte Jakutien/Sacha mehr als 350 Mio. US-$ Einnahmen aus dem (über De Beers durchgeführten) Exportgeschäft mit seinem zweiundzwanzigprozentigen Diamantenanteil. 1995 wurde in einem neuen Quotenvertrag der Eigenverfügungsanteil der Republik Sacha bei Diamanten auf 25 % (bei Industriediamanten 100 %) und bei Gold auf 15 % erhöht. Das Streben der Jakuten ist gerichtet auf einen Eigenanteil von 50 % bei den Diamanten und 40 % beim Gold! Um die Einnahmen zu erhöhen, beschloß die Republik, die Diamanten, über die sie gemäß dem Vertrag frei verfügen darf (10 % der 25-%-Quote), im eigenen Land zu Brillanten zu schleifen. Ein 1991 aufgestelltes Programm sah den Bau von 16 Schleifwerken, vor allem in den ländlichen Gebieten und unter Einsatz einheimischer Arbeitskräfte, vor. Da es in der Republik an Know-how und auch an Ausrüstungen und Kapital mangelte, wurden entsprechende Joint Ventures mit ausländischen Firmen abgeschlossen.

Am 24. Oktober 1992 wurde in der am oberen Wiljui gelegenen Siedlung Suntar (8 500 Ew.) in einem jakutisch-japanischen Gemeinschaftsbetrieb der erste jakutische Brillant geschliffen. Dieser Betrieb hat eine Kapazität von 50 000–100 000 Karat/Jahr, und die Brillanten sollen ausschließlich auf dem japanischen Markt verkauft werden. 1993 arbeiteten bereits vier derartige Schleifbetriebe in der Republik: zwei in Kooperation mit Japan und je einer mit Israel und Schweden. Auch De Beers unterschrieb ein Abkommen über die Errichtung eines solchen Gemeinschaftsbetriebes mit dem Namen „Polarstern". Durch den Übergang vom bloßen Verkauf zur Verarbeitung der Rohdiamanten kann Jakutien seine Einnahmen aus dem Diamantengeschäft deutlich erhöhen.

Die Zukunft – Erdöl und Erdgas

Zum zweiten Standbein der Wirtschaft Jakutiens wird sich in der Zukunft die Erdöl- und Erdgasförderung entwickeln. Bisher ist erst ein kleinerer Teil der Vorkommen, rund 25 Lagerstätten, erkundet, und allein deren Vorräte belaufen sich auf 850 Mrd. m^3 Erdgas, 23,4 Mio.t Gaskondensat und mehrere hundert Mio.t Erdöl (nach Ruwwe 1994b). Gefördert wurden 1993 für den Eigenbedarf erst 1,6 Mrd. m^3 Erdgas. Die Prognosen für förderbares Erdgas belaufen sich auf etliche Trillionen m^3 – wobei daran erinnert werden muß, daß das derzeit größte genutzte Erdgasfeld der Welt, das von Nowy Urengoi, über Vorräte von 7,4 Bio. m^3 verfügt.

In russischen Planungen wird Jakutien bereits als die künftige Erdgasbasis der Föderation bezeichnet. Zu den perspektivreichsten Zielen gehört das Projekt „Sacha-Gas", bei dem im sogenannten Tschajadinsker Vorkommen westlich von Wiljuisk sechs Erdgaslagerstätten mit einem Gesamtvorrat von 1,6 Trillionen m^3 erschlossen werden sollen. Aus diesen Gasfeldern sollen neben der eigenen Industrie auch ostasiatische Nachbarländer versorgt werden. Als der russische Präsident Jelzin 1996 in

China war, wurde dort ein Vertrag mit einem Volumen von 8 Mrd. US-$ vereinbart, nach dem eine Gaspipeline von Mitteljakutien bis nach Nordchina gebaut wird, durch die China und später (nach entsprechender Fortführung) auch andere ostasiatische Länder mit Erdgas versorgt werden sollen.

Nach RUWWE (1994b; S. 35) gehört Jakutien schon heute zu den größten Exporteuren der Russischen Föderation. Die Außenhandelsbilanz ist positiv: 1993 standen einem Exportvolumen in Höhe von 44,8 Mrd. Rubeln (in damaligen Preisen) Importe in Höhe von 23,1 Mrd. Rubeln gegenüber.

Nach einem 1994 aufgestellten „Programm der sozial-ökonomischen Entwicklung der Republik Sacha" wird gezielt an der Umstrukturierung und Weiterentwicklung der jakutischen Wirtschaft gearbeitet. 1994 war die Republik die erste der 89 Regionen der Russischen Föderation, die gegenüber dem Vorjahr mit 100,4 % ein Wachstum verzeichnen konnte.

Die einst bedeutungsarme Nordregion entwickelt sich damit immer mehr zu einem wichtigen Wirtschaftsfaktor im ostasiatisch-pazifischen Raum, in dessen Richtung sie sich auch zunehmend orientiert.

9.4.8 Die übrigen Gebiete im Überblick

Die in den obigen Kapiteln nicht behandelten Gebiete Region Altai, Republik Altai, Gebiet Omsk, Gebiet Tomsk, Republik Chakassija, Republik Tuwa und Gebiet Tschita machen mit einer Gesamtfläche von 1,38 Mio. km^2 einen Anteil von rund 14 % an Sibirien aus.

Die *Region Altai,* die das nördliche Altai-Vorland einnimmt, ist ein weites Steppengebiet. Mit einer Anbaufläche von rund 6,5 Mio. ha bildet sie die Hauptkornkammer Sibiriens. Im Schnitt der Jahre 1986–1990 wurden hier jährlich mehr als 5 Mio. t Getreide geerntet (1991–1995 allerdings nur noch 3,5 Mio. t).

Die Altai-Region gehört der Gruppe 2 der Regionalklassifikation Sibiriens an (s. Kap. 9.3.), was bedeutet, daß sie über wenig Rohstoffe, aber über eine entwickelte Verarbeitungsindustrie verfügt. Die dem Besucher überraschend freundlich erscheinende Hauptstadt Barnaul (1996 = 594 000 Ew.) weist als eines der Zentren der Rüstungsindustrie (22 % der Industriebeschäftigten in diesem Sektor) heute die damit überall in Sibirien verbundenen Strukturprobleme auf. Die Wirtschaftsleistung fiel deshalb zwischen 1990 und 1995 auf 41 % ab.

In der Industriestruktur (Angaben jeweils für 1995 nach Goskomstat 1996) lag 1995 der Maschinenbau mit einem wertmäßigen Anteil von 24,7 % vor der Lebensmittelverarbeitung mit 17,9 %.

Im Altai-Gebirgsraum hat sich im März 1992 die *Republik Altai* gebildet, deren Hauptstadt Altaisk (früher Gornoaltaisk) gerade 48 000 Ew. hat.

Das Wirtschaftsspektrum der Republik zeigt eine bescheidene Landwirtschaft in der Bergfußzone sowie Bergbau im Gebirge (Gold, Quecksilber). Das Gebiet, das nur eine schwache Infrastruktur aufweist, gehört zu den am wenigsten entwickelten Regionen Sibiriens und stellt heute einen Problemraum dar. Das touristische Potential des Altai-Gebirges wird sich für ausländische Besucher kaum nutzen lassen, da das Gebiet durch die jahrzehntelangen unter- wie oberirdischen Atomtests im nahen Semipalatinsk eine starke Verstrahlung aufweist.

In der Industriestruktur nimmt die Lebensmittelverarbeitung mit 45,5 % vor der Buntmetallurgie mit 12,2 % und der Leichtindustrie mit 12,0 % die führende Stelle ein.

Das *Gebiet Omsk* liegt zur Hälfte im Waldland und zur anderen Hälfte in Waldsteppe

Wirtschaftsregionen

und Steppe. Mit 3,75 Mio. ha Anbaufläche ist es das zweitwichtigste Landwirtschaftsgebiet Sibiriens. Hier wurden im Schnitt der Jahre 1991–1995 mehr als 2,3 Mio. t Getreide geerntet. Omsk ist mit 1,16 Mio. Einwohnern die zweitgrößte Stadt Sibiriens. Führender Wirtschaftszweig ist, aufgrund der Nähe zu den westsibirischen Ölfeldern, der Bereich Erdölverarbeitung, der in der Industriestruktur des Gebietes einen Anteil von 45,7 % einnimmt. An zweiter Stelle folgt der von der Rüstungsindustrie dominierte Maschinenbau.

Das Gebiet *Tomsk* liegt am Südrand der westsibirischen Sumpfwaldzone, und entsprechend gering ist auch seine Anbaufläche (0,63 Mio. ha).

Der Nordzipfel des Gebietes reicht mit dem Ölfeld von Streshewoi bis in die westsibirische Erdölregion, weshalb in der Hauptstadt Tomsk (1996 = 473 000 Ew.) die Erdölverarbeitende Industrie mit einem Anteil an der Industrieproduktion von 31,6 % der dominante Wirtschaftszweig ist. Auf den weiteren Plätzen folgen Chemie und Petrochemie mit 21,7 % und der Maschinenbau mit 16, 5 %.

30 km außerhalb des Stadtzentrums liegt im Stadtteil „Tomsk-7" das „Sibirski Chimkombinat", in dem Atommaterial für die Rüstung hergestellt wird (bzw. wurde). Von hier ging jahrzehntelang eine starke radioaktive Verseuchung der Luft und des Wasser aus.

Die *Republik Chakassija* gehörte bis 1992 als „Autonomes Gebiet der Chakassen" der Krasnojarsker Region an. Das Gebiet nimmt die Westhälfte des Minussinsker Beckens und damit auch den Westteil des „Sajaner TPKs" ein. Hier sollte ein „Sibirisches Ruhrgebiet" aufgebaut werden, wie man bei Reisen durch dieses Gebiet zu Beginn der 1980er Jahre immer wieder zu hören bekam), aber heute ist von solch einer Entwicklung nicht viel zu sehen. Neben den Bodenschätzen (vor allem Buntmetalle und Kohle) gehört zum Potential der Republik das Wasserkraftwerk von Sajan-Schuschenskoje mit der um das daran angeschlossene Aluminiumwerk gebauten neuen Stadt Sajanogorsk. Wichtigster Betrieb in der Hauptstadt Abakan (1996 = 163 000 Ew.) ist ein Waggonwerk.

In der Industriestruktur der Republik dominiert die Buntmetallurgie mit 48,9 %, mit weitem Abstand gefolgt von der Brennstoffwirtschaft (Kohleförderung) mit 7,8 % und der Lebensmittelindustrie mit 6,9 %.

Die *Republik Tuwa* gehörte bis 1920 der Mongolei an und war von 1921 bis 1944 ein unabhängiger Staat, der aber seine Unabhängigkeit zwischen den großen Nachbarn auf Dauer nicht behaupten konnte.

Für die Sowjetunion war das Gebiet wegen seiner Bodenschätze (Kohle, Edelmetalle, Bauxit und vor allem Uranerze) interessant geworden. Am 11.10. 1944 wurde das Gebiet der Sowjetunion einverleibt, was eine völkerrechtswidrige Annexion darstellte, die aber international kaum Beachtung fand.

Tuwa ist im Süden Sibiriens in ethnischer wie religiöser Hinsicht ein Vorposten der Mongolei und des Buddhismus. Eine „Tuwinische Volksfront" forderte 1990 den Austritt aus der Russischen Föderation, was zu blutigen Auseinandersetzungen zwischen Tuwinern und Russen führte und ein Abwandern großer Teile der russischen Bevölkerung zur Folge hatte. 1992 unterzeichnete die Regierung trotz aller Nationalkonflikte den Föderationsvertrag. In Artikel 1 der neuen Verfassung weist aber die „Souveräne Republik" darauf hin, daß sie das Recht besitzt, auf dem Wege über eine Volksabstimmung jederzeit aus der Russischen Föderation auszutreten. Die Hauptstadt Kysyl hat heute 88 000 Ew.

In der Industriestruktur dieses unterentwickelten Gebietes liegt die Lebensmittelverarbeitung mit einem Anteil von 26,3 % an erster Position, gefolgt von der Buntmetallurgie mit 17,4 % und der Stromproduktion (Anteil an Sajan-Schuschenskoje) mit 15 %

Das *Gebiet Tschita* (einschließlich des Autonomen Kreises der Aginsker Burjaten) ist reich an wertvollen Bodenschätzen wie Kupfer, Silber und Gold, die zum Teil in der BAM-Zone (s. Kap. 6.6) liegen. Dieser Reichtum hat aber dazu geführt, daß das Gebiet lediglich als Rohstofflieferant für die Sowjetunion bzw. Rußland behandelt wurde.

Wegen der Grenzlage zu China hat Moskau kaum Investitionen in dieses Gebiet geleitet. Aus diesem Grund muß das Gebiet um die Hauptstadt Tschita (1996 = 321 000 Ew.) heute als äußerst strukturschwach bezeichnet werden.

In der Industriestruktur rangiert die Buntmetallurgie mit einem Anteil von 26 % auf dem ersten Platz, gefolgt von der Stromproduktion mit 25,6 %. Von allen sibirischen Regionen erlebte das Gebiet Tschita zwischen 1990 und 1995 den stärksten Wirtschaftseinbruch: einen Rückgang auf nur 33 %! Auch der Versuch, Investoren durch die Ernennung des Gebietes zur „Freien Wirtschaftszone Daurija" anzulocken, zeigte keine Erfolge.

10 Sibirien im Rahmen der Weltwirtschaft

Nach rund 70jähriger Unterbrechung während der Sozialismus-Ära fließt heute wieder ausländisches Kapital nach Rußland und damit auch nach Sibirien. Dieser Schritt, sich der Welt zu öffnen und Anteile an sibirischen Prestigeobjekten (wie den Großwasserkraftwerken) auch an ausländische Unternehmen zu verkaufen, ist den Verantwortlichen in der Anfangszeit schwergefallen[32]. Inzwischen aber hat sich die Zahl der „Betriebe mit ausländischen Investitionen" (BAI, eingeschlossen sind dabei die Joint Ventures) in Sibirien von Jahr zu Jahr erhöht, von rund 500 im Jahre 1992 auf rund 800 im Jahre 1993, 1 200 im Jahre 1994 und etwa 1 400 im Jahre 1995. Die wirklichen Zahlen dürften jedoch noch höher sein, da bekanntlich viele sibirische Betriebe ihre Adresse in Moskau oder St. Petersburg haben und demzufolge in den dortigen Statistiken geführt werden (nach BOGOMOLOVA 1997, S. 98).

Die Tabelle 10.1 zeigt, wie hoch der Anteil ausländischen Kapitals bereits 1995 in den wichtigsten Industriezweigen der einzelnen sibirischen Regionen (bezogen auf Kap. 9.4.1 bis 9.4.7) gewesen ist. Seitdem sind diese Werte generell noch weiter angewachsen, wie es das Beispiel Tjumen aufzeigt.

In einer jüngeren Quelle (Siberian Business Review, Sept. 1997) wird der Anteil ausländischer Investitionen in der Brennstoffwirtschaft des Gebietes Tjumen mit 50 % angegeben, worin sich die neueren Entwicklungen widerspiegeln. Große Joint Ventures sind hier JuganskFrankmaster und Samotlor-Service, mit ausländischen Partnern jeweils aus Kanada, sowie Bjelye Notschi (russ.: Weiße Nächte) und Varenga-Neft, mit ausländischen Partnern aus den USA. In die Reihe großer Gemeinschaftsbetriebe im Tjumener Brennstoffsektor gehört zweifellos auch das deutsch-russische WINGAS-Unternehmen.

Neben Erdöl und Erdgas zählt das Holz zu den begehrtesten Rohstoffen Sibiriens, was

---

32 Der Verfasser wurde 1991 vom Wirtschaftsinstitut der Sibirischen Akademie der Wissenschaften in Nowosibirsk gebeten, seine Vorstellungen von einer Weiterentwicklung Sibiriens in einem Aufsatz niederzuschreiben. Der Aufsatz, der den Titel trug „Sibiriens Zukunft - nur im Rahmen der Weltwirtschaft", wurde mehr als ein Jahr lang in der Redaktion zurückgehalten, da reaktionäre Redakteure in den darin vorgetragenen Thesen den Vorschlag für einen Ausverkauf Sibiriens sahen. Erst, als die Entwicklung tatsächlich genau in die angegebene Richtung ablief, wurde der Aufsatz (WEIN 1993) veröffentlicht.

Sibirien im Rahmen der Weltwirtschaft

sich in einer entsprechend hohen Zahl an Betrieben mit ausländischem Kapital widerspiegelt. Insgesamt beträgt im Bereich Holzwirtschaft / Holzverarbeitung der Anteil ausländischen Kapitals in Sibirien 46 %. An der Spitze liegt dabei das Irkutsker Gebiet mit einem Anteil von 87 % , gefolgt von der Region Krasnojarsk mit 56 %. Der hohe Zufluß ausländischer Investitionen Anteil in die Holzwirtschaft zeugt vor allem von dem starken Interesse Japans an diesem Rohstoff. Im Irkutsker Gebiet stellt das mit Japan gegründete holzwirtschaftlich ausgerichtete Joint Venture „Igirma-Tairiku" eines der führenden Gemeinschaftsunternehmen ganz Sibiriens dar. Ein zweiter entsprechender Gemeinschaftsbetrieb mit Japan ist das Holzunternehmen „Baikal". Aber auch westliche Länder sind in der Holzwirtschaft engagiert, wie es das ebenfalls im Irkutsker Gebiet ansässige Gemeinschaftsunternehmen „Sibmix-International" mit Großbritannien als Partner beweist.

Bei der von ausländischen Partnern betriebenen Holzwirtschaft ist aber zu befürchten, daß sie in Form des in Kap. 2.3.2 beschriebenen Raubbaues erfolgt und zu einer Schädigung der sibirischen Natur führt. Die Integration Sibiriens in die Weltwirtschaft kann somit durchaus in eine Form führen, die sich nur wenig von den Ausbeutungsmethoden der sozialistischen Ära unterscheidet.

Die Tabellen 10.2 und 10.3 zeigen, wie stark Sibirien rund 5 Jahre nach seiner Öffnung bereits in die Weltwirtschaft integriert ist. Sie lassen auch erkennen, welche Länder es vor allem sind, die sich in den einzelnen sibirischen Regionen engagieren. China, Japan, die Mongolei und Südkorea nehmen, nach Osten zunehmend, eine starke Stellung in Sibirien ein.

China, das auf Platz 1 der Investitionsländer steht, engagiert sich aber nicht nur im Osten Sibiriens, sondern nimmt auch im westsibirischen Gebieten Omsk und in der Region Altai die führende Stellung ein. Dieses „Sich-Einkaufen" Chinas in die sibirische Wirtschaft wird aber nicht von allen Seiten vorbehaltlos gesehen.

Deutschland steht hinter China und den USA auf dem dritten Platz der Investitionsländer in Sibirien und zeigt damit , mehr als andere EU-Länder, deutliche Präsenz in Sibirien. Auf Platz 4 folgt Österreich.

Die intensive Einbindung Sibiriens in die Weltwirtschaft spiegelt sich vor allem in der Zahl der Joint Ventures wider. 1992 gab es (nach Goskomstat 1995) in Sibirien 246 und zwei Jahre später 833 Gemeinschaftsunternehmen mit ausländischen Partnern – bei weiterhin ansteigenden Zahlen! Die Exporte dieser sibirisch-ausländischen Gemeinschaftsunternehmen beliefen sich 1994 auf insgesamt 961 Mio. US-$, die Importe auf 140 Mio. US-$. Bis 1995 waren die Zahlen noch einmal deutlich angewachsen.

Es zeigt sich, daß das heute wirtschaftlich relativ schwache Nowosibirsker Gebiet die meisten Joint Ventures aufweisen kann, was auf die Bedeutung der Stadt Nowosibirsk als größtes (internationales) Zentrum Sibiriens und als Verkehrsknotenpunkt zurückzuführen ist. Die meisten der dortigen

Tab. 10.1: Regionen und führende Branchen der „Betriebe mit ausländischen Investitionen" (BAI) in Sibirien Ende 1995
Quelle: BOGOMOLOVA 1997, Tab. 1

Region	Branchen	Anteil ausländischen Kapitals (%)
Tjumen	Holz/Holzverarbeitung	46
	Brennstoffindustrie	21
	Maschinenbau	10
	Lebensmittelindustrie	10
Nowosibirsk	Maschinenbau	37
Kemerowo	Brennstoffindustrie	32
	Maschinenbau	23
	Holz/Holzverarbeitung	19
Krasnojarsk	Holz/Holzverarbeitung	56
Irkutsk	Holz/Holzverarbeitung	87
Burjatien	Holz/Holzverarbeitung	33
	Buntmetallurgie	18
Sacha/Jakutien	Holz/Holzverarbeitung	25
	Buntmetallurgie	22

Region	Hauptinvestitionsländer
Tjumen	USA, Deutschland, Kanada, Bulgarien, Türkei
Nowosibirsk	China, USA, Deutschland, Bulgarien, Österreich
Omsk	China, USA, Deutschland, Kanada
Tomsk	Deutschland, Großbritannien, USA, China
Kemerowo	China, Deutschland, USA, Österreich, Italien
Region Altai	China, Deutschland, USA, Südkorea
Republik Altai	USA, Deutschland Südkorea
Krasnojarsk	Deutschland, Österreich, China, USA, Mongolei
Irkutsk	China, USA, Japan, Italien, Österreich
Chakassija	China, Italien, Polen, USA
Tschita	China, USA, Australien, Deutschland
Burjatien	China, Mongolei, USA, Südkorea, Japan
Sacha/Jakutien	USA, China, Japan, Kanada

Tab. 10.2: Regionen Sibiriens und ihre führenden Investitionsländer 1995
Quelle: BOGOMOLOVA 1997, Tab. 2

Großraum / Region	Zahl der Joint Ventures
Westsibirien	
Gebiet Tjumen	140
Gebiet Omsk	110
Gebiet Tomsk	95
Gebiet Nowosibirsk	186
Gebiet Kemerowo	96
Republik Altai	10
Region Altai	100
Ostsibirien	
Region Krasnojarsk	46
Republik Chakassija	8
Gebiet Irkutsk	103
Republik Burjatien	62
Gebiet Tschita	45
Republik Sacha	34
Summe	1 035

Tab. 10.3: Anzahl der „arbeitenden" Joint Ventures in den sibirischen Regionen 1995
Quelle: Goskomstat 1996

Gemeinschaftsbetriebe sind jedoch kleinere Unternehmen, vor allem im Dienstleistungssektor. Auf Platz 2 rangiert (zahlenmäßig) das Tjumener Gebiet mit seinen reichen Erdöl- und Erdgasvorkommen, das gerade in den letzten Jahren – nachdem man dort in den frühen 1990er Jahren noch über das Ausbleiben westlicher Investoren geklagt hatte – viele und vor allem großvolumige Investitionen an sich ziehen konnte. Im Erdgasbereich werden jedoch – da der Konzern Gasprom seinen Sitz in Moskau hat – viele Gemeinschaftsunternehmen (so auch WINGAS) unter Moskauer Adressen geführt und treten somit nicht als eigentlich sibirische Joint Ventures in Erscheinung. Insgesamt aber nimmt in der Weltwirtschaft das Gewicht der sibirischen Regionen immer weiter zu.

Im Zuge der allgemeinen Globalisierung lösen sich die Regionen aus der Moskauer Bevormundung und gehen eigene Kontakte mit dem Ausland ein. Sibirien hat sich dabei zu einer Brücke zwischen dem europäischen Rußland und dem ostasiatisch-pazifischen Raum entwickelt. Der Raum jenseits des Urals ist damit selbstbewußter geworden und wird sicherlich der Moskauer Zentrale weitere Zugeständnisse im Hinblick auf die Eigenverfügbarkeit der lokalen Ressourven abverlangen.

Im Export der Russischen Föderation nimmt Sibirien eine wichtige Stellung ein, in einzelnen Bereichen dominiert es, wie Tabelle 10.4 belegt, sogar die russischen Ausfuhren.

Unter den Exporteuren der Russischen Föderation (d.h. unter 89 Regionen) stehen die sibirischen Gebiete Tjumen, Kemerowo und Krasnojarsk auf den Plätzen 2, 3 und 4, was zeigt, welche außenwirtschaftliche Stellung sich vor allem die rohstoffreichen sibirischen Regionen erarbeitet haben.

1994 exportierten 6 037 sibirische Firmen Güter (meist Rohprodukte) ins Ausland, und 118 von ihnen nahmen dabei mehr als 5 Mio. US-$ ein (davon 35 im Gebiet Kemerowo, 18 im Gebiet Irkutsk und 13 im Gebiet Tjumen).

Gas	99
Erdöl	88
Aluminium	85
Kupfer	73
Kohle	59
Nickel	45
Sägeholz	34
Zellulose	32

Tab. 10.4:
Exportanteile Sibiriens (in %) innerhalb der Russischen Föderation
Quelle: SELIVERSTOV 1997, S. 44

Land	Volumen	Land	Volumen
1. USA	985	7. Singapur	138
2. Japan	812	8. Ungarn	130
3. China	706	9. Rumänien	127
4. Niederlande	463	10. Schweiz	122
5. Deutschland	224	11. Südkorea	120
6. Großbritannien	144	12. Frankreich	117

Tab. 10.5:
Zielländer und Volumina sibirischer Exporte 1995 (in Mio. US-$), Sibirien ohne Sacha
Quelle: SELIVERSTOV 1997, S. 172

Die auf Platz 1 liegenden Vereinigten Staaten (Tab. 10.5) beziehen vor allem Buntmetalle aus Sibirien, das auf Platz 2 liegende Japan in erster Linie Holz und Holzprodukte (Zellulose).

Bis weit in die 1980er Jahre hinein war der größte Teil Sibiriens ganz und gar gegenüber dem Ausland abgeschottet. Weite Teile der Region waren für Ausländer absolut unzugänglich. Heute, wo die einzelnen Regionen weitgehend selber über ihr Schicksal verfügen können, hat Sibirien sich der Welt geöffnet. Ausländische, vor allem japanische Geschäftsleute, gehören heute zum selbstverständlichen Bild in allen sibirischen Hotels. Westliche (einschließlich polnische) Waren, die früher den Menschen unzugänglich waren, gehören heute zum festen Angebot in allen Geschäften. Nach offiziellen Angaben exportierten 1997 insgesamt 103 Länder Waren nach Sibirien.

Würde man eine Weltkarte zeichnen, in die als Verbindungslinien die Kontakte der sibirischen Regionen, die sie über den Außenhandel sowie über Kooperationen mit den Ländern der Welt unterhalten, eingetragen sind, würde man erkennen, wie intensiv Sibirien bereits heute in das Gefüge der globalen Wirtschaft integriert ist. Diese Einbindung wird im Laufe der nächsten Jahre sicherlich noch weiter anwachsen. Wie eng die Anbindung Sibiriens an Westeuropa geworden ist, veranschaulicht deutlich die Abbildung 9.3, die die Pipeline-Stränge zwischen dem Norden Westsibiriens und Deutschland aufzeigt.

Im *verarbeitenden Bereich,* das haben die Regionaldarstellungen (Kap. 9.4) deutlich gezeigt, sind die Chancen Sibiriens, am Weltmarkt teilzuhaben, nur gering. Die vorhandenen Industrieanlagen sind großenteils hoffnungslos überaltert, die Infrastruktur (Verkehr, Kommunikation) ist unterentwickelt, und die ökologische Belastung der Industrieregionen ist außergewöhnlich hoch. Hier müßten erst einmal die Voraussetzungen für eventuelle Investitionszuströme geschaffen werden, die – wenn überhaupt – nur im Bereich einer Konversion der für russische Verhältnisse hochtechnisierten Rüstungsindustrie zu erwarten sind. Ansonsten dürfte es für die Verarbeitende Industrie in Sibirien wenig Perspektiven geben. Heute kommt hinzu, daß ausländische Produkte den russischen Verbrauchermarkt überfluten und der einheimischen Industrie kaum mehr die Chance zur Entwicklung gleichwertiger Güter lassen. Dies bedeutet, daß die sibirischen Städte, in denen in sozialistischen Zeiten personell übersetzte Arbeitskollektive unter oft menschenunwürdigen Bedingungen in maroden Fabriken gearbeitet haben, unter heutigen Bedingungen keine großen Zukunftsperspektiven haben dürften. Die Arbeitslosigkeit in den Städten wird sicherlich anwachsen, die Abwanderung weiter zunehmen. Schon heute zeichnen sich hier soziale Probleme ab.

Attraktiv für ausländische Investoren sind vor allem die sibirischen Rohstoffgebiete, deren Vorkommen oft zu den ertragsreichsten der Welt gehören.

Im *Rohstoffbereich* haben die sibirischen Exportgüter vereinzelt bereits globale Bedeutung erreicht. Wie schon erwähnt, stieg im Frühjahr des Jahres 1998 der Nickelpreis auf dem Weltmarkt drastisch an, nur weil die Norilsker Hüttenarbeiter mit einem Streik gedroht hatten. Ein Jahr später stiegen in der ganzen Welt die Palladium-Notierungen auf den Höchststand seit 18 Jahren, weil (aus ungenannten Gründen) monatelang aus Sibirien weder dieses Edelmetall noch Platin ausgeführt worden waren. In Japan hatte die Besorgnis um ein weiteres Ausbleiben der sibirischen Exporte hektische Deckungskäufe ausgelöst. Diese Beispiele zeigen, wie sehr die Weltwirtschaft in einzelnen Sektoren von den sibirischen Rohstoffen abhängig ist. Die Bedeutung der sibirischen Rohstoffe wird weiter zunehmen, wenn die Vorräte in anderen Teilen der Welt (wie es Hochrechnungen ja prognostizieren) zur Neige gehen werden. Das heißt, daß Sibirien als Rohstofflieferant in der Weltwirtschaft eine immer wichtigere Rolle zufallen wird. Besonders die rohstoffarmen Länder Ostasiens, wie Korea und Japan, sind schon heute in starkem Maße am Handel und an Kooperation mit Sibirien interessiert, und die Zahl dieser Partnerländer wird zweifellos zunehmen.

Zu den Exportressourcen zählen auch die Energieträger Erdöl und Erdgas, und für Deutschland ist Rußland (und hier vor allem Westsibirien) der führende Energielieferant. Umgerechnet in Steinkohleeinheiten bezog unser Land 1996 von dort 68 Mio. t, was einen deutlichen Vorsprung vor den nachfolgenden Lieferländern (Norwegen = 42 Mio. t, Großbritannien = 25 Mio. t, Libyen = 18 Mio. t, Saudi-Arabien = 10 Mio. t) bedeutete. Ein Drittel des deutschen Erdgasverbrauches wird mit sibirischem Erdgas abgedeckt, und mit der neuen Jamal-Europa-Pipeline wird die Stellung Westsibiriens als Energielieferant auch weiterer westeuropäischer Länder noch stärker werden. Während Westsibirien nach Europa Energie liefert, wird Ostsibirien zu einer Energiebasis für Ost- und Südostasien ausgebaut. Schon heute liefert das Irkutsker Gebiet elektrischen Strom nach Nordchina, und von Jakutien soll Erdgas nach China und in weitere Länder des pazifischen Raumes transportiert werden. Auch im Energiesektor wird Sibirien somit eine immer wichtigere Stellung in der Weltwirtschaft einnehmen.

Das Interesse an den sibirischen Rohstoffen spiegelt die Tabelle 10.1 wider, die zeigt, daß sich die meisten Investoren 1995 in den Bereichen Holzwirtschaft Brennstoffindustrie (Erdöl, Erdgas und Kohle) sowie Buntmetallurgie engagiert hatten. Schon heute, nach erst wenigen Jahren freier Marktwirtschaft, hat sich Sibirien im Bereich der Rohstoff- und Förderwirtschaft eine positive Stellung erarbeiten können.

Nur darf Sibirien (im Interesse seiner arbeitenden Menschen) auf dem Stand des bloßen Rohstofflieferanten nicht stehen bleiben. Die Region muß versuchen, über eine qualitative Verarbeitung ihrer Güter auch höherwertige Waren auf dem Weltmarkt anzubieten, wie es heute eigentlich nur bei Militärgütern der Fall ist. Ohne Kooperationen mit dem Ausland wird aber dieser Schritt kaum zu vollziehen sein. Es kommt daher darauf an, auch in diesem Bereich die Attraktivität Sibiriens (u. a. über Verbesserung der Infrastruktur und der Ökologie) für ausländische Investoren zu steigern.

Es bleibt abschließend zu hoffen, daß die ausländischen Partner Sibirien nicht als bloße Ausbeutungsregion, als neue Kolonie des Westens bzw. Südostasiens, ansehen, sondern auch Verantwortung übernehmen für eine nachhaltige Entwicklung dieses ökologisch leicht verletzlichen und sozial stark angespannten Raumes.

Kontaktadressen (zu den Regionen, dargestellt in Kap. 9.4.1 bis 9.4.7)

Gebiet Tjumen

Administration des Tjumener Gebietes
Ul. Respublika 52, 625018–Tjumen
Tel./Fax 007–3452–265086

Wirtschaftsministerium des Tjumener Gebietes
Ul. Respublika 18, 625018–Tjumen
Tel. 007–3452–268000
Fax 007–3452–242209

Tjumener Regionalzentrum für
Außenwirtschaftsbeziehungen
Ul. Karla Marksa 1/57, 62500–Tjumen
Tel. 007–3452–293524
Fax 007–3452–241228

Administration der Stadt Surgut
Ul. Engelsa 8, 626400–Surgut
Tel. 007–3462–206033
Fax 007–3462–224553

Administration der Stadt Nishnewartowsk
Ul. Tajeshnaja 24, 626440–Nishnewartowsk
Tel. 007–3466–242550

Staatliche Universität Tjumen
Ul. Semakowa 10, 62561–Tjumen
Tel. 007–3452–62930

Gebiet Nowosibirsk

Administration des Nowosibirsker Gebietes
Krasny Prospekt 18, 630011–Nowosibirsk
Tel. 007–3832–232995
Fax 007–3832–235700

MASS (Assoziation Sibirische Vereinbarung)
Krasny Prospekt 1, 630007-Nowosibirsk
Tel. 007–3832–233403/235932
Fax 007–3832–237738

Sibirische Handelsbank
Krasny Prospekt 25, 630099–Nowosibirsk
Tel. 007–3832–980200
Fax 007–3832–236576

Internationale Sibirische Messe
Ul. Gorkogo 16, 630090–Nowosibirsk
Tel. 007–3832–980128

Handels- und Industriekammer Nowosibirsk
Ul. Karla Marksa 1, 630064–Nowosibirsk
Tel. 007–3832–464065
Fax 007–3832–465401

Staatliche Universität Nowosibirsk
Ul. Pirogowa 2, 630090–Nowosibirsk
Tel. 007–3832–356244
Fax 007–3832–355237

Präsidium der Sibirischen Abteilung der
Akademie der Wissenschaften
Prospekt Lawrentjewa 17, 630090–Nowosibirsk
Tel. 007–3832–350567
Fax 007–3832–354846

DIHT Außenstelle Nowosibirsk
Ul. Lenina 21/Hotel. Sibir, 630004–Nowosibirsk
Tel. / Fax 007–3832–234656

Informations-und Wirtschaftszentrum des
Nowosibirsker Gebietes in Deutschland
Senckenberganlage 10–12
60325– Frankfurt am Main
Tel. 069–751327/28
Fax 069–7434377

Gebiet Kemerowo

Administration des Gebietes Kemerowo
Sovetskij Prospekt 62, 650099–Kemerowo
Tel./Fax 007–3842–263409

Staatliche Universität Kemerowo
Krasnaja Uliza 6, 650043–Kemerowo
Tel. 007–3842–231226
Fax 007–3842–233885

Handels- und Industriekammer des Kusbass
Prospekt Sovetskij 63, 650099–Kemerowo
Tel. 007–3842–254432
Fax 007–3842–252590

Kusbassbank
Ul. Kirowa 12, 650099–Kemerowo
Tel. 007–3842–265734
Fax 007–3842–267611

Vereinigung der Geschäftsleute des Kusbass
Tel. 007–3842–253290

Region Krasnojarsk

Administration Krasnojarsk
Prospekt Mira 110, 660009–Krasnojarsk
Tel. 007–3912–493363
Fax 007–3912–224383/221178

Administration Krasnojarsk,
Department für Ökonomie
Ul. Karla Marksa 93, 660049–Krasnojarsk
Tel. 007–3912–222231, Fax 007–3912–222512

Staatliche Universität Krasnojarsk
Svobodnyj Prospekt 79, 660062–Krasnojarsk
Tel. 007–3912–256950

Gebiet Irkutsk

Administration des Irkutsker Gebietes
Pl. Kirowa, Dom Sovetov, 664000–Irkutsk
Tel. 007–3952–341647, Fax 007–3952–341565

Außenwirtschaftsabteilung der Administration
Pl. Kirowa, Dom Sovetov, 664000–Irkutsk
Tel. 007–3952–341631
Fax 007–3952–341565

Staatliche Außenwirtschaftsgesellschaft des Irkutsker Gebietes
Ul. Rossijskaja 17, 664000–Irkutsk
Tel. 007–3952–336565
Fax 007–3952–336752

Ostsibirische Handels- und Industriekammer
Ul. Suche-Batora 16, 664003–Irkutsk
Tel. 007–3952–335128
Fax 007–3952–335066

Staatliche Universität Irkutsk
Ul. Karla Marksa 1, 664003–Irkutsk
Tel. 007–3952–244430
Fax 007–3952–332238

Irkutsker Staatliche Wirtschaftsakademie
Ul. Lenina 11, 664015–Irkutsk
Tel. 007–3952–340155/341057
Fax 007–3952–336300/335838

IrkutskEnergo
Ul. Suche-Bator 3, 664000–Irkutsk
Tel. 007–3952–288 305
Fax 007–3952–288 899

Republik Burjatien

Ministerrat der Republik Burjatien 1,
Dom Sovetov, 670000–Ulan-Ude
Tel. 007–30122–24703

Wirtschaftsministerium
Tel. 007–30122–23902

Außenhandelsorganisation
Burjatwneschtorg, Dom Sowjetow
670001–Ulan-Ude
Tel. 007–30122–25422

Jakutien/Republik Sacha

Präsident der Republik Sacha
Prospekt Lenina 30, 678011–Jakutsk
Tel. 007–41122–22266
Fax 007–41122–43714

Ministerium für auswärtige Angelegenheiten der Republik Sacha
Ul. Kirowa 1, 677022–Jakutsk
Tel. 007–41122–43706

Administration des Progamms für sozial-ökonomische Entwicklung der Republik Sacha
Ul. Kirowa 1, 677023–Jakutsk
Tel. 007–41122–44421
Fax 007–41122–40549

Staatskomitee der Republik Sacha für Wirtschaft und Prognose
Ul. Kirowa 11, 677022–Jakutsk
Tel. 007–41122–20592
Fax 007–41122–43459

Aktiengesellschaft Almasy Rossii-Sacha
Ul. Jaroslawskogo 14, 677018–Jakutsk
Tel. 007–41122–52642

Handels- und Industriekammer der Republik Sacha
Ul. Staduchina 63/1, 677005–Jakutsk
Tel. 007–41122–42478/27048
Fax 007–41122–42478/42268

Staatliche Universität Jakutsk
Ul. Belinskogo 58, 677891–Jakutsk
Tel. 007–41122–63344

Literatur

ACHARYJ, A. (1995): Kahlschlag am Polarkreis. In: World-Watch-Umweltmagazin, H. 4, S. 23–33. Frankfurt.

AFANAS'EVA, G.M. [Hrsg.] (1996): Sovremmenye tendencii reproduktivnych processov u narodov severa. Moskva.

AGANBEGJAN, A.G. [Hrsg.] (1985): Sibir'. EKO-Sondernummer, H. 6. Novosibirsk.

AGANBEGJAN, A.G./KIN, A.A. [Hrsg.] (1985): BAM. Pervoe desjatiletie. Novosibirsk.

ALEKSEEV, V.V. (1976): Ėlektrifikacija Sibiri. Novosibirsk.

ANDREEV, A.V. (1980): Svet Angary. Irkutsk.

ANTIPOV, A.N. [Hrsg.] (1990): Geologičeskaja charakteristika gorodov Sibiri. Irkutsk.

APHOLTE, A., u. a. (1994): Novosibirsk. In: Standortführer Rußland, FAZ-Informationsdienste, S. 153–158. Frankfurt a. M.

Atlas SSSR (1983): Moskva.

BABENKO, T.I. (1997): Analiz i tendencii proizvodstva i ėksporta lesoprodukcii sibirskich regionov. In: REGION, 1, S. 10–27. Novosibirsk.

BANDMAN, M.K., u.a. [Hrsg.] (1980): Sibir' v edinom narodnochozjajstvennom komplekse. Novosibirsk.

BATER, J.H. (1989): The Soviet Scene. London.

BECK, H. (1994): Alexander von Humboldts Reise durchs Baltikum nach Rußland und Sibirien. Stuttgart.

BELOV, A.V. (1991): Ėkologičeskaja programma Irkutskoj oblasti na period do 2005 goda. In: Geografija i prirodnye resursy,1, S. 5–11. Irkutsk.

BERG, L.S. (1958): Die Geographischen Zonen der Sowjetunion, Bd. 1 u. 2. Leipzig.

BfAI (Bundesstelle für Außenhandelsinformationen) (1996): CD-ROM zur Außenwirtschaft. Köln/Berlin.

BOBRICK, B. (1993): Land der Schmerzen, Land der Hoffnung: Die Geschichte Sibiriens. München.

BOEV, V.R./GABOV, V.M (1981): Sel'skoe chozjajstvo v rajonach promyšlennogo osvoenija Sibiri. Moskva.

BOGOMOLOVA, T.Ju. (1997): Inostrannye investicii v Sibiri. In: REGION, 1, S. 94–110. Novosibirsk.

BOJARKIN, V.M. (1985): Geografija Irkutskoj oblasti. Irkutsk.

BOND, A.R. (1992): Russian diamond industry in state of flux. In: Post-Soviet Geography, Nr. 33, S. 634–644. Silver Spring/USA.

BRADSHAW, M.J. (1995): The Russian North in Transition. In: Post-Soviet Geography, Nr. 36, S. 195–203. Silver Spring/USA.

BULATOV, V.I. (1993): 200 jadernych poligonov SSSR. Novosibirsk.

ČECHOV, A.P. (1985): Iz Sibiri. Irkutsk.

ČERNIKOVA, A.P. (1992): Koncepcija perechoda ėkonomiki Irkutskoj oblasti na rynočnye otnošenija. Irkutsk.

CHARITOVA, A.I. [Hrsg.] (1988): Spasti Angaru. Irkutsk.

CLEMENT, H. (1986): Nichtenergetische Rohstoffe Sibiriens und ihre Bedeutung für die sowjetische Volkswirtschaft. In LEPTIN, E. [Hrsg.]: a. a. O., S. 192–202. Braunschweig.

DALLMANN, W. (1994): Indigene Völker im Norden Rußlands und Sibiriens. In: Progrom (Zeitschrift für bedrohte Völker), Nr. 180. Göttingen.

DANILOV, I.O. (1990): Podzemnye l'dy. Moskva.

DEREVJANKO, A.P. (1976): BAM: Problemy i perspektivy. Moskva.

DEREVJANKO, A.P. [Hrsg.] (1996): Narody Sibiri: istorija i kul'tura. Novosibirsk.

DE SMID, M. (1990): Sibirien als 'Kolonie der Sowjetunion'. In: Geographie heute, 4, S. 44–45. Seelze.

DE SOUZA, P. (1989): Territorial Production Complexes in the Soviet Union – with special focus on Siberia. Gothenburg (Schweden).

DIENES, L./SHABAD, TH. (1979): The Soviet Energy System. Washington D.C.

Dienes, L. (1993): Prospects for Russian Oil. In: Post-Soviet Geography, Nr. 2, 79–111. Silver Spring/USA.

DOEKER-MACH, G. [Hrsg.] (1993): Vergessene Völker im wilden Osten Sibiriens. Zürich.

DORNER, J.P. (1995): Die Transsibirische Eisenbahn wird hundert Jahre alt. In: Handelsblatt, 218. Düsseldorf.

East-Siberian Center on investment policy (1997): Irkutsk Region invites you to mutually benefitial cooperation. Irkutsk.

FĕDEROVA, E.N. (1992): Narodonaselenie Jakutii. Novosibirsk
FELDBARG, A. [Hrsg.] (1997): Passport to Irkutsk Region. Moskva.
FRANZ, H.-J. (1973): Physische Geographie der Sowjetunion. Gotha/Leipzig.
FREYER, J. (1994): Gebiet Kemerowo. In: Ausgewählte Regionen in der Russischen Föderation, III. Hrsg. von BfAI, Köln.
FUHRMANN, A. (1994): Die Herausbildung des Industriestandortes Novosibirsk. Diss. Univ. Düsseldorf.

GALAZIJ, G.I./VOTINCEV, K.K. (1978): Problemy Bajkala. Novosibirsk.
GALAZIJ, G.I./VOTINCEV, K.K. (1987): Put' poznanija Bajkala. Novosibirsk.
GALAZIJ, G.I. (1981): The ecosystem of lake Bajkal. In: Soviet Geography, 4, S. 217–225. Silver Spring/USA.
GALAZIJ, G.I. (1988): Bajkal v voprosach i otvetach. Moskva.
Gazprom (1995): Jahresbericht 1994. Moskva.
Gazprom (1997): Das Jamal-Europa-Projekt. Moskva.
Geografičeskij atlas 'IRKUTSK' (1986): Moskva.
GERASIMOV, I.P. [Hrsg.] (1965): Predbajkal'e i Zabajkal'e. Moskva.
GIESE, E./KLÜTER, H. (1990): Industrielle Erschließung und Entwicklung Sibiriens. In: Geographische Rundschau, 7/8, S. 386–395, Braunschweig.
GORJAČENKO, E.E./PUŽKAREV, V.M. (1997): Sibirskij gorod: problemy i perspektivy. In: REGION, 1, S. 44–55, Novosibirsk.
GOERKE, P. (1994): Krasnojarsk. In: Standortführer Rußland, FAZ-Informationsdienste. Frankfurt a. M.
GÖTZ, R./HALBACH, U. (1996): Politisches Lexikon GUS. München.
GORJUŠKINA, L.M./LAMINA, V.A. [Hrsg.] (1996): Sibir': proekty XX veka. Novosibirsk.
GOSKOMSTAT ROSSII (1995): Rossijskij statističeskij ežegodnik 1995. Moskva.
GOSKOMSTAT ROSSII (1995): Čislennost' i migracija naselenija Rossijskoj federacii v 1994 godu. Moskva.

GOSKOMSTAT ROSSII (1995): The demographic yearbook of Russia. Moskva.
GOSKOMSTAT ROSSII (1996): Rossijskij statističeskij ežegodnik 1996. Moskva.
GOSKOMSTAT ROSSII (1997a): Rossijskij statističeskij ežegodnik 1997. Moskva.
GOSKOMSTAT ROSSII (1997b): Regiony Rossii, informacionno-statičeskij sbornik, tom (Bd.) 1/2. Moskva.
GRANBERG, A.G. [Hrsg.] (1985): Ėkonomika Sibiri v razreze širotnych zon. Novosibirsk.
GRANBERG, A.G. [Hrsg.] (1991a): Razvitie proizvoditel'nych sil severa SSSR. Novosibirsk.
GRANBERG, A.G. [Hrsg.] (1991b): Sever v novych uslovijach chozjajstvovanija. Novosibirsk.
GRANBERG, A.G./KULEŠOV, V.V. [Hrsg.] (1996): Region BAM: koncepcija razvitija na novom ėtape. Novosibirsk.
GRIGOR'EVA, A. A. (1983): Ėkonomičeskaja geografija Irkutskoj oblasti. Irkutsk.
GUKOV, V.P., u. a. (1997): Ėkonomika Irkutskoj oblasti. In: REGION, 1, S. 148–158. Novosibirsk.
GUŠČIN, N. JA. (1992): Demografičeskoe razvitie sovetskoj Sibiri. In: VASIL'EVSKIJ/GUŠČIN: a.a.O., S. 124–185. Novosibirsk.
GUZNER, S.S./POZDNJAKOV, A.M. [Hrsg.] (1990): Issledovanie razvitija severa Sibiri. Novosibirsk.

HÖFLING, H. (1985): Sibirien. Das schlafende Land erwacht. Braunschweig.
HOPPAL, M. (1994): Schamanen und Schamanismus. Augsburg.
HÜLSBÖMER, A. [Hrsg.] (1994): Standortführer Rußland, FAZ-Informationsdienste. Frankfurt a. M.

ILJUŠČENKO, L. [Hrsg.] (1976): BAM – problemy, perspektivy. Moskva.

JABLOKOV, A.V. (1995): Ökologie und Ethik – Fremdwörter in Jakutien. In: Progrom (Zeitschrift für bedrohte Völker), Nr. 180. Göttingen.
JANSEN, R.J./SHABAD,TH./WRIGHT, A.U. [Hrsg.] (1983): Soviet Natural Resources in the world economy. Chicago.
JORSCH, V. (1996): Die Zusammenarbeit in Handel u. Wirtschaft zwischen dem

Gebiet Irkutsk und Deutschland. In: Ostsibirische Zeitung (www). Irkutsk.

KAZANCEV, S.V. (1997): Sibir' k 2001 godu. In: EKO, 10, S. 40–52. Novosibirsk.

KELLER, R. (1962): Gewässer und Wasserhaushalt des Festlandes. Leipzig.

KENNAN, G. (1975): Siberia and the Exile System (deutsch: Und der Zar ist weit). Berlin.

KIBALOV, E.B./KIN, A.A. (1996): Region BAM: strategičeskie al'ternativy razvitija. In: Vserossijskij naučnyj žurnal, 3, S. 59–79. Moskva.

KISEL'NIKOV, A.A./LARINA, N.P. [Hrsg.] (1996a): Ėkonomika Sibiri, resursno-ėkonomičeskij potencial Sibiri. Novosibirsk.

KISEL'NIKOV, A.A./LARINA, N.P. [Hrsg.] (1996b): Ėkonomika Sibiri: Obščie problemy razvitija. Novosibirsk.

KISLJUK, M. (1996): Ėkonomika Kemerovskoj oblasti. Kemerovo.

KLÜTER, H./GIESE, E. (1990): Territoriale Produktionskomplexe in der Sowjetunion. In: Geographische Rundschau, 7/8, S. 396–402. Braunschweig.

KLÜTER, H. (1991): Die Territorialen Produktionskomplexe in Sibirien. Hamburg.

KLÜTER, H. (1995): Sibirien und Kasachstan, zwei konkurrierende Rohstoffproduzenten. In: Geographische Rundschau, 4, S. 208–215. Braunschweig.

KLÜTER, H. (1996): Rußland – Faktor der Entwicklung im Osten. In: Tagungsband des 50. Deutschen Geogaphentages Potsdam 1995. Stuttgart.

KNABE, B. (1977): Aktivitäten im Gebiet der Baikalsee-Amur-Eisenbahn. Berichte des Bundesinstitutes für ostwissenschaftliche und internationale Studien, Nr. 17 und 19. Köln.

KNABE, B. (1982): Die Vertagung des BAM-Programmes. Bericht des Bundesinstitutes für ostwissenschaftliche und internationale Studien, Nr. 35. Köln.

KNABE, B. (1988): Die industrielle Entwicklung Südjakutiens. In: Geographische Rundschau, 6, S. 22–27. Braunschweig.

KOBCEVA ,T.A. [Hrsg.] (1995): Demografičeskaja politika. Moskva.

KODAN, S.V. (1992): Ssylka v demografičeskich processach Sibiri. In: VASIL'EVSKIJ/GUŠČIN: a.a.O., S. 109–118. Novosibirsk.

KOLCIN, S.W. (1994): Ausländische Investoren im Gebiet Tjumen. In: WIRO (Wirtschaft und Recht in Osteuropa), 8, S. 197–201. München/Frankfurt a. M.

KOLESNIKOV, A. [Hrsg.] (1980): BAM – strojka veka. Moskva.

KOLESOV, M.I. (1991): Istorija Kolymskogo kraja. Jakutsk.

KORYTNYJ, L.M. (1987): KATEK. Krasnojarsk.

KORYTNYJ, L.M. (1997): Ėkologo-ėkonomičeskaja situacija v Baikal'skom regione. In: Ėko-nomika i promyšlennost' Rossii. Moskva.

KRJUKOV, V.A./ SMAT, V.V. (1993): Aktual'nye problemy razvitija neftjanoj promyšlennosti Sibiri. Novosibirsk.

KRJUKOV, V.A. [Hrsg.] (1993): Topical Problems of the Development of Oil Industry in Siberia. Novosibirsk.

KRJUKOV, V.A., u. a. (1995): Neftegazovye territorii. Novosibirsk.

KÜHNE, R. (1981): Von Moskau zum Japanischen Meer (Die Transsib). Zürich.

KULEŠOV, V.V. (1992): Chaos i garmonija razoruženija. In: EKO, 2, S. 2–13. Novosibirsk.

KULEŠOV,V.V./Sergeeva, L.A. (1997): Razvitie ėkonomičeskich isledovanii v Sibiri. In: REGION, 3, S. 3–22. Novosibirsk.

LEPTIN, G. [Hrsg.] (1986): Sibirien, ein russisches und sowjetisches Entwicklungsproblem. Berlin.

LIEBMANN, CL. C. (1988): Westsibirien: Naturräumliche Gliederung und wirtschaftliche Erschließung. In: Geographische Rundschau, 6, S. 16–21. Braunschweig.

LINDIG, W. [Hrsg.] (1981): Völker der Vierten Welt. Paderborn.

LUKIN, V. (1995): Rußlands Hinwendung nach Sibirien. In: DIE WELT, 31.7.1995, Hamburg.

LYDOLPH, P. (1983): Climates of the Soviet Union. In: JENSEN/SHABAD/WRIGHT: a.a.O., Chicago.

MALKOV, JU. [Hrsg.] (1994): Kuzbass: priglašenie k sotrudničestvu. Kemerovo.

MÄNNICKE, A. (1996): Erdgasmonopolist Gazprom geht an die Londoner Börse. In: Welt am Sonntag, 13.10. Hamburg.

MALEVSKIJ, A.L. [Hrsg.] (1993): Ėkologičeskaja obstanovka v Irkutskoj oblasti v 1992 godu. Irkutsk.

MATTHEW, J./NICOUD, J. (1997): Development of East Siberian Gas Field and Pipeline to China. In: Post-Soviet Geography and Economics, Nr. 5, S. 288–295. Silver Sprig/USA.

MEDVEDKOVA, E.A. (1978): Der Industrieknoten des Mittleren Angaragebietes. In: Petermanns Geographische Mitteilungen, 4, S. 221–226. Gotha.

MELLOW, C./BAKER,S. (1996): North of the border. In: Russia Rewiew, 3, S. 22–25. Moskau.

MICHAIILOV, L.P., u. a. (1980): Gigant ėnergetiki v Sajanach. Moskva.

MICHAILOV, JU. P. [Hrsg.] (1989): Problemy prirodopol'zovanija v taežnoj zone. Irkutsk.

MISEVIČ, K.N./RJAŠČENKO, S.V. (1988): Geografičeskaja sreda i uslovija žizni naselenija Sibiri. Novosibirsk.

MÖHRING, C. (1994): Feuer im sibirischen Wald. In: Frankfurter Allgemeine Zeitung, 9.3.1994. Frankfurt a. M.

MOROZOVA, T.A. [Hrsg.] (1994): Rossijskaja federacija i regiony zapadno-sibirskogo ėkonomičeskogo rajona v 1993 godu. Moskva.

MOSUNOV, V.P., u. a. (1990): Territorial'nye struktury rajonov novogo osvoenija. Novosibirsk.

MOTE, V.L. (1983): The Baikal-Amur-Mainline and its implications for the Pacific Basin. In: JENSEN/SHABAD/WRIGHT: a. a. O., S. 133–187. Chicago.

MOŽIN, V.P. [Hrsg.] (1980): Ėkonomičeskoe razvitie Sibiri i Dal'nego Vostoka. Moskva.

MOŽIN, V.P. [Hrsg.] (1986): Osnovnye naučnye problemy chozjajstvennogo osvoenija severa. Moskva.

NAGAEV, S.A./WÖRGÖTTER, A. (1995): Regional Risk Rating in Russia. Wien (Bank of Austria).

NEKRASOV, I.A. [Hrsg.] (1980): Jakutskaja ASSR. Jakutsk.

NORTH, R.N. (1989): The Role of Water Transport in Siberian Development. In: WOOD/FRENCH: a. a. O., S. 208–227. New York.

NOWIKOWA, N. (1997): Die Wolke aus Erdöl. In: WOSTOK, 4, S. 57–59. Köln.

ORLOV, B.P. [Hrsg.] (1985): Razvitie promyšlennosti i chozjajstvennoe osvoenie novych rajonov Sibiri. Novosibirsk.

ORLOV, B.P. (1988): Sibir': Šagi industrii. Moskva.

ORLOV, B.P. [Hrsg.] (1989): Problemy formirovanija prostranstvennoj struktury zapadno-sibirskogo neftegazovogo kompleksa. Novosibirsk.

OW, S., v. (1995): Die Wälder des Nordens. In: Naturschutz heute, 1. Kornwestheim.

PAMURZIN, JU.P. (1985): Tajga SSSR. Moskva.

PETROV, P.P. (1990): Goroda Jakutii 1861–1917. Jakutsk.

PIFFERI, E. (1982): Transsibirien – auf der längsten Bahn der Welt. Zürich.

PLJASKINA, N.I./ČERNYŠOV, A.A. [Hrsg.] (1989): Razvitie toplivo-ėnergetičeskogo kompleksa. Novosibirsk.

PLJASKINA, N.I./ČURAŠEV, V.N. [Hrsg.] (1991): Aktual'nye problemy razvitija toplivo-ėnergičeskogo kompleksa Sibiri. Novosibirsk.

POELZER, G. (1995): Devolution, Constitutional Developoment and the Russian North. In: Post-Soviet Geography, Nr. 4, S. 204–214. Silver Sprig/USA.

POKŠIŠEVSKIJ, V.V./VOROB'EV, V.V. [Hrsg.] (1969): Vostočnaja Sibir' (Reihe 'Sovetskij Sojuz'). Moskva.

POMUS, M.I. (1971): Zapadnaja Sibir' (Reihe 'Sovetskij Sojuz'). Moskva.

POPOV, V.E. (1986): Formirovanie KATEKa. Novosibirsk.

POPOV, A.A. (1995): Sistema žizneobespečenija naselenija severo-vostoka strany. Moskva.

POROZNJAKOV, A. (1984): BAM. Moskva.

PORTISCH, H. (1967): So sah ich Sibirien. Wien.

POZDNJAKOV, L.K. (1983): Les na večnoj merzlote. Novosibirsk.

PUSTILNIK, M. (1996): Economical development of Irkutsk area. Universitity of Middleburg, USA by www.

REZUN, D.A./VASIL'EVSKIJ, P.S. (1989): Letopis' sibirskich gorodov. Novosibirsk.

RUWWE, H.-F. (1994a): Standort Irkutsker Gebiet, Reihe Wirtschaftsregionen/ Rußland der Bundesstelle für Außenhandelsinformationen (BfAI). Köln/Berlin.

RUWWE, H.-F. (1994b): Standort Republik Sacha, a.a.O. Köln/Berlin.
RUWWE, H.-F. (1995): Standort Gebiet Tjumen, a.a. O. Köln/Berlin.
RUWWE, H.-F. (1996a): Standort Gebiet Tschita, a.a.O. Köln/Berlin.
RUWWE, H.-F. (1996b): Standort Republik Burjatien, a.a.O. Köln/Berlin.
RYBAKOVSKIJ, L.L. [Hrsg.] (1993): Social'no-demografičeskoe razvitie rossijskogo severa. Moskva.

ŠABANOVA, M.A. (1989): Vozvratnaja migracija v sibirskoe selo. In: Izvestija Sibirskogo otdelenija Akademii nauk, serija ėkonomika, 1, S. 43–51. Novosibirsk.
ŠČEGLOV, I.V. (1993, Reprint von 1883): Chronologičeskij perečen' važnejšich dannych iz istorii Sibiri. Surgut.
SCHARFF, R. (1994): Bittere Wahrheiten zur sozialen und demographischen Entwicklung Sibiriens. In: Osteuropa, Nov. 1994, S. A 599–611. Berlin.
SCHINKARJOW, L. I. (1979): Mein Sibirien. Leipzig.
SCHOLZ, K.-D. (1994): Tjumen. In: Standortführer Rußland (Hülsbömer), S. 189–194. Frankfurt a. M.
SCHULTZ, J. (1988): Die Ökozonen der Erde. Stuttgart.
SELIVERSTOV, V.E. [Hrsg.] (1997): Regional'nye aspekty ėkonomičeskoj reformy: opyt i problemy Sibiri. Novosibirsk.
SERGEEV, M. (1986): Irkutsk, putevoditel'. Moskva.
SHABAD, TH./MOTE, V.L. (1977): Gateway to Siberian Resources. New York.
SINGUR, N.M. (1985): Celevaja programma razvitija zony BAMa. In : AGANBEGJAN/KIN, a.a.O, S. 106–135. Novosibirsk.
ŠINKAREV, L.I. (1976): Vtoroj transsib. Moskva.
SKRJABIN, S.Z./KARAVAEV, M.N. (1991): Zelënyj pokrov Jakutii. Jakutsk.
SLAVIN, S.V. (1980): Sovetskij sever. Moskva.
SLAVIN, S.V. (1982): Osvoenie severa Sovetskogo Sojuza. Moskva.
SLYK, N.L. (1985): Ėksportnyj potencial zony BAM. In: AGANBEGJAN/KIN: a.a.O., S. 169–193. Novosibirsk.
ŠNIPER, R.I. (1985): Programmnaja prorabotka problemy chozjajstvennogo osvoenija zony BAM. In: AGANBEGJAN/KIN: a.a.O., S. 68–106. Novosibirsk.
ŠNIPER, R.I. (1996): Region: diagnostika i prognozirovanie. Novosibirsk.
SNYTKO, V.A. [Hrsg.] (1980): Issledovanija v zone BAM. Novosibirsk.
SOBOLEVA, S.V. [Hrsg.] (1991): Problemy demografičeskogo razvitija Sibiri. Novosibirsk.
SOKOLOV, V.D. (1987): Narodnoe chozjajstvo Irkutskoj oblasti 1985. Irkutsk.
SOKOLOV, A.V. (1995): Irkutskaja oblast' za 1994 god. Irkutsk.
STADELBAUER, J. (1986): Die Erschließung Sibiriens, räumliche Gefügemuster eines historischen Prozesses. In: LEPTIN: a.a.O., S. 11–33. Berlin.
STADELBAUER, J. (1996): Regionen und Regionalismus in Sibirien und im Ural. In: KAPPELER, A. [Hrsg.]: Regionalismus und Nationalismus in Rußland, S. 163–189. Baden-Baden.
STACKELBERG, V., TR. (1979): Geliebtes Sibirien. Pfullingen.
Statistisches Bundesamt (1996): Länderbericht Russische Föderation. Stuttgart.
Surgutskoe upravlenie statistiki (1995): Gorod Surgut v cifrach. Surgut.

TACIS (1996): Analiz tendencii razvitija regionov Sibiri v 1992–1995 g. Moskva.
TISKOV, V.A. [Hrsg.] (1994): Narody Rossii. Moskva.
TISCHLER, W. (1990): Ökologie der Lebensräume. Stuttgart.
TSCHITSCHKIN, A. (1997): Spaltet die Erdöl- und Erdgaspolitik die russische Regierung? In: WOSTOK, 4, S. 38–41. Köln.
TOLZ, V. (1993): Regionalism in Russia: the case of Siberia. In: Radio Liberty Research Report, Nr. 2, S. 1–9. Washington
TRETER, U. (1990): Die borealen Nadelwälder. In: Geographische Rundschau, 7/8, S. 372–381. Braunschweig.
Treuhand Osteuropa (1994): Irkutsk. In: Standortführer Rußland, FAZ-Informationsdienste, S. 79–84. Frankfurt a. M.
TULTSCHINSKI, D. (1997): Gasprom. In: WOSTOK, 4, S. 60–66. Köln.

VACHTIN, N. (1993): Korennoe naselenie krajnego severa Rossijskoj federacii. St. Petersburg.

VAČNADZE, G. (1995): Spravočnik Rossijskoj federacii. Moskva.

VARŠAVSKIJ, I. P. (1987): Dol'govremennye vachtovnye posëlki. In: EKO 2, S. 161–172. Novosibirsk.

VASIL'EVSKIJ, P.G./GUŠČIN, N.[Hrsg.] (1992): Istoričeskaja demografija Sibiri. Novosibirsk.

VINOKUROV, M.A. (1996): Sibir' v pervoj četverti XX veka. Irkutsk.

VINOKUROV, M.A./SUCHODOLOV, A.P. (1996): Ėkonomika Sibiri 1900–1928. Novosibirsk.

VOROB'ĖV, V.V (1988): Problemy Bajkala na sovremennom ėtape. In: Geographical problems in Siberia, Nr.1, S. 3–14. Irkutsk.

VOROB'ĖV, V.V./NAPRASNIKOV, T. [Hrsg.] (1984): Čelovek i priroda v zone BAM. Irkutsk.

VOROB'ĖV, V.V./KORYTNYJ, L.M (1988): Čelovek i okružajuščaja sreda na ėtape pervoočerednogo razvitija KATEKA. Novosibirsk.

VOROB'ĖV, V.V./GERLOFF, J.-U. [Hrsg.] 1987): Die Erschließung Sibiriens und des Fernen Ostens. Gotha.

VOROB'EV, V.V./ČISTOBAEV, A. (1993): Sibir': problemy kompleksnogo razvitija. St. Petersburg.

VORONINA, I.V. (1994): Rossijskaja federacija: regiony vostočno-sibirskogo ėkonomičeskogo rajona v 1993 godu. Moskva.

WALTER, H. (1977): Die Vegetationszonen der Erde. Stuttgart.

WATSCHNADSE, G. (1993): Rußland ohne Zensur. Frankfurt a. M.

WEIN, N. (1981): Die wirtschaftliche Erschließung Sowjetasiens. Paderborn.

WEIN, N. (1981): Die ostsibirische Steppenlandwirtschaft. In: Erdkunde, 4, S. 263–273. Bonn.

WEIN, N. (1985): Die Sowjetunion, UTB, 2. Aufl. Paderborn.

WEIN, N. (1983): Agriculture in the Pioneering Regions of Siberia. In: Soviet Geography, 8, S. 67–90. New York.

WEIN, N. (1987): Bratsk – Pioneering City in the Taiga. In: Soviet Geography, 2, S. 171–194. New York.

WEIN, N. (1988): Bratsk – dreißig Jahre Stadtentwicklung in Sibirien. In: Geographische Rundschau, 9, S. 28–33. Braunschweig.

WEIN, N. (1988): Die aktuellen Strategien der Sibirienerschließung. In: DIE ERDE, 3, S. 147–162. Berlin.

WEIN, N. (1989): Umweltprobleme in der Baikalregion. In: DIE ERDE, 4, S. 239–252. Berlin.

WEIN, N. (1990): Umweltprobleme in Sibirien. In: Praxis Geogaphie, 3, S. 14–17. Braunschweig.

WEIN, N. (1991): Jakutien und die Problematik des sibirischen Nordens. In: DIE ERDE, 3, S. 191–207. Berlin.

WEIN, N. (1992): Sibirien – Entwicklungen und Probleme. In: Tagungsband des Schulgeographentages Karlsruhe, S. 137–143, Karlsruhe.

WEIN, N./EGOROV, I. (1992): Lebens- und Wirtschaftsverhältnisse im subpolaren Sibirien. In: Petermanns Geographische Mitteilungen, 5/6, S. 251–266. Gotha.

WEIN, N. (1993): Buduščee Sibiri – tol'ko v ramkach mirovoj ėkonomiki. In: EKO, 3, 80–87. Novosibirsk.

WEIN, N. (1994): Perspektiven der sibirischen Erdöl- und Erdgaswirtschaft. In: OSTEUROPA, S. A 548–553. Berlin.

WEIN, N. (1996a): Die westsibirische Erdölprovinz: von der Boom-Region zum Problemgebiet. In: Geographische Rundschau, 6, S. 380–387. Braunschweig.

WEIN, N. (1996): Die westsibirische Erdgasregion. In: DIE ERDE, 2, S. 159–175. Berlin.

WEIN, N. (1997): Jakutien (Republik Sacha). In: Zeitschrift für Wirtschaftsgeographie, 2/3, S. 123–132. Frankfurt a. M.

WEIN, N./ANTIPOV, A.N./SNYTKO, V.A. (in Vorbereitung): Olchon – Insel im Baikalsee

WEISSENBURGER, U. (1990): Umweltprobleme in der borealen Nadelwaldzone der UdSSR. In: Geographische Rundschau, 7/8, S. 403–407, Braunschweig. 1990.

WEISSENBURGER, U. (1995): Zur Entwicklung des Umweltschutzes in der Russischen Föderation. In: DIW-Wochenbericht, Nr. 14. Berlin.

WILSON, D.C. (1995): The Russian gas industry in 1994. In: Petroleum Economist. London

WOOD, A./FRENCH, R.A. [Hrsg.] (1989): The Development of Siberia. New York/London.

WOSTOK – Informationen aus dem Osten für den Westen (Jg. 1993–1998): Monatszeitschrift. Berlin.

WOSTOK (1994): Thema Sibirien (Beiheft zu Nr. 2/1994). Berlin.

Register

AJAM 216
Akademgorodok 125; 177; 200
Akademie der Wissenschaften (Sibirische) 125; 177; 178
Alasse 30; 38
Alkoholmißbrauch 109; 134; 146
Almasy Rossii-Sacha 221
Altai,
    – Region 222
    – Republik 222
Aluminium-
    -industrie 97
    -produktion 193; 203
Amur-Jakutsk-Magistrale 81
Angara(-) 92
    -Jenissej-Projekt 92
    -Kaskade 95
Angarsker Ölchemische Gesellschaft 205
Arbeitslosigkeit 227

Baikal-Amur-Magistrale 78
Baikalsee 43; 210
Baikalsk 202
Baikalsker Zellulosekombinat 47
Baikalwasser 44
BAM-Zone 121
Bauern-
    -kolonisation 62
    -wirtschaften 62
Bauwirtschaft 106
Betriebe mit ausländischen Investitionen 224
Bevölkerung(s-)
    –, natürliche Wachstumsrate 131
    -dichte 128; 183
    -zahlen 128
Bewaldungsgrad 26; 30; 200
Binnenschiffahrt 82
Birken 32
Bodenerosion 66
Bodenschätze 209
Bogutschany 95
brain drain 178

Bratsk 93; 98
BRATSKGESSTROJ 94f.
Buddhismus 213; 223
Buntmetalle 157
Buntmetallurgie 193; 223f.
Burjaten 141
Burjatien, Republik 209
Butterexport 63

Chakassen 140
Chakassija, Republik 223
Chantajka 191
Chanten und Mansen 144
Chemische Industrie 186
China 225
Chrustschoby 98; 211
Containertransport 75

Datschakulturen 132
Dauerfrostboden 23
Dekabristen 55
Denomadisierung 145
Diamanten(-) 157
    -gewinnung 219
    -vorkommen 219
Dudinka 191

Edelmetallgewinnung 52
Eisaufbruch 40
Eisbrecher 45; 84
Eisenbahntarife 184; 213
Eisenerzlager 157; 182
Eisregime 45
Endemismus 45
Energie-
    -tarife 203
    -träger 228
    -versorgung 104
Erdgas-
    felder 117
    -förderung 169
    -wirtschaft 169
Erdöl-
    – und Erdgasregion 112
    -förderung 167
    -verarbeitung 223
Erschließung 88

Erschließungskomplexe 123
Erschließungsprobleme 103
Ewenen und Ewenken 144
Expedition,
    Große Sibirische 13
Expeditions- und Wachtmethode 102
Export(-) 227
    -anteile 226
    -volumen 162

Ferner Osten 15
Fernöstliche Republik 15
Finanz- und Handelszentrum 180
Flug-
    -gesellschaften 87
    -verkehr 86
Fluktuation 108f.; 114; 131; 218
Flüsse 38
Flußschiffahrt 82
Föderationsvertrag 152
Förderindustrie 157
Freie Wirtschaftszone 188; 224
Frostfreie Periode 20; 21

Gasprom 169; 226
Gastarbeiter, chinesische 138
Gesundheits-
    -gefährdung 168
    -probleme 110
Getreide(-) 65
    -bahnen 77
    -ernte 64
Gewächshäuser 68
Gewässerverschmutzung 206
Gigantomanie 88
Globalisierung 226
Gold-
    -förderung 53
    -gewinnung 204, 219
Gouvernements 56
Grenzen (Sibiriens) 15
Großflughäfen 86
GULAG 101

Handelsmärkte 57
Holz-
    -bahnen 77
    -wirtschaft 166, 201; 225
Hubschrauber(-) 86
    -verkehr 104
Humboldt, Alexander v.
    53; 13
Hydroenergie 158; 200

Industrielle Herde 102
Industriezweige 156
Infrastruktur, soziale 109; 132
Investitionen 162
Investitionsländer 225
Irkutsk
    – Stadt 59; 92; 198
    – Gebiet 197
IrkutskEnergo 203

Jakuten 38; 215; 140f.
Jakutien 213
Jakutisches Becken 214
Jakutsk 60; 216
Jamal-Europa, Erdgas-Fern-
    leitung 170
Jamal-Erdgasfelder 120; 170
Jamal-Halbinsel 120
Jamburg 103; 117; 119
Januartemperaturen 19
Jaranga 143; 149
Jarmarki 57
Jassak 52; 144
Jenissejsk 50; 59
Jermak 49
Joint Ventures 179; 188; 207;
    213; 225
Jush-Sib,
    Eisenbahnstrecke 77

Kahlschläge 35
Kältesteppe 23
Kansk-Atschinsker
    Braunkohlerevier 192
Karasee 85
Kartoffeln 64f.
KATEK 195
Kemerowo, Gebiet 180
Kindersterblichkeit 134
Klima(-) 18
    -erwärmung 20; 26; 35
Kohleförderung 157; 182;
    183; 219

Kohlevorkommen 157
Kolonie 49; 228
Komsomol 79
Kontinentalität 18f.; 215
Konversion 177
Kraj 151
Krasnojarsk
    – Region 188
    – Stadt 59; 190
    – -26, Stadtteil 194
Kusbass 91; 180
Kusnezk-Becken 180

Landmaschinenbau 159
Landwirtschaft 62; 201
Lärchentaiga 31
Lebens-
    -bedingungen 107
    -erwartung 110; 133; 146;
        177; 206; 218
    -qualität 88
    -verhältnisse 131
Lena-Schiffahrt 83
Lensloto 204
Lesosibirsk 189
Lichtwald 30
Lohnsystem 129
Loslösungsbestrebungen 155
Luftverschmutzung 190; 206

Magnitogorsk 88; 91
Maloje More 44
Mammuts 23
Mangaseja 49
Maschinenbau 158
Materialverschleiß 101
Materieller Anreiz 129
Medweshje 117
Mensch, Faktor 123; 133
Messerschmidt 13
Metallurgisches
    Kombinat 185
Metallverarbeitende
    Industrie 185
Metallverarbeitung 158
Middendorf,
    Alexander v. 13 13
Migration(s-)en 109; 135
    -bewegung 75
    -bilanz 218
Minussinsker Becken 37; 67;
    139; 182; 223
Mirny 220

Monatslöhne 161
Monofunktionale
    Städte 89; 119
Monospezialisierung 88
Mückenplage 27; 69; 94; 114;
    149f.; 165
Mühlenwirtschaft 156

Nahrungsmittel-
    versorgung 106
Nenzen 144
Neosibirier 140
Nerjungri 219
Nertschinsk 52
Niederschläge 21
Nishnewartowsk 115; 135
Nord-Muja-Tunnel 79
Nordjakutien 214
Nördliche Kleinvölker 142
Nördlicher Seeweg 84
Nordsibirische Magistrale 81
Nordsibirisches Tiefland 189
Nordzone 99
Norilsk 190; 194
Nowokusnezk 91
Nowonikolajewsk 58; 174
Nowosibirsk,
    – Gebiet 173
    – Stadt 161
Nowy Urengoi 117; 164, 172

Ob-Jenissej-Kanal 82
Oblast 151
Obschtschinas 69; 144
Ökologische Belastung 186
Olchon 37
Ölgesellschaften 168
Omsk,
    – Stadt 59
    – Gebiet 223
Omul 46
Ostasiatisch-pazifischer
    Raum 208
Ostrogs 50
Ostsibirisches Plateau 189

Paduner Enge 93
Paläosibirier 140
Pelzreichtum 51
Permafrost 24; 120; 214
Polar-
    -magistrale 82; 104
    -streß 110

Polymetalle 194
Privatisierung der Landwirtschaft 67
Purga 18; 27
Putorana-Plateau 189

Rasputiza 25
Renomadisierung 147
Rentierwirtschaft 69
Republiken 151
Riftzone 43
Rücksiedlungsprogramme 136
Rüstungs-
 -betriebe 159; 198
 -industrie 175; 205; 222

Sacha, Republik 213
Sacha-Gas 221
Sajan-Schuschenskoje 96
Sajaner TPK 99; 223
Samotlor 114; 172
Schadstoff-
 -ausstoß 34
 -einleitungen 40
Schamanismus 143
Schiffsverkehr 82
Schnee-
 -bedeckung 22
 -decke 22; 33
Schwermaschinenbau 158
Seismizität 43
SEWSIB 81; 90; 114
Sibirische Antizyklone 19
Sibirischer Trakt 71
Sibirisches Abkommen 154
Simniki 104
Sonnenstunden(-) 18; 215
 -zahl 173
Souveränitätsforderungen 155
Sowchosen 68

Städte(-) 57
 -wachstum 130
Standortbedingungen 160

Steinkohle 181
Stelzenbauweise 216
Steppe 37
Strahlenbelastung 133
Straßenverkehr 72
Streikbewegung 187
Streuauflage 33
Stroganow 49
Suchoi Log 204
Surgut 114; 135

Taiga 30
Tarantas 71
Territoriale Produktionskomplexe 89; 122
Thermokarstische Seenbildung 42
Thermokarstprozesse 25
Tjumen,
 – Stadt 59
 – Gebiet 164
Tobolsk 50; 59
Tomsk,
 – Gebiet 223
 – Stadt 59
Tragflächenschiffe 83
Transbaikalien 209
Transport-
 -problem 103
 -tarife 161
Transsibirische Eisenbahn 61; 72
Trinkwasserversorgung 25
Tscheremchowo 203
Tscherski 85; 105; 108
Tschita, Gebiet 224
Tschuktschen 144
Tundra 27
Tuwa, Republik 223
Tuwiner 140

Übersiedler(-) 56
 -strom 60
Überweidung 28
Udatschny 217
Udokan 121

Udokaner Kupfervorkommen 124
Ulan-Ude 211
Umweltbelastung 177
Universitätsneugründungen 127
Unterglaskulturen 69
Ural-Kusnezk-Kombinat (UKK) 88; 91
Ureinwohner Sibiriens 139
Urengoj 117
Ust-Ilimsk 95
Ust-Ordinski 197

Verarbeitende Industrie 227
Verbannung 54
Verkehrsverbindungen 71
Vitaminmangel 107; 132

Wachtmethode 102
Wachtsiedlungen 102; 116; 119
Wald-
 -brände 33
 -grenze 34
 -steppe 37
 -sumpfzone 41
Wanderungen, überregionale 137
Wärmeversorgung 105
Wasser-
 -kraftwerke 97
 -verschmutzung 46
Westsibirisches Tiefland 41; 164
Wiljui 218; 220
Windkraft 105
WINGAS 170
Winterkälte 18
Woloks 50

Zeitarbeiter 109
Zielprogramm Sibirien 90
Zirbelkiefer 32
Zobel 51

Perthes Länderprofile
Seit 1993 in Hardcover erschienen!
Mit einem Anhang „Fakten, Zahlen, Übersichten"

Algerien/Adolf Arnold
1. Aufl. 1995, 224 S., 3-623-00665-3
Argentinien/Jürgen Bünstorf
1. Aufl. 1992, 206 S., 3-12-928905-4
Baden-Württemberg/Siegfried Kullen
3. Aufl. 1989, 312 S., 3-12-928805-8
Bayern/Jörg Maier (Hrsg.)
1. Aufl. 1998, 296 S., 3-623-00692-0
Berlin und Brandenburg/
Konrad Scherf und Hans Viehrig (Hrsg.)
1. Aufl. 1995, 480 S., 3-623-00671-8
Bundesrepublik Deutschland*/
Gerhard Fuchs
5. Aufl. 1992, 296 S., 3-12-928904-6
China/Dieter Böhn
1. Aufl. 1987, 320 S., 3-12-928892-9
DDR*/Karl Eckart
3. Aufl. 1989, 246 S., 3-12-928889-9
Frankreich/Alfred Pletsch
1. Aufl. 1987, 256 S., 3-12-928732-9
Ghana/Einhard Schmidt-Kallert
1. Aufl. 1994, 232 S., 3-623-00661-0
Die kleinen Golfstaaten/ Fred Scholz (Hrsg.)
1. Aufl.1985, 240 S., 3-12-928894-5
Großbritannien/Heinz Heineberg
2., vollständig überarb. Aufl. 1997,
416 S., 3-623-00669-6
Hamburg/Ilse Möller
1. Aufl. 1985, 248 S., 3-12-928891-0
Indien/Dirk Bronger
1. Aufl. 1996, 526 S., 3-623-00667-X
Kanada/Roland Vogelsang
1. Aufl. 1993, 356 S., 3-623-00680-7
Kenya/Karl Vorlaufer
1. Aufl. 1990, 261 S., 3-12-928898-8
Marokko/ Klaus Müller-Hohenstein
und Herbert Popp
1. Aufl. 1990, 229 S., 3-12-928803-1

Mecklenburg-Vorpommern/
Wolfgang Weiß (Hrsg.)
1. Aufl. 1996, 240 S., 3-623-00685-5
Mexiko/Erdmann Gormsen
1. Aufl. 1995, 368 S., 3-623-00668-8
Nordrhein-Westfalen/
Ewald Gläßer, Martin W. Schmied
und Claus-Peter Woitschützke
2., vollständig überarb. Aufl.1997,
424 S., 3-623-00691-2
Norwegen/Rolf Lindemann
1. Aufl. 1986, 193 S., 3-12-928871-6
Peru/Werner Mikus
1. Aufl. 1988, 230 S., 3-12-928802-3
Sachsen-Anhalt/
Eckart Oelke (Hrsg.)
1. Aufl. 1997, 424 S., 3-623-00673-4
Sambia/Axel Drescher
1. Aufl. 1998, 198 S., 3-623-00686-6
Saudi-Arabien/Hans Karl Barth
und Konrad Schliephake
1. Aufl. 1998, 248 S., 3-623-00689-0
Senegal (Gambia)/Bernd Wiese
1. Aufl. 1995, 160 S., 3-623-00664-5
Tansania/Karl Engelhard
1. Aufl. 1994, 295 S., 3-623-00662-9
Türkei/Volker Höhfeld
1. Aufl., 1995, 284 S., 3-623-00663-7
USA/Roland Hahn
1. Aufl.1990, 287 S., 3-12-928901-1
Westsamoa/Werner Hennings
1. Aufl. 1996, 200 S., 3-623-00688-2

* Letzte Bestandsaufnahme und
  Ausgangspunkt für die heutige Entwicklung!

Bildanhang

Foto 1: Nomadenlager in der Tundra
Sibirien – wie man es abseits der modernen Erschließungs- und Entwicklungsachsen auch heute noch antreffen kann.

Die periglaziale Landschaft des Hohen Nordens mit ihren weichen Reliefformen, bedeckt von der subarktischen Tundra, die jetzt zu Beginn des Monats Juli in einem satten Grün erscheint.

In dieser Landschaft, hier im Unterlaufgebiet der Kolyma (um 70° N), zeigt das Foto das Lager einer dort lebenden Tschuktschen-Obschtschina (Sippengruppe). Das große Wohnzelt, die Jaranga, besteht aus dem Fell weißer Rentiere. Daneben zwei kleinere „Schlaf-Zelte" (ein drittes steht noch links außerhalb des Bildausschnittes) für die Ehepaare. Um die Zelte herum die „Narty" genannten flachkufigen Schlitten, mit denen beim Nomadisieren auch im Sommer das Hab und Gut transportiert wird.

An die moderne Zivilisation erinnert nur der zu einem einfachen Funkgerät (mit Handgenerator) gehörende Antennenmast, über den man mit Nachbargruppen oder auch mit der nächsten städtischen Siedlung in Verbindung treten kann (s. Kap. 7.2.4).

(alle Fotos dieses Bildanhanges: der Autor)

242 *Bildanhang*

Bildanhang

Foto 2 (linke Seite, oben): Tundra im Herbst
Die vorher grüne Tundra (s. Foto 1) nimmt zu Beginn des Herbstes eine braune Färbung an. Als leuchtend gelbe Felder erscheinen dabei die von Rentierflechten (russ. „Lischajnik") eingenommenen Flächen, die gerade im Winterhalbjahr wertvolle Weiden für die Nomadenherden darstellen.

Durchsetzt ist die Tundra von thermokarstischen Seen (s. Kap. 2.4), am rechten Bildrand sind Bodenfroststrukturen zu erkennen (s. Kap. 2.3.1).

Foto 3 (linke Seite, unten links):
Kieferntaiga
Die auf diesem Foto zu sehende „helle Taiga" im Süden Ostsibiriens ist lichtdurchflutet und weist daher einen reichen Unterwuchs auf.

Im Frühsommer verleiht der blühende daurische Rhododendron der Taiga eine farbige Physiognomie (s. Kap. 2.3.2).

Foto 5 (oben): Der Baikalsee im Winter
Der Blick geht über den etwa 40 km breiten Südteil des Baikalsees bis zu dem das gegenüberliegende Ufer bildenden Chamar-Daban-Gebirge, das hier den Seespiegel um etwa 1 200–1 500 m überragt.

Der Baikalsee ist in seinem Südteil von Mitte Januar bis Mitte Mai zugefroren. Die 75–100 cm mächtige Eisschicht ist dann so tragfähig, daß in dieser Zeit das Befahren des Sees auch durch schwere Fahrzeuge möglich ist.

Foto 4 (linke Seite, unten rechts):
Südsibirische Steppe
Weite Teile Südsibiriens werden von Steppen- und Waldsteppenformationen eingenommen. Hier die Steppe am südlichen Westufer des Baikalsees, ein Ausläufer der mongolischen Steppen. Ende Mai zeigt sie noch ihren braunen Winteraspekt, bald aber frisches Grün und bunte Blüten (s. Kap. 2.3.3).

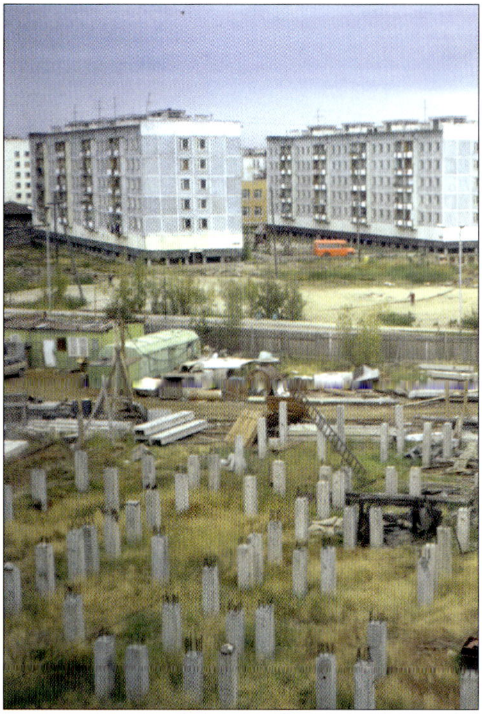

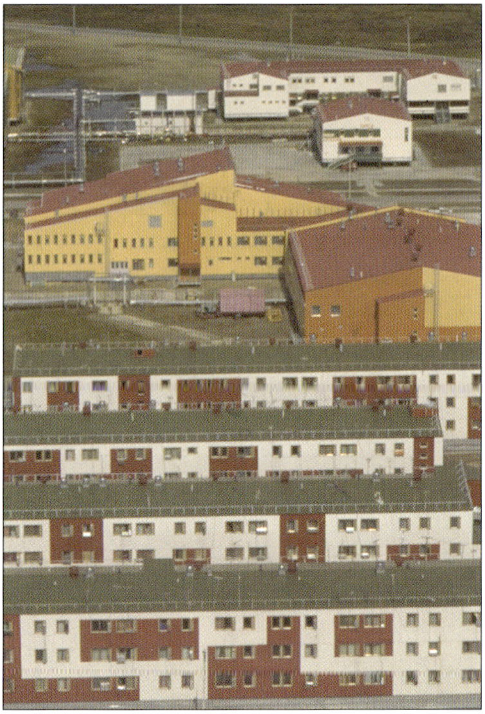

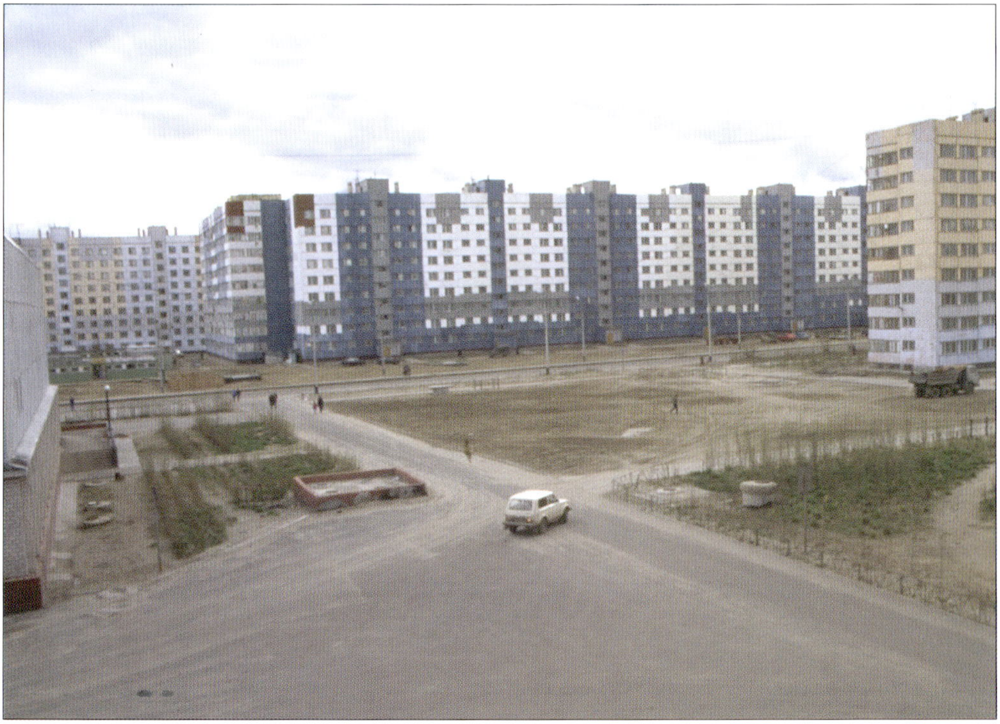

Bildanhang

Foto 9 (rechts): Bratsk und die ökologische Problematik

Die Stadt Bratsk ist ab 1957 im Zusammenhang mit der Errichtung des gleichnamigen Wasserkraftwerkes (s. Foto 14) inmitten der ostsibirischen Taiga aufgebaut worden. Das Bild zeigt, am Ufer des Bratsker Stausees, einen neuen Stadtteil, der aus einheitlichen neungeschossigen Wohngebäuden besteht. Im Hintergrund ragt die Kulisse des Holzverarbeitungsbetriebes auf, der die Stadt und ihre Umgebung mit seinen Emissionen überzieht. Der Wald stirbt ab, und die Menschen leiden unter starken Gesundheitsproblemen. Ein Beispiel für die ökologische Problematik vieler sibirischer Regionen (s. Kap. 9.4.5).

Foto 6 (linke Seite, oben links): Wohnblöcke in Jakutsk

Im Bereich des Dauerfrostbodens, der ganz Jakutien einnimmt, können größere Häuser nur in der Pfahlbauweise, die ein Eindringen der Gebäudewärme in den gefrorenen Untergrund und damit dessen Destabilisierung durch Auftauen verhindert, errichtet werden. 10–15 m lange Betonpfähle werden in den gefrorenen Boden eingelassen. Sie ragen um 2–3 m aus dem Untergrund heraus (s. Baustelle im Vordergrund), und in dieser Höhe wird auf ihnen das Fundament der Gebäude errichtet (s. Kap. 2.2). Diese Bauweise ist in den 1940er Jahren in Jakutsk entwickelt worden.

Foto 7 (linke Seite, oben rechts): Wachtsiedlung am Ob-Busen

Jamburg ist eine der vielen reinen Arbeitersiedlungen, in der die im gleichnamigen Gasfeld beschäftigten Arbeiter in nur jeweils zweiwöchigen Arbeitseinsätzen (im Wechsel mit zweiwöchigen Aufenthalten im eigentlichen Heimatort) leben. Normalerweise bestehen diese sogenannten Wachtsiedlungen aus einfachen Blockhäusern, Jamburg stellt jedoch eine moderne Variante dieses Siedlungstypes dar. Die von finnischen Firmen errichtete Siedlung kann nach Erschöpfen des Gasfeldes demontiert und verlagert werden (s. Kap. 6.5.2).

Foto 8 (linke Seite, unten): Nowy Urengoi

Nowy Urengoi ist im Gegensatz zu Jamburg eine in der Erdgasregion errichtete Dauersiedlung.

Ab 1985 ist die heute knapp 100 000 Einwohner umfassende Stadt inmitten der Tundra in Betonbauweise aufgebaut worden. Sie besteht aus einheitlichen Wohnblöcken, deren Monotonie durch farbige Fassaden aufgelockert werden soll. Wie in allen Städten dieser Art ist die Infrastruktur unzureichend. Die Zukunft der monofunktionalen Stadt Nowy Urengoi nach Erschöpfung des gleichnamigen Erdgasfeldes ist ungewiß (s. Kap. 6.5.2).

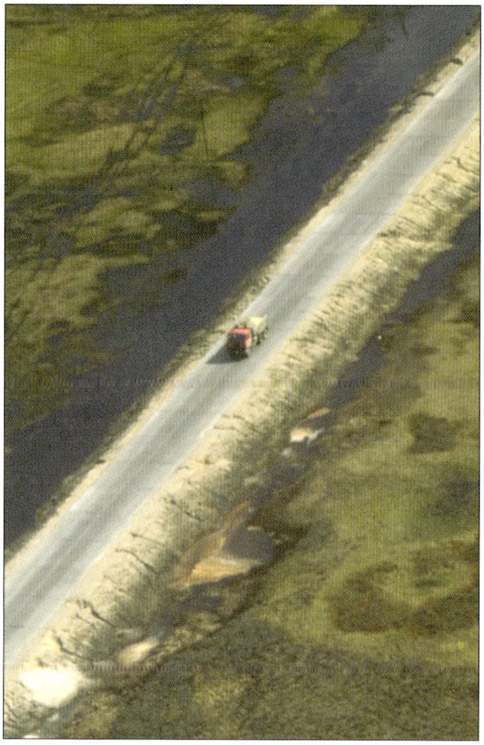

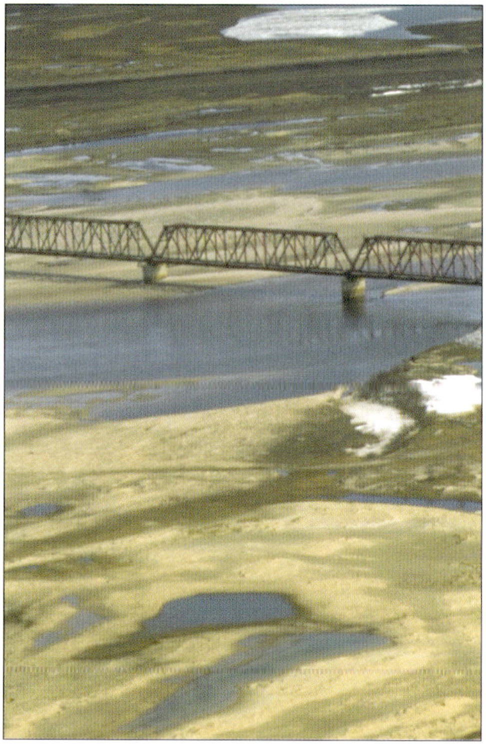

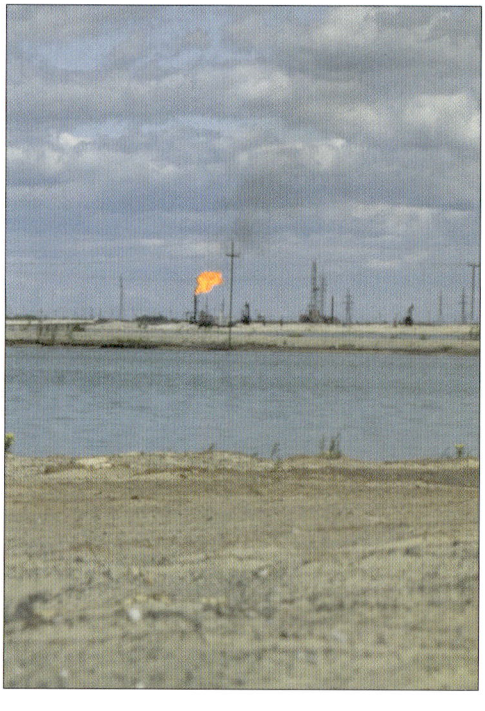

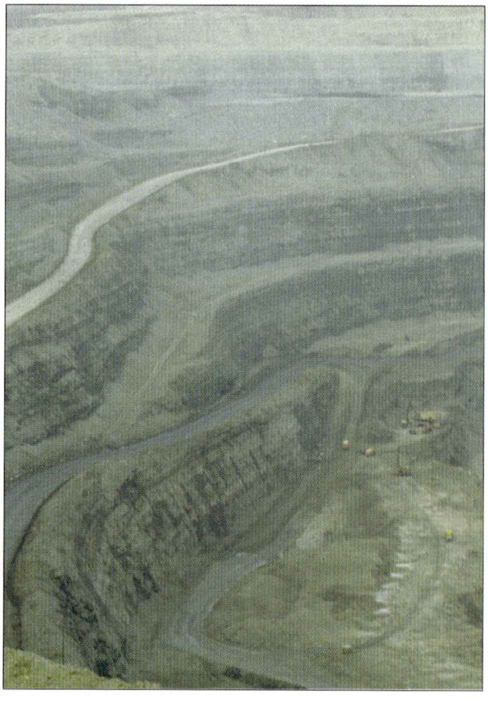

Foto 14 (rechts):
Das Bratsker Wasserkraftwerk
Zwischen 1955 und 1966 an der Mittleren Angara errichtet, stellte das Wasserkraftwerk von Bratsk bei seiner Fertigstellung das leistungsfähigste der Welt dar. Die Staumauer hat eine Länge von 924 m und eine Höhe von 127 m. In der 517 m langen Turbinenhalle arbeiten bis zu 15 Turbinen, die den Strom u.a. für eines der größten Aluminiumwerke Rußlands produzieren. Das inmitten der ostsibirischen Taigawildnis erbaute Großwasserkraftwerk war lange Zeit der Stolz der Sowjetunion (s. Kap. 6.3.2).

Foto 10 (linke Seite, oben links):
Autostraße in der Tundra
In der sumpfigen und vom Dauerfrostboden geprägten Erdgasregion des westsibirischen Nordens lassen sich Straßen nur auf hohen, dammartigen Sandaufschüttungen anlegen. Der Sand dazu ist über den Ob aus dem Süden Westsibiriens herantransportiert worden (s. Kap. 6.4.3).

Foto 12 (linke Seite, unten links):
Erdölförderung im Samotlor-Feld
Bohr- und Fördereinrichtungen auf einer künstlich aufgeschütteten Sandinsel im Samotlor-See, unter dem eines der größten Erdölfelder der Welt liegt.

Das bei der Ölförderung austretende Begleitgas wird abgefackelt, was ökologisch recht problematisch ist. Seit 1988 ist die Förderung in diesem Gebiet stark abgesunken (s. Kap. 6.5.1).

Foto 11 (linke Seite, oben rechts):
Eisenbahnbrücke in der Tundra
Zur Anbindung der westsibirischen Erdgasregion an die Transsib ist über 1 500 km eine Bahnlinie von Tjumen über Surgut und Nowy Urengoi bis nach Jamburg am Ob-Busen verlegt worden. Hier eine Bahnbrücke im nördlichsten Abschnitt, errichtet 1985–88. Selbst kleine Flüsse, die nach der Schneeschmelze zu breiten Strömen anschwellen können, erfordern aufwendige Brückenkonstruktionen (s. Kap. 5.3.2 u. 6.4.3).

Foto 13 (linke Seite, unten rechts):
Diamantentagebau bei Udatschny
Im westjakutischen Mirny-Rayon, genau auf der Höhe des Polarkreises, ist der Tagebaubetrieb von Udatschny heute der produktivste der Russischen Föderation. Das Bild zeigt den Abbaustand um 1990, als der Krater bei einem Durchmesser von 2 000 m eine Tiefe von 300 m erreichte (s. Kap. 9.4.7).

Foto 15: Tschuktschen-Junge
Der kleine Tschuktsche trägt im September den von Mutter aus Rentierfellen erstellten Overall. Nach Wintereinbruch wird er einen zweiten derartigen Anzug darüber tragen, mit dem Fell nach außen. Heute ist fraglich, ob die Zukunft dieser jungen Generation der Nördlichen Kleinvölker noch in der Tundra liegen wird (s. Kap. 7.2.3).

Foto 16: Ewenenfrauen
Diese Frauen sind Angehörige einer auf dem Jukagirer Plateau, d.h. im äußersten Nordosten Sibiriens, lebenden Ewenengruppe.

Diese Gruppe ist aufgrund der räumlichen Abgeschiedenheit von der jahrzehntelangen Russifizierung fast unberührt geblieben.

Sie hat deshalb bis heute ihre traditionelle Lebensweise weitgehend erhalten können (s. Kap. 7.2.3, Tab. 7.14).

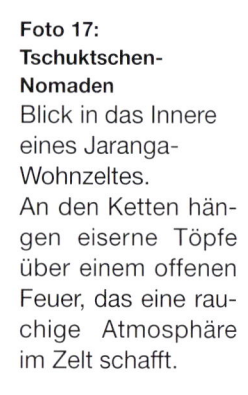

Foto 17: Tschuktschen-Nomaden
Blick in das Innere eines Jaranga-Wohnzeltes.
An den Ketten hängen eiserne Töpfe über einem offenen Feuer, das eine rauchige Atmosphäre im Zelt schafft.

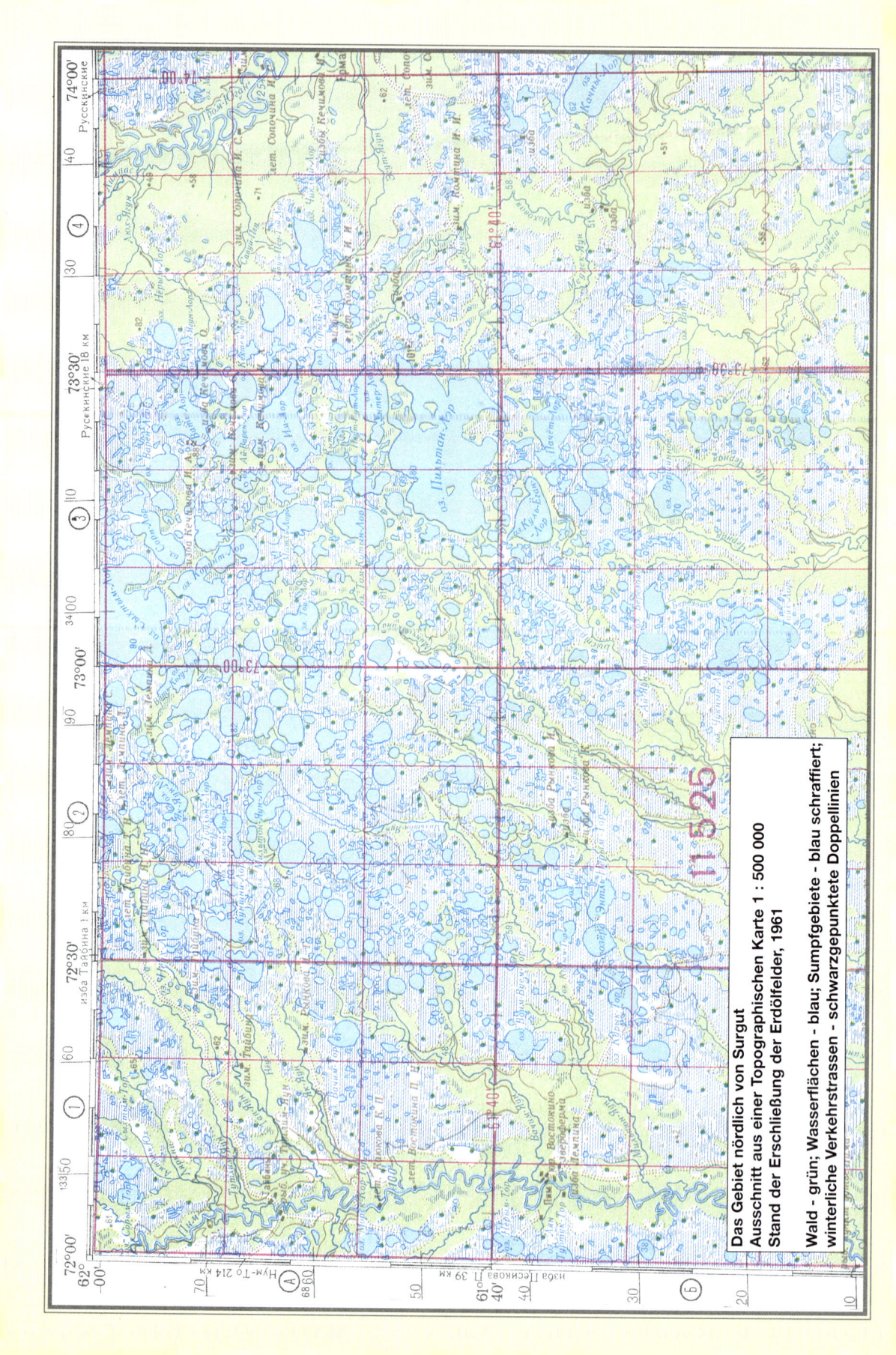

Das Gebiet nördlich von Surgut
Ausschnitt aus einer Topographischen Karte 1 : 500 000
Stand der Erschließung der Erdölfelder, 1961

Wald - grün; Wasserflächen - blau; Sumpfgebiete - blau schraffiert;
winterliche Verkehrsstrassen - schwarzgepunktete Doppellinien

Legende

Bergbau
- Steinkohle
- Braunkohle
- Uran
- Erdöl
- Erdgas
- Raffinerie
- Eisen
- Chrom
- Kobalt
- Mangan
- Nickel
- Vanadium
- Wolfram
- Antimon
- Blei
- Kupfer
- Zink
- Zinn
- Quecksilber
- Bauxit
- Magnesit
- Gold
- Platin
- Edelsteine
- Kali
- Kochsalz
- Phosphat
- Asbest
- Grafit

Industrie
- Eisenverhüttung, Stahlerzeugung
- Buntmetallverhüttung
- Leichtmetallverhüttung
- Schwerindustrie, Maschinenbau, Fahrzeugbau
- Schiffbau
- Luft- und Raumfahrttechnik
- Elektrotechnik, Elektronik, Feinmechanik
- Textilien, Bekleidung
- Chemie, Kunststoffe, Gummi
- Holzbearbeitung, Papier, Möbel
- Atomindustrie
- Nahrungs- und Genussmittel
- Fischverarbeitung

Transport und Verkehr
- Erdölpipelines
- Erdgaspipelines
- Hauptbahnen
- Fernverkehrsstraßen

Grenzen
- Million Einw.
- 1 Million Einw.
- 500 000 Einw.
- 00 000 Einw.
- Städte sind unterstrichen
- Grenze
- festgelegte Staatsgrenze
- kationslinie, Waffenstillstandslinie
- pan beansprucht